普通高等教育“十一五”国家级规划教材

高职高专经管类专业精品教材系列

企业管理

闫 彦 主 编

刘 军
于淑娟 副主编

清华大学出版社

北 京

内容简介

企业管理是高职高专经济管理类专业的重要理论基础之一，也是现代服务业、制造业领域的生产、管理、服务技能人才培训的必备内容。该课程的覆盖面非常广泛，它是市场营销、国际贸易、物流、金融、会计等专业的重要专业基础课，其基本理论及分析方法对启发学生思维、提高其创新能力都起着重要作用。

本教材根据技术领域和职业岗位群的任职要求，参照相关的职业技能标准，进行规范化的课程资源建设，重新设计体系，包括企业及其管理、企业战略管理、组织管理、企业文化、市场调查与预测、企业经营决策与计划、产品开发管理、营销管理、生产管理、质量管理、人力资源管理、采购与仓储管理。教材体现教与学、教与练、教与做的结合，实现“教学做”相融合，将企业与课堂有机结合起来，模拟企业真实环境，突出必要基础能力、岗位能力和综合能力的学习与演练。

本书可作为相关专业本科、专科的教学用书，也可作为工商管理人员进行企业管理研究及解决实际问题的参考用书。

本书封面贴有清华大学出版社防伪标签，无标签者不得销售。
版权所有，侵权必究。举报：010-62782989，beiqinquan@tup.tsinghua.edu.cn

图书在版编目（CIP）数据

企业管理/闫彦主编．—北京：清华大学出版社，2010.9(2021.3重印)
（高职高专经管类专业精品教材系列）
ISBN 978-7-302-23172-1

Ⅰ.①企… Ⅱ.①闫… Ⅲ.①企业管理—高等学校：技术学校—教材 Ⅳ.①F270

中国版本图书馆CIP数据核字(2010)第122453号

责任编辑：康　蓉
责任校对：袁　芳
责任印制：沈　露

出版发行：清华大学出版社
网　　址：http://www.tup.com.cn，http://www.wqbook.com
地　　址：北京清华大学学研大厦A座　　**邮　　编**：100084
社 总 机：010-62770175　　**邮　　购**：010-62786544
投稿与读者服务：010-62776969，c-service@tup.tsinghua.edu.cn
质 量 反 馈：010-62772015，zhiliang@tup.tsinghua.edu.cn
印 装 者：三河市龙大印装有限公司
经　　销：全国新华书店
开　　本：185mm×260mm　　**印　　张**：21.75　　**字　　数**：527千字
版　　次：2010年9月第1版　　**印　　次**：2021年3月第14次印刷
定　　价：59.00元

产品编号：016073-03

前　言

当前，以高职高专院校为代表的职业教育正面临着新的突破性发展，高职高专院校通过不断的实践，更加明晰了为生产、管理、服务一线培养专科层次高素质技能型人才的办学定位，紧跟产业发展需求，服务企业岗位要求，以就业为导向，深化人才培养模式改革，人才培养质量逐步提高，毕业生上岗后能够比较快地成长为生产一线的技术能手和生产组织管理人员。

从现实情况来看，企业越来越看重的是人才的职业道德素质和职业精神。与此同时，职业院校办学却还存在诸多不适应的问题，如学习体系与工作体系之间存在差距、课程与就业岗位技术要求之间存在差距、课程与职业资格证书结合不紧密等。可见，高职高专院校的人才培养模式与企业的人才需求存在一定的差距。为了解决上述问题，职业院校必须转变办学理念、加大人才培养模式改革力度，进行有效教学模式改革和教材改革。课程是职业教育改革的重点，也是职业教育中与学生直接“面对面”的关键部分。

企业管理是一门涉及范围广、发展快、实践性强的学科。在企业生存和发展环境发生巨大变化的今天，企业管理将面临新的挑战。传统的大学教材编写比较注重学科演变的延续性与继承性，强调理论体系的完整性，体现学科知识的逻辑合理性。本教材打破这一思维的藩篱，课程建设与改革围绕经济发展现状与企业岗位需求，进行系统的市场调研与分析，了解产业、行业、企业及岗位的实际需求，将实践能力、知识构建、素养提升融为一体。建立起以具备任职资格为目标，以职业技能训练为中心任务，以工学结合为体系的高等职业教育教材编写理念。

本教材是2003年国家级精品课程的建设成果，每章设计的学习目标包含知识点及技能点，使学生带着任务去学习相关管理知识与技能，有效地融“教、学、做”为一体，促使学生明确学习本章内容的目的与意义。同时，将国内外典型案例穿插在每一章，增加本书的可读性及真实环境的体验，每章设计适量的管理知识测试与管理技能训练内容，有效实现对学生职业技能的培养。该教材配有模拟仿真企业真实环境，突出管理岗位技能和综合能力演练的《企业管理岗位技能题库》，国家级精品课程资源网址为：http://qyql.zjwchc.com。

本教材由闫彦设计并编写大纲，具体分工如下：刘军编写第 1 章和第 6 章；蒋剑勇编写第 2 章；闫彦编写第 3 章和第 4 章；王生云编写第 5 章和第 10 章；于淑娟编写第 7～9 章；万坤扬编写第 11 章；黄宾编写第 12 章。全书由南京邮电大学张项彬教授主审。

由于编者水平有限，书中不足和错漏之处在所难免，敬请读者批评指正。本书在编写过程中参考了大量有关书籍及资料，在此向这些作者深表谢意。

编　者

2010 年 5 月

目 录

第1章 企业及其管理

学习目标

知识点

1. 企业概念、种类及其组织形式。
2. 管理理论的主要思想及最新管理趋势。
3. 管理者的基本职能和应具备的基本条件。
4. 企业管理基础工作的具体内容。

技能点

1. 认知管理科学的发展过程。
2. 有发现问题和分析实际管理问题的能力。
3. 有从管理思想的高度认识与分析我国的经济改革和企业变革。

阅读材料

联合邮包服务公司(UPS)雇用了15万员工,平均每天将900万件包裹发送到美国各地和180个国家。为了实现他们的宗旨"在邮运业中办理最快捷的运送",UPS的管理当局系统地培训他们的员工,使他们以尽可能高的效率从事工作。UPS的工业工程师们对每一位司机的行驶路线都进行了时间研究,并对每种运货、暂停和取货活动都设立了标准。这些工程师记录了红灯、通行、按门铃、穿过院子、上楼梯、中间休息喝咖啡的时间,甚至上厕所的时间,将这些数据输入计算机中,从而给出每位司机每天工作的详细时间标准。

为了完成每天取送130件包裹的目标,司机们必须严格遵循工程师设计的程序。当他们接近发送站时,松开安全带,按喇叭,关发动机,拉起紧急制动,把变速器推到1挡上,为送货完毕的启动离开做好准备,这一系列动作严丝合缝。然后,司机从驾驶室出溜到地面上,右臂夹着文件夹,左手拿着包裹,右手拿着车钥匙。他们看一眼包裹上的地址,把它记在脑子里,然后以每秒3英尺的速度快步走到顾客的门前,先敲一下门以免浪费时间找门铃。送货完毕后,他们在回到卡车上的路途中完成登录工作。

1.1 企业及其组织形式

1.1.1 企业概述

1. 企业的概念

企业是以赢利为目的,运用生产要素,从事商品生产、流通和服务活动,依法自主经营、自负盈亏、自我发展，并具有独立法人资格的经济组织。

作为一个企业，必须具备以下一些基本要素。

(1) 拥有一定数量、一定技术水平的生产设备和资金。

(2) 具有开展一定生产规模和经营活动的场所。

(3) 具有一定技能、一定数量的生产者和经营管理者。

(4) 从事商品的生产、流通和服务等经济活动。

(5) 进行自主经营、独立核算，并具有法人地位。

2. 企业基本特征

(1) 经济性

企业不是行政、事业单位，也不是社会团体，是从事生产、服务、流通、分配等经济活动的组织。

(2) 独立性

企业的投资人或企业有法律上的人格，享有民事权利和承担民事义务，经济上独立核算。

(3) 赢利性和社会性

获取赢利是企业存在的经济性目的，主要是指为企业职工提供日益增长的物质和精神财富；为企业的生存和发展提供利润；为国家提供财政收入(税收)等。企业应谋求最大的或尽可能多的赢利，获取最佳的经济效益。

企业来源于社会，发展也离不开社会。企业在发展的过程中，必须关注社会、反哺社会。首先，企业在发展的过程中要注重企业与自然、资源、环境、社会以及未来的和谐发展；其次，企业在获得成功之后，要为社会及其人类做一些力所能及的事，多参加各种社会公益事业，从而达到共同进步的目的。企业反哺社会是企业可持续发展的保障。

3. 企业的分类

企业按不同的标志有7种不同的分类方法，见表1-1。

表1-1 企业的分类

序 号	标 志	类 型
1	规模	大型，中型，小型
2	性质	工业，农业，商业
3	组织方式	独资，合伙，公司
4	内部结构	单厂，联合，集团
5	密集程度	劳动，资金，知识
6	所有制	国有，集体，私营，外商
7	法律地位	法人，非法人

1.1.2 企业组织形式

企业组织形式是指企业进行生产经营活动所采取的组织方式或结构形态。它以一定的经济制度为基础，并受社会分工、科学技术的进步及其应用、生产发展的规模与速度、企业外部经营环境的变化、企业经营管理水平等因素的影响和限制。

现代企业的组织形式通常是按财产的组织形式和所承担的法律责任来划分的。

1. 独资企业

独资企业是由单个人出资兴办，完全归出资者个人所有和管理的企业。企业的赢利和亏损由出资个人承担，并对债务承担无限连带责任，甚至要用个人的家庭财产偿债。这种企业与出资者个人在法律上是一体的，即企业的行为就是出资者个人的行为。

独资企业具有以下特点。

(1) 企业的建立与解散程序简单。

(2) 经营管理灵活自由。企业主可以完全根据个人的意志确定经营策略，进行管理决策。

(3) 业主对企业的债务负无限责任。这有利于保护债权人利益，但独资企业不适宜风险大的行业。

(4) 企业的规模有限。独资企业有限的经营所得、企业主有限的个人财产、企业主一人有限的工作精力和管理水平等都制约着企业经营规模的扩大。

(5) 企业的存在缺乏可靠性。独资企业的存续完全取决于企业主个人的得失安危，企业的寿命有限。

2. 合伙企业

合伙企业是由两个或两个以上出资人共同出资兴办、联合经营的企业。这种企业通常采用合伙经营合同的形式确立各自的收益分成和亏损责任。合伙人对企业债务承担无限责任。

合伙企业具有以下特征。

(1) 生命有限。合伙企业比较容易设立和解散。合伙人签订了合伙协议，就宣告合伙企业的成立。新合伙人的加入，旧合伙人的退伙、死亡、自愿清算、破产清算等均可造成原合伙企业的解散以及新合伙企业的成立。

(2) 责任无限。合伙组织作为一个整体对债权人承担无限责任。按照合伙人对合伙企业的责任，合伙企业可分为普通合伙和有限合伙。普通合伙的合伙人均为普通合伙人，对合伙企业的债务承担无限连带责任。有限责任合伙企业由一个或几个普通合伙人和一个或几个责任有限的合伙人组成，即合伙人中至少有一个人要对企业的经营活动负无限责任，而其他合伙人只能按其出资额为限对债务承担偿债责任，因而这类合伙人一般不直接参与企业经营管理活动。

(3) 相互代理。合伙企业的经营活动，由合伙人共同决定，合伙人有执行和监督的权利。合伙人可以推举负责人。合伙负责人和其他人员的经营活动，由全体合伙人承担民事责任。换言之，每个合伙人代表合伙企业所发生的经济行为对所有合伙人均有约束力。因此，合伙人之间较易发生纠纷。

(4) 财产共有。合伙人投入的财产，由合伙人统一管理和使用，不经其他合伙人同意，任何一位合伙人不得将合伙财产移为他用。只提供劳务，不提供资本的合伙人仅有权分享一部分利润，而无权分享合伙财产。

(5) 利益共享。合伙企业在生产经营活动中所取得、积累的财产，归合伙人共有。如有亏损则亦由合伙人共同承担。损益分配的比例，应在合伙协议中明确规定；未经规定的可按合伙人出资比例分摊，或平均分摊。以劳务抵作资本的合伙人，除另有规定者外，一般不分摊损失。

与个人独资企业相比较，合伙企业有很多优势，主要是可以从众多的合伙人处筹集资本，合伙人共同偿还债务，减少了银行贷款的风险，使企业的筹资能力有所提高，同时，合伙人对企业盈亏负有完全责任，有助于提高企业的信誉。

3. 公司企业

公司法人企业的兴起比较晚，形式多种多样，如有限责任公司和股份有限公司，有的经过人们尝试后，发现效果不理想而放弃，如无限公司和两合公司等。

(1) 股份有限公司

股份有限公司是把全部资本划分为若干相等的股份并通过发行股票集资，由若干负有有限责任的股东按一定的法律程序组建的企业法人。

股份有限公司具有以下特征。

① 发行股票集资。股东人数一般不受限制。

② 股权平等。股东按持股比例享受权利和承担义务。

③ 股东对公司债务负有限责任，其限度是股东应交付的股金额。

④ 股份可以依法自由转让，但不能退股。

⑤ 公司必须定期公布经过审计的财务报告，以便投资人了解公司情况，进行选择。

⑥ 绝大多数股东不直接参加企业的日常经营管理，而是通过股东大会对董事会、监事会、经理人员分层委托授权，建立法人治理结构，完成对企业的经营管理。

股份有限公司是典型的“资合公司”，即一个人能否成为公司股东决定于他是否缴纳了股款，购买了股票，而不取决于他与其他股东的人身关系。同时，虽然无限责任公司、有限责任公司、两合公司的资本也都划分为股份，但是这些公司并不公开发行股票，股份也不能自由转让，因此，狭义地讲，股份公司指的就是股份有限公司。

(2) 有限责任公司

有限责任公司是指由两个以上股东共同出资，每个股东以其认缴的出资额对公司承担有限责任，公司以其全部资产对其债务承担责任的企业法人。

有限责任公司具有以下特征。

① 股东人数少，我国规定出资人为2～50人。

② 股权一般不得自由转让，须经股东会同意方可实行，并且其他股东有优先购买权。

③ 人合性，由于股东人数少，身份比较稳定，因此股东之间的关系相对紧密，容易统一意志和组织管理，并且绝大多数股东直接参加公司的经营管理，管理者能够保持较高的责任心。

④ 有限责任公司是企业法人，公司的股东以其出资额对公司承担责任，公司以其全部资产对公司的债务承担责任。

⑤ 有限责任公司不能向社会公开募集公司资本，不能发行股票。

1.2 西方企业管理的产生与发展

人类的管理活动历史悠久，如埃及的金字塔、中国的古长城等，但科学的管理是在资本主义产业革命以后产生的，随着工业生产的发展，资本主义企业管理经历了传统经验管理、科学管理、行为科学管理和现代管理四个阶段。

1.2.1 传统经验管理阶段

传统经验管理阶段是18世纪后期至20世纪初期，由手工业生产过渡到近代机械化早期，属于资本主义自由竞争阶段。该阶段虽然出现了亚当·斯密、巴贝奇、欧文等科学管理思想的先驱，但还没有形成系统的、科学的管理理论。传统管理阶段具有以下特点。

(1) "管"字当头。从管理思想上看，认为工人总是懒的，需要有人去督促、管理，特别强调强制性的管理。这一时期的管理方式是专制型的、家长式的，完全凭管理者的意志。

(2) 管理的依据是个人的经验和感觉，没有统一的原理和方法，靠的是主观判断。生产效率的高低，产品质量的好坏全凭工人的技术和经验。

(3) 传统经验管理阶段主要解决了分工和协作的问题。当时考虑的主要是如何节约时间，提高生产效率。生产、劳动和成本管理是当时的中心问题。

(4) 工人和管理人员的培养靠师徒方式，没有统一的标准，不像现在的学校培养。

传统经验管理时期虽然改进了机器设备，提高了生产率，但在管理上仍然是一种比较保守的、低效率的、粗放式的管理，管理理论并未真正形成和出现。

1.2.2 科学管理理论阶段

科学管理理论阶段是19世纪末至20世纪40年代，由于生产力的发展、市场的扩大，企业开始大规模地进行机器生产。一批管理人员的实践和他们以科学的态度、方法对管理实践的归纳、总结和升华形成了科学管理理论。

1. 泰罗的科学管理理论

泰罗出生于宾夕法尼亚州，父亲是相当富裕的律师，曾打算让他子承父业——当律师，并且泰罗最终也以优异的成绩考入了哈佛大学的法律学院，但因为用功过度，拖垮了身体和视力而被迫离开大学去了工厂。1878年泰罗来到了费城米德维尔钢铁厂当了一名普通的工人，并一直干到1890年。12年中泰罗从一名普通工人到职员、机工、机工班长、车间工长、负责全厂维修的总机械师，直至总工程师，积累了丰富的管理经验，许多管理思想就是在此产生的，以后他又到了伯利恒钢铁公司等工厂工作，并将他的科学管理理论应用于实践。但是同任何一个改革者一样，他也遭到了工人和资本家的强烈反对，最后被迫离开伯利恒。此后，他到处讲学，继续宣扬他的管理思想，并于1911年写成《科学管理原理》。1912年泰罗参加了美国国会众议院特别委员会对泰罗制的听证会，并作证词，驳斥了反对科学管理的人。1915年59岁生日的第二天泰罗去世。他的坟墓坐落在一座能俯视费城钢铁厂烟囱的小山上，墓碑上写着"科学管理之父弗雷得里克·温·泰罗"。

泰罗的科学管理理论包括以下要点。

(1) 科学管理的中心问题是提高劳动生产率。泰罗认为当时劳资矛盾的根本原因是效率低下，而提高生产率的潜力很大。正是基于这一认识，泰罗的科学管理研究都是围绕如何提高工作效率而展开的，并且主要集中在定额研究以及人与劳动手段的匹配上。

(2) 科学挑选工人。泰罗认为为了提高劳动生产率，必须为工作挑选"第一流的工人"。第一流的工人就是适合于其工作而又有进取心的人，并对他们进行培训和教育，从而最大限度地发挥他们的能力。

(3) 工时研究与标准化。工时研究是泰罗制的基础，泰罗把效率高的工人召集起来，手拿秒表计时，通过大量的观察，把各项工作分解，将其中科学的工序抽取出来，使各道工序标准化，并要求每一个工人都按标准干活，这就是作业方法的标准化。目的是使作业方法的科学化，以提高效率。

技术定额的制定主要是研究工作时间的科学利用，也称时间研究，就是将工作过程中的每一个细节性的动作按所需时间标准化，或者说，把工作所需时间细分到每一个具体的动作。泰罗把一个工人的时间分为基本操作时间、生理自然时间、休息时间和辅助生产时间，以此来制定技术定额。

(4) 差别计件工资制。为了鼓励工人努力工作，泰罗提出了差别计件工资制，即根据工人完成定额的不同而采取不同的工资率，而不是根据工作类别来支付工资。经过实践证明，效果显著，使产量增加 2～3 倍，成本降低很多，从而使工人和企业都满意。

(5) 职能管理。泰罗主张把计划职能与执行职能分开，他认为计划职能实际上就是管理职能，执行职能就是工人的劳动职能。

(6) 在管理上实行例外原则。泰罗提出规模较大的企业不能只依据职能原则来组织管理，而必须应用例外原则，即企业的高级主管人员把处理一般事物的权限下放给下级管理人员，自己只保留对例外事项的决定和监督权。

泰罗的科学管理理论并非其一个人发明的，而是把 19 世纪在英、美等国产生、发展起来的理论加以综合而成的一整套思想，其影响是广泛而又深远的。科学管理促进了当时工厂管理的普遍改革，逐步代替了单凭经验的方法，并形成一整套管理制度，使得美国一些主要企业长期得以稳定发展。但也有一定的局限性：把人看成单纯追求金钱的"经济人"，仅重视技术因素，而不重视人的社会因素，并且对管理较高层次的研究相对较少。

科学管理理论还包括以下代表人物。

(1) 亨利·甘特，美国管理学家、机械工程师，是泰罗在公司工作的合作伙伴，他发展了泰罗的某些思想。他在管理上的贡献有：创造了"甘特图"，用于工作计划安排；提出了"计件奖励工资制"，除了按日支付有保证的工资外，超额部分给予奖励；认为管理者有责任教育工人，提出"在所有管理问题中，人是最为重要的因素"的思想；认为企业应将管理的重点放在服务上，而不要专图追求利润。

(2) 弗兰克和莉莲·吉尔布雷斯夫妇，他们致力于动作研究，著名的试验是砌砖试验，他把砌外墙砖的动作从原来的 18 个减少到 4 个，砌内墙砖的动作减少到两个。他们首先使用摄影的方法来记录和分析工人的动作，寻找出合理的最佳动作，纠正工人在操作中的多余动作，来提高工作效率。

2. 法约尔的一般管理理论

法约尔和泰罗是同一时代的杰出人物，但由于他长期担任公司的总经理，因此他研究的对象与泰罗不同。泰罗着重生产管理研究，法约尔则着重企业全面经营管理的研究。

法约尔认为经营和管理是两个不同的概念。法约尔把整个企业经营活动概括为 6 个方面，即技术活动、商业活动、财务活动、安全活动、会计活动和管理活动。在这六项活动中，管理活动居于核心地位。管理活动包括以下 5 种职能。

(1) 计划，是管理的首要职能。

(2) 组织，包括有关组织结构、活动和相互关系的规章制度，以及职工的招募、评价和训练。

(3) 指挥,是指对下属活动的指导。

(4) 协调,是结合、统一及调和所有企业活动与个人活动的努力,以实现共同的目标。

(5) 控制,是指为了保证实际工作按已定计划和命令完成的那些活动。

他还根据自己的管理经验提出了管理的14项原则:分工、职权与职责、纪律、统一指挥、统一领导、个人利益服从集体利益、人员报酬、集中化、等级链、秩序、公平、人员的稳定、首创精神、团结精神。

法约尔被称为“现代经营管理之父”。

1.2.3 行为科学管理理论阶段

1. 梅奥与“霍桑试验”——人际关系理论

1924—1932年,美国哈佛大学教授梅奥与西方电气公司合作,在其所属的霍桑工厂进行了一系列试验,其目的是了解和掌握有关工作条件、社会因素与生产效率之间的关系。通过试验,梅奥等人认识到,物质条件的变化往往对生产率的影响不大,人们的工作成绩还受其他因素的影响,即不仅仅取决于个人自身,还取决于群体成员。这个结论对“科学管理”只重视物质条件,忽视社会环境、心理因素对工人的影响来说,无疑是一个很大的进步。1933年他出版了《工业文明中人的问题》,提出了与古典管理理论不同的新观点——人际关系学说。

(1) “社会人”假设。强调金钱并非刺激职工积极性的唯一动力,新的激励重点必须放在社会、心理方面,以使人们之间更好地合作并提高生产率。

(2) 企业中存在着“非正式组织”。正式组织是为了实现企业目标而规定成员之间职责范围的一种结构。而企业成员在共同的工作中必然相互间产生关系,如兴趣爱好相同、同学、亲朋、老乡等,由此而形成人们之间的共同感情,进而构成一个非正式组织。而古典管理理论只重视研究正式组织。

非正式组织的存在对企业有利有弊。非正式组织中也有领袖,他可能带领其他成员与正式组织相对抗,使任务无法安排,目标无法实现。但它的存在也为成员提供了一个交流感情的机会。

(3) 生产效率的提高主要取决于职工的工作态度和他与周围人的关系。人际关系学说是行为科学的早期思想,只强调要重视人的行为,进一步的研究则在以后。1949年在芝加哥的研讨会上,科学家们正式提出了行为科学的名词,从那时起行为科学学派代替了人际关系学派。

2. 马斯洛与“需求层次论”

马斯洛,美国心理学家,1943年出版了《人的动机理论》,提出五层次需要理论。认为人的需要是多种多样的,同时人的需要又是多层次的、多类型的。他把人的需要分为5个层次。

(1) 生理需要——由于生理原因产生的某些需要,是人类最基本的需要。这一需要得不到满足,就谈不上其他需要。这一需要人和动物是相同的,人们为了能够继续生存,首先必须满足基本的生活需要,如衣、食、住、行等。马斯洛认为,生理需要在所有的需要中是最优先的。

(2) 安全需要——生活方面有了保障后，就要求保证人的身体安全；要求职业生活有保障，不受外界的侵害。不仅要求自己现在的社会生活的各个方面均能有所保证，还希望未来生活能有保障。安全需要大致包括对安全、稳定、依赖的需要，希望免受恐吓、焦躁和混乱的折磨，对体制、秩序、法律和保护者实力的需要等。

(3) 社交需要(爱的需要)——社交需要是指人们对于友谊、爱情和归属的需要。人都需要友谊、爱情、家庭，需要归属于某个组织并得到承认，希望人生能够潇洒走一回。

(4) 尊重的需要——包括自尊和受人尊重。自尊是指自己取得成功时的一种自豪感；受人尊重是指自己做出贡献时能得到他人的承认。人们一方面希望得到名誉、地位和声望，希望受到他人的尊重和承认；另一方面也希望自己具有实力、自由和独立性等，感到自己存在的价值，从而产生自尊心、自信心。也就是说人们都有取得成就、受人尊敬的需要。不过这一切首先要自己尊重自己。

(5) 自我实现的需要——自我实现的需要是指人希望从事与自己能力相称的工作，使自己潜在的能力得到充分的发挥，成为自己久已向往的人物。如为实现个人某种理想和抱负而贡献一切，追求学术成就、追求某一真理的实现。这是最高层次的需要，从而产生的力量也是巨大的。

马斯洛认为这些需要有的特点是：五种需要之间具有递进规律，它们之间不是并列的；人的需要具有个体差异性，人的行为由主导需要来决定。

1.2.4 现代管理发展的新趋势

1. 创新管理的发展

创新管理有三种互有联系的不同含义：一是对创新活动的管理；二是管理要创新；三是创新型管理。这里指的是最后一种含义。创新型管理的前提和结果必然是管理创新，同时这种管理的内容应包括对创新的管理。创新型管理不同于守旧型管理，它把创新贯穿于整个管理过程，使管理随着技术、市场等环境的变化而变化，但它也要求整个组织及其组成人员是创新型的，把创新作为其活动的主旋律。创新是一个国家兴旺发达的不竭动力，也是一个企业赢得竞争胜利和保持竞争优势的可靠保证。创新管理有助于促进企业全面创新，使创新活动由单项创新转向综合创新、个人创新转向群体创新。

2. 风险管理的兴起

高科技及其产业的崛起，市场、金融、经济的全球化扩张，导致不确定因素增长，由于信息不完备与非对称分布，又促进风险加大。在风险管理中，不能满足于亡羊补牢，而应加强监督和预测，以预防为主，把风险减少到最低限度，缩小风险可能造成的损失和带来的影响。分析风险形成的因素，预测风险到来的时机，积极采取防范风险的对策，以回避风险、转移风险、分散风险、减轻风险和作好承受风险的准备。风险管理是未来管理必不可少的重要组成部分。

3. 信息管理

信息管理的普及随着信息技术的推广应用与信息资源的开发利用，管理信息化正在向广度和深度发展，并进入了管理活动与业务活动综合信息化的新阶段。管理信息化的新发展进一步促进信息管理的普及和提高，导致信息管理在整个管理中地位的提升。信息管理渗透于和体现在各种管理无论是政府管理还是企业管理的一切方面和全部过程。可以说，若无信息管理，也就谈不上任何管理了。

4. 可持续发展管理的出现

可持续发展是20世纪80年代初兴起的一种新的发展观。它强调由于资源稀缺、环境有限，为求发展而对资源、环境进行消耗、利用时，必须保障代内公平和代际公平，以避免全球不可持续的发展。在未来的管理中，政府、企业和公众都应遵守可持续发展原则，制定和实施可持续发展战略，并贯穿于整个管理活动。社会要求企业从趋利性经营管理转向"绿色"的经营管理，以节约资源和保护、美化环境为己任。

5. 由硬管理为主向软管理为主的转化

管理是人的管理。首先，管理主体是人；其次，管理客体虽然兼有人和物，但是对物的管理取决于对人的管理，归根到底还是对人的管理，所以管理客体主要也是人的问题。管理发展史表明，明显地存在着由理性的科学管理即物本主义的"硬"管理向非理性的人文管理即人本主义的"软"管理的转变。"软"管理的发展是以"硬"管理的存在为基础的，而"硬"管理又靠"软"管理来提升，需以"软"管理的指导为前提。

6. 知识管理日趋重要

迄今为止，人们对知识管理的认识仍未统一。最宽的理解认为知识管理就是知识时代的管理；最窄的理解则认为知识管理只是对知识资产(或智力资本)的管理。介于上述理解之间的认识又分为两种：一种为对知识的管理；另一种为用知识来管理。尽管理解不同，但是对知识作为一种重要生产要素在经济发展中的作用日益增长因而需要加以管理的认识却是相同的，对知识管理日趋重要的认识也是一致的。

1.3 管理和企业管理

1.3.1 管理和管理者

1. 管理的概念

管理活动自古有之，但管理作为一门科学只不过近一百年的历史，因此，不同时代对管理的概念有不同的理解。现将国内外管理学者关于管理概念的几种较有启发意义的观点列举如下：

(1)"管理就是通过他人来完成工作。"持这种观点的人认为，因为社会化大生产分工越来越细、协作更加严密，这就要求管理者独立出来，专门从事协调他人的活动，以便更好地达到共同的目标。

(2)"管理就是决策。"该定义的提出者认为，决策贯穿于管理全过程，对于管理者来说，决策才是真正有意义的活动。如果决策错了，执行得越卖力，所造成的损失越大。

(3)"管理就是信息的收集和处理。"持这种观点的人认为，任何管理活动都首先从最广泛地收集信息开始，掌握有关信息是管理的先决条件，特别是在信息时代的今天更是如此。

(4)孔茨和韦里克认为："管理是设计和保持一种良好的环境，使人在群体里高效率地完成既定目标。"

综上所述，管理就是社会组织中，为了实现预期的目标，以人为中心进行的计划、组织、指挥、协调和控制等活动。

2．管理者应该具备的基本条件

管理者(Managers)是指挥别人活动的人。管理不同于具体从事某项工作或任务，不具有监督其他人工作职责的操作者，管理者是处于操作者之上的组织层次，即包括基层管理者、中层管理者、高层管理者。作为管理者应具有以下基本条件，见表1-2。

表1-2　管理者的基本条件

基本技能	含　　义	内　　容
技术方面基本条件	指管理者掌握与运用某一专业领域内的知识、技术和方法的能力	具备承担某项具体任务的技能，包括所需的基本知识和基本方法、计算工具等方面，并且善于把这些知识和技能运用到实际工作中去。具体包括专业知识、经验；技术、技巧；程序、方法、操作与工具运用熟练程度
人文方面基本条件	与其他人或团队协同工作、理解并激励他人行为的能力。也就是与人共事搞好人际关系，对部下进行有效地组织、领导的能力	观察人、理解人、掌握人的心理规律的能力；人际交往，融洽相处，与人沟通的能力；了解并满足下属需要，进行有效激励的能力；善于团结他人，增强向心力、凝聚力的能力等
观念方面基本条件	指管理者观察、理解和处理各种全局性的复杂关系的抽象能力，或者说是一种协调和整合组织的利益和行为的能力	对复杂环境和管理问题的观察、分析能力；对全局性的、战略性的、长远性的重大问题处理与决断的能力；对突发性紧急处境的应变能力等。其核心是一种观察能力和思维能力，能够找到问题症结所在，提出解决方案；能够洞察先机、未雨绸缪，转化危机，获得成功

以上三个方面对不同层次、不同职位管理者的要求是不一样的，如图1-1所示。

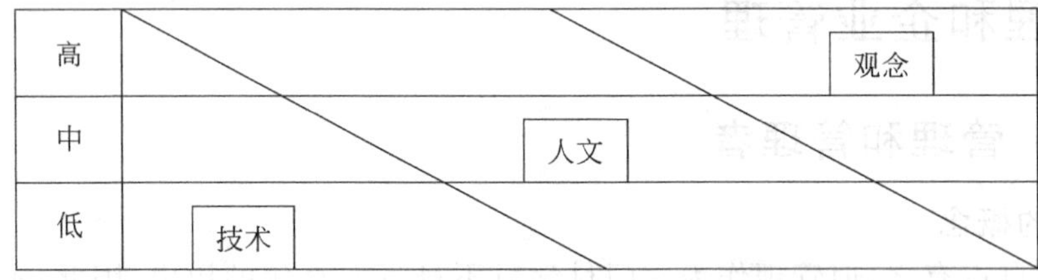

图1-1　不同管理者的基本条件

此外，管理者还应具备良好的思想政治修养和道德文化水平，强烈的事业心和责任感；较强的思维能力、交流沟通能力、理解判断能力和执行能力；健康的体魄，坚强的意志，乐观的性格和广泛的兴趣；良好的心理条件等。

3．管理既是一门科学，又是一门艺术

科学是关于自然、社会和思维的知识体系，是经过整理的条理化的知识。管理学经过一百多年的发展，已形成自身明确的概念、知识和理论，并指导着管理实践，这说明，现在的管理学已经形成了一整套理论，这是通过对大量的实践经验进行概括和总结而完成的，许多原则都是经过了实践反复的检验才抽象出来的，因此，管理学是一门科学，是一种科学知识，是客观规律及其规律的现实反映。

另外，管理实践又是一门艺术。艺术的含义是指能够熟练地运用知识并通过巧妙的技能运用来达到的某种美学效果，有效的管理活动也常常如此。因为，管理实际知识（窍门、实务）涉及知识的有效利用，它包含了基本科学知识和在具体条件下加以运用的熟练技能。管理工作像其他实践一样，如医学、音乐作曲、工程设计、会计工作，是一门艺术。管理是一种"技术"，即根据实际情况行事，如果管理人员运用经过组合的管理知识，就能够把管理工作做得更好。

尽管掌握科学的管理知识与灵活运用并不是同一回事，但科学和艺术不是相互排斥的，而是相互补充的。

1.3.2 企业管理的概念、职能和性质

1. 企业管理的概念和职能

企业管理是指对企业生产经营活动进行计划、组织、指挥、控制和协调等一系列管理活动的总称。企业管理有"7M"要素，即：Men（人事）、Money（金钱）、Methods（方法）、Machines（机器）、Material（物）、Market（市场）和 Morale（精神）。

从企业管理的概念理解，企业管理包括计划、组织、指挥、控制和协调五项职能，其具体内容见表 1-3。

表 1-3 企业管理职能表

职能	内 容	目 的	要 点
计划	将企业的各项经营管理活动按照实现企业目标的要求，纳入完整方案的全部管理活动	知己知彼，百战不殆	评估外部环境的变化和影响；制订长期发展计划；依据整体目标，制定企业和部门的行动方针
组织	按照已制订的计划，把企业各种资源从分工协作、部门环节、时间空间等方面系统地结合起来，使之组成协调一致的有机整体，达到企业资源的最佳配置和有效利用	团队合作，建立共识	通过各种沟通，使自己与部属之间能够相互配合、同心协力；建立整个团队共识；对每一个部属要充分地了解，充分地调动积极性
指挥	管理者根据自己的责任和权限，借助指示、命令等权力手段和权威，有效地指导下属机构和人员履行其职责，以实现计划任务	建立共识，培养使命感	设法让部属之间建立一种共识；培养部属的责任心和使命感，使部属有勇于做事的抱负和当家做主的感觉
控制	根据企业经营目标、计划、规范和经济原则，对企业的实际经营活动及其成果进行监督、检查和分析，纠正计划执行中的偏差，确保计划目标的实现	追踪考核，确保绩效	实现制定考核标准，标准要明确、具体，尽可能量化；重点管理，定期评估，并给予奖惩；控制的目的就是对部属实施教育，总结经验，吸取教训
协调	使企业各个方面的关系和各种活动不发生矛盾，建立良好的关系，成为和谐的有机整体而进行的协调活动	建立默契，保持平衡	协调好不同部门、单位和人员之间的工作目标；根据实际情况特别是重大情况变化，调整工作计划和资源分配；协调各层级、各部门、各职位之间的职权关系；协调政策措施，消除政策措施方面的矛盾和冲突

2. 企业管理的性质

在社会化大生产中，企业管理是同生产力直接相联系的。它是社会劳动过程的一般要

求，是创造新的生产力的必要手段，这是企业管理的一般性质，该性质存在于多个社会经济形态中。企业管理还具有特殊的社会性质，它体现一定的社会生产关系，是实现生产目的的重要手段。这种由社会劳动过程的性质所产生的管理的一般性质和由社会经济关系性质所产生的管理的特殊性质，就是企业管理的二重性，即自然属性和社会属性。

1.4 企业管理基础工作

1.4.1 企业管理基础工作的概念、特征和作用

1. 企业管理基础工作的概念

所谓企业管理基础工作是指企业为实现企业经营目标和履行管理职能而提供资料依据、共同准则、基本手段和前提条件的必不可少的专业性工作，如标准化工作、定额工作、计量工作、信息工作、规章制度和培训工作等。企业管理基础工作的好坏直接影响各项业务管理工作的绩效，影响整个企业管理水平的高低。

2. 企业管理基础工作的特征

企业管理基础工作一般具有以下几个方面的特征。

(1) 科学性，必须按照客观规律科学地做好企业管理基础工作。

(2) 群众性，由于企业管理基础工作贯穿于生产经营的全过程，必须依靠企业全体人员共同去完成。

(3) 发展性，一方面，企业管理基础工作具有相对稳定性；另一方面，随着环境与条件的变化，特别是经营目标的变化，企业管理基础工作也必须在内容与要求上作出新的发展与调整。

(4) 先行性，企业管理基础工作必须先于各项专业管理工作进行。

3. 企业管理基础工作的作用

(1) 企业管理基础工作是实现企业管理职能的必要前提。如果没有企业管理基础工作提供准确的资料、准则、手段和前提，计划、组织、指挥、控制和协调就无从谈起。

(2) 企业管理基础工作是建立正常生产秩序的有效手段。企业管理基础工作解决了做什么、怎么做、何时做、做多少、做得如何等问题，从而能确保生产经营活动的正常进行。

(3) 企业管理基础工作是传统管理转向现代管理的基本条件。企业在进入全球化、知识化和信息化时代，要进行现代化管理，只能靠加强和健全企业管理基础工作。

(4) 企业管理基础工作是实行按劳分配，调动职工积极性的工具。因为企业管理基础工作能提供考核的依据和数据，实行按劳分配，充分调动每一位员工的工作积极性。

(5) 企业管理基础工作是提高经济效益的重要保证。通过企业管理基础工作提供的资料，能够分析问题产生的原因，找到努力的方向，实施严格的成本核算与控制，促进经济效益的提高。

1.4.2 企业管理基础工作的内容

一般说来，企业管理基础工作大致包括以下内容。

1. 标准化工作

标准化工作包括技术标准和管理标准的制定、执行和管理工作。技术标准是对生产对象、生产条件、生产方法以及包装、储运等方面所规定的标准;管理标准是关于企业各项管理工作的职责、程序、方法和要求等方面的规定。

加强标准化工作,可以缩短产品设计、生产准备和制造周期,有利于组织专业化生产,减少劳动消耗和资源消耗,提高生产的经济效益;可以为产品质量管理提供依据,以科学的、高水平的技术标准,促进产品质量的稳定与提高,特别是采用国外先进标准,将使我国产品在国际市场的激烈竞争中取得有利地位;可以促使企业生产、技术、管理活动科学化、制度化,提高科学管理水平。总之,标准化是一项综合性的基础工作,对提高经济效益具有重要作用。标准化水平是衡量一个国家和企业的生产技术水平与管理水平的尺度,是现代化的重要标志。

2. 定额工作

定额是企业在一定的生产技术条件下,为合理利用人力、物力、财力等经营资源所规定的消耗标准与占用标准。定额工作是包括制定、贯彻和修订各类定额在内的一系列管理工作的总称。

定额的种类,主要有劳动定额、物资消耗定额和储备定额、流动资金定额等。

定额工作具有以下要求。

(1) 应建立和健全完整的、先进的定额体系,并认真地贯彻实施,包括按定额来编制计划、安排生产、采购和储备物资、领发材料用具、控制费用开支、考核工作效率和经济效益。

(2) 企业制定的各种定额,必须有充分的技术和经济依据,既要先进,又要合理,符合多数工人经过一定努力即可以达到的水平。

(3) 企业制定定额时,应采用科学方法。

(4) 当企业的生产技术发生了变化,生产组织和劳动组织得到改进,职工的业务技术水平和熟练程度有了提高时,原有定额就要及时修订。

3. 计量工作

计量是指用一种标准的单位测量,去测定另一同类量的量值。计量工作包括测试、检验、对各种理化性能的测定与分析工作。

企业生产经营过程中各种原始记录反映出来的数与量,都是利用计量手段显示出来的。如果没有健全的计量工作,就不会有真实可靠的原始记录,就不能提供正确的核算资料,也就无法分清企业与企业,企业内部各部门以至个人之间的经济责任。在生产过程中,没有计量器具或者计量不标准,还会给生产带来损失,甚至造成事故。因此,企业必须从原材料、燃料等物资进厂,经过生产过程,一直到产品出厂,在供、产、销各个环节上,都要配置必需的计量器具,保证其准确性,完善计量工作,提高计量工作水平。

4. 信息工作

在企业管理基础工作中,一般把包括原始记录、统计分析、技术经济情报、科技档案工作以及数据和资料的收集、处理、传递、存储等管理工作,统称为信息工作。

5. 建立以责任制为核心的规章制度

企业的规章制度是用文字的形式,对各项管理工作和生产作业的要求所作的规定,是全体职工行动的规范和准则。建立和健全企业规章制度，是企业管理的一项极其重要的基础工作。

企业需要建立的规章制度大体可划分为三类。

（1）基本制度，如厂长责任制、职工民主管理制度。

（2）工作制度，它是有关计划、生产、技术、物资、销售、人事、财务等专业管理方面的工作制度。

（3）责任制度，它是根据社会化大生产对劳动分工和协作的要求制定的，它规定了企业每一项工作落实到各个职工身上，从领导到工人，人人都有确定的岗位，人人都有明确的责任，事事都要有人负责，这样才能建立良好的生产秩序，各项技术经济指标的实现才有保证。如工人岗位责任制，不仅要规定干什么，还要规定怎样干、什么时间干、在什么地方干、干到什么程度等内容，以便对工人的生产作业真正起到指导和约束的作用；干部岗位责任制一般由基本职责、业务流程和考核标准三部分内容组成。制度从内容到形式，一定要简明扼要，便于执行。

6．职工技术业务培训工作

职工技术业务培训是指按照企业内部各个岗位的“应知”与“应会”的要求，对职工进行基础知识教育和基本技能的训练，以提高职工素质。这是关系企业长远发展的基础工作，在科学技术迅猛发展的当今时代，对劳动力的质量要求越来越高，开展职工技术业务培训，是使职工具有良好的文化科学知识素质，具有较高的劳动操作技能，适应现代化大生产客观要求的基本保证。

本章小结

企业是以赢利为目的，运用生产要素，从事商品生产、流通和服务活动，依法自主经营、自负盈亏、自我发展，并具有独立法人资格的经济组织。

现代企业按财产的组织形式和所承担的法律责任可以分为独资企业、合伙企业和公司企业，股份有限公司和有限责任公司，它们是现代企业的重要形式。

企业和管理是社会生产力发展到一定水平的产物，随着工业生产的发展，资本主义企业管理大体上经历了传统经验管理、科学管理、行为科学管理和现代管理四个阶段，并逐渐呈多元化发展的趋势。

不同时代对管理的概念有不同的理解。管理者是指挥别人活动的人。作为一名管理者必须具有一些基本的条件和素质，才能在企业管理中发挥作用。

现代企业管理是指对企业生产经营活动进行计划、组织、指挥、控制和协调等一系列管理活动的总称。企业管理具有自然属性和社会属性。加强企业管理基础工作对于企业管理具有十分重要的作用。

思考题

1. 企业具有什么样的特征？你所认识的企业是否具备这些特征？
2. 你认为从事企业管理和当律师或会计是一样的职业吗？阐述你的观点。

3. 事实上,各国几乎所有最大公司的高级经理都比国家元首的收入高。试讨论经理和总统作为管理者的角色有何相同和不同之处。你认为为什么经理比总统挣得还多?

4. 你认为管理者应该具备怎样的素质和条件?

5. 为什么说管理既是一门科学,又是一门艺术?

6. 企业管理基础工作包括哪些内容?

案例分析

王永庆之管理

王永庆,是世界知名的中国企业家,也是民族企业"经营之神"、"石化大王"。王永庆是通过什么思路和办法应对世界之变,使台塑集团获得50年长期持续大发展的丰硕成就的呢?

1. 什么是中国企业管理之魂

王永庆对此做出了明确回答:只能是中华民族的信仰和文化。具体说,就是要靠中华民族的"勤劳朴实"、"止于至善"的精神来办好企业,这也是民族精神的精髓。只要以这个民族精神为"根",经过不断地实践和思考,再实践再思考,没有企业办不好的。"什么时候,企业经营偏离了民族信仰和文化,什么时候我们在竞争对手面前就彻底忘记了自己是谁。"这就是一位中国企业前辈的情愫与人文关怀。

王永庆动情地说:"我若能为整个民族文化做几件重要的事,这一生也算没有白活,即使是血本无归,又何足惜之。""我们的祖先是从内地到台湾,今日其子孙又从台湾回内地,此亦人之道也。"

2. 什么是企业家的做人准则

王永庆说:"就是对自己负责,对他人负责。"也就是要"利己利人,回馈社会"。这不由得让人想起茅于轼说的两句话:"人为什么活着? 七十多岁才想通,不外乎让别人幸福的过程中,自己享受幸福。"

具体说,王永庆强调了四个善待:"善待客户、善待员工、善待社会、善待自然。"为此,他把发展社会公益事业作为经营企业的主旨。

3. 什么是发展企业的依靠

王永庆发展企业有两大依靠:一是靠不断演进的领先理念带动企业员工行动;二是以实践为本,不断探讨实践,使之发现新理念,引领企业的进步。企业的文化,就是在理念与实践持久互动中形成的。

王永庆发展企业依靠的是创新文化,而创新文化的灵魂是持久执著的"创心"。

4. 什么是企业家的风范

王永庆身边人都对他的风范有深刻感受。他的风范是:永远用平民语言向员工、干部讲管理的道理。他善于用自己的经验、体会和逻辑,以讲故事的方式娓娓道来。听过之后,留下深刻印象的就是简单明了的哲理,因为真理就应当是简单的。因为只有简单管理才是管理的高境界。

5. 什么是企业成功的信条

很多学者都在总结王永庆的经验、信条，经研究汇总为以下两条。

第一条，是尊重知识，对“知识就是权力”这个铁律深信不疑。表现在王永庆身上，不止是尊重有知识的人，而是他那炽热的求知欲。他相信：知识是工作前进的动力源。有了这一条，就能做到遇事有“三预”。一是预感（感性），二是预见（悟性），三是预谋（胆识）。有了这“三预”，就有了应变决策的能力。王永庆50年的巨大成功在此一条。

第二条，也是非常重要的，就是追求“合理化原则”，一切遵守“止于至善”的严格要求。实现“合理化原则”与“止于至善”的要求在于认真负责、实事求是。王永庆在管理上几乎永不改变的目标，就是把企业引向永无休止地追求合理化的长河之中。

6. 如何认识管理的本质

王永庆毫不含糊地说：“管理学的本质是实践。”他认为：“世界上只有实际体验、用心追求，才会有自己的经营理念。”

7. 什么是管理的最高境界

在王永庆眼中，管理的终极目标，是给每个人发展空间、发展目标、发展希望，实现在企业内要让每个人有“切身感”。这与海尔集团张瑞敏说的“人人当老板”、万向集团鲁冠球说的“每人都有自己的天地，每人都是一把手”不谋而合。这就是管理的最高境界。

问题：

(1) 您是如何认识台塑集团以及台塑集团50年发展的成功经验的？什么是管理的最高境界？如何理解？

(2) 结合王永庆的管理实践，您认为什么是中国企业家应该具备的素质和条件？

(3) 如何理解“管理学的本质是实践”？

实践与实训

1. 去图书馆查阅有关管理思想与实践方法的文献资料

目的：通过文献资料的查阅，掌握某种管理思想的主要观点及其发展趋向，初步培养学生分析管理思想与实践方法的能力。

内容：

(1) 学习查阅文献资料的方法与步骤。

(2) 要求学生了解有关管理思想的主要观点。

(3) 分析有关管理思想的贡献与局限性。

要求：写一份查阅资料小结。

2. 访问一个成功的工商企业和管理者

目的：

(1) 通过访问，培养学生关注企业和学习企业管理学的兴趣，以及参加社会实践活动的主动性、积极性。

(2) 了解该企业在管理中所运用的管理方法。

(3) 了解和学习成功管理的经验。

内容：

(1) 了解该企业的某一基本业务职能，如计划管理、生产管理、技术管理、营销管理、物资设备管理、财务管理、行政管理、人事管理、后勤管理等。

(2) 了解企业的管理章程、制度和一些具体的管理方法、手段。能认真地理解企业管理的有关书面文件、章程和各项内部管理制度，分析该企业管理方法运用得是否适当，并提出改进意见。

(3) 向管理者了解他的职位、工作职能、胜任该职务所必需的管理技能等情况。直接与成功的管理者进行接触、交谈并走进领导者的工作环境中，观察和学习这位领导者的用人之道、处理事情的方法艺术。通过和领导者的交谈，了解这位领导者的创业史与成长史，从中体会管理艺术在领导者的成长与创业中的作用。

要求：写出调查访问报告。

第2章 企业战略管理

学习目标

知识点

1. 企业战略管理基本概念。
2. 企业外部环境和内部环境。
3. 企业三种基本竞争战略。
4. 企业战略制定、战略实施以及战略控制。

技能点

1. 外部宏观环境分析。
2. 内部环境分析。
3. 产业竞争性分析。
4. 行业生命周期分析。
5. SWOT 分析。
6. 战略的实施与控制。

阅读材料

"海棠"因忽略战略而落伍

现在，一提起洗衣机，人们马上会想到小天鹅、海尔、西门子等。为什么对海棠这一品牌竟闻所未闻呢？其实，早在20世纪80年代海棠洗衣机就已经风光无限，居于当时全国六大名牌洗衣机之首，那时候，海尔等还未问世。然而，20年后的今日，海棠却早已不是"霸主"。何故？是海棠产品的技术不行吗？不是！是海棠产品的质量和售后服务比别人差？不是！问题的症结在于忽视了战略研究，失去了多次重大的发展机遇。

海棠当年的辉煌，得益于其"技术抢占市场"的战术运用。海棠与日本松下公司签订了引进生产设备及技术合作的合同，并争取到了1800万元的世界银行贷款；随后，引进项目全面实施，海棠第一家引进当时国内最大容量的双桶洗衣机，并创造出"当年投资、当年引进、当年投产、当年创优"的良好业绩。随后，海棠又完成了两次大的技术引进，形成了以单缸、双缸到全自动的完备的生产布局。海棠洗衣机曾经覆盖到全国22个省、自治区、直辖市。

然而，在企业战略的选择上，海棠却没有及时给予高度的重视。在全国电冰箱和吸尘器技术还没有起步的时候，海棠的决策者曾有一个大胆的设想：在引进洗衣机技术的同时，引进松下公司的电冰箱和吸尘器技术，三个项目捆在一起，把海棠做成全国最大的家电生产企业。然而，这一具有战略意义的设想却没能实施，海棠不仅没有成为日后全国最大的家电生产企业，反而在市场的激烈竞争中逐渐衰落。假如当初海棠实施了“三器”捆绑引进项目，那么海棠早在10多年前就会成为十几亿元、几十亿元的大企业集团。海棠忽视战略研究的教训，揭示了一个经营真理：一个企业对战略方向的选择，决定着其日后的发展。

（资料来源：李剑锋，王珺之．战略管理十大误区．北京：中国经济出版社，2004）

2.1 企业战略管理概述

2.1.1 企业战略与企业战略管理

1. 企业战略

（1）企业战略的概念

在企业的经营管理中，“战略”一词用来描述一个组织计划如何实现其目标和使命。企业战略是企业面对激烈变化、严峻挑战的环境，为求得长期生存和不断发展而进行的总体性谋划。

阅读材料

海尔制定了10年内进入世界500强的目标，在现有产品市场上实行星级服务，进军信息产业，开展国际化经营，在内部进行市场链再造。这就是一套系统的战略。这些都是在全球竞争条件下的谋划和行动，体现了：

方向性——立足家电，向相关高技术延伸，向世界发展；

长远性——至少管十年；

全局性——内部市场链的再造涉及整个企业，其他举措也都具有全局性。

战略学家波特曾经提出过一个“10年以上周期”的时间概念，认为只有持续时间超过10年的战略，才是真正的战略。中国古话有云：人无远虑，必有近忧。这对于战略来说一样适用，企业的发展不能是就现在而发展，应该是为未来而发展，必须有一个长期的目标，不管这个目标能否实现，但它必须是至少5～10年，在中国目前的市场至少要5年。而目标不仅是利润、销售额等“数字层面”的目标，而必须是大胆而且成熟的战略性目标，甚至是可望而不可即的。例如迪斯尼，它刚建立时的目标就是要把欢乐带给世界；而索尼在刚开创时的目标是要把产品卖到世界各地去，改变西方对自己产品品质的印象；耐克刚创建时的目标也非常清楚，那就是“我要打败阿迪达斯”，实际上在十年之内它真的超过了阿迪达斯，但从当时实际情况分析是根本不可能的。

因此，企业战略渗透并指引着现代市场经济条件下企业经营管理的全过程，企业战略问题已经成为决定企业竞争成败的关键与核心。

（2）企业战略的特征

企业战略具有以下特征。

① 全局性,指以企业全局为研究对象,来确定企业的总体目标,规定企业的总体行动,追求企业的总体效果。

② 长远性,指企业战略的着眼点是企业的未来而不是现在,是为了谋求企业的长远利益而不是眼前利益。

③ 纲领性,指经营战略所确定的战略目标和发展方向是一种原则性和总体性的规定,是对企业未来成败的总体谋划,而不是纠缠于现实的细枝末节。

④ 抗争性,指企业在竞争中为战胜竞争对手、迎接环境挑战而制定的一整套行动方案。

⑤ 风险性,指战略考虑企业的未来而未来具有不确定性,因而战略必然具有风险性。

(3) 企业战略的层次

企业战略可分为三个层次:公司战略、业务战略或竞争战略和职能战略。公司战略,又称总体战略,是企业最高层次的战略。公司战略关系到企业未来的发展方向。它需要根据企业的目标,选择企业可以竞争的经营领域,合理配置企业经营所必需的资源,使各项经营业务相互支持、相互协调。如在海外建厂、在劳动成本低的国家建立海外制造业务的决策。

公司的二级战略常常被称作业务战略或竞争战略。业务战略涉及各业务单位的主管及辅助人员。这些经理人员的主要任务是将公司战略所包括的企业目标、发展方向和措施具体化,形成本业务单位具体的竞争与经营战略。如推出新产品或服务、建立研究与开发设施等。

职能战略,又称职能层战略,主要涉及企业内各职能部门,如营销、财务和生产等,如何更好地为各级战略服务,从而提高组织效率。如生产过程自动化。

2. 企业战略管理

(1) 企业战略管理概念

企业战略管理是企业根据组织外部环境和内部条件设定企业的战略目标,为保证目标的正确落实和实现进行谋划,并依靠企业内部能力将这种谋划和决策付诸实施,以及在实施过程中进行控制的一个动态管理过程。

(2) 企业战略管理的特点

企业战略管理具有以下特点。

第一,企业战略管理不仅涉及战略的制定和规划,而且也包含着将制定出的战略付诸实施的管理,因此是一个全过程的管理。

第二,企业战略管理不是静态的、一次性的管理,而是一种循环的、往复性的动态管理过程。它是需要根据外部环境的变化、企业内部条件的改变,以及战略执行结果的反馈信息等,而重复进行新一轮战略管理的过程,是不间断的管理。

(3) 企业战略管理的作用

企业战略管理具有以下几个方面的作用。

① 重视对经营环境的研究。由于战略管理将企业的成长和发展纳入了变化的环境之中,管理工作要以未来的环境变化趋势作为决策的基础,这就使企业管理者们重视对经营环境的研究,正确地确定公司的发展方向,选择公司合适的经营领域或产品——市场领域,从而能更好地把握外部环境所提供的机会,增强企业经营活动对外部环境的适应性,从而使二者达成最佳的结合。

② 重视战略的实施。由于战略管理不仅是停留在战略分析及战略制定上,而且是将战

略的实施作为其管理的一部分，这就使企业的战略在日常生产经营活动中，根据环境的变化对战略不断地评价和修改，使企业战略得到不断的完善，也使战略管理本身得到不断的完善。

③ 把日常的经营计划与控制、近期目标与长远目标结合在一起。由于战略管理把规划出的战略付诸实施，而战略的实施又同日常的经营计划与控制结合在一起，这就把近期目标(或作业性目标)与长远目标(战略性目标)结合了起来，把总体战略目标同局部的战术目标统一了起来，从而可以调动各级管理人员参与战略管理的积极性，有利于充分利用企业的各种资源并提高协同效果。

④ 重视战略的评价与更新。由于战略管理不仅是计划“我们正走向何处”，而且也计划如何淘汰陈旧过时的东西，以“计划是否继续有效”为指导重视战略的评价与更新，这就使企业管理者能不断地在新的起点上对外界环境和企业战略进行连续性探索，增强创新意识。

2.1.2 企业愿景和使命

1. 企业愿景

企业愿景顾名思义是指根据企业现有阶段经营与管理发展的需要，对企业未来发展方向的一种期望、一种预测、一种定位。一个美好的愿景能够激发人们发自内心的感召力量，激发人们强大的凝聚力和向心力。今天的沃尔玛公司，将“给普通百姓提供机会，使他们能买到与富人一样的东西”的企业愿景变得家喻户晓。

企业愿景包括两部分：核心信仰和未来前景。核心信仰包括核心价值观和核心使命，它用以规定企业的基本价值观和存在的原因，是企业长期不变的信条，如同把组织聚合起来的黏合剂。核心信仰必须被组织成员共享，它的形成是企业自我认识的一个过程。核心价值观是一个企业最基本和持久的信仰，是组织内成员的共识。

让我们看看那些世界级企业是如何描绘它们的愿景的：

阅读材料

沃尔特·迪斯尼公司：让人们快乐。

3M公司：创造性地解决那些悬而未决的问题。

惠普公司：为人类的幸福和发展做出技术贡献。

2. 企业使命

有了愿景，然后就要把它落实，所以要谈到企业使命。对使命的表述是“意图，存在的原因”(彼得·圣吉，2002)。“意图”即组织希望达到的一个或一组根本目标，这些目标成为组织集中力量的共同出发点；“存在的原因”则回答了组织“为什么存在”这一问题。企业使命是企业经营者确定的企业生产经营的总方向、总目标、总特征和总的指导思想。简单地理解，企业使命应该包含以下的含义。

(1) 企业使命实际上就是企业存在的原因或者理由，也就是说，是企业生存的目的定位。不论这种原因或者理由是“提供某种产品或者服务”，还是“满足某种需要”或者“承担某个不可或缺的责任”。如果一个企业找不到合理的原因或者存在的原因连自己都不明确，或者连自己都不能有效说服，企业的经营问题就大了，也许可以说这个企业“已经没有存在的必要了”。

(2) 企业使命是企业生产经营的哲学定位，也就是经营观念。企业确定的使命为企业确立了一个经营的基本指导思想、原则、方向、经营哲学等，它不是企业具体的战略目标，或者是抽象地存在，不一定表述为文字，但影响经营者的决策和思维。这中间包含了企业经营的哲学定位、价值观凸显，以及企业的形象定位：我们经营的指导思想是什么？我们如何认识我们的事业？我们如何看待和评价市场、顾客、员工、伙伴和对手等。

(3) 企业使命是企业生产经营的形象定位。它反映了企业试图为自己树立的形象，诸如“我们是一个愿意承担责任的企业”、“我们是一个健康成长的企业”、“我们是一个在技术上卓有成就的企业”等，在明确的形象定位指导下，企业的经营活动就会始终向公众昭示这一点，而不会“朝三暮四”。

阅读材料

20 世纪 20 年代，AT&T 的创始人提出：“要让美国的每个家庭和每间办公室都安上电话。”20 世纪 80 年代，比尔·盖茨如法炮制：“让美国的每个家庭和每间办公室桌上都有一台 PC。”到今天 AT&T 和微软都基本实现了它们的使命。

索尼公司使命：为包括我们的股东、顾客、员工乃至商业伙伴在内的所有人提供创造和实现他们美好梦想的机会。

通用电气使命：以科技及创新改善生活品质；在对顾客、员工、社会与股东的责任之间求取互相依赖的平衡。

中国移动通信使命：创无限通信世界，做信息社会栋梁。

2.1.3 企业战略目标

1. 战略目标概念

愿景和使命的概念建立起来以后，就需要确立企业的目标。目标是要把愿景转化成具体的效益，同时还要为效益提出一个衡量的标准，包括一些财务数据以及一些其他的数据。把目标具体化，就出现了财务目标和战略目标。但不管叫什么目标，它都是很具体的。例如企业提出轿车进入家庭这样一种愿景，具体落实到怎么去做，需要通过一些数据来实现。战略目标是对企业战略经营活动预期取得的主要成果的期望值。战略目标的设定，同时也是企业宗旨的展开和具体化，是企业愿景中确认的企业经营目的、企业使命的进一步阐明和界定，也是企业在既定的战略经营领域展开战略经营活动所要达到的水平的具体规定。

2. 战略目标指标及含义

企业战略目标指标及含义见表 2-1。

一个企业并不一定在以上所有领域都规定目标，并且战略目标也并不局限于以上十个方面。

表 2-1 企业战略目标指标及含义

战略目标指标	含义
赢利能力	用利润、投资收益率、每股平均收益、销售利润等来表示
市场	用市场占有率、销售额或销售量来表示
生产率	用投入产出比率或单位产品成本来表示
产品	用产品线或产品的销售额和赢利能力、开发新产品的完成期来表示
资金	用资本构成、新增普通股、现金流量、流动资本、回收期来表示
生产	用工作面积、固定费用或生产量来表示
研究与开发	用花费的货币量或完成的项目来表示
组织	用将实行变革获奖承担的项目来表示
人力资源	用缺勤率、迟到率、人员流动率、培训人数或将实施的培训计划数来表示
社会责任	用活动的类型、服务天数或财政资助来表示

2.2 企业战略环境分析

阅读材料

中国IT业——一个早产儿的夭折

说到中国IT业发展，不能不提到瀛海威。瀛海威的发展历史从一个侧面折射出了中国的Internet发展历程，然而，伴随着中国IT业的日渐成熟与蓬勃发展，这个历史的早产儿却夭折了。

“瀛海威时空”是集Internet接入服务、信息服务(ISP)以及联机服务(Online Service)于一体的综合信息服务网络。在成立后短短3年的时间里，瀛海威由资产只有几百万的公司发展成为中国ISP第一品牌，在中国付费网络用户(50万)中，除了中国电信的两个网(30万用户)，瀛海威的用户拥有量最大。瀛海威被媒体称为“中国互联网行业的一面大旗”。

由于历史缘故，瀛海威是在整个行业的资源、环境都不成熟的条件下做起的。张树新等人只看到中国互联网市场诱人的机会，却忽视了对竞争对手和市场威胁的分析。中国电信投资几十亿元的资金、以短期不求回报的经营手段狙击新兴的网络公司的竞争，重新夺回市场霸主地位，并使原本租用专线的ISP们失去了生存的空间。也正是此时，瀛海威发展中的许多问题逐步暴露出来：前期巨大的设备和广告宣传投入，以及一步到位的投资措施使得后续资金缺乏；受中国上网总人数和自身线路资源已经满负荷而又无力扩充的限制，以及中国电信强有力的竞争，用户总数难以发展；经营成本过高，竞争对手日益增多且具有后起优势，本企业的竞争优势逐步丧失。

之后，曾经在中国IT行业处于领路地位的瀛海威日渐消沉了，人们也逐渐对它淡忘了。在2000年的“中国互联网影响力调查”中，瀛海威的得票已跌落到惨不忍睹的第131位。瀛海威的“失败”，是因为它生不逢时，在中国诞生得太早，国内尚未具备发展的资源条件，夭折是难免的！

(资料来源：李剑锋，王珺之. 战略管理十大误区. 北京：中国经济出版社，2004)

孙子曰："知己知彼，百战不殆。"企业实施战略经营，战略环境分析是关键。战略环境分析是企业在制定战略之前，对企业所处的环境进行分析、评价，并预测这些环境未来发展的趋势，以及这些趋势可能对企业造成的影响及影响方向，其范畴包含企业外部环境分析和企业内部环境分析两部分。

2.2.1 企业外部环境分析

所谓企业外部环境，指的是存在于企业之外，对企业的生存和发展产生重大影响的各种因素的总和。一般来说，外部环境是企业所无法控制的，企业对其研究的目的是为了更好地适应外部环境，以制定相应的经营战略，正所谓"物竞天择，适者生存"，时势造英雄。当然，在外部环境面前，企业也不只是完全无能为力地被动接受，它也可以通过自身努力去影响和促进外部环境的某些方面往有利于企业的方向发展变化。如索尼公司在20世纪60年代开发出了袖珍型收音机及而后的掌中宝摄像机等，开辟了一个家电电器的轻、薄、短、小时代，引导了消费新潮流。

企业的外部环境又可分为宏观环境、行业环境等几方面来进行分析。

1. 宏观环境分析

企业宏观环境分析主要包括企业的政治法律环境、经济环境、社会文化环境和科技环境分析。

(1) 政治法律环境。政治环境指制约和影响企业经营的各种政治要素及其运行所形成的环境，它包括五个方面，即国家政治制度，政党制度，政治性团体，党和国家的方针政策，社会政治气氛、政治倾向、政治热情、政治思想等。法律环境指与企业相关的社会法律系统，包括国家的法律规范、国家司法与执法机关、企业的法律意识等。

(2) 经济环境。经济环境指构成企业生存发展的社会经济状况及国家经济政策。它主要包括四个方面：社会经济结构、经济发展水平、经济体制和经济政策。

(3) 社会文化环境。企业的社会文化环境包括社会阶层的形成与变动、人口结构与人口流动、社会权力结构、人们的生活与工作方式等因素。

(4) 科技环境。企业的科技环境指企业所在社会环境中的科技要素及该要素直接相关的各种社会现象的集合，主要包括四个因素：社会科技水平、社会科技力量、国家科技体制和国家科技政策等。

2. 行业环境分析

(1) 产业竞争性分析

产业竞争性分析主要是分析本行业中的企业竞争格局以及本行业和其他行业的关系。行业的结构及竞争性决定行业的竞争原则和企业可能采取的战略，因此产业竞争性分析是企业制定战略的基础。

按照波特的观点，一个行业中的竞争，远不止在竞争对手中进行，而是存在五种竞争力量，即潜在进入者、行业中现有企业之间的竞争、替代品的威胁、供应商的讨价还价能力和买方的讨价还价能力，如图2-1所示。这五种力量的现状、变化趋势及其综合强度决定了行业竞争的激烈程度和行业的获利能力，进而决定了企业所在行业环境的性质。

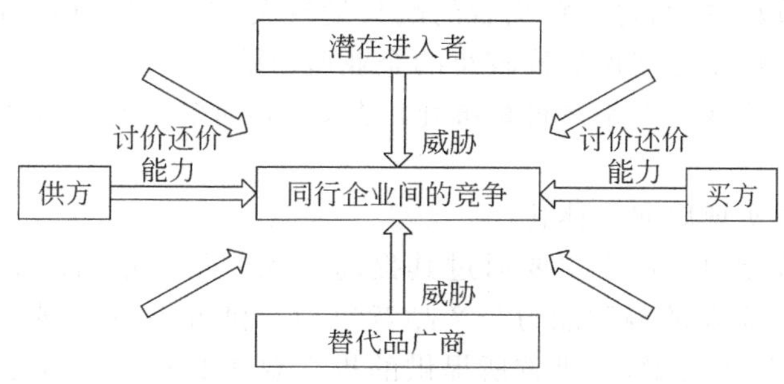

图 2-1 波特五种力量模型

① 潜在进入者的威胁。所谓潜在进入者，可以是一个新办的企业或者是一个采用多元化战略的原从事其他行业的企业，这个新进入者给行业带来新生产能力、新资源的同时，将希望在已被现有企业瓜分完毕的市场中赢得一席之地，这就有可能会与现有企业发生原材料与市场份额的竞争，最终导致行业中现有企业赢利水平降低。这个新进入者对本行业威胁的大小取决于两方面的因素：该企业进入新行业需要克服的障碍和付出的代价以及该企业进入新行业后现有企业反应的强烈程度。

进入障碍主要包括规模经济、产品差异、资本需要、转换成本、销售渠道开拓、政府行为与政策(如国家综合平衡统一建设的石化企业)、不受规模支配的成本劣势(如商业秘密、产供销关系、学习与经验曲线效应等)、自然资源(如冶金业对矿产的拥有)、地理环境(如造船厂建在海滨城市)等方面，这其中有些障碍是很难借助复制或仿造的方式来突破的。预期现有企业对进入者的反应情况，主要是采取报复行动的可能性大小，则取决于有关厂商的财力情况、报复记录、固定资产规模、行业增长速度等。总之，新企业进入一个行业的可能性大小，取决于进入者主观估计进入所能带来的潜在利益、所需花费的代价与所要承担的风险这三者的相对大小情况。

② 替代品威胁。替代品指那些与本行业现有产品具有相同或相仿功能的产品，如洗衣粉可以部分替代肥皂，圆珠笔可以部分替代钢笔。若替代品具有较强的优势，它对现有产品的压力就较大，就会使本行业的企业在竞争中处于被动地位。

两个处于同行业或不同行业中的企业，可能会由于所生产的产品是互为替代品，从而在它们之间产生相互竞争行为，这种源自于替代品的竞争会以各种形式影响行业中现有企业的竞争战略。首先，现有企业产品售价以及获利潜力的提高，将由于存在能被用户方便接受的替代品而受到限制；其次，由于替代品生产者的侵入，使得现有企业必须提高产品质量、或者通过降低成本来降低售价、或者使其产品具有特色，否则其销量与利润增长的目标就有可能受挫；最后，源自替代品生产者的竞争强度，受产品买主转换成本高低的影响。总之，替代品价格越低、质量越好、用户转换成本越低，其所能产生的竞争压力就越强；而这种来自替代品生产者的竞争压力的强度，可以具体通过考察替代品销售增长率、替代品厂家生产能力与赢利扩张情况来加以描述。

③ 购买者的议价能力。购买者主要通过其压价与要求提供较高的产品或服务质量的能力，来影响行业中现有企业的赢利能力。一般来说，满足以下条件的购买者可能具有较强的讨价还价力量。

- 购买者的总数较少，而每个购买者的购买量较大，占了卖方销售量的很大比例。
- 卖方行业由大量相对来说规模较小的企业所组成。
- 购买者所购买的基本上是一种标准化产品，同时向多个卖主购买产品在经济上也完全可行。
- 购买者有能力实现后向一体化。

④ 供应商的议价能力。供方主要通过其提高投入要素价格与降低单位价值质量的能力，来影响行业中现有企业的赢利能力与产品竞争力。供方力量的强弱主要取决于他们所提供给买主的是什么投入要素，当供方所提供的投入要素其价值构成了买主产品总成本的较大比例、对买主产品生产过程非常重要、或者严重影响买主产品的质量时，供方对于买主的潜在讨价还价力量就大大增强。一般来说，满足以下条件的供方集团会具有比较强大的讨价还价力量。

- 供方行业为一些具有比较稳固市场地位而不受市场剧烈竞争困扰的企业所控制，其产品的买主很多，以至于每一位单个买主都不可能成为供方的重要客户。
- 供方各企业的产品各具有一定特色，以至于买主难以转换或转换成本太高，或者很难找到可与供方企业产品相竞争的替代品。
- 供方能够方便地实行前向一体化。

⑤ 行业内现有企业的竞争。大部分行业中的企业，相互之间的利益都是紧密联系在一起的，作为企业整体战略一部分的各企业竞争战略，其目标都在于使得自己的企业获得相对于竞争对手的优势，所以，在实施中就必然会产生冲突与对抗现象，这些冲突与对抗就构成了现有企业之间的竞争。现有企业之间的竞争常常表现在价格、广告、售后服务等方面，其竞争强度与许多因素有关。

一般来说，出现下述情况将意味着行业中现有企业之间竞争的加剧，这就是：行业进入障碍较低，势均力敌竞争对手较多，竞争参与者范围广泛；市场趋于成熟，产品需求增长缓慢；竞争者企图采用降价等手段促销；竞争者提供几乎相同的产品或服务，用户转换成本很低；一个战略行动如果取得成功，其收入相当可观；行业外部实力强大的公司在接收了行业中实力薄弱的企业后，发起进攻性行动，结果使得刚被接收的企业成为市场的主要竞争者；退出障碍较高，即退出竞争要比继续参与竞争代价更高。在这里，退出障碍主要受经济、战略、感情以及社会政治关系等方面考虑的影响，具体包括资产的专用性、退出的固定费用、战略上的相互牵制、情绪上的难以接受、政府和社会的各种限制等。

根据上面对于五种竞争力量的讨论，企业可以尽可能地采取从自身利益需要出发影响行业竞争规则、先占领有利的市场地位再发起进攻性竞争行动等手段来对付这五种竞争力量，以增强自己的市场地位与竞争实力。

(2) 行业生命周期分析

行业生命周期是指行业从出现到完全退出社会经济活动所经历的时间。行业的生命发展周期主要包括 4 个发展阶段：引入期、成长期、成熟期、衰退期，如图 2-2 所示。

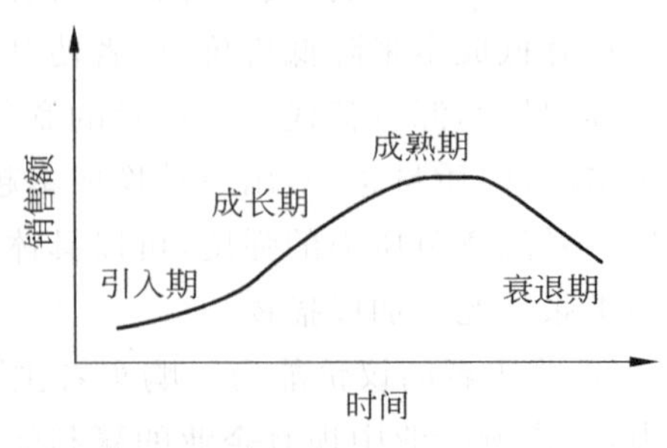

图 2-2 行业生命周期

行业的生命周期曲线忽略了具体的产品型号、质量、规格等差异，仅仅从整个行业的角度考虑问题，例如钢铁行业，忽略了普通钢、低合金钢、高合金钢等不同钢种化学成分的差异，该曲线反映的是行业发展的变化趋势。行业生命周期可以从成熟期划为成熟前期和成熟后期。在成熟前期，几乎所有行业都具有类似S形的生长曲线，而在成熟后期则大致分为两种类型：第一种类型是行业长期处于成熟期，从而形成稳定型的行业；第二种类型是行业较快地进入衰退期，从而形成迅速衰退的行业。行业生命周期是一种定性的理论，行业生命周期曲线是一条近似的假设曲线。

识别行业生命周期所处阶段的主要指标有：市场增长率、需求增长率、产品品种、竞争者数量、进入壁垒及退出壁垒、技术变革、用户购买行为等。下面分别介绍生命周期各阶段的特征。

① 引入期：又称幼稚期，这一时期的市场增长率较高，需求增长较快，技术变动较大，行业中的用户主要致力于开辟新用户、占领市场，但此时技术上有很大的不确定性，在产品、市场、服务等策略上有很大的余地，对行业特点、行业竞争状况、用户特点等方面的信息掌握不多，行业进入壁垒较低。

② 成长期：这一时期的市场增长率很高，需求高速增长，技术渐趋定型，行业特点、行业竞争状况及用户特点已比较明朗，行业进入壁垒提高，产品品种及竞争者数量增多。

③ 成熟期：这一时期的市场增长率不高，需求增长率不高，技术上已经成熟，行业特点、行业竞争状况及用户特点非常清楚和稳定，买方市场形成，行业赢利能力下降，新产品和产品的新用途开发更为困难，行业进入壁垒很高。

④ 衰退期：这一时期的市场增长率下降，需求下降，产品品种及竞争者数目减少。

企业在制定战略时要识别企业所在行业处于其生命周期的哪个阶段，行业处于不同的生命周期阶段，企业战略也会产生很大不同，这是值得注意的。

必须指出的是，有些企业往往难以识别行业的生命周期及其变化趋势。一个行业在幼稚期和成长期时，企业往往看不出它的前景或因技术制约抓不住该行业的早期发展机会，待技术已公开、行业一片兴旺繁荣时，企业才缓缓进入，而这时的市场已被其他企业占领，这是应引起企业决策人高度重视的问题。

2.2.2　企业内部环境分析

企业内部环境分析可以从企业内部管理分析、市场营销能力分析、企业财务分析和其他内部因素分析几个方面进行。

1. 企业内部管理分析

企业内部管理包括计划、组织、领导和控制4个职能领域，它们互相依赖、互相影响，计划是其他3种职能的基础。

（1）计划

计划是企业从现在到未来的发展过程中对目标、实现目标的途径以及时间的选择和规定。计划集中于未来，是企业从现状向未来发展的桥梁。一个企业的计划能力如何，在很大程度上也决定了其能否有效地实施企业战略管理。因为计划不仅是制定有效战略的基础，而且是成功实施和评价企业战略的根本。企业计划工作的有效性取决于计划工作是否是自上而下地进行，取决于是否按照正式的计划程序进行，取决于能否通过计划工作获得“协同作用”的效果，还取决于能否了解环境变化并进行积极反应。

(2) 组织

组织是在实现企业目标过程中有秩序和协调地使用企业的各种资源。组织工作的有效性在于企业是否合理地把计划中的各种活动和任务分配到每一个岗位,按照岗位的相似性将各个岗位组合成若干个部门,同时把完成任务所需的职权和责任分配到各个岗位。只有明确了每一岗位的工作任务、工作要求和岗位之间的分工与合作关系,企业战略的实施才有了保障,企业战略的评价才有了依据。组织工作的有效性不仅要求尊重一般的组织原则,而且要从企业的实际情况出发,处理好分工与协作、管理跨度的宽与窄、集权与分权等之间的关系。

(3) 领导

领导就是影响组织成员或群体,使其为确立和实现组织或群体的目标而做出贡献和努力的过程。在组织的集体活动中,领导者通过引导、指挥、指导或先导活动,帮助组织成员最大限度地实现组织的目标。在整个活动中,要求领导者作为带头人来引导组织成员前进,鼓舞人们去奋力实现组织的目标。调动组织中每个组织成员的积极性,使其以高昂的士气自觉、自动地为组织做出贡献。

(4) 控制

控制职能包括所有旨在使计划与实际活动相一致的活动。企业管理者评价企业的活动并采取必要的纠正活动可以保障企业计划和目标的有效实现,减少可能出现的偏差给企业造成的损失。企业控制职能的有效性对于有效地战略评价和控制具有十分重要的意义。

2. 市场营销能力分析

企业的市场营销能力分析,即从企业的市场定位和营销组合两方面来分析企业在市场营销方面的长处和弱点。

市场定位是企业高层管理者在制定新的战略之前必须要回答的"谁是我们的顾客"这一问题。企业要为自己的产品和服务确定一个目标市场,从产品、地理位置、顾客类型、市场等方面来规定和表述。企业市场定位明确合理,可以使企业集中资源在目标市场上创造"位置优势",从而在竞争中获得优势地位。企业市场定位的准确性取决于企业市场研究和调查的能力、评价与确定目标市场的能力和占据与保持市场位置的能力。

市场营销组合是指可以用于影响市场需求和取得竞争优势的各种营销手段的组合,主要包括产品、价格、分销和促销等变量。有效地使用营销组合要求设计适应目标市场需要的营销组合,还要求根据产品生命周期的变化及时地调整营销组合。

3. 企业财务分析

企业的财务分析可以从企业的财务管理分析和企业的财务状况分析两方面进行。

(1) 企业的财务管理分析

企业的财务管理分析就是看企业财务管理人员如何管理企业资金,是否根据企业的战略要求决定资金筹措方法和资金的分配,监视资金运作和决定利润的分配。企业的财务决策主要有三种:筹资决策,决定企业最佳的筹资组合或资本结构,企业财务管理者应根据企业战略和政策的要求,按时按量从企业内外以合适的方式筹集到所需的资金;投资决策,企业财务管理者运用资本预算技术,根据新增销售、新增利润、投资回收期、投资收益率、达到盈亏平衡时间等将资金在各种产品、各个部门,以及新项目之间进行分配;股利分配决策,涉及分红和利润留成的比例问题。

(2) 企业的财务状况分析

企业的财务状况分析是判断企业实力和对投资者吸引力的最好办法。企业的清偿能力、债务资本的比率、流动资本、利润率、资产利用率、现金产出、股票的市场表现等可能排除许多原本可行的战略选择,企业财务状况的恶化也会导致战略实施的中止和现有企业战略的改变。分析企业财务状况的常用方法是财务比率的趋势分析,财务比率可分成清偿比率、债务与资产比率、活动比率、利润比率和增长比率五大类。

4. 其他内部因素分析

其他内部要素分析主要从企业文化方面进行分析。企业文化是由企业成员所共同分享的各种信念、期望、价值观的集合。企业文化为职工提供了一种认同感,激励职工为集体利益工作,增强了企业作为一个社会系统的稳定性,可以作为职工理解企业活动的框架和行为的指导原则。企业文化规定了企业成员的行为规范,对于企业战略的实施具有十分重要的影响。

对企业内部因素分析的结果,用企业内部因素评价表这一战略分析工具进行反映,从而对企业在管理、市场营销、财务、生产、研究与开发等各方面的长处与短处加以概括和评价,为制定有效的企业战略提供必要的信息基础。

2.3 企业竞争战略

著名战略管理学家迈克尔·波特在《竞争战略》一书中曾经提出过三种基本战略,即成本领先战略、差异化战略、集中化战略,他认为,企业要获得竞争优势,一般只有两种途径:一种是在行业中成为成本最低的生产者;另一种在企业的产品和服务上形成与众不同的特色,企业可以在或宽或窄的经营目标内形成这种战略。

阅读材料

格兰仕的成本领先战略

格兰仕占有国内60%左右的市场份额,欧洲35%的市场份额。由于微波炉这一产品的技术壁垒不高,格兰仕赢取优势靠的是建立"成本壁垒"。格兰仕是成本竞争战略的忠实信奉者,它在市场竞争中频频使用降价的手段,以确保总成本领先的优势。

格兰仕的成功取决于三条:一是规模化优势。其年产1200万台的产量使得其单位产品总成本实现了行业最低,而挑战者要突破格兰仕构筑的成本壁垒很困难。二是上游资源的打造。格兰仕能以绝对优势的产量,第一品牌的光环迫使供应商以超低的价格供货,建立起了有形和无形控制力极强的完整产业链条。三是以超低价格占领终端市场,并通过"价格战""清理门户"。

从格兰仕的环环相扣、持之以恒的降价战略来看,它走的是一条通过降价占有市场份额,获得扩大再生产的资本,通过扩大规模再降低成本,推动新一轮降价。构筑经营安全线,然后加大研发投入,通过规模分摊研发费用,以持续不断的降价造就持续不断的新产品,构筑技术安全线,从而形成一个"中国制造"的良性循环。

(资料来源:许晓明. 企业战略管理教学案例精选. 上海:复旦大学出版社,2001)

2.3.1 成本领先战略

1. 成本领先战略的概念

成本领先战略是企业获取竞争优势的战略之一。成本领先战略是指企业通过在内部加强成本控制，在较长时间内保持企业产品成本处于同行业的领先水平，并以低成本作为竞争的主要手段，使自己在激烈的市场竞争中保持优势，获取高于平均水平的利润。它是企业为了成为行业中的低成本生产者，以期在竞争中居于有利地位而采取的战略决策。成本领先战略的形式有：简化产品、改进设计、节约原材料、降低工资费用、实行生产革新和自动化、降低管理费用等。在成本领先战略方面最为突出的就是"春兰空调"，春兰公司有句著名的口号就是"牺牲自己，打垮对手"，是典型的与竞争对手拼价格、拼成本，靠低成本、低价格来取胜。另外，我们熟悉的"沃尔玛"、"家乐福超市"、"长虹"等都是采用的成本领先战略。

2. 成本领先战略的适用条件及其风险

成本领先战略是一种重要的竞争战略，但是它也有一定的适用范围。当具备下列条件时，采用成本领先战略会更有效力。

(1) 市场需求具有价格弹性。

(2) 所处行业的企业生产标准化产品，从而使价格竞争决定企业的市场地位。

(3) 实现产品差异化的途径很少。

(4) 多数客户以相同的方式使用产品。

(5) 用户购物从一个销售商改变为另一个销售商时，不会发生转换成本，因而特别倾向于购买价格最优惠的产品。

采用成本领先战略也会给企业带来一定的风险。例如，技术变革和技术进步会使以往的投资和效率变得无效；竞争对手通过模仿或向高技术装备进行投资，也可以做到低成本；只注意到生产成本的降低，而忽略了服务、技术开发、市场营销等方面的改进，以及忽略产品或市场的变化等。因此，运用成本领先战略，一定要考虑技术革新和技术进步的影响，注意竞争对手的战略反应和产品、市场的变化。

3. 企业低成本优势的来源

企业低成本优势的来源主要有四个方面：首先是规模经济，通过规模化来降低成本；其次是丰富的生产经验积累和低成本管理经验，以及最大限度地降低研究开发、服务、推销、广告等方面的成本费用，尽管质量、服务以及其他方面也不容忽视，但贯穿于整个战略之中的是使成本低于竞争对手；第三掌握了低成本生产要素的来源，诸如与原材料供应方面的良好联系，这些低成本要素难以被竞争对手模仿；第四是政策优势。总之成本领先战略在于借助规模经济、技术创新、运作效率提高、低人工成本、优惠地获取原材料等因素，获得低成本，并在获得较大市场占有率的同时赚取高于竞争者的利润，或建立进入壁垒把竞争者拒于市场之外。

2.3.2 差异化战略

阅读材料

美国泰麦克斯手表(Timex)的推销方式很特别，推销员在表店里表演给消费者看，拿起手表就往墙上摔，手表撞到墙上再掉到地上，捡起来，该手表走得很正常；把这种表绑在冲浪板上，绑在飞奔的马尾巴上，电视特写镜头照出来，手表走得很正常；把这种表从飞机上扔到大海里，再从海里捞出来，这种表走得很正常。因此，这种手表被放到欧洲市场去销售，欧洲其他手表的销量就急剧下降；这种表被放到非洲市场去销售，非洲其他手表的销售也急剧下降。这种“马戏团式”的促销方式很特别，因而取得了一定的成功。

（资料来源：许晓明. 企业战略管理教学案例精选. 上海：复旦大学出版社，2001）

1. 差异化战略的概念

所谓差异化战略，是指使企业产品、服务、企业形象等与竞争对手有明显的区别，以获得竞争优势而采取的战略。差异化战略是企业通过树立品牌形象、提供特性服务以及优势技术等手段，来强化产品特点，让消费者感觉其支付的费用尽管高于同类产品，但仍然是“物有所值”，甚至“物超所值”；企业也就有合理的利润空间，进一步加强在产品质量、新技术开发和附加值服务方面的投入，从而实现企业成长的良性循环。实现差别化战略可以有许多方式：设计名牌形象、技术上的独特、性能特点、顾客服务、商业网络及其他方面的独特性。例如，一种独特的口味（比萨饼）、一系列的特色（斯沃琪表）、可靠的服务（联邦快递公司的隔夜快递业务）、及时提供备用零件（卡特彼勒公司保证向全球各地的任何一个客户提供48小时备用零件的送货和免费安装）、物超所值（麦当劳和沃尔玛）、工程设计和性能卓越（奔驰汽车）、名望和特异性（劳力士手表）、产品可靠性高（强生公司婴儿产品）、高质量的制造（本田汽车）、技术领导地位（索尼公司的新产品）、全系列的服务（海尔的星级服务）、居于同类产品线之高端的形象和声誉（里茨·卡尔顿旅馆业务）。

2. 差异化战略的适用条件及其风险

差异化战略适用于以下情况。

(1) 有多种使产品或服务差异化的途径，而且这些差异化是被某些用户视为是有价值的。

(2) 用户对产品的使用和需求是不同的。

(3) 奉行差异化战略的竞争对手不多。

差异化战略面临以下风险。

(1) 可能丧失部分客户。如果采用成本领先战略的竞争对手压低产品价格，使其与实行差异化战略的厂家的产品价格差距拉得很大，在这种情况下，用户为了大量节省费用，只得放弃取得差异的厂家所拥有的产品特征、服务或形象，转而选择物美价廉的产品。

(2) 用户所需的产品差异的因素下降。当用户变得越来越成熟时，对产品的特征和差别体会不明显时，就可能发生忽略差异的情况。

(3) 大量的模仿缩小了感觉得到的差异。特别是当产品发展到成熟期时，拥有技术实力的厂家很容易通过逼真的模仿，减少产品之间的差异。

3. 差异化战略实现途径

形成产品或服务的差异化的方法有以下两种。

(1) 产品内在因素的差异化。是指企业在产品性能、设计、质量及附加功能等方面为顾客创造价值，并创造与竞争对手相区别的独特性。应当认清购买者是谁，然后要认清购买者所看重的价值是什么？要在客户看重的价值链环节中为客户创造与众不同的价值。

阅读材料

重庆涪陵榨菜公司的榨菜全国有名，吃起来又香又脆。日本人曾经想日本能不能制造出涪陵榨菜，曾把涪陵种榨菜的土拿回日本进行了化验，但最后他们得出结论：日本做不出涪陵榨菜，因为重庆涪陵榨菜公司做榨菜时有一道关键工艺，即当榨菜头收获以后，要把榨菜切成大片，用麻绳串起来，晾在涪陵江边上，在涪陵江边一种带潮湿的风，吹这些榨菜片，吹过2～3天以后，把榨菜片吹蔫了，将其洗净切碎，放到坛子里放上辣椒等调料即成涪陵榨菜。日本人说我们国家没有你们涪陵江边带潮湿的风，因此做不出涪陵榨菜。

(2) 产品外在因素的差异化。是指企业利用产品的包装、定价、商标、销售渠道及促销手段，使其与竞争对手在营销组合方面形成差异化，因而开创独特的市场。为此企业可以采取以下手段。

① 企业可采用定价、改进包装、树立名牌的方法实现产品差异化。即：高价显示高贵，精美包装显示优质。

② 通过宣传，利用广告形成产品的差异化。要通过各种传播手段，将有关产品特征的信息传达到市场，使顾客感到产品差异，从而在顾客心目中树立与众不同的形象。

③ 通过优质服务来实现产品差异化。如用免费送货、分期付款、一定时间内实行保修等方法，使产品形成差异化。

④ 通过分销渠道来实现产品差异化。如采用零售或上门推销等方法，使产品直接与顾客接触，使产品形象在顾客心目中产生差异。

产品外在因素差异化有时与能否满足消费者的物质需求没有多大关系，但它却能够使消费者心理上得到满足，感到实现了某种愿望，使顾客愿意为其所喜欢的商品支付更高的价格，从而建立起公司的信誉和顾客对企业产品的忠诚，使竞争对手难以与之竞争。

2.3.3 集中化战略

1. 集中化战略的概念与形式

(1) 集中化战略的概念

集中化战略，是指将企业的经营活动集中于某一特定的购买群体、产品线的某一部分或某一地域性市场，通过为这个小市场的购买者提供比竞争对手更好、更有效率的服务来建立竞争优势的一种战略。集中化战略最突出的特征是企业专门服务于总体市场的一部分。集中化战略与其他两个基本竞争战略不同，成本领先战略和差异化战略是将注意力放在整个产业上，而集中化战略是将焦点放在某特定市场。

(2) 集中化战略的形式

集中化战略有两种形式，即企业在目标细分市场中寻求成本优势的成本集中和在细分市场中寻求差异化的差异集中。通过实施集中化战略，企业能够划分并控制一定的产品势力范围。在此范围内其他竞争者不易与其竞争，所以市场占有率比较稳定。通过目标细分市场的战略优化，企业围绕一个特定的目标进行密集性的生产经营活动，可以更好地了解市场和顾客，能够比竞争对手提供更为有效的商品和服务，以获得以整体市场为经营目标的企业所不具备的竞争优势。采用集中化战略，能够使企业或事业部专心地为较窄的战略目标提供更好的服务，充分发挥自己的优势，取得比竞争对手更高的效率和效益。

2. 集中化战略的适用条件及其风险

具备以下4种条件，采用集中化战略是适宜的。

(1) 具有完全不同的用户群，这些用户或有不同的需求，或以不同的方式使用产品。

(2) 在相同的目标细分市场中，其他竞争对手不打算实行集中化战略。

(3) 企业的资源不允许其追求广泛的细分市场。

(4) 行业中各细分市场在规模、成长率、获利能力等方面存在很大差异，致使某些细分市场比其他市场更有吸引力。

集中化战略也包含一些风险，如众多的竞争者可能找到更有效的方式，在服务于狭窄的目标市场方面，超过实施集中化战略的企业；用户的需求和偏好从集中化战略企业的特定产品转移到一般产品等，这些会导致集中化战略丧失效力。

2.4 企业战略的制定、实施和控制

2.4.1 战略制定概念和程序

1. 战略制定的概念

战略制定是指确定企业任务，认定企业的外部机会与威胁，明确企业内部优势与弱点，建立长期目标，制定供选择战略，以及选择特定的实施战略。

2. 战略制定的程序

战略制定一般遵循以下的程序，如图2-3所示。

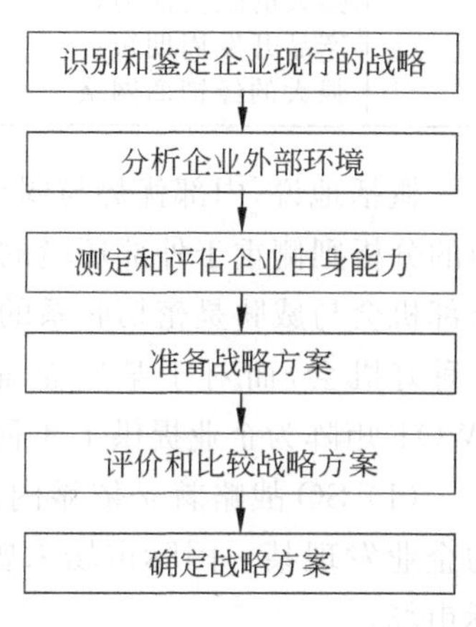

图2-3 战略制定程序

2.4.2 战略制定方法——SWOT分析

1. SWOT分析概念

SWOT分析是企业战略制定中一种常用的分析工具，被广泛运用在企业战略管理、市场研究、竞争对手分析等领域中。SWOT分析法又称为态势分析法，它是由旧金山大学的管理学教授于20世纪80年代初提出来的，SWOT四个英文字母分别代表：优势（Strength）、劣势（Weakness）、机会（Opportunity）、威胁（Threat）。所谓SWOT分析，就是将与研究对象密切相关的各种主要内部优势和劣势、外部机会和威胁等，通过调查列举出来，并依照矩阵形式排列，然后用系统分析的思想，把各种因素相互匹配起来加以分析，从中得出一系列相应的结论，而结论通常带有一定的决策性。

2. SWOT分析步骤

SWOT分析一般包括以下步骤如下：

(1) 罗列企业的优势和劣势，可能的机会与威胁。

(2) 优势、劣势与机会、威胁相组合，形成SO、ST、WO、WT策略。

(3) 对 SO、ST、WO、WT 策略进行甄别和选择，确定企业目前应该采取的具体战略与策略。

3. SWOT 分析考虑因素与备选战略

SWOT 分析中一般应考虑的因素如表 2-2 所示。

表 2-2 SWOT 分析中一般考虑的因素

	外部机会(O)	外部威胁(T)
外部环境	客户群的扩大趋势； 市场进入壁垒降低； 市场需求增长强劲，可快速扩张； 前向或后向整合机会； 获得并购竞争对手的能力； 出现向其他地理区域扩张、扩大市场份额的机会	出现将进入市场的强大的新竞争对手； 替代品抢占公司销售额； 主要产品市场增长率下降； 人口特征、社会消费方式的不利变动； 市场需求减少； 客户或供应商的谈判能力提高
	内部优势(S)	内部劣势(W)
内部环境	独特的生产技术； 领先的革新能力； 先进的生产流水线； 优秀的品牌形象； 很强的组织学习能力； 有专长的职员； 高质量的控制体系； 强大的融资能力； 产品开发周期短； 强大的经销商网络	技术开发滞后； 产品竞争地位弱； 设备老化； 管理不善； 营销水平低； 资金拮据； 生产成本高

概括地说，内部优势与弱点的分析侧重于企业自身实力与主要竞争者的比较，而机会与威胁的分析则侧重于外部环境的变迁及其对企业现有与潜在的影响上。而且内部优势与弱点和外部机会与威胁是密切联系的，外部环境的某种变化对于具有某种特殊竞争力的企业可能是一种好机会，而对于某些企业则可能是致命的威胁。根据企业内外部环境的不同状况，SWOT 矩阵为企业提供了 4 种可供选择的战略，即 SO 战略、WO 战略、ST 战略、WT 战略。

(1) SO 战略就是依靠内部优势去抓住外部机会的战略。如一个资源雄厚(内在优势)的企业发现某一国际市场未曾饱和(外在机会)，那么它就应该采取 SO 战略去开拓这一国际市场。

(2) WO 战略是利用外部机会来改进内部弱点的战略。如一个面对计算机服务需求增长的企业(外在机会)，却十分缺乏技术专家(内在劣势)，那么就应该采用 WO 战略培养、招聘技术专家，或购入一个高技术的计算机公司。

(3) ST 战略就是利用企业的优势，去避免或减轻外部威胁的打击。如一个企业的销售渠道(内在优势)很多，但是由于各种限制又不允许它经营其他商品(外在威胁)，那么就应该采取 ST 战略，走集中化的道路。

(4) WT 战略就是直接克服内部弱点和避免外部威胁的战略。如一个商品质量差(内在劣势)，供应渠道不可靠(外在威胁)的企业应该采取 WT 战略，强化企业管理，提高产品质量，稳定供应渠道，或走联合、合并之路以谋生存和发展。

SWOT方法的基本点，就是企业战略的制定必须使其内部能力(优势和劣势)与外部环境(机遇和威胁)相适应，以获取经营的成功。

2.4.3 战略实施

1. 战略实施概念与步骤

(1) 战略实施概念

战略实施是将战略构想转化成战略行动的过程。如果制定的战略不能实施，那么战略制定对企业来说就没有什么价值。美国管理学者波奈玛就战略实施的重要性曾说到："一个合适的战略如果没有有效地实施，会导致整个战略失败。但是有效的战略实施不仅可以保证一个合适的战略成功，而且还可以挽救一个不合适的战略或者减少它对企业造成的损害。"

(2) 战略实施步骤

战略实施包括三个步骤：第一步是制订行动计划和职能部门策略，行动计划通过指明公司在特定时期的特定任务来指导战略实施，而职能部门策略是公司为了实施战略而进行的短期活动；实施阶段的第二步是将战略整合入组织；第三步，也就是最后一步，是建立战略控制和持续改进，持续改进使公司能及时对快速变化的外部环境做出反应，而战略控制有助于追踪战略实施的情况，发现潜在的问题或变化，并且进行必要的调整。

2. 企业战略实施注意的问题

实施企业战略时要做好以下几个方面的工作。

(1) 重视战略实施前的发动工作，提高员工对战略的认同度

只有让广大员工了解企业战略意图，并认同企业战略目标的前提下，才能调动他们的积极性和主动性，激发出他们的参与热情。因此通过耐心细致的动员，把大家思想和认识统一到企业的价值观和战略目标上显得尤其重要。这需要向员工讲清楚内外部环境给企业带来的机遇和挑战以及实施新战略对员工自身的影响和长远利益关系，依靠战略勾画出的生动而富于创造性的远景来鼓舞员工士气，使企业战略得到员工的充分拥护和支持，从而奠定战略实施和推进的基础。

(2) 战略实施前制订具体和可操作的实施计划

实施计划主要包括以下内容：一是将企业总目标、总任务作时间上的分解，明确进度规划和分阶段目标，并分析论证既定时间框架下的可行性；二是作空间分解，制定各事业部和职能部门相应的分战略，在分战略和分任务明确之后，进一步制定相应的措施和策略；三是明确企业不同时期、不同部门的战略重点，哪些指标需要确保，哪些指标可以相对灵活，当指标之间相互冲突时的取舍即战略目标优先权的问题，以便有重点地全面推进企业战略，保证战略目标实现。

(3) 战略实施的影响因素要同战略匹配

战略管理的实质是使企业的内部条件与外部环境所提供的机会和威胁相配合，战略作为使企业内部条件与外部环境相连接的中间环节，决定了匹配是战略管理的关键问题。以下从几个方面对战略实施中的匹配问题给以具体说明。

① 领导风格与战略实施的匹配。在战略实施中，领导风格与战略的匹配构成战略与企业内部要素配合的一个主要方面。由于不同的战略对战略实施者的知识、价值观、技能及个人品质等方面有不同的要求，因此战略要发挥出最大的功效，需要战略与领导者特点的匹配。

② 组织结构与战略实施的匹配。“组织”是战略执行中最重要的、最关键的要素。完善而有效的“组织”不仅为“资源”或“要素”的运行提供最为适当的空间，而且可以部分地缓解资源、要素等方面的缺陷。只有战略与组织结构达到最佳配合时，才能有效地实现战略目标，但由于战略的前导性和组织结构的滞后性使组织结构的变革往往跟不上战略实施的需要，组织工作的首要任务就是在经营战略的基础上选择适宜的组织结构。

③ 企业文化与战略实施的匹配。加强企业文化建设，保证企业文化同企业宗旨、理念、目标的统一，是企业战略实施成功的一个重要环节。通过企业文化的导向、激励和凝聚作用把员工统一到企业的战略目标上是战略实施的保证。因此企业文化应适应并服务于新制定的战略。

④ 资源分配与战略实施的匹配。企业战略目标的实现需要资源的配合。资源不仅包括物力资源和财力资源，更重要的是人力资源。企业的各事业部和职能部门对资源的要求跟其承担的任务密切相关，因此资源分配、特别是人力资源如何有效合理配置，以满足战略实施的需要应该引起足够的重视。

(4) 注重战略实施过程中的调整和变革管理

战略是在不断变化的内外部环境下实施的，环境变化的某些不可预测性会使企业的战略意图和战略行动之间产生不一致。因此战略实施过程中要求战略随环境的变化做出相应的调整和变革，即战略的动态管理。

2.4.4 战略控制

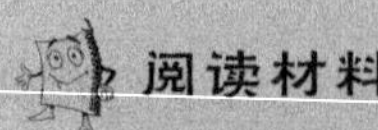

“永久”自行车的衰落

“永久”牌自行车曾经可以说是家喻户晓，以其优良的质量赢得了广大消费者的青睐，几十年畅销不衰。然而自20世纪90年代中后期以来，上海永久自行车公司的效益却大幅下滑，甚至连年亏损，戴上了“ST”的帽子，处于身陷重围、步履维艰境地。

上海永久是怎样落入困境的呢？原因有很多，如行业竞争的激烈、夕阳产业的利润微薄、投资的失误、管理的低效、技术创新的薄弱等。但主要的原因还是战略管理的失败。永久自行车自打响后，几十年一直畅销不衰。这给公司决策者造成一种错觉：顾客最欢迎这种坚固耐用的自行车，不希望它有任何改变。然而，随着时间的推移，市场需求却在悄悄地变化，而上海永久公司仍固守原来的质量和稳定的经营理念，没有什么创新。

“永久”这支老牌劲旅，战略目标和定位是无可置疑的，但由于管理体制和自身机制的落后，忽视战略控制的重要性，使得管理过程变得虎头蛇尾。在计划经济体制下，“永久”牌自行车一直是紧俏产品，生产的自行车全部包销给各地的一级批发站；向市场经济过渡后，竞争日益加剧，该公司却没有及时建设自己的销售网络，竞争优势逐渐丧失。就连“永久”一直引以为豪的质量也是缺乏了控制。“永久”曾经是国内质量最优的自行车，但进入市场经济后，由于企业不能完全适应，造成管理上放松，在质量方面也出现了诸多问题，如车架等铜焊不饱满，造成车架接头泛锈，外购件辐条断裂，内胎沙眼多，造成漏气。但“永久”公司并没有及时采取措施纠正这一问题，连起家的资本也逐渐丧失。

（资料来源：李剑锋，王珺之. 战略管理十大误区. 北京：中国经济出版社，2004）

1. **战略控制概念**

战略控制主要是指在企业经营战略的实施过程中，检查企业为达到目标所进行的各项活动的进展情况，评价实施企业战略后的企业绩效，把它与既定的战略目标与绩效标准比较，发现差距，分析产生偏差的原因，纠正偏差，使企业战略的实施更好地与企业当前所处的内外环境、企业目标协调一致，使企业战略得以实现。

企业战略管理过程的最后一个环节就是战略控制。在战略的实施和执行过程中，由于种种原因可能使结果偏离预订的战略目标，控制的目的就在于纠正偏差，对原来战略中的缺陷进行修正、补充和完善。一个企业不能只有计划没有控制，计划制订得再好，也可能与现实存在偏差，如果不去纠偏，不去控制，可能会导致整个战略的失败。

2. **战略控制的内容与方法**

(1) 战略控制的内容

对企业战略的实施进行控制主要包括以下内容。

① 设定绩效标准。根据企业战略目标，结合企业内部人力、物力、财力及信息等具体条件，确定企业绩效标准，作为战略控制的参照系。

② 绩效监控与偏差评估。通过一定的测量方式、手段、方法，监测企业的实际绩效，并将企业的实际绩效与标准绩效对比，进行偏差分析与评估。

③ 设计并采取纠正偏差的措施，以顺应变化的条件，保证企业战略的圆满实施。

④ 监控外部环境的关键因素。外部环境的关键因素是企业战略赖以存在的基础，这些外部环境的关键因素的变化意味着战略前提条件的变动，必须给予充分的注意。

⑤ 激励战略控制的执行主体，以调动其自控制与自评价的积极性，以保证企业战略实施的切实有效。

(2) 战略控制的方法

为了实施有效的控制，人们在战略控制系统中使用了多种控制方法。下面介绍几种常用的控制方法。

① 预算。预算可能是最广泛使用的控制方法或工具。所谓预算是一种以财务指标或数量指标表示的有关预期成果或要求的文件。预算一方面起着如何在企业内各单位之间分配资源的作用；另一方面，它也是企业战略控制的一种方法。预算准备完了之后，企业内部的会计部门就要保留各项开支记录，定期作出报表，表明预算、实际支出以及二者之间的差额。做好报表之后，通常要送到该项预算所涉及的不同层次的负责人手中，由他们分析偏差产生的原因，并采取必要的纠正措施。

② 审计。审计是客观地获取有关经济活动和事项的论断的论据。通过评价弄清所得论断与标准之间的符合程度，并将结果报知有关方面的过程。

③ 个人现场观察。这是指企业的各层次管理人员(尤其是高层管理人员)深入到各生产经营现场，进行直接观察，从中发现问题，并采取相应的解决措施。

3. **战略控制的方式**

从控制时间来看，企业的战略控制可以分为以下3类。

(1) 事前控制

在战略实施之前，要设计好正确有效的战略计划，该计划要得到企业高层的批准后才能执行，所批准的内容往往也就成为考核经营活动绩效的控制标准。这种控制多用于重大问题的控制，如任命重要的人员、重大合同的签订、购置重大设备等。

(2) 事后控制

事后控制发生在企业的经营活动之后，把战略活动的结果与控制标准相比较。这种控制方式工作的重点是要明确战略控制的程序和标准，把日常的控制工作交由职能部门人员去做，即在战略计划部分实施之后，将实施结果与原计划标准相比较，由企业职能部门及各事业部定期地将战略实施结果向高层领导汇报，由后者决定是否有必要采取纠正措施。

(3) 随时控制

随时控制即过程控制，企业高层领导者要控制企业战略实施中的关键性的过程或全过程，随时采取控制措施，纠正实施中产生的偏差，引导企业沿着战略的方向进行经营，这种控制方式主要是对关键性的战略措施要进行随时控制。

从控制的切入点来看，企业的战略控制可以分为以下 5 种。

(1) 财务控制

财务控制方式覆盖面广，是用途极广的非常重要的控制方式，包括预算控制和比率控制。

(2) 生产控制

生产控制即对企业产品品种、数量、质量、成本、交货期及服务等方面的控制，可以分为产前控制、过程控制和产后控制等。

(3) 销售规模控制

销售规模太小会影响经济效益，太大会占用较多的资金，也影响经济效益，为此要对销售规模进行控制。

(4) 质量控制

质量控制包括对企业工作质量和产品质量的控制。工作质量不仅包括生产工作的质量，还包括领导工作、设计工作、信息工作等一系列非生产工作的质量，因此，质量控制的范围包括生产过程和非生产过程的其他一切控制过程。质量控制是动态的，着眼于事前和未来的质量控制，其难点在于全员质量意识的形成。

(5) 成本控制

通过成本控制使各项费用降低到最低水平，达到提高经济效益的目的。成本控制不仅包括对生产、销售、设计、储存等有形费用的控制，而且还包括对时间等无形费用的控制。在成本控制中要建立各种费用的开支范围、开支标准并严格执行，要事先进行成本预算等工作。成本控制的难点在于企业中大多数部门和单位是非独立核算的，因此缺乏成本意识。

本章小结

企业战略的概念、特征；企业战略有三个层次：公司战略、竞争战略和职能战略；企业战略的概念、特点以及作用。企业愿景和使命的含义；企业战略目标的含义和内容。

企业战略环境分析包括企业外部环境分析和企业内部环境分析。企业外部环境中的宏观环境包括政治法律环境、经济环境、社会文化环境、科技环境；外部环境中的行业环境可以从产业竞争性和行业生命周期来分析。企业内部环境分析可以从企业内部管理分析、市场营销能力分析、企业财务分析和其他内部因素分析几个方面进行。

企业的三种基本竞争战略是成本领先战略、差异化战略、集中化战略，这三种战略各自的概念、使用条件以及可能的风险。

战略制定概念、程序以及SWOT分析法；战略实施概念、步骤以及实施过程中要注意的问题；战略控制概念、内容、方法以及方式。

思考题

1. 什么是企业战略？企业战略的特征有哪些？
2. 企业战略层次是哪几个？
3. 什么是企业战略管理？作用是什么？
4. 如何理解企业愿景、企业使命？
5. 企业战略目标是什么？
6. 企业外部宏观环境分析包括哪些内容？分析一下某汽车企业的外部宏观环境。
7. 波特的五种力量模型是怎样的？以某一行业为例，分析产业竞争五种力量对该行业的影响。
8. 行业生命周期经历哪几个阶段？
9. 企业内部环境分析包括哪些方面？
10. 基本的竞争战略是哪三种？各自的适用条件和风险是什么？
11. 战略制定的一般程序是什么？
12. 什么是SWOT分析法？请作娃哈哈进入可乐市场的SWOT分析。
13. 实施企业战略时要做好哪几方面的工作？
14. 什么是战略控制？其主要内容有哪些？
15. 战略控制的方式有哪些？

实践与实训

中国人对汽车赋予了太多的梦想和期许，对个人而言，它是代步工具，是提高生活品质的商品，也是身份地位的象征、美好生活的伴侣；对国家和民族而言，它是带动整个经济发展的龙头产品，是一个国家经济地位和实力的象征；汽车还承载了国人对外国品牌横行中国的不甘与无奈，以及民族自有品牌跻身世界的梦想。李书福正是这样一个将梦想变为现实的人。

李书福是浙江台州的一名普通农民，1986年以冰箱配件为起点开始了吉利的创业历程，1996年5月，成立吉利集团有限公司，走上了规模化发展的道路。1997年，吉利进入汽车产业。

汽车市场竞争激烈，技术、资金、管理水平门槛极高，作为一家无任何先天优势的民营企业，从开始生产汽车之初，吉利就一直面临各方的质疑甚至歧视。自1997年正式进入汽车领域后，企业很少得到来自政府的支持，更没有合资企业在金融和财税方面享受到的各种优惠政策，同时还得顶着同行的“奚落”、“嘲笑”甚至“打压”。但吉利没有在困难面前止步，而是以勇敢的挑战者姿态执著前行，同时采取了非常务实的发展战略。李书福及其管理团队凭借自身的执著和努力，多年来坚守“造老百姓买得起的好车，让吉利汽车走遍全世界”这一信念，并将其作为企业发展的战略。从1998年8月8日，第一辆吉利汽车在浙江省临海市下线，到如今已拥有年产30万辆整车、30万台发动机和20万台变速器的生产能力。浙江吉利控股集团有限公司现有吉利豪情、美日等七大系列30多个品种的轿车；拥有1.0L(三缸)、1.0L(四缸)等六大系列发动机；拥有JLS160、JLS160A等七大系列变速器。上述产品均通过国家的3C认证，达到欧Ⅲ排放标准，其中4G18、4G10发动机已经达到欧Ⅳ标准；吉利拥有上述产品的完全自主知识产权。

2005年吉利汽车销售创造了令人瞩目的业绩，全年共销售各类吉利轿车近15万辆，同比增长50%以上；实现销售收入近66亿元，同比增长40%以上；实现利税近9亿元，同比增长35%以上；全国轿车市场占有率达到5.25%，经济型轿车市场占有率达到23.78%；全国轿车销量排名第九，1.5L以下轿车销量排名第二。同年10月吉利商标被认定为中国驰名商标。

同时，吉利也逐步走向国际市场，2004年，吉利汽车出口4846辆，名列中国轿车出口第一名；2005年，吉利出口轿车近7000辆，同比增长60%以上；出口国扩展到三十多个国家，吉利汽车作为中国第一家自主品牌企业参加德国法兰克福车展。

种种非议和责难似乎已成为过去，吉利已经初步实现了“造老百姓买得起的好车，让吉利汽车走遍全世界”的目标。对于未来，李书福显得意气风发。就在不久前，李书福在接受媒体采访时更是宣布：吉利汽车未来要占中国汽车市场份额的10%，吉利的发展将踏上快车道。

要求：作吉利集团的SWOT分析和汽车行业的五种力量分析。

第3章 组织管理

学习目标

知识点

1. 组织的概念和特点。
2. 组织设计的原则和组织结构的模式。
3. 组织变革。

技能点

1. 部门和管理层次的划分。
2. 组织结构图的绘制和描述。
3. 权力与职权、直线与参谋、集权与分权的处理。

阅读材料

膨　胀

有一家公司淘汰了一批落后的设备。

董事长说："这些设备不能扔，找个地方放起来。"于是专门为这批设备修建了一间仓库。

董事长说："防火防盗不是小事，找个看门人。"于是找了个看门人看管仓库。

董事长说："看门人没有约束，玩忽职守怎么办?"于是又派了两个人过去，成立了计划部，一个负责下达任务，一个负责制订计划。

董事长说："我们必须随时了解工作的绩效。"于是又派了两个人过去，成立了监督部，一个负责绩效考核，一个负责写总结报告。

董事长说："不能搞平均主义，收入应拉开差距。"于是又派了两个人过去，成立了财务部，一个负责计算工时，一个负责发放工资。

董事长说："管理没有层次，出了岔子谁负责?"于是又派了四个人过去，成立了管理部，一个负责计划部工作，一个负责监督部工作，一个负责财务部工作，一个总经理——管理部总经理对董事长负责。

董事长说："去年仓库的管理成本为35万元，这个数字太大了，你们一周内必须想出解决办法。"于是，一周之后，看门人被解雇了……

企业的组织机构越来越膨胀、制度越来越烦琐、文件越来越多、效率越来越差……这许许多多的组织管理问题如何来解决呢？保持事物的简单化是对付复杂和烦琐的最有效方式。

3.1 组织管理概述

3.1.1 组织及其分类

1. 组织的概念

著名的组织学家巴纳德认为：由于生理的、心理的、物质的、社会的限制，人们为了达到个人的和共同的目标，就必须合作，于是形成群体，群体发展为组织。所谓组织，是由两个或两个以上的人为了实现共同的目标组合而成的有机整体。由于组织是由人和其相互关系组成的，因此，组织既是有形的，又是无形的。我们可以从以下几个方面把握组织的具体含义。

(1) 组织必须有一个共同的目标

组织目标是指一个组织要达到的主要目的，任何一个组织都是为一定的目标而组织起来的，目标是组织的最重要条件。无论其成员各自的目标有何不同，但一定有一个为其成员所接受的共同目标。组织目标就是组织的宗旨或纲领，它说明建立这个组织的目的性。不同组织有不同的目标。组织目标是识别组织的性质、类别和职能的基本标志。任何组织都把确定组织目标作为最重要的事。因为组织目标对组织的全部活动起指导和制约作用。

(2) 组织成员必须进行分工合作

组织目标往往是组织内单个的成员无法实现的，必须由全体成员分工合作才能共同完成。没有分工与合作的群体不能称为组织。企业根据需要设立不同的部门是一种分工，但是，仅有分工而不把合作关系引入组织，降低交易成本，那么企业也就不可能产生。事实上，成功的企业必然是高效的企业；高效的企业有赖于有效的组织；有效的组织必然是内部分工合理、职责明确，从而可以避免各环节之间、各部门之间互相推诿和扯皮。

(3) 组织是一个职务结构或职权结构

它的含义是组织中的每个人都有特定的职责权利，组织工作的主要任务也就在于明确这一职责结构以及根据组织内外环境的变化使之合理化。组织中的每一个成员不再是独立的、自己只对自己负责的个人，而是组织中的既定角色，承担着实现组织目标的任务。

(4) 组织是一个责任系统，反映上下级关系和横向沟通网络

在这个网络中，下级有向上级报告自己工作效果的义务和责任，上级有对下级的工作进行指导的责任，同级之间应进行必要的沟通。这些都由组织工作来完成。正如孔茨所说：正式组织是通过对职务结构的理解而设想出来的。按此含义，可把组织工作看做是把为达到目标而必需的各项活动进行组合，把管理每项活动所必需的职权授予该管理者，规定企业结构中的横向的和纵向的协调关系。

由此可见，组织必然是一种具有明确目标、进行分工合作并且可以规范和限制组织成员的行为的系统性结构。

2. 组织的分类

根据不同的标准，可以对组织进行不同的分类。较为常用的组织分类主要有以下几种。

(1) 根据组织的目标不同分类

根据组织的目标不同分类，组织可以分为公益组织（政府机关、研究机构、消防队等），互益组织（政党、工会、俱乐部以及其他团体等），工商组织（工矿企业、商业公司、银行等），服务

组织(医院、托儿所、党校及其他社会服务机构等)。

(2) 根据组织的性质不同分类

根据组织的性质不同,组织可以分为经济组织(如生产企业、商店、银行、交通运输和服务性组织等),政治组织(各种党派、政治团体等),军事组织(军队、警察等),学术组织(学术研究机构、协会、学会等)和宗教组织等。

(3) 根据组织是否自发形成分类

根据组织是否自发形成分类,组织可以分为正式组织与非正式组织。所谓正式组织,指的是为了达到一定的目的,由两个以上的人所组成的,具有明确的内部结构和制度规范的分工协作系统。非正式组织是人们在共同的工作和活动中,为了满足获得友谊、帮助和社交需要,而在正式组织以外自发地形成的组织,它的主要功能在于满足组织成员个人的各种不同的需要(主要是满足心理需要)为基础的。组织成员之间带有明显的情绪色彩,其联结的组带往往是个人之间的需要、爱好与兴趣。

(4) 按组织的人数多少或生产能力大小分类

按组织的人数多少或生产能力大小分类,组织可分为大型组织、中型组织和小型组织。

(5) 根据运用权利和权威的程度不同分类

根据运用权利和权威的程度不同分类,组织可以分为功利性组织、规范性组织和强制性组织。功利性组织的领导者在运用权利和权威的同时,实行经济和物质奖励,如工商企业等经济实体组织。规范性组织的领导者的权威往往建立在业务专长之上,其用来激励职工的多为内在的价值。如学校、医院、社会团体等均属于这类组织。强制性组织的领导者则主要运用强制性的措施手段约束组织成员,如监护性的精神病院、劳教所、监狱等组织。

3.1.2 组织管理的内容

组织管理是指通过设计和维持组织内部的结构以及相互之间的关系,使人们为实现组织的目标而有效地协调工作的过程。

组织管理的任务是规定每个人的责任,规定各成员之间的关系,调动组织中每个成员的积极性。组织设计、组织运行和组织变革是组织管理的主要内容。其特定的活动过程如图 3-1 所示。

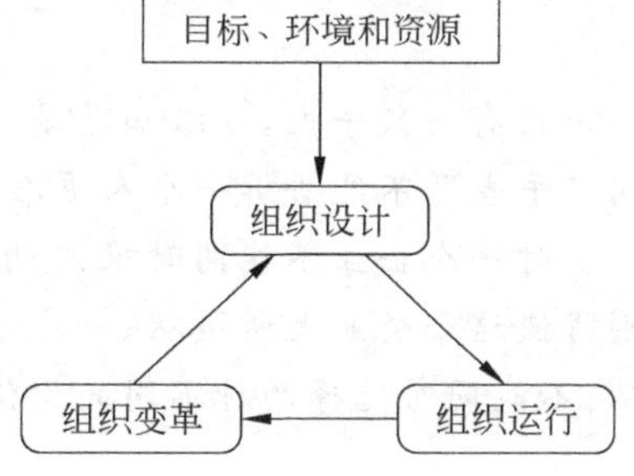

图 3-1 组织管理的过程

1. 组织设计

组织设计是以组织结构安排为核心的组织体系的整体设计工作,也称为组织结构设计,是在新组织的组建或原有组织结构出现问题时管理者的当务之急。组织结构是指组织的框架体系,简单地说,组织设计就是确定组织的“骨架”。一个组织为了有效地实现其目标,必须探索如何设计其结构。

组织设计的任务是提供组织结构系统图和完成职务说明书的编制。

2. 组织运行

如果我们把组织结构看成是静态的流程,那么,组织运行就使其结构动态化了。组织的运行既包括组织制度的建立、组织冲突的协调和运行机制的健全,还包括对组织运行过程的调控等内容。

3. 组织变革

组织变革是组织管理人员为适应内外环境及条件的变化，对组织目标、结构、制度、文化等进行调整和修正的活动。组织变革属于组织管理过程中的反馈和修正，以提高组织的效率，增进组织的适应性，是为组织发展提供达到目的的手段。

3.2 组织设计

3.2.1 组织设计的原则

组织设计有一些共性的东西，即组织设计的原则。以泰罗、法约尔和韦伯等人为代表的古典组织理论对此提出了不少重要的原则。传统组织设计原则包括任务目标、统一指挥、有效幅度、权责相称等原则，当代管理实践则形成了一些新的原则。

1. 传统的组织设计原则

传统的组织设计包括以下原则。

(1) 任务目标原则

任务目标原则是一条总的原则，该原则表明组织设计一方面是实现组织目标的手段；另一方面，任务、目标完成情况是衡量组织设计是否正确有效的最终标准。

(2) 统一指挥原则

统一指挥原则即任何一个下级只能接受一个上级的指挥，或者说一个人只能接受同一个命令，避免多头指挥，保证生产经营指挥的统一。

阅读材料

手表定律

只有一只手表，可以知道是几点，拥有两只或两只以上的手表，却无法确定是几点；两只手表并不能告诉一个人更准确的时间，反而会让看表的人失去对准确时间的信心。

对一个企业不能同时采用两种不同的管理方法，不能同时设置两个不同的目标，否则将使这个企业无所适从；一个人不能由两个以上的人来指挥，否则将使这个人无所适从；不能同时选择两种不同的价值观，否则，他的行为将陷于混乱。

(3) 有效幅度原则

有效幅度原则即确定一个合适的管理幅度，不能过大。

(4) 权责相称原则

权责相称原则应保证每一层次、部门、岗位的责任与权力相对应，防止有职无权、有权无责、权大责小、权小责大的情况出现。

(5) 分工协作原则

组织部门、岗位的设置既要实行专业分工，以利于提高质量和效率；又要重视部门之间的协调和配合，加强横向联系，以发挥整体效率。

阅读材料

"小狗经济"和"斑马经济"

在动物世界中，三只小狗攻击一匹大斑马，第一只小狗咬住斑马的鼻子，第二只小狗咬住斑马的屁股，第三只小狗则咬住了斑马的腿，咬了很久，斑马终于倒下了。三只小狗吃掉一只大斑马，其秘诀在于8个字：分工明确，合作紧密。

某地有上千家摩托车零部件生产企业，基本上都是家族式企业或家庭工厂。他们分工非常细致，有些企业或家庭甚至只生产一种螺丝钉，千家万户联合起来，整个地区就成了一个特大型的摩托车生产集团。这个"集团"的效率非常高，成本也比许多大型摩托车集团要低。

其他许多大型企业集团，由总部对各分厂、各车间进行统一管理，要建立庞大的管理体系，管理成本上升到什么程度，资源潜力就浪费到什么程度。这种经济形式被称为"斑马经济"。"小狗经济"的每个家庭、每个小企业都有一个原动力，那些大企业集团只有一个原动力，结果"小狗经济"的原动力就是"斑马经济"原动力的100倍或1000倍。

(6) 精简与效率原则

精简与效率原则即经济原则。机构要精，层次要减，用人要少。

(7) 执行与监督分离原则

要保证执行有力、监督有效，必须把监督部门与执行部门分开。

(8) 才职相等原则

什么样的职务就应该安排什么样能力的人去干，使人的才能与职务相当。做到人尽其才，才尽其用，用得其所；不要学非所用，大材小用，更不能小材大用。

2. 现代的组织设计原则

现代的组织设计包括以下原则。

(1) 权力和知识匹配原则

传统管理理论强调职位与权力相匹配，但由于知识、技术的突飞猛进，以职位为基础的权力越来越难以在组织中形成对下属的持久影响力，而以"专家"构成的参谋部门越来越重要，应赋予专家、参谋部门以相应的职权，以使他们有效地发挥作用，为组织服务。而且，知识的分散化使知识由以前集中于管理人员而回归于员工，对管理提出了分权要求。因此，组织设计应考虑知识与权力匹配的问题。

(2) 集权与分权相结合原则

组织应根据实际需要来决定集权与分权的程度。组织设计既要体现统一指挥，又要体现分权。分权的好处是能使各级管理人员具备必要的能力，有利于及时解决问题，调动积极性，因此，既要集中，又要分散，考虑两者的最佳结合。

(3) 弹性结构原则

为适应环境变化，提高组织的竞争能力，一个组织的结构应具有弹性。也就是说，一个组织的组织结构应具有可变性，要能够根据组织内外部条件的变化及时做出必要的调整。

阅读材料

青蛙实验

19世纪末,美国康乃尔大学做过一次有名的青蛙实验。他们把一只青蛙冷不防丢进煮沸的油锅里,在那千钧一发的生死关头,青蛙用尽全力,一下就跃出油锅,安全逃生。

半小时后,他们使用同样的锅,在锅里放满冷水,然后把那只死里逃生的青蛙放到锅里,接着用炭火慢慢加热,青蛙悠然地在水中享受"温暖",等到它感到热度已高,必须逃生时,却发现为时已晚,终于葬身在热锅里。

一个企业组织必须能够应对不断变化的社会环境,管理者更要有深远而犀利的洞察力,让企业始终保持高度的竞争力,切不可在浑浑噩噩中度日,更不可躲避在暂时的安逸中。如果管理者与企业对环境变化没有高度的警觉,企业最终会面临这只青蛙一样的下场。

(4) 信息畅通原则

现代组织离开信息就无法进行管理,因此要正确设计一个信息传递系统,使信息能够双向沟通,做到信息的反馈准确、灵敏和有力。

现代组织内外部环境千变万化,在组织结构设计时,我们应综合运用上述原则。

3.2.2 组织部门与层次的划分

1. 组织部门的划分

(1) 部门的概念

所谓部门是指组织中的各类主管人员按照专业化分工的要求,为完成某类特定的任务而有权管辖的一个特定的领域,它既是一个特定的工作领域,也是一个特定的权力领域。

管理劳动的分工,包括横向和纵向两个方面。横向的分工将组织活动分解成不同岗位和部门的任务,其结果是部门化;纵向的分工是确定管理层次,并规定各层次管理人员的职责和权限,其结果是管理权限的相对集中或分散。

(2) 部门划分的方法

组织部门划分就是按工作的内容和性质,将组织人员划分成一定的管理职能部门。按照部门划分所依据的不同标准,部门划分具体包括以下方法。

① 按职能划分部门。这种部门划分方法的特点是按照业务性质或者相同(或相似)的职能划分部门,是最普遍的部门设计方法,在各类组织中被广泛采用。如企业中的供应、生产、销售、财务和后勤等部门的设立,以及政府组织中的经济管理、文化管理和政治等部门和机构的建立,都是这一划分标准和方法的体现。

按照职能设计和划分组织部门的方法,符合职能专业化分工的原则,可以做到事权专一、职责明确、力量集中,有利于提高各部门的效率和工作人员的专业技术水平。不过,这种部门划分方法也容易形成组织职能的专业性部门分割,造成部门本位主义,使组织中的综合事务和职能难以落实,也增加了组织统一和协调的难度。

② 按区域划分部门。以组织活动的特定区域作为组织部门划分的依据,将该区域内组织的全部活动集中起来形成一个部门的部门化方式,一般适用于组织的活动空间比较大,区

域性活动十分重要的组织。

这种部门划分方法的优点是：有利于特定区域范围内组织的各项工作的综合协调和工作效率的提高，有利于组织根据当地的实际情况进行活动和管理，还有利于组织管理者综合管理能力和协调能力的加强。但是，这种部门划分法也容易使区域性部门自成一体，增加组织总体控制和管理的难度和成本，也不利于各区域的合作，影响管理效率。

③ 按行业和产品划分部门。这种标准和方法把某种行业或者生产某种或某系列产品的活动集中到一起，设立相应的部门予以管理。一般来说，按行业设立部门常见于政府组织部门的设计中，如政府的农业部、林业部、水利部等；按产品或产品系列划分组织部门则是企业常采用的方法，如一个食品总公司会设立熟食部、饮料部、糕点部等。

这种部门划分法的优点是：有利于集中专业力量并发挥其特长，有利于特定产品、行业的提高和发展。其缺点是：行业性划分会形成和助长行业的独立性，产品和产品系列的划分和组织部门的设置也会分割企业组织内部的结构，造成组织协调的困难。同时，由于这种划分还会使各部门出现职能的重叠现象，产生组织机构重复、管理费用加大的问题。

另外，我们还可以按服务对象、人数、时间或工作程序等对组织部门进行划分。至于一个组织究竟应该采用哪种方法划分部门，应视具体情况而定。在组织设计的实践中，尤其对于规模大、结构较为复杂的组织来说，人们往往同时采用多种标准和方法，互相补充和协调，以实现组织部门的优化。

2. 管理层次的划分

(1) 管理幅度与管理层次

阅读材料

管理幅度问题和历史上出现组织一样古老。它出自《圣经》关于摩西组织以色列人逃出埃及的这段故事。当时摩西花了很多的时间去管理以色列人，摩西的岳父注意到了这一点，于是劝告他："你这样做不好。你和这些百姓必都疲惫，因为这事情太重，你独自一人办理不了。现在你要听我的话，我为你出个主意，要从百姓中挑选有才能的人……派他们当千夫长、百夫长、五十夫长、十夫长管理百姓，叫他们随时审判百姓，大事都要呈到你这里，小事他们自己可以审判。这样你就轻松些，他们也可以同当此任。你若这样做，上帝也这样吩咐你，你就能受得住，这百姓也都平平安安归回他们的住处。"摩西听从了他岳父的话，从以色列人中挑选了有才能的人，立他们为百姓的首领，作千夫长、百夫长、五十夫长、十夫长。他们随时审判百姓，有难断的案件就呈到摩西那里，但各样小事由他们自己审判。

管理幅度也叫管理跨度，是指一位管理者直接有效地管理和控制下属人员的数量。管理幅度体现了管理者管辖的部门或下级组织的数量或直接控制协调的业务活动量。管理层次是指组织纵向结构的等级，它体现着组织的纵向分工和各个等级层次不同的管理职能。

在组织规模既定的情况下，管理幅度越大，管理层次就越少；反之，管理幅度越小，管理层次就越多。

（2）管理层次的划分

组织管理层次的设计受多种因素的影响，除管理幅度外，组织的纵向职能和组织的效率要求等都会影响管理层次设计。

① 管理幅度的影响。管理幅度是影响管理层次设计的重要因素，由于管理幅度与管理层次呈反向变动关系，因此，这种关系的不同状况，使得组织的管理结构呈现两种基本形态：扁平结构和锥形结构。

扁平结构是管理幅度较大、管理层次较少的组织结构形态。这种组织结构有利于信息的沟通，有利于保持所传递的信息的真实性，还有利于不同层次人员的主动性、积极性和创造性的发挥。同时，由于这种组织结构的管理幅度较大，往往使得管理者难以实现对下属人员和机构进行充分有效的监督和控制。

锥形结构是管理幅度较小、管理层次较多的组织结构形态。这种组织形态的特点一方面有利于管理者对其直接下属和机构进行有效的指导、监督和控制，有利于管理者按照事务的轻重缓急处理组织事务；另一方面，由于管理层次较多，也会使信息的真实性和传递速度受到不同程度的影响，还会影响组织人员的积极性和创造性的发挥，影响管理的效率。

因此，在管理层次的设计中，必须兼顾上述两种结构形态的长处，尽量克服其短处，采用管理幅度和管理层次适当的组织结构。

② 组织的纵向职能的影响。美国斯隆管理学院就企业的管理职能提出了所谓的“安东尼结构”，该结构按照企业组织的职能和相关因素，把企业组织分为上层、中层和下层三个层次，如表 3-1 所示。

表 3-1 企业组织管理层次比较表

项目	战略规划	战术计划	运行管理
层次	上层	中层	下层
主要关心的问题	是否实施，何时实施	怎样实施	怎样做好
时间幅度	3～5 年	半年～2 年	周或月
视野	宽广	中等	狭窄
信息来源	外部为主，内部为辅	内部为主，外部为辅	内部
信息特征	高度综合	中等汇总	详尽
不确定风险	高	中	低

对于上层来讲，其主要职能是从组织的整体利益出发，对组织实行统一指挥和综合管理，并制定组织目标和大政方针，故又称最高经营管理层或战略决策层；中层的主要职能是为达到组织总的目标，为各职能部门制定具体的管理目标，拟定和选择计划的实施方案、步骤和程序，按部门分配资源，调整各部门之间的关系，评价生产经营成果和制定纠偏措施等，故又称为经营管理层；下层的主要职能是按照规定的计划和程序，协调基层组织的各项工作和实施计划，故又称为执行管理层或操作层。

③ 组织的效率要求的影响。管理层次与管理效率之间有着紧密的联系，不过，管理层次的多少对于管理效率和工作效率都具有正反两方面的影响。管理层次多的组织，工作和管理人员晋升的机会较多，有利于激励组织成员。但是，它也会带来信息传递和管理意志贯彻方面的阻碍，各层次配合和协调的成本也会增加，因而影响工作和管理效率。管理层次少的组织，信息流通的速度比较快，管理成本较少，因而有利于管理效率的提高。但是，管理层

次较少的组织，会使下属人员或者机构权力较大，容易产生组织层次分割和分立的局面，也会影响组织的管理效率。

3.2.3 组织结构的模式

常见的组织结构包括以下模式。

1. 直线制组织模式

直线制组织模式是一种最简单的组织结构形式。在这种结构形式中，各级主管对自己的下属拥有直接的一切职权，职权和命令自上而下直线贯穿于组织之中。在这种组织结构形式中，组织实行垂直的上下分工，同一层次的管理机构或成员具有几个分支。其结构如图 3-2 所示。

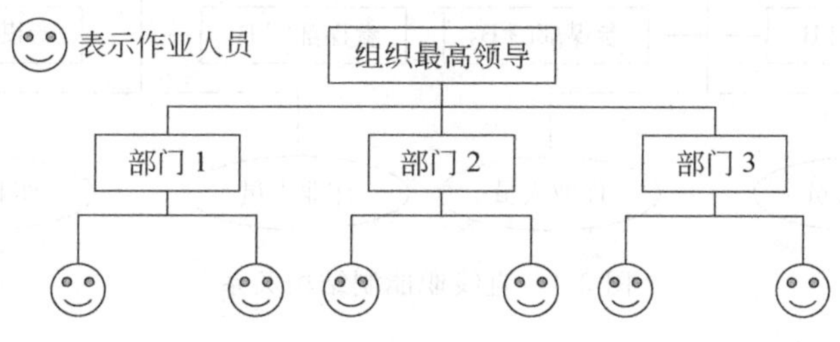

图 3-2 直线制结构关系图

根据同一层次的部门或管理机构之间的横向分工，我们还可以将直线制组织模式分为纯粹直线组织结构和部门直线组织结构两种形式。在部门直线组织结构中，同一层次的管理部门或机构之间根据职能的不同进行了差异性分工，而纯粹直线组织结构却并没有职能分工，各个分支承担着同样性质和内容的工作。

直线制组织模式的特点是：结构简单、职权集中、责任分明、指挥统一。不过，由于组织中管理的全部职能由各级行政领导人负责，不设职能或参谋管理机构，最高层管理者事必躬亲，因此，这种组织结构模式仅适用于小规模的组织。

2. 职能制组织模式

职能制组织结构是根据组织职能划分部门，并由此建立组织领导和指挥关系的组织结构。这种结构也分两类：纯粹职能制结构和直线职能制结构。如图 3-3 所示，纯粹职能制结构按照组织职能分解组织活动为不同的部门，作业人员同时接受若干职能部门的领导和指挥。这种组织结构分工明确，可以发挥职能专业化的优势。但是，它也存在多头指挥、责任不清以及过分强调本部门职能的重要性而忽略组织整体要求的问题。

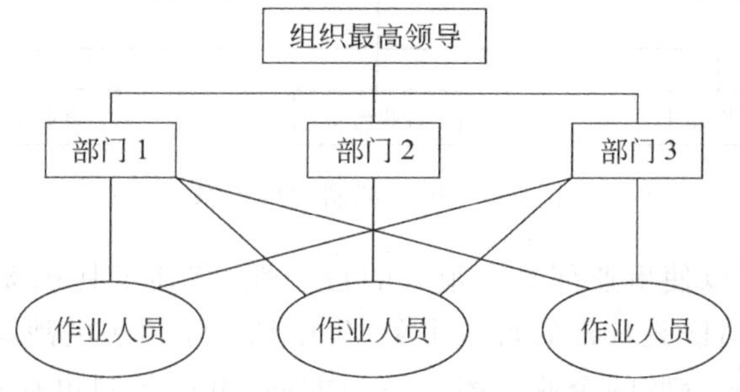

图 3-3 纯粹职能制结构关系

直线职能制结构是直线制结构与职能制结构结合而形成的一种组织结构形式。在这种组织结构形式中,既有直线指挥系统,又有职能参谋管理系统。如图 3-4 所示,这类参谋部门对下级单位没有直接的指挥权,其职责一方面为相应层次的领导提供参谋、咨询和建议;另一方面为下级单位提供业务指导。

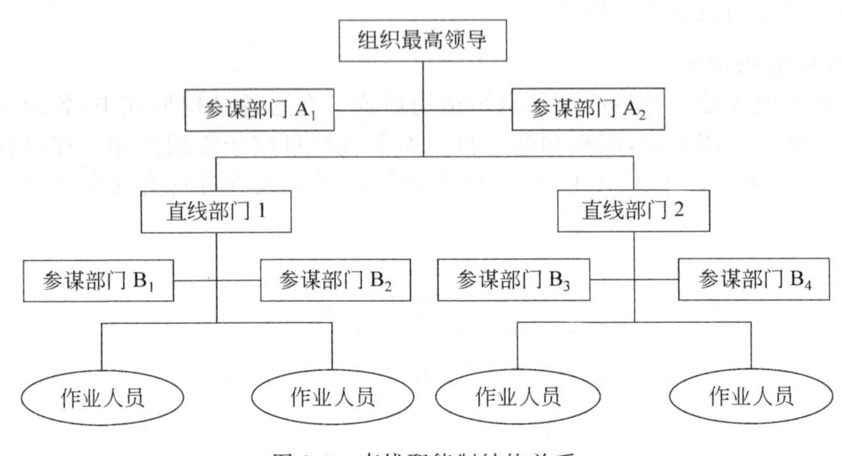

图 3-4 直线职能制结构关系

直线职能制结构既能保证指挥和命令的统一性,又能发挥各专业人员和部门的职能。不过,该组织结构也存在职能参谋部门相互争权,职能参谋系统与直线系统职能不清,职能参谋部门职权越位的可能性。同时,这种组织结构也使下级单位缺乏必要的自主性。

3. 事业部制组织模式

事业部制组织模式是以组织的产品、地域和服务对象等为基础,把组织划分为若干独立核算的业务部门(事业部)而形成的组织结构。

事业部制组织结构是一种分权制的组织结构形式,它所划分的事业部具有很大的权力,组织最高领导除保留人事管理、财务控制、组织监督等权力外,把很大的权力下放到事业部。事业部有自己的职能部门,是半独立性质的管理部门。其组织结构形式和管理关系如图 3-5 所示。

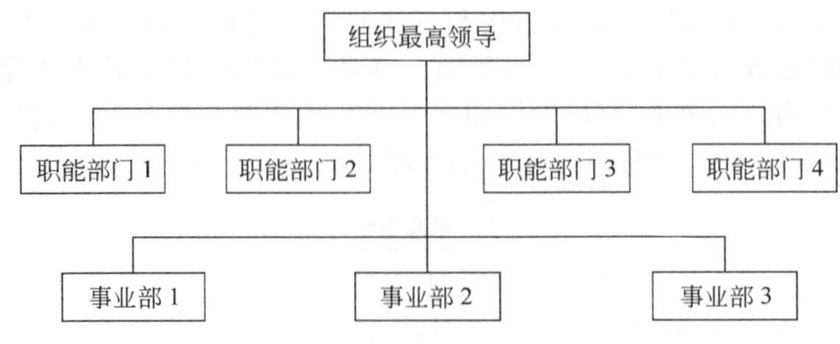

图 3-5 事业部制结构关系

事业部制一方面可以使事业部具有很大的自主性,有利于其积极性的发挥和专业化的运行,并使最高管理部门摆脱日常的行政事务,集中精力于组织的战略问题和决策。它适用于规模较大,且经营领域分散的企业集团。另一方面,事业部制也存在机构重复设置、事业部本位主义增强以及可能造成组织整体性的下降等问题。

4. **矩阵制组织模式**

矩阵制组织模式是由两套组织部门联合构成的双重组织结构，一套是在组织职能上形成的部门，另一套是在组织特定业务上形成的部门，两部门分别以纵横两方向设置，构成了矩阵制的组织模式。

在矩阵制组织模式中，纵横两个方向上的部门都由组织的最高领导指挥，而作业人员则受到两个方向上的部门的双重领导和指挥。其组织结构和管理关系如图 3-6 所示。

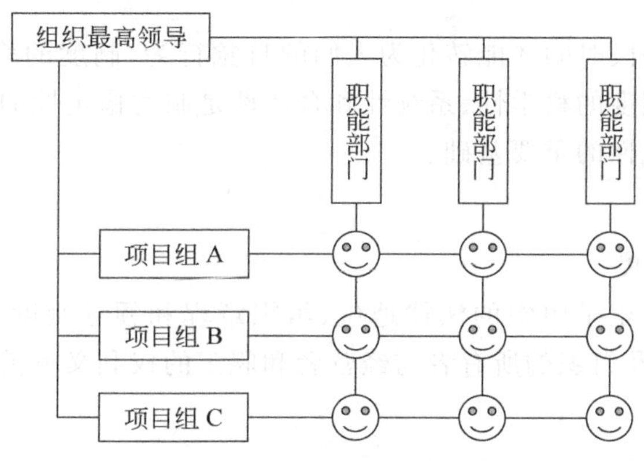

图 3-6 矩阵制结构关系

矩阵制组织结构使组织的垂直纵向管理和水平横向管理结合在一起，加强了各部门间的协作，增强了组织的灵活性和协调性。同时，它也有利于专业人员优势的发挥。不过，该组织结构可能在任务、部门界限、管理关系运行以及资源配置方面形成模糊状态，产生混乱。并且当不同部门的意志和要求不一致时，使作业人员无所适从。

3.3 组织运行

3.3.1 组织制度

组织制度是组织中全体成员必须遵守的行为准则，是组织对共同劳动进行有效管理的重要手段，良好健全的组织制度是组织健康运行的根本保证。

1. **组织制度的特点**

(1) 科学性

组织制度的科学性主要表现在它是否符合业务活动的技术性要求，是否体现了所规范的经营管理活动的客观规律。组织要使制定的制度能够达到预想的效果，首要条件就是制度本身要科学合理。

(2) 合法性

组织的规章制度是组织内部实施的行为规范，但是它必须符合所在国家和地区的法律法规，否则，它最终会失去约束力。

(3) 系统性

由于组织各部门和各环节的业务紧密相关，因此，规范组织行为的各项制度应互相衔接和补充，具有严密的系统性和完整性。

(4) 权威性

制度的权威性一方面来自制度本身的科学性、合法性和系统性；另一方面，它也是组织中拥有相应职能的行政领导的意志。

(5) 强制性

强制性主要表现在它对任何部门和个人都具有相同的约束力，是制度得以实施的约束力量。

(6) 稳定性

制度总是要经过一段时间才能转化为人们的自觉行为，制度的稳定性要求制度在一定的时间内保持不变。制度的科学性、系统性和合法性是制度稳定性的重要保证，而制度的稳定性又是维持制度权威性的重要基础。

2. 组织制度体系

(1) 组织的基本制度

组织的基本制度规定了组织的法律地位、组织章程和领导制度，确定了财产的所有形式、利益的分配方式以及组织的所有者与经营者和职工的权利义务关系等，是组织其他制度的依据和基础。

(2) 专业管理制度

专业管理制度既是组织基本制度得以执行的具体保证，又是组织进行专业管理的具体手段。专业管理制度因组织的业务性质的不同而有所不同，制定专业管理制度的关键是要形成科学和系统的责任制度、技术规范和业务规范体系。

责任制度是专业管理制度的核心，是建立完整的专业管理制度的基础。责任制度要明确规定岗位与责任、责任与权力、权责与利益三方面关系的具体内容。技术规范是针对组织的业务活动而制定的技术标准、技术规程等，技术规范的关键是要反映组织业务活动的特定技术要求。业务规范是组织认可的工作程序和作业处理规定，有较强的经验性，业务规范的制定要以技术标准为前提。

3.3.2 职权的平衡

1. 权力与职权

在组织中，权力主要指影响决策的能力。所谓职权，指的是经由一定的正式程序赋予某个职位的，该职位所固有的发布命令并希望命令得到执行的权力。职权来源于职位，在组织中，只有担任一定职位的人才具有一定职权，而权力则并非如此。

如图 3-7 所示，职权与权力的关系可以用小锥体来说明：锥体的顶点表示最高权力，由顶点到底面的垂线就是组织内部权力体系的中心线。一方面，一个人在组织中职位越高，他与权力核心的距离就越近，权力就越大；另一方面，如果一个人可以向权力的内圈水平移动，也可能有较大权力。职权并不是产生权力的必要条件。

2. 直线与参谋

在组织中，直线和参谋可以泛指部门的设置，也可以专指两类不同的职权关系。

直线职权是循着等级链发生的职权关系，是指授予直线人员的，是作出决策、发布命令

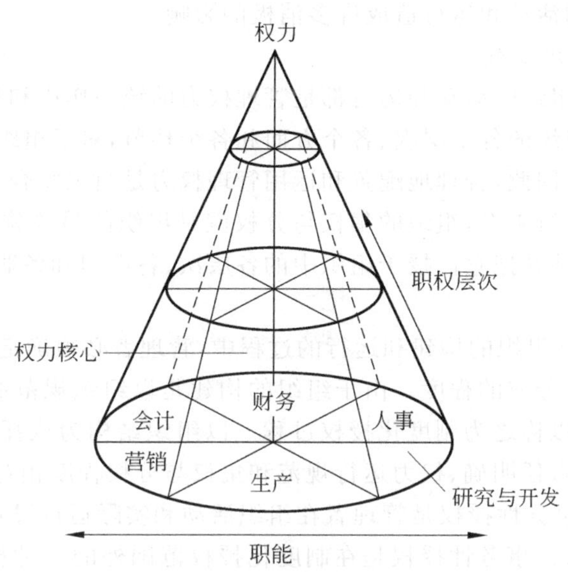

图 3-7 职权与权力的关系图

和将决策付诸行动的权力。直线职权反映的是一种指挥和命令的关系，主要表现就是直接指挥其下属工作。这种上、下级职权关系从组织最高层贯穿到最底层，就形成了权力链。直线职权具有排他性，在决策、执行或指挥下属时，他人不得干预。

参谋职权授予参谋人员的是思考、筹划和建议的权力。参谋职权反映的是一种服务和协助的关系。正确处理直线和参谋的关系，充分发挥参谋人员的合理作用，是发挥组织中各方面的协同作用，实现组织整合的一项重要内容。

从理论上看，设置作为直线主管助手的参谋职务，不仅可以保证统一指导，而且能够适应复杂的管理活动需要多种专业知识的要求。不过在实践中，由于直线主管人员与参谋人员在责任、知识与经验以及处事态度等方面的差异，因此，如果不解决直线与参谋的矛盾，搞好两个方面的配合，就容易导致下述现象：要么保持了命令的统一性，但参谋作用不能充分发挥；要么参谋作用发挥失当，从而破坏了统一指挥的原则。最后导致双方心存芥蒂，降低了组织效率。

如何充分发挥参谋作用，而又不破坏统一指挥的原则，是组织管理的一门艺术。从组织管理科学的角度，正确处理直线与参谋的关系就需要对参谋机构的辅助作用及其权限作出明确的规定。

3. **集权与分权**

(1) 集权与分权的概念

集权与分权反映了组织的纵向职权关系，即组织中决策权限的集中和分散的程度。所谓集权，是指组织的决策权限主要集中在高层领导者手中；分权，则是在组织中将决策权限分散到不同层次上的一种倾向。

在组织管理中，绝对的集权和分权都是不可能的。如果组织的最高领导者将生产经营活动的所有决策权限都委派给下属，那么，他作为管理者的身份也就不复存在了；反之，如果所有决策权限都集中在最高领导者的手中，那么，其他管理职位的作用就难以发挥。过度集权或分权都会对组织的活动和运行造成许多消极的影响。

(2) 管理权力的合理配置

从管理的角度看,组织的活动和运行都是管理权力的统一作用和权力意志的贯彻过程。由于管理权力贯穿于组织的各个层次、各个方面和各个环节,对于组织结构的协调和运行具有整体的影响和作用。因此,合理地配置和运用管理权力是组织整合的重要途径。

从组织的设计和运行来看,组织的集权与分权就是组织的最高领导者把组织的决策权进行分解,下放若干权项并把它们授予组织中的各层次、各部门和各职位的过程。这种授权主要有以下两种类型。

① 制度化授权。在组织的构建和运行的过程中,管理者必须确定有利于组织运行活动和实现其目标的集权和分权的程度。由于组织的构建是以组织规范制度化的方式进行的,因此,这种分权过程可以称之为制度化授权过程。以组织结构为依托的制度化授权通常具有权力界限清楚、权力责任明确、权力运行规范和集权与分权程度相对稳定等特点。

② 事务性授权。事务性授权是管理者在组织活动和实际运行过程中,根据特定的事务需要进行的临时性授权。事务性授权是在制度化授权范围外的一种权变性授权,是制度化授权的一种变通做法,其目的是为了组织能够适应环境和任务具体变化的要求而在运行过程中保持整合状态。这种授权具有临时性、灵活性和变通性等特点,并且应该遵循因事、按级、单项和定期授权的原则。

制度化授权是组织整合的基础,虽然我们可以因时因事灵活运用事务性授权,但是,坚持制度化授权的基本原则是我们实现组织整合和协调、不至于涣散和混乱的前提条件。

3.4 组织的变革与发展

组织变革是指一个组织的组成要素的变动,如工作计划、部门化、管理幅度、组织结构和人员的变动等。组织变革是组织发展的手段,随着社会的发展,组织变革是绝对的,而不变则是相对的。

3.4.1 组织变革的动因与阻力

1. 组织变革的动因

组织变革是由组织内外环境的变动引起的,影响组织变革的动力因素可区分为外部动力因素和内部动力因素两个方面。

(1) 外部动力因素

外部动力因素包括市场、资源、技术和环境的变化。一般来说,这些因素是管理者控制不了的,必须顺应这些变化。

① 市场变化。市场是企业变革的先导。市场变化包括竞争者推出了新产品、加强了广告宣传、改进了服务、降低了价格等,以及由于消费者的收入、价值观念、偏好等所导致的市场需求的变化。

② 资源变化。资源变化包括人力资源、能源、资金以及原材料供应等变化,如石油价格的剧烈波动所造成的经济冲击迫使许多组织进行变革。

③ 技术变化。技术变化如新技术、新材料、新工艺、新设备以及先进管理方法的出现和

应用等，会导致出现新的岗位和部门，并带来分工协作关系的变化。

④ 环境变化。环境变化则包括政治环境、经济环境、制度、体制、投资、贸易、税收、产业政策与企业政策的变化。

(2) 内部动力因素

内部动力因素主要是组织内部领导者的调整与管理水平的提高和组织成长中遇到的问题与矛盾。

① 领导者的变化。如新的领导者上任或原来的领导者接受新的管理思想，采用新的管理方法，都可能引起组织的变革。

② 组织运行、成长中遇到的矛盾和问题。根据组织生命周期理论，组织在成长的每个阶段都会遇到危机，这就促使管理者采取相应变革，以保证组织的生存与发展。如组织在其规模小、关系简单、创造力强的创业阶段，一切由创业者决策指挥，组织的生存与成长完全取决于创业者的素质与创造力。但随着组织的发展，管理问题日趋复杂，使创业者感到无法以个人的非正式沟通来解决问题，产生“领导危机”。事实上，组织在不同的发展阶段会面临不同的问题，一个能及时应变、富有弹性的组织才是一个有生命力的组织。

2. 组织变革的阻力

组织变革总会遇到各种各样的阻力，根据阻力的来源，我们可以从个体、群体和组织3个方面进行分析。

(1) 来自个体的阻力

组织变革必然涉及利益的调整。如果调整能给个体带来实际或预期收益的增加，就会得到理解和支持；反之，就会遇到阻挠和抵制。另外，由于人们普遍存在求稳而不是求变的保守心理和对未知的恐惧，人们往往不自觉地希望保持自己的固有习惯，对新事物、新经验反应冷淡，过分担忧变革的前途，甚至还会盲目地加以抵制。

(2) 来自群体的阻力

组织中的非正式群体有时也会成为组织变革的阻力。因为变革，非正式群体内的人际关系可能遭到破坏；因为变革，非正式群体的特殊的规范，如在工作方面、劳动定额等方面约定俗成的“规矩”可能和变革后的规范不相容等。这些情况都可能使群体对变革持消极的抵制态度。

(3) 来自组织的阻力

组织有其固有的结构与制度惯性。例如甄选过程系统地选择一定的员工流入，一定的员工流出；培训则强化了具体角色的要求和技能；工作说明书、规章制度等实现了组织的规范化等。这种机制的稳定性，在组织变革时就会在一定程度上演变成阻碍变革的反作用力。

由于组织变革必然会对已有的权力关系进行调整，因此，原来的管理人员会认为是一种威胁而反对变革。另外，组织变革又必然会调整原来形成的预算和资源分配关系，相关的部门由于担心减少其利益，也可能阻挠变革。最后，当组织变革要求员工具备新的价值观和行为准则时，根深蒂固的传统组织文化常常会对此加以抵制。

组织变革能否推进、以什么方式推进以及能否达到预期目标，最终取决于动力因素与阻力因素两种力量的对比。当动力因素足够强大时，组织变革可能以一种突变的方式迅速展开，短时间就可达到预期效果；当动力因素不够强大时，组织变革一般呈渐进式展开，目标会打折扣；当阻力因素整体上大于动力因素时，组织变革就会变得无法推进，甚至流产。

阅读材料

首先变革观念

通用电气(以下简称GE)公司总裁杰克·韦尔奇之所以能戴上“20世纪最优秀的公司领导”的桂冠,在于其对管理观念的不断突破。

1981年4月1日,杰克·韦尔奇走马上任,成为第八任董事长兼执行总裁。也就在这一年,46岁的韦尔奇在GE公司内发动了一场观念革命,改造了一个在许多人看来并不需要改变的公司。韦尔奇认为,GE公司要想在变化如此迅速的环境中生存下来,需要一种全新的观念。韦尔奇对董事会和股东说:“10年以后,我们希望GE公司会被人看做独一无二、精力旺盛、富有骨干企业精神的企业,成为举世无双的第一流公司。我们要使GE公司成为世界上获利最丰厚、经营范围高度多样化的公司,使它的每一种产品都在同类产品中处于世界领先地位,而这样做首先必须改变我们固有的传统的观念。”

韦尔奇在对GE公司所有企业的长处和短处进行了一番仔细的研究后认为,最基本的任务是大大提高公司的股票价格。

为了提高股票的价格,韦尔奇不得不改变公司的不良形象,因为它是由几百家经营性质不同、发展方向各异的企业构成的,这样的形象无法取得华尔街的信任。他感到,公司需要一个精力集中的新组织机构来改造自己的形象。于是,韦尔奇提出了著名的“数一数二”理论。

韦尔奇曾预言说,美国企业界在20世纪80年代的主要敌人是通货膨胀,它将导致全球性的增长迟滞。这将意味着,在竞争行列里位置居中的产品销售商和服务商将没有生存的余地,为此,一个企业必须发现并参与真正能产生增长的工业产品,并在每一种所参与的行业里争做第一名或第二名,只有这样,才能在这种增长缓慢的环境中获胜。

韦尔奇还坚持说,这个第一名、第二名观念的转变只有在GE公司采用某种“软价值”的基础上才能奏效。其中最重要的是他所谓的“面对现实、注重质量、追求杰出以及发挥人的因素”。这将是一场观念的革命,这场观念革命需要克服传统的观念,即将GE子公司的企业看做孩子,即使它们管理失败,母公司也不能将它们抛开不管。

韦尔奇偏要改变这种规矩。GE公司大家庭内部的新标准将是工作成效。一个“儿子”如果管理失败,没有达到第一名或第二名,公司就会抛弃它。这样做的结果将导致公司成千上万的员工失业。但韦尔奇认定,这个大规模的手术对公司是有益处的。他的职责并不是使人们感到高兴,而是使公司赚取尽可能多的利润。到了20世纪90年代,韦尔奇实现了他的目标。尽管公司员工减少了25%,但调整为12个企业的公司已呈现出了繁荣兴旺的局势。

从1995年开始,GE公司就成为全球最强大的公司,市场价格总额达到了1570亿美元。1996年公司利润为74亿美元,成为美国最赚钱的公司。这个杰出的美国公司的故事已成为美国商界最激动人心的故事之一。而这个故事的主人公杰克·韦尔奇被美国《财富》杂志称作“美国最佳总经理”,并成为评价其他总经理的标准。

启示:首先变革观念,是指实施变革管理,首先要从观念上进行变革,只有树立了科学的变革观念,才可能有科学的变革行为。

很多失败的变革之所以失败，主要与观念树立不牢有关。因为宣传不够，或者团队对观念的理解不到位，变革常常难以深入下去，或者在变革过程中走了样。

韦尔奇给GE带来的成功，首先就得力于他在变革观念上的不懈努力。

（资料来源：邱庆剑．世界500强企业管理法则精选．北京：机械工业出版社，2006）

3.4.2 组织变革的实施

1. 变革推动者

组织变革的推动者即变革的提倡者或承担变革过程管理责任的人。变革推动者可能是管理者也可能是普通员工，甚至可能是来自组织以外的咨询专家和顾问。不过，组织的高层管理者是主要的变革推动者，没有他们的认可、支持和倡导，任何变革都很难进行。

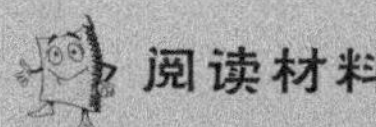
阅读材料

冯根生难题

冯根生成为众人瞩目的新闻人物是因为“冯根生难题”，这是我国众多国有企业经营者的难题，也是国有企业走出困境的难题之一。

1997年党的十五大报告提出了按劳分配与按生产要素相结合，允许和鼓励资本、技术等生产要素参与收益分配的精神。一直在探求改革突破口的冯根生感到这是国有企业进行股份制改造的良机，他决定将青春宝集团子公司正大青春宝药业有限公司的部分国有股卖给职工，让销售骨干、技术骨干持一定的股份，增加企业凝聚力。冯根生希望借此留住人才，保证企业长远发展。外方也有此意，但提出冯根生必须在职工持股会中持大股。冯根生怕员工流失，外方怕冯根生流失。

1997年10月6日，正大青春宝董事会作出决定，从公司现有的国有资产中划出20%卖给全体员工，包括经营层。同时决定，冯根生作为经营者需认购其中2%的股份，计人民币300万元。

一时间，街头巷尾争谈冯根生，从而引出了著名的“冯根生难题”。

“冯根生难题”包括三个层面：一是冯根生该不该持有企业300万元的股份？二是购股资金从何而来？三是作为当了二十多年国企经营者的冯根生的管理要素所带来的价值效益能否以无形资产的形式参股？

经营者持股在今天已然不是新鲜事，但当时冯根生的这一改革却属冒天下之大不韪之举，因为根本没有先例。到1998年6月，杭州市政府才同意正大青春宝的“内部股份制”方案。

冯根生的压力很大：300万元从何而来？1992年年底合资前他每月工资只有480元，合资后也不过数千元，凭他自己的家庭积蓄，最多能拿出30万元，其余的270万元需向银行贷款。冯根生的家人包括亲戚都反对他持300万元的股份，而同时，企业职工的眼睛却紧盯着冯根生：当老总的不买，说明你对企业的前景没有信心，如果老总都对企业没有信心了，职工还怎么敢买？

怎么办？如果不买，就意味着改革失败。最后，冯根生一咬牙，个人出资30万元，贷款270万元买下300万元股份。至此，全厂职工像吃了定心丸，个个踊跃购股。冯根生回想此事，禁不住一阵感叹：连礼拜天都要向银行还600元利息。

2. 组织变革的程序

一个组织如何实施组织变革呢？一般认为组织变革包括以下8个步骤，如图3-8所示。

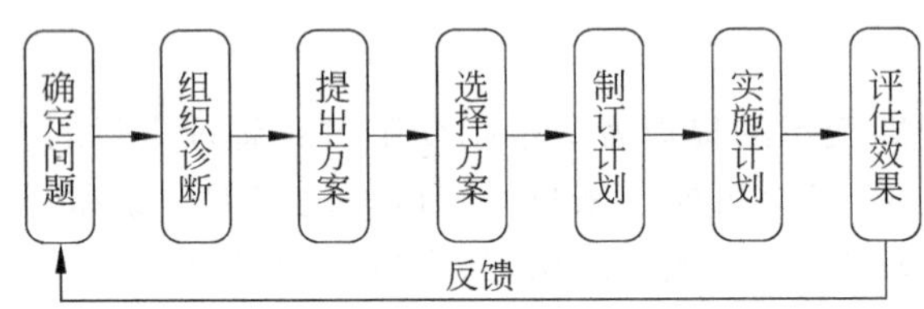

图 3-8 组织变革程序

(1) 确定问题。一个组织是否需要进行变革以及所要变革的内容，必须结合组织的实际情况予以考虑。组织有必要对组织的现状进行认真的分析，找出引发问题的主要原因，以确定变革的方向。

(2) 组织诊断。为了准确地掌握组织需要变革的事实和程度，就有必要对组织进行诊断。在组织现状调查的基础上进一步确定要解决的问题和所要达到的目标。

(3) 提出方案。变革方案中必须明确问题的性质和特点、变革的途径、解决问题需要的条件以及方案实施可能造成的后果等。

(4) 选择方案。方案的选择既要考虑其可行性和针对性，也要考虑方案实施后的综合经济效益。

(5) 制订计划。在方案选择的基础上，制订一个较为全面且具体的实施计划，包括时间的安排、人员的培训和调动以及财力和物力的筹备等内容。

(6) 实施计划。组织变革是一个过程，著名的组织理论家莱温(Kurt Lewin)认为组织的变革需要经过解冻、变革和再冻结三个阶段。解冻就是引发变革的动机，做好变革的准备工作；变革主要是指促使组织人员接受新的态度和行为模式，并使他们逐渐对此产生积极的心理反应的过程。

(7) 评估效果。评估效果就是检查计划实施后是否达到了变革的目的，是否解决了组织中存在的问题，是否提高了组织的效能。

(8) 反馈。与此同时，信息反馈系统也是保证组织变革得以顺利实施的重要环节，是一项经常性的工作。

3. 组织变革的内容

组织变革主要包括3项内容。

(1) 技术方面的变革

技术的变革与组织变革有着紧密的关系。技术变革包括以下内容。

① 自动化。

② 工艺程序的变革。

③ 情报系统的变革。

④ 操作顺序的改变。

⑤ 设备的更新。

(2) 人事管理方面的变革

人事管理方面的变革,即改变组织成员的态度评价准则、作风、行为以及人与人之间的关系。人事管理方面包括以下变革。

① 敏感性训练。敏感性训练是对管理人员进行改变行为教育的新方法。

② 小组管理。在生产或工作小组中提倡集体负责精神和团队协作精神,让工人在小组内更换单调的工作,自行制订行动计划和各种决策,充分满足小组成员的需要。

③ 参与管理。即让工人参与协商企业重大问题的决策和参加日常的生产管理。

(3) 组织结构的变革

从组织结构入手进行变革,就是从一个单位内部的部分或整个结构进行变革。组织结构变革包括以下内容。

① 简装式、机械行政式、专业行政式、部门化的变革。

② 矩阵组织结构的变革。

③ 报酬制度的变革。

④ 工作表现与鉴定评价制度的变革。

⑤ 控制指挥系统的变革。

⑥ 工作进度的变革。

⑦ 工作设计的变革。

⑧ 协作方式的变革。

⑨ 管理幅度的变革。

⑩ 分权程度的变革。

⑪ 行政型与系统组织规划型的变革。

3.4.3 组织变革的发展趋势

未来组织的变革具有以下趋势。

1. 组织结构扁平化

随着网络信息技术的快速发展和在组织生产中的应用,组织在信息的收集、整理和传递方面变得极为便捷,不但大大缩减了信息的收集、整理和传递的时间,而且还满足了组织对大量繁杂信息的准确、快速处理的要求。信息网络可以将整个组织内部各部门和岗位联系起来,并使最高管理层可以直接与基层人员进行有效的沟通,金字塔式的层次结构正向层次更少的、扁平的组织结构转变。有人甚至预言未来的时代是不需要中层管理人员的时代。

2. 组织运行柔性化

柔性是指企业组织结构的可调整性和对环境的适应能力,它主要表现为集权和分权的统一与稳定和变革的统一。柔性化的组织并不一味强调分权,为了避免过度分权所造成的消极影响,又必须实行必要的集权,因此组织结构的运行就带有了柔性的特征。

3. 组织协作团体化

在知识企业中,团体是一种备受赞誉的结构。这里的团体是指在组织内部形成的且具有自觉的团结协作精神、能够独立作战的集体。与传统的部门相比,团体组织是为完成任务而自发形成的，没有管理者而只有组织者，并且分工也不像传统组织那样很明确地能够有效运行的相互协作的小集体。

4. 组织管理人本化

要使组织获得高效率，组织内各成员的创造性和参与性都应得到尊重，更多的分权和授权会快速发展人的潜力，谋求实现人的全面和自由的发展。

5. 学习型组织

彼德·圣吉(Peter M. Senge)认为我们需要突破性的思考方式，抛弃片面和局部的思考方式，排除个人及群体的学习障碍，重新就管理的价值观念和管理的方式方法进行革新，因为组织要保持领先地位的唯一办法就是比对手更快、更好地学习。

学习型组织就是一个具有持续创新能力、不断创造未来的组织。它就像具有生命的有机体一样，能在内部建立起完善的学习机制，将成员与工作持续地结合起来，使组织在个人、工作团队及整个系统三个层次上得到共同发展，形成“学习—持续改进—建立竞争优势”这一良性循环。

建立学习型组织的技术知识和途径，可以高度概括为五项修炼内容：“自我超越”、“共同愿景”、“团队学习”、“系统思考”和“心智模式”。

阅读材料

用愿景激发斗志——让员工明白企业使命

早在1932年，松下幸之助在向企业员工讲使命感的时候，曾经描述了一个250年完成使命的时间段。其内容是：把250年分成10个时间段，第一个时间段的25年再分成3期，第一期的10年是致力于建设的时间；第二期的10年继续建设，并努力活动，称“活动时代”；第三期的5年，一边继续活动，一边用这些建设的设施和活动的成果为社会做贡献，称“贡献时代”。第一时间段以后的25年，是下一代继续努力的时代：同样要建设、活动、贡献。以此一代一代传下去，直到第10个时间段，也就是250年以后，世间将不再是贫穷的土地，而变成一片“繁荣富庶的乐土”。宏伟的目标有巨大的感召力。它可以使勇敢者更加勇敢，使人们深埋的智慧迸发出来，使奇迹变成现实。而更为现实的是，松下的这个规划让每个员工都拥有灿烂辉煌的梦想，从而提高了他们的工作热情和积极性，提高了工作效率，促进了企业的高速成长。时至今日，他的梦想在一步一步实现着。

当今的时代，早已不是资本原始积累的时代；当今的领导，当然也早已不复当年模样。加班加点、克扣剥削，再也起不到任何作用了。领导与员工，是同进同退的。为了员工，为了社会，也为了领导自己，应该让员工拥有梦想。松下说：“经营者的重大责任之一，就是让员工拥有梦想，并指出努力的目标，否则，就没有资格当领导。”

许多工厂、商店、机关的工作人员觉得工作枯燥乏味，究其原因是工作中看不到愿景。他们的领导都有一个远大的计划，但都放在肚子里，员工并不了解。有人总结出这样几句话：干活如果没有愿景就会枯燥乏味，有愿景的而没有实干只是一个美好的空想，如果有愿景再加上实干就有了希望。愿景绝不能是虚设的。为了克服枯燥乏味，赢得员工们的心，领导必须告诉员工，我们追求些什么，我们正准备怎样干。

以愿景为基础的思想，能启发我们去揣想各种可能性，而不只是去思考可行性。愿景会使我们非凡、无可匹敌，让我们与众不同。

要知道，去经营与别人相同的业务，根本无利可图；唯有让人们了解到，我这个公司确实十分出色、与众不同时，他们才会想加盟，并与它共同奋斗、成长。

启示：精神激励比物质激励更持久，也更重要。让企业使命成为每一个员工的梦想，成为每一个员工的动力，是形成企业凝聚力的重要方法。

（资料来源：邱庆剑．世界500强企业管理理念精选．北京：机械工业出版社，2006）

本章小结

所谓组织，是由两个或两个以上的人为了实现共同的目标组合而成的有机整体。任何一个组织都是为一定的目标而组织起来的，必须由全体成员分工合作才能共同完成。根据不同的标准，可以对组织进行不同的分类。组织设计、组织整合和组织变革是组织管理的主要内容。

组织设计是以组织结构安排为核心的组织体系的整体设计活动。传统的组织设计原则包括任务目标、统一指挥、有效幅度、权责相称、分工协作、精简与效率、执行与监督分离、才职相等原则；现代的组织设计原则包括权力和知识匹配、集权与分权相结合、弹性结构和信息畅通原则。组织部门化就是按工作的内容和性质，将组织人员划分成一定的管理职能部门。在组织规模既定的情况下，管理幅度越大，管理层次就越少；反之，管理幅度越小，管理层次就越多。组织结构常见的主要模式是直线制、职能制、事业部制和矩阵制等组织模式。

组织制度是组织中全体成员必须遵守的行为准则，是组织对共同劳动进行有效管理的重要手段，良好健全的组织制度是组织健康运行的根本保证。在组织管理中要正确处理好权力与职权、直线与参谋、集权与分权的关系，扬长避短，充分发挥组织的功能和作用。

组织变革是指一个组织的组成要素的变动。组织变革能否推进、以什么方式推进以及能否达到预期目标，最终取决于动力因素与阻力因素两种力量的对比。组织变革是一个过程，内容主要包括技术方面的变革、人事管理方面的变革和组织结构的变革。为了适应环境的要求，未来组织的变革将越来越快。

思考题

1. 举例说明什么是组织？

2. 为什么要划分部门？如何有效地划分部门？

3. 你认为哪一种组织结构模式更能适应企业发展的要求？为什么？

4. 管理幅度和管理层次的关系是什么？比较扁平结构和锥形结构的优缺点。

5. 大多数百货公司和超级市场联营店都是按地区组织商店，然后按商品类别组织内部的经营部，你能谈谈为什么吗？

6. 假如你是某公司经理，你会如何处理集权与分权的关系？怎样保证既不过分分散权力，又使下属有充分的自主权，充分调动下属的积极性？

7. 为什么要变革组织？举例说明。

8. 所有的管理者都是变革的推动者吗？为什么？

案例分析

1. 巴恩斯医院

下面这一事件发生在天气凉爽的十月的某一天，地点在圣路易斯的巴恩斯医院。

黛安娜·波兰斯基给医院的院长戴维斯博士打来电话，要求立即做出一项新的人事安排。从黛安娜的急切声音中，戴维斯能感觉得到发生了什么事。他告诉她马上过来见她。大约5分钟后，波兰斯基走进了戴维斯的办公室，递给他一封辞职信。

"戴维斯博士，我再也干不下去了。"她开始申述："我在产科当护士长已经4个月了，我简直干不下去了。我怎么能干得了这工作呢？我有两个上司，每个人都有不同的要求，都要求优先处理。要知道，我只是一个凡人。我已经尽最大的努力适应这种工作，但看来这是不可能的。让我给举个例子吧。请相信我，这是一件平平常常的事。像这样的事情，每天都在发生。"

"昨天早上7：45我来到办公室就发现桌上留了张纸条，是达纳·杰克逊（医院的主任护士）给我的。她告诉我，她上午10点需要一份床位利用情况报告，供她下午在向董事会作汇报时用。我知道，这样一份报告至少要花一个半小时才能写出来。30分钟以后，乔伊斯（黛安娜的直接主管，基层护士监督员）走进来问我为什么我的两位护士不在班上。我告诉她雷诺兹医生（外科主任）从我这要走了她们两位，说是急诊外科手术正缺人手，需要借用一下。我告诉她，我也反对过，但雷诺兹坚持说只能这么办。你猜，乔伊斯说什么？她叫我立即让这些护士回到产科部。她还说，一个小时以后，她会回来检查我是否把这事办好了！我跟你说，戴维斯博士，这种事情每天都发生好几次的。一家医院就只能这样运作吗？"

（资料来源：王龙.管理学基础.北京：机械工业出版社，2009）

问题：

（1）这家医院的正式指挥链是怎样的？

（2）有人越权行事了吗？

（3）戴维斯博士能做些什么改进现状？

（4）"巴恩斯医院的结构并没有问题。问题在于黛安娜·波兰斯基不是一个有效的监管者。"对此，你是赞同还是不赞同？提出你的理由。

2. 测量仪器公司

测量仪器公司董事长威廉·B. 里奇曼（William B. Richman）向董事会说明他的组织安排，其组织结构如图3-9所示。

一位董事问里奇曼，是否考虑过向他汇报工作的人太多了，里奇曼回答说："我不相信传统的控制或管理跨度原理，即经理人员应该只有4～5个人向他汇报工作。这既造成浪费又造成官僚主义。我们的下属都是素质良好的人，而且都知道他们自己应该做什么。他们有问题时都会很快反映给我。因为他们接近最高层，时刻都感到与最高层密切。

而且，我要知道每一个人工作的第一手情况，并能尽早地发觉弱点和失误。此外，如果说西尔斯的一个百货公司经理罗巴克(Roebuck)能有25～30个人向他汇报工作，我就能够掌握19个人。另外，汇报工作太少就会使主管人员工作任务不饱满，而我认为你们聘用了我，我就要把整个时间给公司。”

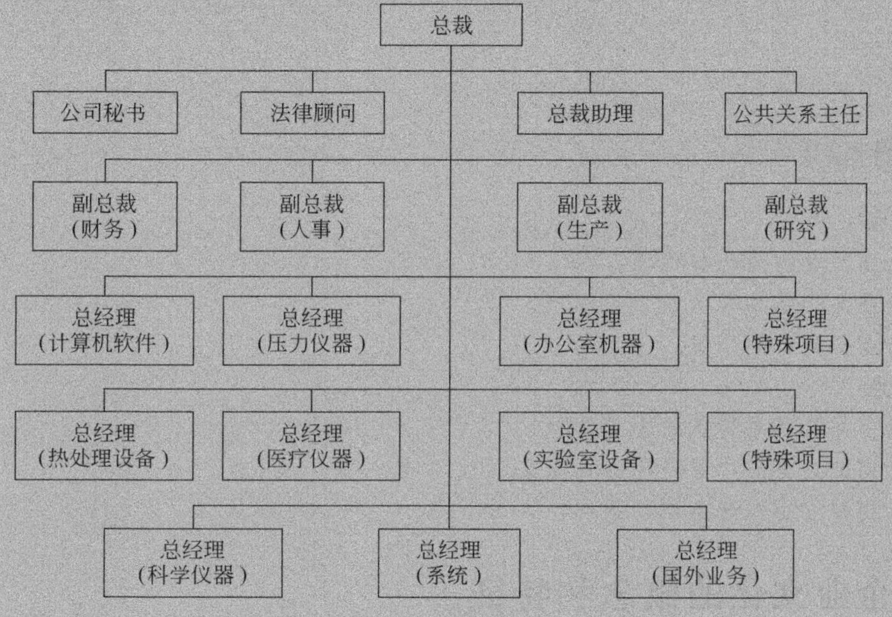

图3-9 测量仪器公司组织结构

（资料来源：徐国良，王进编. 企业管理案例精选精析. 北京：中国社会科学出版社，2006）

问题：

(1) 你对里奇曼的论点有何看法？

(2) 如果你是该董事会成员，你对里奇曼先生的做法有何异议？如果你是该公司的董事长，你是否会进行调整？如何调整？

实践与实训

了解并分析一个具有一定规模的工商企业的组织结构。

目的：

(1) 通过对某一个企业组织结构的了解和分析，培养学生对有关知识的综合和应用能力；

(2) 使学生掌握组织设计和分析的技能。

内容：

(1) 要求学生了解某一企业的组织机构的设置及相互之间的联系；

(2) 了解其中某一部门基层管理人员的职责内容；

(3) 对该企业现有组织结构的状况进行分析，提出其是否有不合理之处。

第4章 企业文化

学习目标

知识点

1. 企业文化的概念和特征。
2. 企业文化结构和功能。
3. 企业形象识别系统。

技能点

1. 如何培育具有特色的企业精神?
2. 如何建设具有中国特色的企业文化?
3. 如何建立企业形象识别系统?

4.1 企业文化的概念和特征

阅读材料

翻开美国的历史,你会发现,在那些白手起家,历尽艰辛为美国的经济建立功勋的人物之中,有一位平凡的巨人,他就是零售业奇才——沃尔玛连锁店的创始人山姆·沃尔顿。沃尔顿所创下的沃尔玛连锁店如今兴旺在美国、中美和南美。1985年,美国著名财经杂志《福布斯》把沃尔顿列为全美首富。1991年,年营业额达到400亿美元的沃尔玛连锁店成为全球最大的零售企业。从2000年到2006年,沃尔玛有5年位居这一排行榜榜首。美国《财富》杂志公布2007年度世界500强公司排行榜,沃尔玛更以年销售收入3511.39亿美元名列第一位。人们都说沃尔顿所创下的不仅仅是一个零售业王国,而且是一个奇迹,他实现了"美国梦"。沃尔玛是在山姆·沃尔顿所倡导的原则上建立起来的,这些原则已体现在同事每天的辛勤工作及待客服务中,成为沃尔玛独特的企业文化,使沃尔玛更具竞争力。

4.1.1 企业文化的概念

企业文化理论是近年来日益兴起的一种管理理论,它的提出使管理重点由"硬"向"软"转变,人被视为是企业管理中最重要的资源。美国管理学家彼得斯和沃特曼在名著《寻求优势》中指出,"在经营的最成功的公司里,居第一位的并不是严格的规章制度或利润指标,更不是计算机或任何一种管理工具、方法、手段,甚至也不是科学技术,而是企业文化或公司文化。"企业文化这一概念，是20世纪80年代由美国波士顿大学教授斯坦利·M.戴利首先提出来的。威廉·大内1981年写的《Z理论——美国企业界怎样迎接日本的挑战》，1982年，托马斯·J.彼得斯和小罗伯特·H.沃特曼合著的《追求卓越》，泰伦斯·狄尔和爱伦·甘乃迪合著的《公司文化》等，均是论述企业文化的重要著作。

关于企业文化的概念，有许多不同的认识和表达。什么是企业文化呢？企业文化又称公司文化。这个词的出现始于20世纪80年代初。一种新的思想和理论在形成过程中，往往会发生众说纷纭的现象，企业文化也不例外。纵观国内外对企业文化的认识和理解，大体有以下几种主要观点。

1. 五因素说

美国的狄尔和甘乃迪在《公司文化》中指出，企业文化是由五个因素组成的系统，即价值观、英雄人物、企业环境、习俗仪式和文化网络。

2. 两种文化总和说

这种学说认为，企业文化是企业中物质文化与精神文化的总和。物质文化是显形的文化，主要指企业中的设施、工具、机器、材料、技术、设计、产品、包装和商标等；精神文化是隐形的文化，主要指企业的价值观、信念、作风、习俗、传统等。

3. 群体意识说

这种学说认为，企业文化是指企业员工群体在长期的实践中所形成的群体意识及行为方式。所谓群体意识，是指员工所共有的认识、情绪情感、意志及性格风貌。

4. 精神现象说

这种学说认为，企业文化是企业在运转和发展过程中形成的包含企业最高目标、共同价值观、作风和传统习惯、行为规范、思维方式等在内的有机整体，是以物质为载体的各种精神现象，是企业的"意识形态"。

5. 企业文化的含义

企业文化有广义和狭义两种理解。广义的企业文化是指企业所创造的具有自身特点的物质文化和精神文化；狭义的企业文化是企业所形成的具有自身个性的经营宗旨、价值观和道德行为准则的综合。

前GE公司CEO杰克·韦尔奇说过："健康向上的企业文化是一个企业战无不胜的动力之源"；我国著名的经济学家于光远说过："关于发展，三流企业靠生产、二流企业靠营销、一流企业靠文化"；海尔的首席执行官张瑞敏说过："企业文化是海尔的核心竞争力"。

综上所述，我们可以对企业文化作如下定义：企业文化是处于一定社会经济、文化背景下的企业，在长期的生产经营过程中逐步形成的独特价值观、企业精神等，以及由此为核心衍生的行为规范、道德标准、文化传统、风俗习惯、管理制度、典礼仪式、企业形象等，是全体成员在工作过程中所创造的由观念形态文化、物质形态文化和制度形态文化构成的综合体。企业文化的实质，是以人为中心，以文化引导为手段，以激发职工的自觉行为为目的的一种企业经营管理思想。企业文化的根本任务是重视人、相信人、理解人、发动人、引导人、教育人、培养人和塑造人。

4.1.2 企业文化的特征

从国内外企业文化的实践来看，企业文化要经过长期的培育才能形成并完善，同时，企业文化又因企业的差别而各有千秋。每个成功的企业都有自身独特的企业文化。结合21世纪国际国内的发展趋势，企业文化具有以下普遍性特征。

1. 人本性

企业文化是以企业管理哲学和企业精神为核心，凝聚企业员工归属感、积极性和创造性的人本管理理论。企业文化的重要特点是重视人的价值，正确认识员工在企业中的地位和作用，激发员工的整体意识，从根本上调动员工的积极性和创造性。企业文化所营造的积极向上的思想观念及行为准则，可以形成强烈的使命感和持久的驱动力。

2. 社会性

企业文化的社会性，是指每一个企业都处于社会之中，社会文化无时不对企业发生重要影响。社会意识形态、社会价值观念、社会行为准则、社会文化心理、社会人际关系、社会道德规范等，无不影响于企业。

3. 时代性

企业文化是一个时代精神的反映，优秀的企业文化是时代精神的具体化，企业文化的时代性是企业与外部环境保持良好关系的关键。

4. 民族性

任何民族由于其生存与发展的具体条件不同，因而各民族都具有自己独特的文化、风俗习惯、生活方式、价值观念、理想信念等因素，并构成了这个民族的特质和内涵，企业文化总是建立在特定的民族文化基础上。国情不同、传统文化不同、企业文化也不一样。企业文化建设必须从国情出发，对民族传统文化进行挖掘、筛分、利用、培育有民族特色的价值观和伦理精神，才能建设具有民族特色的企业文化。

5. 融合性

企业文化的融合性，是指随着21世纪已形成的世界市场和发达的交通以及大众传播媒介的普及，不同地区、不同民族的企业文化都呈互相开放、互相交流、互相引进、互相吸取的发展趋势，通过融合不同的文化，以实现优势互补，合作双赢。经济全球化、导致竞争的内涵发生变化，竞争中的合作，使企业必须不断融合多元文化。

6. 整体性

建设企业文化只有注重企业文化系统的整体性，使物质文化、行为文化、制度文化和精神文化与企业特点互相结合、互相联系、互相渗透、互相作用，才能取得更好的效果。

7. 传播性

企业文化是一种价值理念，是价值观客观化的结果，它的客观存在就可以被人们认识、学习与掌握，并向社会传播，影响其他企业的企业文化建设。企业文化的发展具有一定的规律，这种规律同样可以被人们认识、学习与掌握，并向社会传播，影响其他企业的企业文化建设。企业文化的传播性主要表现为不同企业之间的横向传递。

8. 创造性

企业文化的创造性，是指企业文化在发展的过程中，必然会消除消极传统，否定落后传统，肯定积极传统，继承进步传统，使企业文化的发展适应时代和企业的要求。在信息化背景下，创新的作用得到空前强化，并升华成一种社会主题。创新变成了企业的生命源泉，在剧烈变动的时代，成功者往往是那些突破传统游戏规则，敢于大胆创新，不畏风险的人，敢于改变游戏规则的人也就是在思维模式上能迅速改变的人。

4.2 企业文化结构和功能

阅读材料

海尔有一本90多页的企业文化手册，对海尔的企业文化进行了全面详尽的描述，并在每一个理念之后配上一个海尔自己的小案例。比如海尔的核心价值观：创新；海尔精神：敬业报国、追求卓越；海尔作风：人单合一、速决速胜；海尔生存理念：永远战战兢兢、永远如履薄冰；海尔用人理念：人人是人才、赛马不相马；海尔质量理念：优秀的产品是优秀的人干出来的；海尔的营销理念：先卖信誉、后卖产品；海尔的竞争理念：只要比竞争对手高半筹；市场理念：只有淡季思想、没有淡季市场，只有疲软的思想、没有疲软的市场；海尔售后服务理念：用户永远是对的；海尔出口理念：先难后易；海尔资本运营理念：东方亮了再亮西方；海尔技改理念：先有市场、再建工厂；海尔技术创新理念：创造新市场、创造新生活；海尔职能工作服务理念：您的满意就是我们的工作标准；海尔的资源理念：不在于拥有多少资源，而在于利用多少资源等。

(资料来源：何志毅.世界企业文化网.)

4.2.1 企业文化结构

1. 企业精神文化

企业精神文化是用以指导企业开展生产经营活动的各种行为规范、群体意识和价值观念，是以企业精神为核心的价值体系。它集中体现在一个企业独特的、鲜明的经营思想和个性风格，反映着企业的信念和追求，是企业群体意识的集中体现。企业精神文化代表着企业广大员工工作财富最大化方面的共同追求，因而同样可以达到激发员工工作动机的激励功能。它包括企业精神、企业经营哲学、企业经营宗旨、企业核心价值观、企业经营理念、企业道德、企业作风等内容，是企业意识形态的总和。

(1) 企业精神

阅读材料

2008年《财富》杂志评出了最新一期的全球500家最大的公司，部分公司见表4-1。无疑，它们的成功是非凡的。从这些500强企业的企业宗旨或企业精神中，或许我们可以破译出一些成功的密码。

表 4-1 全球 500 强公司相关资料

营业收入	企业宗旨、企业精神
沃尔玛营业收入 3787.99 亿美元，2008 年财富全球 500 强第 1 名	顾客永远是对的，如有疑问请参照第一条
通用汽车营业收入 1823.47 亿美元，2008 年财富全球 500 强第 9 名	结局很美妙的事开头并非如此
福特汽车营业收入 1724.68 亿美元，2008 年财富全球 500 强第 7 名	市场不是 100 米的短跑，而是一个 42 千米的长跑，是马拉松
皇家荷兰壳牌集团营业收入 3557.82 亿美元，2008 年财富全球 500 强第 3 名	你可能不理解他人，但请先尊重他人
花旗集团营业收入 1592.29 亿美元，2008 年财富全球 500 强第 8 名	当人人都认为发生灾难时，我们却把它看成是机会
通用电气营业收入 1766.56 亿美元，2008 年财富全球 500 强第 6 名	企业的领导人应该抓住每一次机会，利用每一种传播方式与员工进行沟通
惠普营业收入 1042.86 亿美元，2008 年财富全球 500 强第 14 名	惠普的政策和措施都是来自于一种信念，就是相信惠普员工想把工作干好，有所创造
宝洁营业收入 764.76 亿美元，2008 年财富全球 500 强第 23 名	提供优质超值的品牌产品和服务，美化世界各地消费者的生活

① 企业精神的含义。企业精神是企业广大员工在长期的生产经营活动中逐步形成的，并经过企业家有意识的概括、总结、提炼而得到确立的思想成果和精神力量，它由企业的传统、经历、文化和企业领导人的管理哲学共同孕育，集中体现在一个企业独特的、鲜明的经营思想和个性风格，反映着企业的信念和追求，是企业群体意识的集中体现。企业精神常常通过一些精炼、浓缩、富于哲理、又简洁明快的语言表现出来。

企业精神具有号召力、凝聚力和向心力，是一个企业最宝贵的经营优势和精神财富。每个成功企业都有自己独特的企业精神。比如，著名的索尼公司的“不断开拓精神”；IBM 公司的“IBM 就是服务”的精神追求；惠普公司的“尊重个人价值”的精神；面对新的全球化竞争条件，海尔确立全球化品牌战略、启动“创造资源、美誉全球”的企业精神；红塔集团的“天有玉烟，天外有天”精神；中国移动的“沟通从心开始”精神。

② 企业精神要体现鲜明的企业特色。企业精神的鲜明特色，就是本企业的企业精神表述区别于其他企业，要具有突出的个性和特点：一方面在企业精神的内容上，要反映本企业实际，体现本企业的特殊性；另一方面在企业精神的表述方式上，所用词语及其组合方式要有独到之处，有自己独特的风格。

第一，有鲜明的特色才有鲜活的形象。特色是企业形象最生动的标志，没有特色，企业的形象就呆板，就模糊不清。那些“通用”的大话、套话，由于言之无物，使人无法判断企业员工信奉其企业精神的状况，由于用法雷同，也难以引起社会的注意力。如果企业精神的表述能充分展示企业的独特性，会产生比广告宣传更好的效果。如北京同仁堂集团公司的“同修仁德，济世养生”，北京全聚德集团公司的“全而无缺，聚而不散，仁德至上”的企业精神，在企业内部员工之间以及员工与顾客之间都传递着淳朴仁爱之情，以其鲜明的特色使其企业形象跃然而出。

第二，有鲜明的特色才有强大的力量。特色是精神动力，是企业精神的文化力及其自身的生命力所在。模仿甚至互相抄袭的企业精神，多人一面，似曾相识，即使不同企业互换着使用都无妨，就等于摇别人的旗在呐喊，社会不会重视，员工也不会珍惜，更谈不上有多大的文化力和生命力。日本丰田汽车公司从"干毛巾里挤出水"的企业精神，到产生"车到山前必有路，有路必有丰田车"的坚定信念和宏大的气魄，成为其长盛不衰的企业之魂。

第三，有鲜明的特色才有崇尚的价值。人们常说"物以稀为贵"。企业精神和其他事物一样，再好的词语，"你有我有全都有"也会贬值。只有特色鲜明的企业精神，才有可能成为企业宝贵的精神财富。企业精神具有鲜明的特色，是企业凝聚员工、吸引社会、谋求发展的内在要求，也是企业精神走向成熟和成功的客观需要。

③ 企业精神的提炼。要提炼出具有鲜明特色的企业精神，应该提倡学习借鉴，而不能照搬照抄，可以在以下几方面下工夫。

- 不求"高、大、全"，要体现企业的历史继承性。
- 要针对企业实际，具有现实性。
- 要发挥引导和激励作用，体现开拓性。
- 要创意新颖，词语要简洁，反映通俗性。

（2）企业核心价值观

阅读材料

在沃尔玛的成功经验中，有个著名的"10英尺规则"，即只要顾客在你周围的10英尺之内，你就要笑脸相迎。内蒙古蒙牛乳业股份有限公司注重格言管理，把企业价值观格言化，在厂区墙上、树丛中、办公楼内随处可见"蒙牛"格言。巨大的生产车间的玻璃窗上，找不到一个手印、一丝尘土的痕迹。细观察，在每个玻璃窗的右下方，是一方美丽的"蒙牛"标签，上面写着本玻璃窗的管理员工的人名，这一细节体现了企业价值观制度化与员工行为习惯的统一。著名的海尔定律："企业就像斜坡上的球体，市场竞争与员工惰性会形成下滑力，如果没有一个止动力，球体就会下滑，这个止动力就是基础管理；斜坡上的球体不会自行上升，如果有个向上的拉动力，企业才能发展，这个拉动力就是创新。"在某种意义上说，通用电气之所以百年不衰，就是因为坚持不懈地推崇三种核心价值观：坚持诚信、注重业绩、渴望变革。

① 核心价值观的含义。核心价值观就是指企业在经营过程中坚持不懈，努力使全体员工都必须信奉的信条。核心价值观是企业哲学的重要组成部分，它是解决企业在发展中如何处理内外矛盾的一系列准则，如企业对市场、对客户、对员工等的看法或态度，它是表明企业如何生存的主张。企业文化的本质在于全员共同认知的核心价值观，企业文化建设始于核心价值观的精心培育，终于核心价值观的维护、延续和创新，这是成功企业不变的法则。

惠普文化常常被人称为"HP Way"（惠普之道）。HP Way有五个核心价值观，它们像是五个连体的孪生兄弟，谁也离不开谁：第一，相信、尊重个人，尊重员工；第二，追求最高的成就，追求最好；第三，做事情一定要非常正直，不可以欺骗用户，也不可以欺骗员工，不能做不道德的事；第四，公司的成功是靠大家的力量来完成，并不是靠某个人的力量来完成；第五，相信不断的创新，做事情要有一定的灵活性。摩托罗拉公司的企业价值观是“尊重每一个员工作为个人的人格尊严，开诚布公，让每位员工直接参与对话，使他们有机会与公司同心同德，发挥出各自最大的潜能；让每位员工都有受培训和获得发展的机会，确保公司拥有最能干、最讲究工作效率的劳动力；尊重资深员工的劳动；以工资、福利、物质鼓励对员工的劳动做出相应的回报；以能力为依据；贯彻普遍公认的——向员工提供均等发展机会的政策”。摩托罗拉的这种公司价值观为每一个员工创造了一种健康积极的文化氛围。

② 企业核心价值观必须符合如下标准。

第一，它必须是企业核心团队或者是企业家本人发自内心的肺腑之言，是企业家在企业经营过程中身体力行并坚守的理念，如有些企业的核心价值观中有“诚信”的字眼，但在实际经营过程中并没有体现出诚信的行为，那么它就不是这家企业的核心价值观。从这个角度说，核心价值观不能够去追求时尚，世界500强企业有的核心价值观不一定就是你的核心价值观，如创新、以人为本或追求卓越等，它可以是你价值体系的一部分，但并不一定是你的核心价值观。

第二，核心价值观必须是真正影响企业运作的精神准则，是经得起时间考验的，因此它一旦确定下来就不会轻易改变。

第三，所谓核心，就是指最重要的关键理念，数量不会太多，通常是五条到六条。

(3) 企业经营哲学

阅读材料

奔驰哲学：不厌挑剔。

德国奔驰公司是世界知名的汽车制造企业，许多年前，它生产的车辆就有160多个品牌、3700种型号。按一般情况，汽车消费者的不同消费需求都能得到满足。可是，有特殊要求的消费者也着实让奔驰公司经受一次次考验。

有位年轻人到奔驰公司要买一辆轿车，看完了陈列厅里的100多辆各种车型后，竟没有一辆中意的。销售员问其何故，年轻人表示，想要一辆灰底黑边的车。销售员告诉他，本公司没有这种车。公司老板得知情况后十分生气，他对销售员说：“像这样做生意只能让公司关门歇业。”然后，老板设法找到了那个年轻人，告诉他，两天后来取车。两天后，年轻人看到了他想要的灰底黑边车，但还是不满意，说这车不是他要的规格。经验丰富的销售部主任耐心地问：“先生想要什么规格的，我们一定满足您的要求。”三天后，年轻人高兴地看到了他想要的规格、型号、式样的车。可是，他试开了一圈后，对销售部主任说：“要是能给汽车安个收音机就好了。”当时，汽车收音机刚问世不久，大多数人认为汽车安收音机容易导致交通事故，但销售部主任犹豫了片刻仍对年轻人说：“先生下午来可以吗？”

玛丽·凯哲学：开门原则。

以经营化妆品而著称全球的美国玛丽·凯公司非常重视人才。“开门原则”体现了总经理玛丽·凯一贯的经营哲学思想。

在玛丽·凯公司，总经理办公室的大门永远都是敞开的，随时欢迎想提建议的人进来。玛丽·凯公司对员工充满爱心，每个员工过生日都会受到热烈祝贺，并享受丰盛的免费午餐，使员工们倍感温暖亲切。“秘书周”到了，所有秘书都会获得鲜花和咖啡杯。总经理玛丽·凯常常以普通职员身份邀请员工来家做客品茶，有时亲自系上围裙下厨，给客人烤香喷喷的小甜饼。

壳牌哲学：独创精神。

英荷壳牌公司6名董事会成员每隔一周往返海牙与伦敦之间。他们在权限分配上颇具特色；在制定重大决策或方案时，必须以一致通过为前提条件，关键计划和个人提案都必须获得一致同意。这样对董事长权力进行了有力限制。分权与均衡机制产生过巨大作用，进入20世纪80年代后，世界各国刮起一阵“收购风”，许多大公司都纷纷卷入。但是壳牌集团没有去凑收买、兼并其他大石油公司的热闹，也没高背债务包袱。公司文化也十分奇特，带有浓重的大家庭色彩：公司为职工在伦敦郊外建造了一个乡村俱乐部；每到节日或公司重大活动，公司总是以一系列活动向职员表示慰问和关心。近年来，壳牌的许多竞争对手都加强了中央集权制，而在壳牌集团的近300家经营单位几乎都拥有完全自主权，它们可以作出几乎所有的决定。分权和自主性的模式，增强了各子公司的经营灵活性。

惠普哲学：“你就是公司”；日立哲学：和、诚、开拓精神；“不断改变现状，视今天为落后”(二汽)；“开拓则生、守旧则死”(深圳光明华侨电子公司)；“仁心待人，严格待事”(瑞士劳力士手表公司)；“伟大，在于创造”(格兰仕)等。

企业的经营哲学反映了企业的基本指导思想。具体而言，企业的经营哲学是企业必须回答的有关企业的最重要、最基本的问题，反映了企业行为的基本取向。包括：企业存在的目的和价值，企业的社会责任，企业与环境的关系。

经营哲学是企业的最高指导思想。作为企业的指导思想，经营哲学还反映了行业的特色，不同的行业必须有不同的经营哲学，行业之间不可以简单照搬。

既然企业的经营哲学体现了企业的使命和目的，那么，经营哲学对企业来说意义就显得非常重大。实际一个好的企业的经营哲学反映了其良好的价值观念和明确的使命感，提升了企业行为的境界。经营理念是经营哲学的具体化，换言之，所谓企业的经营理念就是抽象的经营哲学的现实化、可操作化。

2007年，Wal Mart(沃尔玛)公司全球的销售额达到3511.3922亿美元，公司全球雇员190万人，成为世界上最大、而且财务和业务运营健康的企业。在Wal Mart的诸多成功驱动因素之中，企业文化被认为是其成功的根本原因。Sam Walton先生在20世纪80年代初提出了包括敬业、分享收益、沟通、超出客户期望等十条业务经营原则，这十条原则最终成为Wal Mart公司的企业文化，指导着Wal Mart全球业务的发展。

(4) 企业道德

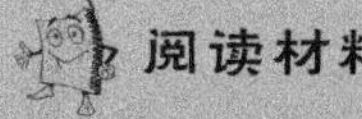

阅读材料

同仁堂的创业者尊崇“可以养生、可以济世者，惟医药为最”。在北京大栅栏同仁堂药店的店堂里也有这样一副对联：“同气同声福民济世，仁心仁术医国医人”。同仁堂的历代继业者始终以“养生”、“济世”为己任，对求医购药的八方来客，无论是达官贵人，还是平民百姓，一律以诚相待，对症用药，一视同仁。300多年间，社会发生着翻天覆地的变化，然而同仁堂养生济世的宗旨却雷打不动。今天，在继承古老创业宗旨的同时，又汇入了全心全意为人民服务的精神，提出“想病家患者所想，做病家患者所需”和“患者第一”的经营思想。职工们的日常生产和服务中，自觉地实践着企业的经营宗旨和道德规范。前几年我国南方一些城市流行甲肝，特效药板蓝根冲剂的需求量猛增，有些药厂、药店趁机抬价，到同仁堂拉板蓝根的汽车排起了长队。同仁堂动员职工，放弃春节休假，昼夜奋战，生产高质量的板蓝根。有人提出，需求量这么大，如果按原价出厂不划算，也应提高售价了。但同仁堂认为，治病救人是自己的天职，不能乘人之危发国难财，药品一律按原价出厂。药厂还派出一个车队，一直把药送到目的地。有一段时间，北京出现抓药难，在别处抓不到药的人纷纷涌到同仁堂药店，有时队伍排到大栅栏街口。同仁堂药店的职工不推不怨，从经理到职工齐上柜台抓药，并准备充足的药源，常常从清晨忙到深夜，直至送走最后一个购药者。

同仁堂的金字招牌之所以300多年不倒，不仅因为它有养生济世的经营宗旨和精益求精的敬业精神，还因为它有童叟无欺、一视同仁的职业道德。到同仁堂药店抓药，极少出现差错。一次顾客反映，买到的天王补心丹中混装了一丸地榆槐角丸，虽然混服这两种药并没有危险，但他们以极端负责的精神，把已经发售到各地的4万盒药品一盒盒追了回来。

同仁堂经营不少高档药，同时廉价药品种也十分丰富。一元钱一张的狗皮膏、几角钱一支的眼药水应有尽有。同仁堂人做大生产，也不拒绝小买卖。一次一位50多岁的山东老汉在同仁堂买药，递上药方，接过价单时愣住了，价单上写着0.01元。一分钱？老汉以为是弄错了，犹犹豫豫地交了钱来柜台上取药，只见售货员认真地用戥子称了药，包上，由另一位师傅核对。老汉试探着问：“我这服药是一分钱吗？”老师傅笑着说：“您要买4克天仙腾，这药4克只值4分钱，所以只能给你1克，收一分钱没错。”

同仁堂的金字招牌越来越辉煌，想借同仁堂的招牌发财的也不乏其人。同仁堂的名牌效益非常明显，别的厂家的产品一进同仁堂药店，销售很快就会火起来，不断有人到同仁堂药店推销药品，有的提出要给予相当丰厚的好处，但同仁堂职工从不动心。他们说，我们不但不卖假冒伪劣药品，就连不是优质名牌的药品我们也不经销。同仁堂人可以拍胸脯夸海口：“我们这儿从没有假药。”社会上越是打假，同仁堂的生意就越红火，老百姓知道同仁堂从来不卖假药。

在商业经营中，许多商店搞柜台出租。有人找上门来，同仁堂都断然拒绝。同仁堂永远自家卖药，而且永远卖好药，绝不会为眼前利益丢弃“养生济世”的经营宗旨。

（资料来源：世界企业文化网）

老子说：“重积德则无不克，无不克则莫知其极。”意思是：人民都广泛行善积德了，就没有办不成的事，没有办不成的事就可以确保长治久安。

企业道德是调节企业与社会、企业与员工、员工与员工关系的行为规范的总和，是职工在履行本职工作时必须遵循的包括信念、习惯、传统诸多因素在内的道德要求。企业道德是企业文化的衡量尺度，是企业精神的表现形式，是企业氛围的组成要素，是企业文化的高层次意识。只有培育良好的企业道德，才能营造良好的企业文化。

市场经济条件下的企业道德应包括以下内容。

① 诚实，企业有义务披露利益相关者关心的信息，并且与真实情况一致。

② 公平，即企业与利益相关者保持地位、交换利益和信息的对等。

③ 守则，即企业遵守共同的职业、行业、社会规范。

④ 信用，即说到做到。

⑤ 一贯，企业的道德应该是一贯的，不能时好时坏。

⑥ 进取，企业应当持续改进企业的产品与服务，承认不足或错误，采取有力措施加以改进，另外提供大大超过法律要求的优质产品和服务。

市场经济说到底是道德经济。只有讲究信誉，诚实经营，对消费者及对社会负责的企业，才能赢得人们的信赖，进而创造出一种吸引顾客的强磁场，获得丰厚的回报，也才能在激烈的市场竞争中脱颖而出，并保持长久的生命力。纵观国内外许多知名企业，虽然其所在国家奉行的价值观不尽相同，但作为全人类普遍认同的伦理准则，都被他们融入自己的经营理念中，进而创造出不少异曲同工的特色伦理经营方略，使自己在国际市场上确立了企业信誉，提升了企业知名度。如闻名世界的泰国中华总商会主席华裔首席富豪郑如明先生，在"企业应该卖什么"的问题上，就有自己独特的见解："我们不只是卖商品，我们是要把'威信'与'信誉'都卖出去，在消费者中扎根'落户'。"正是基于这种伦理经营理念，他不但注重赚钱赢利，而且更加看重使消费者满意，总是以"双赢"的目标来运筹经营。

(5) 企业作风

阅读材料

全聚德烤鸭店创建于1864年，至今仍是中国响当当的百年老字号。这期间中国发生了翻天覆地的变化，全聚德也几经沉浮，但今天的全聚德依然充满活力，这源于它"超越自我"的理念。紧跟时代步伐，各地的全聚德烤鸭店在1993年整合成中国全聚德集团公司，使公司从单一分散的格局向连锁经营、规模经营发展。走入烤鸭店，浓浓的历史气息扑面而来，熟悉的烤鸭味勾起回忆，让人倍感老字号的亲切。但全聚德并非固守原有风格，而是在保持传统的同时不断创新。全聚德以鸭菜为主，每年都会推出一些新品菜肴，以满足现代人的口味。"不到长城非好汉，不吃烤鸭真遗憾！"中国烤鸭吸引了无数外宾，而外宾的首选就是全聚德。外国客人不断增多，全聚德看到了外语的重要性，要超越自己，就要用外语服务。自1992年以来，全聚德一直坚持对员工进行外语口语培训，并以此作为一项员工年度考核内容。员工的行为代表企业，优秀的企业必然有优秀的员工。国际奥申委评估团主席海因·维尔布鲁根曾在前门全聚德烤鸭店用餐，当时他高兴地说："这有我见过的最好的服务员。"

(资料来源：铭万.博锐管理在线)

① 企业作风的含义

所谓企业作风是指一个企业在长期的生产经营等实践活动中形成的一种风气，是企业内质的外在表现。是企业在各种活动中所表现出来的一贯态度和行为处世的风格，是全体员工在企业发展过程中长期积累并形成的精神风貌。

企业作风是企业的一种氛围、风气，甚至是一种习惯。表面看起来，企业作风看不见，摸不着，但它却影响着企业的发展方向、经营行为。企业作风既具有本企业特性，也具有企业的行业特征和生产技术、经营管理、员工素质等方面的特点。

良好的企业作风，能够协调企业的组织与管理行为，有助于建立科学、规范的企业运行次序，提升企业员工的工作境界，达到提高工作效率与经济效益的目的。

海尔集团的企业作风：人单合一，速决速胜；

长安集团的企业作风：今天的事今天完，明天的事今天想；

中国人寿的企业作风：严谨高效，热情周到。

② 如何培养企业作风

一是情感管理。即以感情联络来调动人的积极性、主动性、创造性。浓厚的情感氛围无疑能为员工提供安全感、信赖感，从而创造出良好的工作环境。

二是自主管理。就是要信任、尊重员工，激发员工的主人翁精神。

三是制度管理。要把倡导的企业作风渗透到工作过程，变成人们的自觉行动，制度则是最好的载体之一。

2. **企业制度文化**

阅读材料

海尔管理三步曲

第一步，提出质量理念：有缺陷的产品就是废品

海尔在转产电冰箱时，面临的市场形式是严峻的，自己在规模、品牌都是绝对劣势的情况下，靠什么在市场上挣得一席之地？只能靠质量。于是，张瑞敏提出了自己的“质量理念”：“有缺陷的产品就是废品”、对产品质量实行“零缺陷，精细化”管理，努力做到用户使用的“零抱怨、零起诉”……

理念的提出是容易的，但是，让员工接受、认同，最后变成自己的理念，则需要一个过程。一开始，许多职工并不能真正理解，更难自觉接受。所以，产品质量不稳定，客户投诉不断。1986年，有一次投产的1000台电冰箱，就检查出76台不合格。面对这些不合格品，许多人提出，便宜一点、卖给职工……张瑞敏强烈意识到，企业提出的质量理念，大部分员工还远远没有树立起来，而理念问题解决不了，只靠事后检验，是不可能提高质量的。于是，张瑞敏果断迈出了第二步。

第二步，推出“砸冰箱”事件

许多人都非常熟悉“砸冰箱”事件，但是对“砸冰箱”之后发生的事，却知之甚少。当员工们含泪眼看着张瑞敏总裁亲自带头把有缺陷的76台电冰箱砸碎之后，内心受到的震动是可想而知的，人们对“有缺陷的产品就是废品”有了刻骨铭心的理解与记忆，对“品牌”与“饭碗”之间的关系有了更切身的感受。但是，张瑞敏并没有就此而止，也没有把管理停留在“对责任人进行经济惩罚”这一传统手段上，他要充分利用这一事件，将管理理念渗透到每一位员工的心里，再将理念外化为制度，构造成机制。

在接下来的一个多月里，张瑞敏发动和主持了一个又一个会议，讨论的主题却非常集中："我这个岗位有质量隐患吗？我的工作会对质量造成什么影响？我的工作会影响谁？谁的工作会影响我？从我做起，从现在做起，应该如何提高质量？"在讨论中，大家相互启发，相互提醒，更多的则是深刻的内省与反思。于是，"产品质量零缺陷"的理念得到了广泛的认同，于是人们开始了理性的思考：怎样才能使"零缺陷"得到机制的保证？于是他们又走出了关键的第三步。

第三步，构造"零缺陷"管理机制

在海尔每一条流水线的最终端，都有一个"特殊工人"。流水线上下来的产品，一般都有一些纸条，在海尔被称为"缺陷条"。这是在产品经过各个工序时，工人检查出来的上工序留下的缺陷。这位特殊工人的任务，就是负责把这些缺陷维修好。他把维修每一个缺陷所用的时间记录下来，作为向"缺陷"的责任人索赔的依据。他的工资就是索赔所得。同时，当产品合格率超过规定标准时，他还有一份奖金，合格率越高，奖金越高。这就是著名的"零缺陷"机制，这个特殊工人的存在，使零缺陷有了机制与制度上的保证。目前，这一机制有了更加系统、更加科学的形式，这就是在海尔称为市场链机制的"SST"，即：索赔、索酬、跳闸。这一制度的推出，使海尔的产品、服务、内部各项工作都有了更高的质量平台。

（资料来源：党书国. 海尔管理模式全集. 武汉：武汉大学出版社，2006）

企业制度文化是企业为实现自身目标对员工的行为给予一定限制的文化，它具有共性和强有力的行为规范的要求。企业制度文化作为企业文化中人与物，人与企业运营制度的中介和结合，是一种约束企业和员工行为的规范性文化，它使企业在复杂多变、竞争激烈的环境中处于良好的状态，从而保证企业目标的实现。

企业的制度文化，主要包括企业领导体制、企业组织结构和企业管理制度三个方面。

企业领导体制的产生、发展、变化，是企业生产发展的必然结果，也是文化进步的产物。

企业组织结构，是企业文化的载体。包括正式组织结构和非正式组织结构。企业管理制度是企业在进行生产经营管理时所制定的、起规范保证作用的各项规定或条例。

企业管理制度是企业为规范员工行为而做出的"应该做什么"、"不应该做什么"、"鼓励什么"、"禁止什么"、"什么该奖"、"什么该罚"等的一系列规定。由于人的价值取向的差异性、对组织目标认同的差异性，要想使个体与群体之间达成协调一致，光靠文化管理是不行的；实际上，在大生产条件下，没有制度，即使人的价值取向和对组织的目标有高度的认同，也不可能达成行动的协调一致。当制度内涵已被员工心理接受、并自觉遵守时，制度就变成了一种文化。

3. 企业行为文化

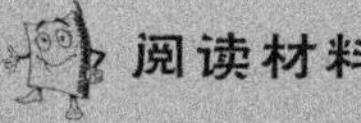
阅读材料

闻名于世界的美国麦当劳，以"与其背靠着墙休息，不如起身打扫"为员工行为规范。在一段时间里，麦当劳几乎没有什么事可做，只好靠墙待着。这一行为规范就是要求服务员利用这段无事可做的时间，迅速清扫内部卫生，维持整洁、优雅的环境，使顾客看得欢心，吃得开心。麦当劳之所以能在全球迅速发展的原因之一是使员工们都能按照行为规范的要求，保持干净、整洁、优雅的环境。

(1) 企业行为文化的含义

企业行为文化是指企业员工在生产经营、学习娱乐中产生的活动文化。它包括企业经营、教育宣传、人际关系活动、文娱体育活动中产生的文化现象。它是企业经营作风、精神面貌、人际关系的动态体现，也是企业精神、企业价值观的折射。

从人员结构上划分，企业行为中又包括企业家的行为、企业模范人物的行为和企业员工的行为等。

行为文化包括哪些内容呢？主要包括两个方面：企业的经营管理行为，员工的日常行为表现与行为习惯，其中员工行为分为领导者行为、中高层管理者与核心骨干员工行为、基层员工行为三个不同层面。海尔的成功，都源于在张瑞敏这位优秀企业家的带领下，实现了成功的管理，建立了较为完整的海尔文化体系。张瑞敏把海尔的企业文化看做是海尔的无形资产，是具有海尔特色的意识形态。

对于所有的国有大中型企业来说，道理其实一样，最中心的问题就是企业文化。因为对企业来讲，企业文化从表层的物质文化到深层的精神文化，涵盖了上述所有的因素，企业文化是贯穿企业各项工作的生命线。而一个企业的企业文化，很大程度上可以说，就是企业领导人所展示的文化。企业领导人的话语文化、行为文化和思想文化，最终影响和形成了企业的企业文化，因此，要建立有特色的企业文化，首先要从企业领导人的“领导人文化”抓起。

(2) 建设企业行为文化的步骤和方法

① 紧密联系企业经营管理与岗位工作实际，持续深入地进行企业文化理念的有效宣传，使企业的文化理念与员工的个人价值观融为一体，融化于心，变成员工的自觉行为意识。

② 针对不同层面、不同岗位类别，在理念清晰化的基础上，建立相应的相对具体和全面的、可执行的行为规范，并建立与行为规范相配套的奖惩规定；比如“八准八不准”之类，使员工有明确的执行标准。

③ 建立别具一格的企业礼仪和仪式，不断强化员工的行为意识，促进行为习惯的养成。

④ 注重企业内部不同层面优秀典型和企业领导者与中高层管理人物表率形象的树立，注重对企业文化经典案例故事的搜集、整理与宣传，甚至包括对反面典型的披露与批评。

⑤ 提高管理执行力，确保既定的规章制度得到严格执行，产生强有力的行为与心理约束力。

特别需要提示的是：行为文化的建设，要充满人性的尊重与理解，要善于把握和利用阶段性、突发性时机。比如，文化建设的形式和内容要符合成人学习的特点、符合本行业的特点和本企业员工构成的特点；而季度、年度和企业重大经营活动的阶段始末，企业文化不能缺少行为文化层次。

4. 企业物质文化

企业物质文化是由企业职工创造的产品和各种物质设施等构成的器物文化，是一种以物质形态为主要研究对象的表层企业文化。

企业生产的产品和提供的服务是企业生产经营的成果，它是企业物质文化的首要内容。其次是企业创造的生产环境、企业建筑、企业广告、产品包装与设计等，它们都是企业物质文化的主要内容。

产品是指人们向市场提供的能满足消费者或用户某种需求的任何有形产品和无形服务。有形产品主要包括产品实体及其品质、特色、式样、品牌和包装；无形服务包括可以给买主带来附加利益和心理上的满足感及信任感的售后服务、保证、产品形象、销售者声誉等。

在全球经济一体化浪潮中，企业就是国家的名片。如同IBM某种程度上代表美国、三星代表韩国一样，一国的形象很大程度上就是由它输出的产品和企业品牌来支撑。在当今这个以企业形象、品牌形象为竞争特征的时代，塑造企业文化，打造企业品牌是面对经济全球化竞争的必然选择，是保持企业持续、健康发展的源泉，是企业取得成功与收获的土壤。

从表4-2中的数据我们看到了品牌的价值，但是品牌的打造决不是一蹴而就，轻而易举就能成功的，需要我们长期不懈的努力和奋斗。文化和品牌作为企业生存和进入市场的有力武器，对企业起着至关重要的作用。就一个企业来讲，如果只有品牌而没有文化，那么品牌也就没有生命力；如果只有文化而没有品牌，那么文化也就缺乏其应有的价值。世界著名企业品牌价值均凝聚着它们优秀的企业文化和成功的品牌战略。

表4-2 2009年全球最具价值企业品牌前十名

序号	排名公司	品牌价值/亿美元	序号	排名公司	品牌价值/亿美元
1	可口可乐	687	6	麦当劳	323
2	IBM	602	7	Google	320
3	微软	566	8	丰田	313
4	通用电气	478	9	英特尔	306
5	诺基亚	348	10	迪斯尼	284

在企业文化结构中，精神文化最重要，它决定和制约企业文化的其他层次；而物质文化、行为文化是精神文化在企业实践中的具体体现，制度文化又是精神文化的基础和载体。企业发展的灵魂是企业文化，而企业文化最核心的内容应是价值观。

4.2.2 企业文化的功能

阅读材料

挪威渔民出海捕沙丁鱼，如果抵港时鱼仍活着，卖价要比死鱼高出许多倍。因此，渔民们千方百计想让鱼活着返港，但种种努力都失败了。只有一艘渔船却总能带着活鱼回到港内，收入丰厚，但原因一直未明，直到这艘船的船长死后，人们才揭开了这个谜。原来这艘船捕了沙丁鱼，在返港之前，每次都要在鱼槽里放一条大鲶鱼，放鲶鱼有什么用呢？原来鲶鱼进入鱼槽后由于环境陌生，自然向四处游动，到处挑起摩擦，而大量沙丁鱼发现多了一个“异己分子”，自然也会紧张起来，加速游动。这样一来，就一条条活蹦乱跳地回到了渔港。

一位对企业文化颇有研究的学者如是说：“所谓企业文化的功能是指企业文化发生作用的能力。”

1. 导向功能

企业文化集中反映企业员工共同的价值观念、理想信念和共同利益，将人们的事业心和成功的欲望化成具体的目标、信条和行为准则，形成企业员工的精神支柱和精神动力，引导企业及其员工朝着既定的发展目标前进。对企业中的每一位员工都具有一种无形的巨大感召力。

2. 凝聚功能

当共同的价值观、目标、信念被企业员工共同认可后,它就会成为一种黏合力,从各个方面把其成员聚合起来,从而产生一种巨大的向心力和凝聚力。

3. 激励功能

企业文化的激励功能来自于企业文化本身的精神力量。企业文化的核心是要创造出共同的价值观念,优秀的企业文化就是要创造出一种人人受重视、受尊重、发挥作用的文化氛围。所以,积极向上的思想观念及行为准则会形成强烈的使命感、持久的驱动力,成为员工自我激励的一把标尺。

4. 约束功能

企业文化因为将企业的目标、价值观和行为方式最大限度地内化为员工自己的目标、价值观和行为方式,使对员工的外在约束变成了员工的自我约束,它使信念在员工的心理形成一种定势,构造成一种响应机制,只要外部诱导信号发生,即可以得到积极的响应,并迅速转化为预期的行为。这就形成了有效的"软约束",这种约束产生于企业的文化氛围、群体行为准则和道德规范。群体意识、社会舆论、共同的习俗和风尚等精神文化内容,会造成强大的使个体行为大众化的群体心理压力和动力,使企业员工产生心理共鸣,继而达到行为的自我控制,从而使企业上下左右达成统一、和谐和默契。

5. 辐射功能

企业文化塑造着企业的形象。优良的企业形象是企业成功的标志,包括两个方面:一是内部形象,它可以激发企业职工的自豪感、责任感和崇尚心理;二是外部形象,它能够更深刻地反映出该企业文化的特点及内涵。企业文化的辐射途径有:第一,软件辐射,即通过企业精神、企业价值观、企业道德等的发散与传播企业文化;第二,产品辐射,即企业以产品为载体对外传送企业文化;第三,人员辐射,通过广大员工的语言和行为传播企业文化;第四,媒体辐射,通过各种媒体宣传企业文化,达到辐射的目的。

阅读材料

联想的领导人柳传志有个著名的比喻"房屋图"。他把企业比作一栋房屋,地基是企业文化与企业制度,屋体是资金流、信息流、物流等,屋顶是各种技术性的职能管理。他认为国内更多关注的是屋体和屋顶,对地基这个部分说不清,而中国企业的问题更多的是出在地基部分。21世纪是文化管理时代,是文化致富时代。企业文化将是企业的核心竞争力所在,是企业管理的最重要内容。正如同通用电气公司前任总裁韦尔奇所阐述的,如果你想让列车时速再快10千米,只需要加一加马力;而若想使车速增加一倍,你就必须要更换铁轨了。资产重组可以一时提高公司的生产力,但若没有文化上的改变,就无法维持高生产力的发展。因此,加强企业文化建设是企业提高经营业绩,创造竞争优势的必然选择。

4.3　企业形象识别系统

随着市场经济的发展，企业的生存环境发生了很大变化，竞争已经从单一产品的价格战、质量战、品牌战，逐步演变为目前的企业综合形象战。CIS 作为近年来在国际上出现的一种新型现代企业管理理论，自 20 世纪 50 年代在美国兴起以来，经过几十年不断的发展和完善，已形成了一套完整的系统，并在企业竞争中显示出巨大威力。企业形象识别系统是英文"Corporate Identity System"的中文翻译，简称 CIS。CIS 战略是企业为了适应经营环境的变化、尤其是竞争环境的变化而逐步发展起来的一种企业经营战略。世界众多名牌诸如 IBM、麦当劳、可口可乐、松下、索尼、佳能等，无不借助 CIS 现代经营战略称雄国际。CIS 在 20 世纪 80 年代传入中国，由广东太阳神集团有限公司率先导入 CIS 为起点，十几年来，已在国内为广大企业所接受并成为发展潮流，涌现出海尔、长虹、康佳、格力等众多国内著名品牌，成为振兴民族经济的杰出代表。

4.3.1　CIS 的构成要素

企业形象识别系统，是指企业运用整体的传达系统将企业的各种信息、理念、决策等传达给企业员工和社会公众，从而塑造良好的企业形象，并使人们对企业产生一致的看法和认同，从而达到扩大经济利益和社会利益的目的。CIS 包括三部分，即 MI(Mind Identity，理念识别)、BI(Behavior Identity，行为识别)和 VI(Visible Identity，视觉识别)三部分。

CIS 通过对企业的整体形象设计，将企业经营理念与精神文化，运用整体传达系统(特别是视觉传达设计)，传递给企业周围的关系者或团体(包括企业内部与社会大众)，使其对企业产生一致的认同感与价值观，使企业在复杂的社会环境中，得到社会的接受和肯定。CIS 设计的构成如表 4-3 所示。

表 4-3　CIS 设计的构成

基本要素	视觉要素	非视觉要素
(1) 公司名称、标志(企业标志、商品标志) (2) 标准体 (3) 标准色 (4) 指定字体 (5) 企业口号(商用口号) (6) 企业性格的代表形象	(1) 广告宣传——电视、报纸、杂志、广告牌、年历等 (2) 商用——企业简介、说明书、新产品、展示陈列等 (3) 识别系统——企业内部、店铺车辆工具、制服等 (4) 业务——用品(信纸、信封等)、环境、设备等	(1) 产品质量、流通、服务体系等 (2) 人的行为要素：管理人员的言行、工作人员的言行、勤务态度、待客态度

CIS 企业形象识别系统，结合现代设计观念与企业经营管理理论，刻画企业的个性，突出企业的精神；它是企业塑造形象、获得竞争优势的有效工具，是社会公众识别企业和企业向外展示风貌的一座桥梁；它能够使消费者对企业产生深刻的认同感，从而达成促销企业产品或服务的目的。

1. 理念识别(MI)

MI 又称 MIS，是英文 Mind Identity System 的缩写，其具体含义是指企业在长期的经营实践活动中形成的与其他企业不同的存在价值、经营方式，以及生产经营的战略、宗旨、精神等。日本著名的百货商店银座松屋店曾将“顾客第一主义”作为其理念。麦当劳的企业理念是：“时间、质量、服务、清洁、价值。”企业理念识别的实质，在于确立企业的自我，以区别于其他企业。

理念识别是企业识别系统的核心。它不仅是企业经营的宗旨与方针，还包括一种鲜明的文化价值观。对外它是企业识别的尺度，对内它是企业内在的凝聚力。完整的企业识别系统的建立，首先有赖于企业经营理念的确立。MI是CIS战略运作的原动力和实施的基础，也是属于企业的最高决策层次。完整的企业识别系统的建立，有赖于企业经营理念的确立。理念识别包括企业经营理念、企业使命、行为规范等。

2. 行为识别(BI)

BI是CIS的动态识别形式，它的核心在于CIS理念的推行，将企业内部组织机构与员工行为视为一种理念传播的符号，通过这些动态的因素传达企业的理念、塑造企业的形象。企业的行为识别系统几乎覆盖了整个企业的经营管理活动，主要由两大部分构成：一是企业内部系统，包括企业内部环境的营造、员工教育及员工行为规范等；二是企业外部系统，包括产品规划、服务活动、广告关系及促销活动等。

阅读材料

福特汽车的关怀是这样向世人传达的：在汽车的斑马线上，一位白发苍苍的老人正准备过马路，但车水马龙，谁也不肯停下一会儿，这时画外音：“人人都有老时。”这是一则成功的广告，虽未直接推销自己的产品，却给人留下了深深的思考，并留下了关心他人的福特汽车的企业形象。

3. 视觉识别(VI)

VI是企业的视觉识别系统，主要包括基本要素和应用要素两大类。基本要素主要包括：企业品牌标志、标准字、标准色、精神标语、企业造型、象征图案及基本要素的组合设计；应用要素包括办公事务用品、广告规范、招牌旗帜、服装、产品包装、建筑物外观、室内设计、交通运输工具等媒体上的展开应用设计，并最后完成VI视觉识别手册。

实施VI战略是企业信息传播的系统工程。企业的视觉识别系统将企业理念、企业价值观，通过静态的、具体化的，视觉化的传播系统，有组织、有计划和正确、准确、快捷地传达出去，并贯穿在企业的经营行为之中，使企业的精神、思想、经营方针、经营策略等主体性的内容，通过视觉表达的方式得以外观化。使社会公众能一目了然地掌握企业的信息，产生认同感，进而达到企业识别的目的。

未来的企业竞争不仅仅是产品品质、品种之战，更重要的还是企业形象之战，因此，塑造企业形象便逐渐成为有长远眼光企业的长期战略。如可口可乐、麦当劳、P&G、TOYOTA等，而它们均是在全面实施CIS战略下取得的成果。塑造企业形象虽然不一定马上给企业带来经济效益，但它能创造良好的社会效益，获得社会的认同感、价值观，最终会收到由社会效益转化来的经济效益。它是一笔重大而长远的无形资产的投资。

4.3.2 CIS的流程

CIS具体包括以下流程。

1. 企业实态调查阶段

把握公司的现况、外界认知和设计现况，并从中确认企业给人的形象认知状况。

2. 形象概念确立阶段

以调查结果为基础，分析企业内部、外界认知、市场环境与各种设计系统的问题，来拟订公司的定位与应有形象的基本概念，作为CIS设计规划的原则依据。

3. 设计作业展开阶段

根据企业的基本形象概念，转变成具体可见的信息符号。并经过精致作业与测试调查，确定完整并符合企业理念的识别系统。

4. 完成与导入阶段

重点在于排定导入实施项目的优先顺序、策划企业的广告活动及CIS执行小组和管理系统。并将设计规划完成的识别系统加以制成标准化、规格化的手册或文件。

5. 监督与评估阶段

CIS的设计规划仅是前置性的计划，如何落实建立企业的形象，必须时常监督评估，以确保符合原设定的企业形象概念，如发现原有设计规划有所缺陷，应提出检讨与修正。

阅读材料

如何开展企业文化建设？

企业文化规划是开展企业文化建设的前提。企业文化建设可从以下四个阶段展开实施。

第一阶段，提案阶段——建立组织机构，组织落实

(1) 成立公司企业文化工程委员会，由公司一把手任委员会主任。

(2) 下设公司企业文化工程工作小组，各职能部门抽调人员组成工作班子。

(3) 外聘企业文化专家组指导公司的企业文化工程。

第二阶段，提案准备——思想落实

(1) 实施企业文化的原因分析。

(2) 实施企业文化的背景分析。

(3) 实施企业文化的宗旨和目的分析。

第三阶段，实施阶段

(1) 具体措施：以深入浅出的形式介绍企业文化和学习型组织的有关知识，开展公司发展总体目标与个人前途的大讨论。

(2) 确立企业文化和学习型组织导入的推行方针。

(3) 企业文化工程和学习型组织导入的方法：把实施企业文化和各层次的思想沟通结合起来。

第四阶段，检查实施阶段和查漏

(1) 制定企业文化工程的近期、中期和长期目标，提升公司的资产质量、竞争能力，全面提升企业竞争力、企业形象和企业美誉。

(2) 检查实施企业文化导入的期待成果的完成情况：用企业理念(MI)和企业行为(BI)来理清思路、理顺关系、优化结构、抓住机遇，迎接挑战。

(3) 起草提案书作为两手册备用资料(MI 和 BI 手册)。

(4) 作业安排根据企业具体情况制定下一阶段的作业项目与进度；对调查的所有资料进行整理、统计；对企业营运实态与形象现状作综合评估。

本章小结

企业文化是处于一定社会经济、文化背景下的企业，在长期的生产经营过程中逐步形成和稳定的独特价值观、企业精神等，以及由此为核心衍生的行为规范、道德标准、文化传统、风俗习惯、管理制度、典礼仪式、企业形象等，是全体成员在工作过程中所创造的由观念形态文化、物质形态文化和制度形态文化构成的综合体。企业文化具有人本性、社会性、时代性、民族性、融合性、整体性、传播性、创造性特征。

企业文化包括企业精神文化、企业制度文化、企业行为文化、企业物质文化四个层次。企业文化具有导向功能、凝聚功能、激励功能、约束功能、辐射功能。

企业形象识别系统，是指企业运用整体的传达系统将企业的各种信息、理念、决策等传达给企业员工和社会公众，从而塑造良好的企业形象，并使人们对企业产生一致的看法和认同，从而达到扩大经济利益和社会利益的目的。

CIS 包括三部分，即 MI(Mind Identity，理念识别)、BI(Behavior Identity，行为识别)和 VI(Visible Identity，视觉识别)三部分。

思考题

1. 从蒙古草原升起的明星——蒙牛年增长 300%，7 年内年销售收入突破 100 亿元，靠的是什么？

2. 从濒临倒闭的小厂做起来的中国名牌——青岛海尔连续 30 年的辉煌，靠的是什么？

3. 从小国走出来的世界名牌——芬兰的诺基亚奇迹，靠的是什么？

4. 日本企业在第二次世界大战后飞速发展引起全球关注，本以理性管理自豪的美国也不得不正视日本之谜。请比较美、日、中企业文化的特点？

案例分析

本田宗一郎于 1906 年出生在静冈县，1922 年从乡下来到东京进入汽车修理厂当学徒。他对机械技术非常热心，很快成为优秀的修理工，而且在 1928 年曾独立开办过汽车修理厂，经营得非常成功。1934 年他关闭了修理厂成立了东海精密机械公司，并生产活塞环，产品的主要买主为丰田公司。由于宗一郎不愿永远为别人做嫁衣，在 1945 年他把公司出售给丰田公司。1946 年他创建本田技术研究所，并开始生产摩托车；1971 年辞去董事长职务，把公司的经营权交给了河岛喜好。宗一郎只有小学文化，他能够在复杂的环境中，苦心经营，花费一生精力，创建出世界一流的企业，随后又毫不吝惜地把它交给与自己没有丝毫血缘关系的年轻人，自己过起恬淡的生活，这是没有胆识的人绝对做不到的。

早在经营东海精机时，宗一郎就能很好地与性格完全不同的人一道工作，并以此作为自己的工作信念。他认为同类型的人固然好相处、易交往，但要把一个公司办下去必须有各种类型的人才行。在经营本田技研的过程中，他与藤泽武夫的配合也体现了这一原则。本田和藤泽性格完全不同，他们之间分工明确。本田负责技术和产品，而销售和经营完全由藤泽负责。1971 年他们两人同时退休。

为了保证权力确实能够交给有能力的人，在企业中担任领导人的亲属一律不得进入公司工作。本田变成大企业后这个原则依然保留着，中途录用者占职工人数的一半，实施混血主义，以保持公司的创造力。

进入公司，无论是高级干部还是一般职工均以“先生”相称，而不是以职务相称。公司董事没有个人单独的办公室，而是采取同用一个大房间的“董事同室办公制度”。

要造出风格独特的产品，企业职工就必须具备独创性的头脑。横向型组织、项目攻关制度只是一种保证，归根到底，关键还取决于人。为此，本田采取了下列一些措施。

(1) 引进合理化建议制度。在 1953 年，本田率先引进了合理化建议制度。到20 世纪 70 年代，一年所提建议总数突破 10 万件，4 件中有 3 件被采纳。对于优秀的建议，本田给予免费出国旅游的奖励。

(2) 建立“新设想工作室”。本田在其国内各工厂设有名为“新设想工作室”的实验工作室，室内备有机械设备。职工一旦产生好主意就可以到实验室中把设想具体化，当然原则上是利用业余时间。

(3) 举办违反常规作品的展览会。展览会的宗旨是提出自由奔放的设想并给予实施的“头脑运动会”，是彻底的群众文娱活动。这与本田“不论工作、娱乐，只要心情舒畅就干到底”的素质相吻合，在大会上能看到许多异想天开的作品。

(4) 技术面前人人平等。在本田，技术面前人人平等，没有上下级的区分，经常发生被称为下克上的事情。在汽车发动机由空冷改为水冷时，由于本田宗一郎是空冷的绝对拥护者，久米等人采取“罢工”方式进行抗议。在看到水冷式的优点后，本田发出了“今后是年轻人的时代了”，从而决心退役。在开发集成电路过程时，同样发生过对本田宗一郎造反的事件。当时已经是顾问的宗一郎不喜欢电子技术，认为电子用眼睛看不到，技术是实实在在看得见的。但是机器人开发小组不顾本田宗一郎的反对，完全独立开发出第一流的焊接机器人和生产线系统，在事实面前本田不得不低头。

结合上述案例，分析本田公司的企业文化。

实践与实训

1. 海尔企业文化的标准见表 4-4。

从海尔文化的三个层面中可以归纳出一般的企业文化层次及其内容，见表 4-5，对照表格，填写你熟悉企业的文化，看是否发现不明确或不合理的地方？写出改进计划。

表 4-4 海尔企业文化的标准

<table>
<tr><td rowspan="3">观念层：是核心层，是海尔企业文化重要的一层</td><td>海尔的精神——敬业报国、追求卓越</td></tr>
<tr><td>海尔的目标——发展目标、战略目标，每一个人的职业生涯的目标</td></tr>
<tr><td>海尔的价值观和道德规范</td></tr>
<tr><td>制度层</td><td>制度、标准、行为、准则</td></tr>
<tr><td>物质层</td><td>厂容、厂貌、服装、厂旗、厂歌、产品、服务等</td></tr>
</table>

表 4-5 一般的企业文化层次及其内容

层　　面	内　　容	企业文化状况	改 进 计 划
表层的企业文化 （物质层）	企业外部形象 企业产品形象		
中间层的企业文化 （制度层）	企业的组织形式 企业的规章制度 企业的道德风尚 企业员工的行为准则		
深层的企业文化 （观念层）	企业的价值观 企业的经营哲学 企业的精神 企业的目标		

2. 20世纪50年代初，美国IBM公司总经理小汤姆斯·华生，首次推出一整套企业识别系统，这一措施使得IBM公司获得了极大的成功。请列举国内某企业的CIS的构成要素。

3. 图4-1的标识是哪一家企业，请描述该企业的经营理念。

图 4-1 企业标识图

第5章 市场调查与预测

学习目标

知识点

1. 调查方法与调查方案结构。
2. 问卷设计的含义以及问卷的格式。
3. 问卷询问技术的几种方式。
4. 调查报告格式。
5. 定量预测方法。

技能点

1. 设计调查方案的能力。
2. 设计整体调查问卷的能力。
3. 数据处理和分析能力。
4. 报告撰写能力。

阅读材料

一个割草工男孩致电陈太太："您需要割草吗?"陈太太回答："不需要,我已经有割草工了。"男孩又说："我会帮您把花丛中的杂草拔掉。"陈太太回答："这个活儿我的割草工也做了。"男孩又说："您院子里草和走道的四周,我会帮您割整齐。"陈太太说："我的割草工也做了,谢谢,但是我不想更换割草工。"男孩挂断了电话,室友问男孩："你不就是在陈太太那里当割草工吗,打这个电话干什么?"男孩说："我想知道,自己做的一切,是不是让陈太太只雇定了我。"

5.1 市场调查概述

5.1.1 市场调查的含义

市场调查是指以科学的方法收集市场资料,并运用统计分析的方法对所收集的资料进行分析研究,发现市场机会,为企业管理者提供科学决策所必要的信息依据的一系列过程。

市场调查的目的是通过信息把营销者和消费者、顾客及公众联系起来,这些信息用来辨别和界定营销机会和问题,产生、改善和估价市场营销方案,监控市场营销行为,改进对市场营销过程的认识,帮助企业营销管理者制定有效的市场营销决策信息。

5.1.2 市场调查的内容

市场调查的内容一般由市场调查的目的所决定，一般来说，主要涉及以下几个方面的内容。

(1) 宏观环境调查。它主要包括政治与法律环境、经济环境、社会文化环境、科学技术环境、地理气候环境。

(2) 市场需求调查。它主要包括从不同层面(如按国别、地域分布、经济发展水平、生活方式，顾客的年龄、职业、收入、性别、社会地位等)研究企业所处的行业的特点，着重研究目标市场的特点、市场需求和变化趋势、购买动机、消费者偏好等。

(3) 竞争对手情况调查。选择对企业经营具有决定作用的诸多因素，将之与竞争对手进行逐项比较，从中找出竞争对手的独特之处，然后对其进行分析，从中发现本企业应改进的地方以及可能成功的领域。它主要包括竞争对手的数量与经营实力，竞争对手的市场占有率，竞争对手的竞争策略与手段，竞争对手的产品，竞争对手的技术发展等。

(4) 营销可控因素调查。它主要包括产品、价格、分销、广告促销调查，以及对企业产品的生命周期、品牌、新产品的开发等进行调查。

5.1.3 市场调查流程

通常情况下，完整的企业市场调查包括以下流程，首先要拟定市场调查方案，一个全面的、可行的调查方案是任何调查能否成功的前提，所以，不论是服务于企业的调查公司，还是需要调查的企业，都会高度重视调查方案的制订过程；其次，需要设计市场调查问卷，设计问卷是整个调查活动中的一个重要环节，应注意到以下几个方面：问卷的有效性、可靠性以及效率原则，简言之，问卷要求能够简单有效地记录被调查者对调查问题的回答；再次，市场调查分析是得出调查结果的准备工作，在收集、整理、汇总问卷的基础上，运用相关分析、方差分析、多元统计分析等方法，得出科学准确的结论；最后，调查人员要依据调查数据和结果，并按照客户的要求，公正客观地撰写市场调查报告。具体的调查流程如图 5-1 所示。

市场调查的全过程可划分为调查设计、调查执行和数据分析与报告 3 个阶段，每个阶段又可分为若干具体步骤。

1. 调查设计阶段

调查设计阶段主要解决调查目的、范围和调查力量的组织等问题，并制订出切实可行的调查计划。具体包括以下工作步骤。

(1) 确定调查目标，拟定调查项目。

(2) 确定收集资料的范围和方式。

(3) 设计调查表和抽样方式。

(4) 制订调查计划。

2. 调查执行阶段

调查执行阶段是整个市场调查过程中最关键的阶段，对调查工作能否满足准确、及时、完整及节约等基本要求有直接的影响。该阶段有两个步骤。

(1) 对调查人员进行培训，让调查人员理解调查计划，掌握调查技术及同调查目标有关

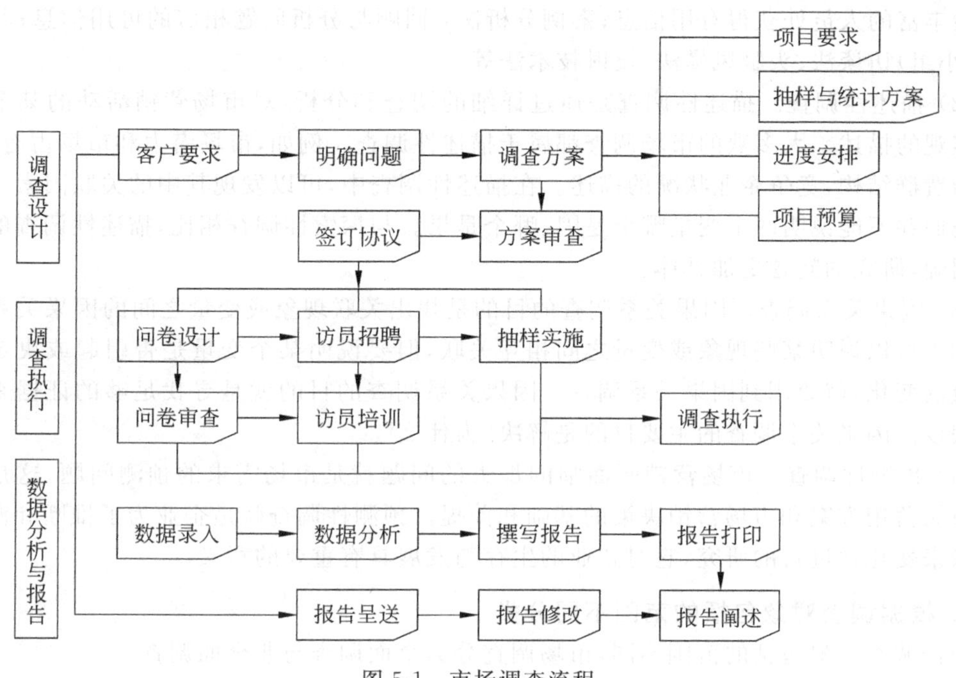

图 5-1 市场调查流程

的经济知识。

(2) 实地调查。即调查人员按计划规定的时间、地点及方法具体地收集有关资料,不仅要收集第二手资料(现成资料),而且要收集第一手资料(原始资料)。实地调查的质量取决于调查人员的素质、责任心和组织管理的科学性。

3. 数据分析与报告阶段

数据分析与报告阶段的工作可以分为以下几个步骤。

(1) 资料的整理与分析。即对所收集的资料进行"去粗取精、去伪存真、由此及彼、由表及里"的处理。

(2) 撰写调查报告。市场调查报告一般由引言、正文、结论及附件四个部分组成。其基本内容包括开展调查的目的、被调查单位的基本情况、所调查问题的事实材料、调查分析过程的说明及调查的结论和建议等。

(3) 追踪与反馈。提出了调查的结论和建议,不能认为调查过程就此完结,而应继续了解其结论是否被重视和采纳、采纳的程度和采纳后的实际效果以及调查结论与市场发展是否一致等,以便积累经验,不断改进和提高调查工作的质量。

5.1.4 市场调查的类型

1. 根据市场调查的目的不同分类

根据市场调查的目的不同,市场调查一般分为以下 4 种类型。

(1) 探索性调查。探索性调查是指当研究的问题或范围不明确时所采用的一种方法。研究者在研究之初对所欲研究的问题或范围还不很清楚,不能确定到底要研究些什么问题。这时就需要应用探测性研究去发现问题、形成假设。至于问题的解决,则有待进一步的研究。

实施探索性调查的方法有文案调查法:通过各种途径收集有关二手资料;经验调查法:

从经验丰富的人员处获得有用信息;案例分析法：回顾与分析问题相似的可用信息;其他如焦点(小组)访谈法、头脑风暴法、投射技术法等。

(2) 描述性调查。描述性调查是通过详细的调查和分析,对市场营销活动的某个方面进行客观的描述。大多数的市场调查都属于描述性调查。例如,市场潜力和市场占有率,产品的消费群结构,竞争企业状况的描述。在描述性调查中,可以发现其中的关联因素,但是,此时我们并不能说明两个变量哪个是因、哪个是果。与探索性调查相比,描述性调查的目的更加明确,研究的问题更加具体。

(3) 因果关系调查。因果关系调查的目的是找出关联现象或变量之间的因果关系。描述性调查可以说明某些现象或变量之间相互关联,但要说明某个变量是否引起或决定着其他变量的变化,就要用到因果关系调查。因果关系调查的目的就是寻找足够的证据来验证这一假设。因果关系调查的主要目的是解决“为什么”。

(4) 预测性调查。市场营销所面临的最大的问题就是市场需求的预测问题,这是企业制定市场营销方案和市场营销决策的基础和前提。预测性调查就是企业为了推断和测量市场的未来变化而进行的研究,它对企业的生存与发展具有重要的意义。

2. 根据调查对象包括的范围不同分类

根据调查对象包括的范围不同,市场调查分为全面调查与非全面调查。

(1) 全面调查是对调查对象中所有单位全部进行调查的一种市场调查,其目的在于要获得研究总体的全面、系统的总量资料。全面调查一般而言仅限于调查对象有限的情形下使用,当调查对象太多时,全面调查需要花费大量的调查费用。仅当全面调查非常必要时,可以进行全面调查。

(2) 非全面调查也称抽样调查,是对调查对象中的一部分样本所进行的调查,非全面调查一般按照代表性原则以抽样的方式挑选出被调查单位。常见的市场调查多为非全面调查。非全面调查更容易实施,费用低廉。

3. 根据调查的连续性与否分类

根据调查的连续性与否,市场调查分为经常性调查、定期调查、一次性调查。

(1) 经常性调查是在选定市场调查的样本之后,组织长时间的不间断的调查,以收集由时间序列产生的信息资料。经常性调查常用于对销售网点产品销售量的调查。

(2) 定期调查是在确定市场调查的内容后,每隔一定的时期进行一次调查,每次调查间隔的时间大致相等。通过定期调查可以掌握调查对象的发展变化规律和在不同环境下的具体状况。常见的定期调查有月度调查、季度调查与年度调查。

(3) 一次性调查是为了某一特定目的,只对调查对象作一次临时性的了解而进行的调查。大多数情况下,企业所进行的调查都是一次性调查。

5.2 调查设计

5.2.1 客户要求

一般情况,市场调查公司有两种方式来确定企业对市场调查的需求：一种是企业明确地向市场调查公司提出市场调查的需求;另一种则是企业不能够明确表达市场调查的需求。

后一种情况,企业往往认识到需要市场调查为其解决市场营销问题,但由于对市场营销知识的缺乏,不能够明确表达对市场调查的具体要求,研究公司需要较为深入地了解企业经营状况,帮助企业构建企业对市场调查的需求。

5.2.2 明确问题

明确问题是市场调查非常重要的一个步骤。因为明确、严谨的问题界定是市场调查工作成功的一半。该阶段需要研究人员细致地了解企业市场调查需求,充分利用现有的二手资料并与丰富的专业研究经验相结合。明确问题之后即可确定调查目标。市场调查目标是由界定的市场调查问题而决定的,是为了解决研究问题而明确的最终达到的目的。通常一个具体的市场调查就是根据调查目标而展开的,一个市场研究项目,目标可能是一个,也可能是多个。

5.2.3 调查方案

市场调查方案是对调查工作各个方面和全部过程的通盘考虑,包括了整个调查工作过程的全部内容。调查总体方案是否科学、可行,是整个调查成败的关键。市场调查方案设计主要包括以下内容。

1. 确定调查目的

确定调查目的是调查设计的首要问题,只有确定了调查目的,才能确定调查的范围、内容和方法,否则就会列入一些无关紧要的调查项目,而漏掉一些重要的调查项目,无法满足调查的要求。例如,1990 年我国第四次人口普查的目的就规定得十分明确,即"准确地查清第三次人口普查以来我国人口在数量、地区分布、结构和素质方面的变化,为科学地制定国民经济和社会发展战略与规划,统筹安排人民的物质和文化生活,检查人口政策执行情况提供可靠的依据"。可见,确定调查目的,就是明确在调查中要解决哪些问题,通过调查要取得什么样的资料,取得这些资料有什么用途等问题。衡量一个调查设计是否科学的标准,主要就是看方案的设计是否体现调查目的的要求,是否符合客观实际。

2. 确定调查对象和调查单位

明确了调查目的之后,就要确定调查对象和调查单位,这主要是为了解决向谁调查和由谁来具体提供资料的问题。调查对象就是根据调查目的、任务确定调查的范围以及所要调查的总体,它是由某些性质上相同的许多调查单位所组成的。调查单位就是所要调查的社会经济现象总体中的个体,即调查对象中的每个具体单位,它是调查中要调查登记的各个调查项目的承担者。例如,为了研究某市各广告公司的经营情况及存在的问题,需要对全市广告公司进行全面调查,那么,该市所有广告公司就是调查对象,每一个广告公司就是调查单位。又如,在某市职工家庭基本情况一次性调查中,该市全部职工家庭就是这一调查的调查对象,每一户职工家庭就是调查单位。

大多数的市场调查是抽样调查,即从调查对象总体中选取具有代表性的部分个体或样本进行调查,并根据样本的调查结果去推断总体。按照抽样机会是否均等,具体可分为随机抽样方法和非随机抽样方法。

(1) 随机抽样方法。随机抽样就是按照随机原则进行抽样,即调查总体中每一个个体被抽到的可能性都是一样的，是一种客观的抽样方法。随机抽样方法主要有：简单随机抽样、分层抽样、分群抽样和系统抽样。

① 简单随机抽样又称单纯随机抽样。它是所有随机抽样方法中最简单的一种，按照随机的原则从调查总体中不加任何分类、排序、分组等先行工作，直接地抽取调查样本单位。各单位被抽到的机会完全均等，相互独立，排除了抽样过程中各种主观因素的干扰。

② 分层抽样。它是先将总体中的所有单位按照某种特征或标志(性别、年龄等)划分成若干类型或层次，然后再在各个类型或层次中采用简单随机抽样或系统抽样的办法抽取一个子样本，最后，将这些子样本合起来构成总体的样本。

分层有两种方法：第一种是先以分层变量将总体划分为若干层，再按照各层在总体中的比例从各层中抽取；第二种是先以分层变量将总体划分为若干层，再将各层中的元素按分层的顺序整齐排列，最后用系统抽样的方法抽取样本。

分层抽样是把异质性较强的总体分成一个个同质性较强的子总体，再抽取不同的子总体中的样本分别代表该子总体，所有的样本进而代表总体，分层的比例包括以下两种。

- 按比例分层抽样：根据各种类型或层次中的单位数目占总体单位数目的比重来抽取子样本的方法。
- 不按比例分层抽样：有的层次在总体中的比重太小，其样本量就会非常少，此时采用该方法，主要是便于对不同层次的子总体进行专门研究或进行相互比较。如果要用样本资料推断总体时，则需要先对各层的数据资料进行加权处理，调整样本中各层的比例，使数据恢复到总体中各层实际的比例结构。

③ 分群抽样。它是先将市场调查的总体划分为若干个群体，然后以简单随机抽样的方法选取部分群体作为调查样本，对抽中的群进行全面调查。分群抽样适用于调查总体单位分布较分散并且无法确定分层标准的大总体。当调查总体相当大时，可以进行逐级分群，一直进行到单个群体的数目足够小时为止，然后从所有的群中随机抽取一定的群作为调查对象实施调查。分群抽样对总体推断的准确性较差，因而往往与其他方法相结合使用。

④ 系统抽样又称等距抽样。它是先将总体各单位按照某一标志排列，然后根据一定的抽样距离从总体中抽取样本；或者将总体划分为若干类型，然后在各类型中根据一定的抽样距离抽取样本的一种抽样方法。系统抽样既可以属于随机抽样，也可以属于非随机抽样，其关键在于第一个样本的抽取方式。

(2) 非随机抽样方法。常用的非随机抽样主要包括以下方法。

① 任意抽样。任意抽样也称便利抽样，这是纯粹以便利为基础的一种抽样方法。街头访问是这种抽样最普遍的应用。这种方法抽样偏差很大，结果极不可靠。一般用于准备性调查，在正式调查阶段很少采用。

② 判断抽样。判断抽样是根据要求样本设计者的判断进行抽样的一种方法，它要求设计者对母体有关特征有相当的了解。在利用判断抽样选取样本时，应避免抽取“极端”类型，而应选择“普通型”或“平均型”的个体作为样本，以便增加样本的代表性。

③ 配额抽样。配额抽样与分层抽样法类似，要先把总体按特征分类，根据每一类的大小规定样本的配额，然后由调查人员在每一类中进行非随机的抽样。这种方法比较简单，又可以保证各类样本的比例，比任意抽样和判断抽样样本的代表性都强，因此实际上应用较多。

3. 确定调查项目

调查项目是指对调查单位所要调查的主要内容，确定调查项目就是要明确向被调查者了解些什么问题。确定的调查项目应当既是调查任务所需，又是能够取得答案的。凡是调查目的需要又可以取得的调查项目要充分满足，否则不应列入。此外调查项目的含义要明确、肯定，必要时可附以调查项目解释。

4. 制定调查提纲和调查表

当调查项目确定后，可将调查项目科学地分类、排列，构成调查提纲或调查表，方便调查登记和汇总。调查表一般由表头、表体和表脚三个部分组成。调查表拟定后，为便于正确填表、统一规格，还要附填表说明。内容包括调查表中各个项目的解释，有关计算方法以及填表时应注意的事项等，填表说明应力求准确、简明扼要、通俗易懂。

5. 确定调查时间和调查工作期限

调查时间是指调查资料所属的时间。如果所要调查的是时期现象，就要明确规定资料所反映的是调查对象从何时起到何时止的资料；如果所要调查的是时点现象，就要明确规定统一的标准调查时点。

调查期限是规定调查工作的开始时间和结束时间。它包括从调查方案设计到提交调查报告的整个工作时间，也包括各个阶段的起始时间，其目的是使调查工作能及时开展、按时完成。为了提高信息资料的时效性，在可能的情况下，调查期限应适当缩短。

6. 确定调查地点

在调查方案中，还要明确规定调查地点。调查地点与调查单位通常是一致的，但也有不一致的情况，当不一致时，非常必要规定调查地点。例如，人口普查，规定调查登记常住人口，即人口的常住地点。若登记时不在常住地点，或不在本地常住的流动人口，均须明确规定处理办法，以免调查资料出现遗漏和重复。

7. 确定调查方式和方法

在调查方案中，还要规定采用什么组织方式和方法取得调查资料。收集调查资料的方式有普查、重点调查、典型调查、抽样调查等。具体调查方法有文案法、访问法、观察法和实验法等。在调查时，采用何种方式、方法不是固定和统一的，而是取决于调查对象和调查任务。在市场经济条件下，为准确、及时、全面地取得市场信息，尤其应注意多种调查方式的结合运用。

市场调查按调查的方法一般分为四类，即文案调查法、访问法、观察法和实验法。

(1) 文案调查的资料来源主要有：企业内部积累的各种资料数据，如客户订单、销售额及分布情况、产品成本等；国家机关公布的资料，如工业普查资料、统计年鉴、发展规划等；行业协会和其他组织分布的相关资料；国内外公开出版的杂志、书籍、报纸、评论、调查报告等。

(2) 访问法是营销调查中获取原始数据的一种最普遍调查方法。它把研究人员事先拟订的调查项目或问题以某种方式向被调查者提出，要求给予答复，由此获取被调查者或消费者的动机、意向、态度等方面的信息。按照调查人员与被调查者接触方式的不同，访问法又分为面谈法、电话访问法、邮寄访问法、网络访问法。

(3) 观察法是由调查员直接或通过仪器在现场观察调查对象的行为动态并加以记录而获取信息的一种方法。观察法往往是在不知不觉中被观察调查的，处于自然状态，因此可以观察到消费者的真实行为特征，但是这种方法所需费用较大，并且只能观察到外部现象，无法观察到调查对象的一些动机、意向及态度等内在因素。

(4) 实验法是指在控制的条件下对所研究的现象的一个或多个因素进行操纵，以测定这些因素之间的关系，它是因果关系调查中经常使用的一种行之有效的方法。实验法来源于自然科学的实验求证，现在广泛应用于市场调查，是市场营销学走向科学化的标志。实验法获取的资料客观、具体，直接真实地反映市场，方法科学。但是，实验法实验周期较长，研究费用昂贵，不能用于进行趋势分析，影响因素复杂多变，难以准确分析，严重影响了实验方法的广泛使用。

8. 确定调查资料整理和分析方法

现场实施调查所获得的数据为初始数据，也称“生”数据，需要进行计算机处理。首先，需要将问卷“生”数据录入到计算机，而后进行逻辑检查获得“干净”的数据库，再通过数据分析软件对数据进行分析，常用的统计分析软件有 SPSS、SAS、STATA 等。

随着经济理论的发展和计算机的运用，越来越多的现代统计分析手段可供我们在分析时选择，如回归分析、相关分析、聚类分析等。每种分析技术都有其自身的特点和适用性，因此，应根据调查的要求，选择最佳的分析方法并在方案中加以规定。

9. 确定提交报告的方式

确定提交报告的方式主要包括报告书的形式和份数，报告书的基本内容、报告书中图表量的大小等。

市场调查的最后一个步骤是在数据分析的基础上，形成分析报告。研究报告是客户获得调查结果的最主要形式，因而一个好的研究报告既要充分解决客户在调查初期提出的需求，而且还应适时加入市场研究人员的专业判断。报告完成后，报告结果的口头陈述是市场调研项目结果展示的另外一种形式，这种形式需要在报告的基础上进行内容提炼，并可以图片辅助展示结果。

10. 制订调查的组织计划

调查的组织计划，是指为确保实施调查的具体工作计划。它主要是指调查的组织领导、调查机构的设置、人员的选择和培训、工作步骤及其善后处理等。必要时，还必须明确规定调查的组织方式。

阅读材料

某某市劳动工资统计调查方案(试行)

一、方案设计

(一) 调查目的

根据国家统计局劳动工资统计改革的要求，为进一步摸清全市单位职工以及工资发放状况，为政府建立社会保障制度提供科学依据。特制定《某某市劳动工资统计调查方案》，并组织实施。

（二）调查范围

1. 调查范围为全市辖区内全部法人单位（不包括个体工商户）。法人单位必须同时具备以下3个条件。

（1）依法成立，有自己的名称、组织机构和场所，能够独立承担民事责任。

（2）独立拥有和使用（或授权使用）资产，承担负债，有权与其他单位签订合同。

（3）会计上独立核算，能够编制资产负债表。

2. 法人单位是指：企业、事业、机关、社会团体和其他具有法人资格的法人单位。

（三）调查对象

调查对象是指被抽中单位领取工资的全部就业人员。

（四）调查项目

被调查单位的基本情况，包括单位法人代码、单位名称、单位所在地的行政区划代码、单位地址、电话号码、主营业务活动、行业代码、登记注册情况、登记注册类型、控股情况、隶属关系、执行会计制度类别、机构类型、从业人数等项目。

（五）调查时间

被调查单位在季度末和年度末的资料。

（六）指标计量单位

就业人员以"人"为单位，工资总额以"元"为单位，保留整数位。

（七）调查方法

以抽样调查为主，辅之全面调查。临界点及以上的单位实行全面调查，其余单位进行分类抽样调查，抽样比例为20%。

（八）组织实施

各县（市、区）统计局负责各县抽中试点单位报表的收集、录入工作。市统计局财社科负责数据处理和抽样调查工作的指导。

二、抽样方法

（一）抽样框的整理

1. 各种类型单位的分布

以经济普查与2006年基本单位名录库为基础，对我市各种类型的法人单位（不包括个体工商户）进行整理，如表5-1所示。

表5-1 某某市法人单位分布情况

法人单位	单位数	主要情况
城镇集体以上单位	1732	现有劳动工资报表包括全部城镇集体以上单位1732个，其中从业人员和劳动报酬为0的单位154个，不计入抽样框中；300人以上的单位数110个进行全面调查
私营单位	3641	经济体制改革中不断扩展壮大的非公有制经济，对我市经济增长有积极的贡献，正是劳资报表中所缺失的
乡镇企业	631	随着改革的不断深化，已转化为私营企业及其他类型非公有制企业，目前劳资报表中缺失的部分
民办非企业	49	

2. 抽样框的设定与整理

(1) 抽样框的设定

以2006年基本单位名录库为基础，对全部单位(不包括个体工商户)进行抽样，见表5-2。执行现行劳动工资统计报表制度的单位，设为抽样框1；从法人单位名录中摘出乡镇企业法人单位、私营法人单位、民办非企业法人单位，设为抽样框2。

表5-2 抽样框

区域	抽样框1	抽样框2				合计
	城镇集体以上	合计	私营企业	乡镇企业	民办非企业	
城区	452	1800	1731	43	26	2252
A县	228	327	234	87	6	555
B县	177	631	461	169	1	808
C县	185	190	117	70	3	375
D县	243	648	488	159	1	891
E市	183	725	610	103	12	908
总计	1468	4321	3641	631	49	5789

(2) 抽样框的整理

抽样框1由现行工资统计报表制度的法人单位组成。

抽样框2由私营企业和乡镇企业、民办非企业法人单位组成。私营企业的整理：将登记注册类型为171、172、173、174标志的法人单位取出建立私营企业单位名录库；乡镇企业单位的整理：从目前能够区分情况看，将乡镇企业定义为：登记注册类型为120，执行会计制度为企业1，隶属关系为街道61、镇62、乡63和居委会71、村72以及其他90的法人单位提取出来建立乡镇企业名录库；民办非企业的整理：将机构类型为5标志的法人单位取出建立民办非企业库。

(二) 抽样方法的确定

抽样框1，实行分层抽样和等比抽样相结合的方法，抽样比例为20%；抽样框2，实行分组等距抽样，抽样比例为10%。

1. 城镇集体以上单位抽样方法

抽样标志为在岗职工平均工资，临界点为300人。首先，将从业人数在300人及以上的单位取出进入全面调查；其次，将300人以下的单位按年末从业人员数按照从小到大的顺序排列分19层；再次，分行业以20%的比例计算抽样单位，进行等比抽样。

2. 私营企业抽样方法

抽样标志为单位从业人数。首先，将从业人数在100人及以上的单位取出，进入全面调查；其次，将100人以下的单位按10%的比例进行分组等距抽样。

三、抽样步骤

1. 抽样框1

(1) 确定抽样比。用2006年劳资年报数据计算出城镇集体单位在岗职工平均工资→按从小到大顺序排列后计算其方差→设在95.45%的概率把握度下，极限误差为95元，用公式

$$N\overline{X}=\frac{Nt_2\sigma^2}{N\Delta\bar{x}_2+t_2\sigma^2}$$

求得 $n=310$→求比例 $n/N=19.7\%$，根据统计学原理我们取计算结果接近的数值20%作为抽样比例。

(2) 分层。按照国民经济行业分类，将全部从业人员在300人以下的单位按19个行业分为19层。

(3) 排序。将 i 行业法人单位的从业人数按大小进行排列。

(4) 计算单位数目。按20%的比例计算 i 行业中抽样单位数。

(5) 确定调查单位。在 i 层按步骤(4)求得的抽样单位数进行等比抽样。对于个别单位数较少的行业进行全面调查。

2. 抽样框2

(1) 对于不太清楚的样本总体，我们没有确切的历史数据去计算其总体参数，确定其抽样比为10%。

(2) 设概率度 $a=95.45\%$(或95%)，则 $T=2(1.96)$，误差为2(具体操作可自行调整)，分成两组即10人以下和11～99人进行等距抽样。(按照原理用国家下发程序抽取样本)

四、抽样误差的计算和总体推算

1. 抽样误差的计算

抽样误差的计算采用简单随机不重复抽样误差计算公式去计算平均抽样误差。

抽样调查可得到样本平均数，样本平均数是否可以代表总体平均数→计算平均抽样误差公式为：

$$U\overline{X}=\sqrt{\frac{\sigma^2}{n}\left(1-\frac{n}{N}\right)}\approx\sqrt{\frac{\bar{s}_2}{n}\left(1-\frac{n}{N}\right)}$$

2. 统计推断

针对不同的行业用点估计或区间估计的方法来进行推断。

平均工资的区间估计：以2006年城镇集体以上单位为总体，依据2006年平均工资水平，假设我市从业人员平均工资 X 服从正态分布 $N(\mu,\sigma^2)$，并且给定小概率 α 可用公式 $\left(\bar{x}-Z_{\frac{\alpha}{2}}\sqrt{\frac{\sigma^2}{n}},\bar{x}+Z_{\frac{\alpha}{2}}\sqrt{\frac{\sigma^2}{n}}\right)$，统计量 $Z=\frac{\bar{x}-\mu}{\sqrt{\frac{\sigma^2}{n}}}\sim N(0,1)$。

算出在给定置信度(95%、90%，由自己确定)下的平均工资的置信区间，$Z_{\alpha/2}$ 可查标准正态分布表得到。

结果表述为：我们有95%的把握推断我市平均工资的置信区间为(X_1,X_2)。

3. 总体推算

总体推算应分别对两个抽样框各自先进行整体推算，得出所需总量指标。即样本指标先按系数进行推算总体，再与各自全面调查的单位进行加总取得。将城镇、私营数据按行业加总，推算全社会数据。

对两个抽样框各自推算总体的方法如下所述。

抽样框1：根据调查表(见表5-3)的设计我们通过调查可以得到的指标：单位从业人员数、在岗职工、其他从业人员、单位从业人员劳动报酬、在岗职工工资总额、其他从业人员工资、离退休职工及其生活费。

(1) 分层计算平均数(平均数指在岗职工平均工资或从业人员平均劳动报酬，下同)。按照以上统计推断的方法计算 i 层平均工资或从业人员平均劳动报酬。

(2) 分层推算总体人数(包括单位从业人员数、在岗职工、其他从业人员)。以2006年年报数据资料为基础，用 i 层样本人数除以总体人数求得比例作为 i 层行业系数→i 层实际调查样本人数除以 i 层系数得出 i 层总人数。

(3) 用 i 层300人以上单位、0报酬0人员单位和步骤(2)推的总体人数进行加总求得 i 层总体人数。

(4) i 层工资总额 $=$ i 层平均工资 $\times$ i 层在岗职工人数

i 层劳动报酬 $=$ i 层平均劳动报酬 $\times$ i 层从业人员数

(5) 总工资 $= \sum i$ 层工资总额

总报酬 $= \sum i$ 层劳动报酬

抽样框2：运用点估计的方法推断分行业的总体平均数→根据抽样框1中介绍的测算系数法算出分行业人员数→直接加总推算总量指标。

为缩小抽样调查数据与全面报表的差异，对样本均值不必简单地使用计算机算出的均值，可根据前几年的实际情况进行必要的修正。

五、几个特殊问题的处理

(1) 样本替换。对抽中的样本单位，如有特殊情况，可用抽中单位附近或经营规模，从业人员数比较接近的单位替换。

(2) 对样本为空壳单位，直接取相近单位替代。

劳动情况如表5-3所示。

表5-3 劳动情况

表　　号：Ⅰ102-1表

企业(单位)法人代码□□□□□□□□□—□　　制表机关：国家统计局

企业(单位)详细名称：　　200　年　　文　　号：国统字(2006)185号

指标名称	计量单位	代码	本期实际	年初至本期累计
甲	乙	丙	1	
一、单位从业人员期末人数	人	01		—
(一) 在岗职工	人	02		—
(二) 其他从业人员	人	03		—
二、离开本单位仍保留劳动关系的职工期末人数	人	04		—
其中：内部退养职工	人	05		—
三、单位从业人员劳动报酬	元	06		
(一) 在岗职工工资总额	元	07		
(二) 其他从业人员劳动报酬	元	08		
四、离开本单位仍保留劳动关系的职工生活费	元	09		
其中：内部退养职工生活费	元	10		

续表

指标名称	计量单位	代码	本期实际	年初至本期累计
甲	乙	丙	1	
五、单位从业人员变动情况	人			
(一)增加人数	人	11		
1. 从农村招收	人	12		
2. 从城镇招收	人	13		
3. 录用的退伍军人	人	14		
4. 录用的大专、中专、技工学校毕业生	人	15		
5. 调入	人	16		
其中:由外省、自治区、直辖市调入	人	17		
6. 其他	人	18		
(二)减少人数	人	19		
1. 离休、退休、退职	人	20		
2. 开除、除名、辞退	人	21		
3. 终止、解除合同	人	22		
4. 离开本单位仍保留劳动关系的职工	人	23		
5. 死亡	人	24		
6. 调出	人	25		
其中:调到外省、自治区、直辖市	人	26		
7. 其他	人	27		

单位负责人: 统计负责人: 填表人: 报出日期:200 年 月 日

(资料来源:晋城统计网)

5.3 调查执行

5.3.1 问卷设计

1. 问卷设计的概念与格式

(1) 问卷设计的概念

所谓问卷设计,它是根据调查目的,将所需调查的问题具体化,使调查者能顺利地获取必要的信息资料,并便于统计分析。由于问卷方式通常是靠被调查者通过问卷间接地向调查者提供资料,所以,作为调查者与被调查者之间中介物的调查问卷,其设计是否科学合理,将直接影响问卷的回收率,影响资料的真实性、实用性。因此,在市场调查中,应对问卷设计给予足够的重视。

(2) 问卷设计的格式

一份完整的调查问卷通常包括问卷的标题、问卷说明、被调查者基本情况、调查主体、编码、调查者情况等内容。

① 问卷的标题。问卷的标题是概括说明调查研究主题,使被调查者对所要回答什么方面的问题有一个大致的了解。确定标题应简明扼要,易于引起回答者的兴趣。例如“大学生

消费状况调查”,“我与广告——公众广告意识调查”等。而不要简单采用“问卷调查”这样的标题,它容易引起回答者因不必要的怀疑而拒答。

② 问卷说明。问卷说明旨在向被调查者说明调查的目的、意义。有些问卷还包括填表须知、交表时间、地点及其他事项说明等。问卷说明一般放在问卷开头,通过它可以使被调查者了解调查目的,消除顾虑,并按一定的要求填写问卷。问卷说明既可以采取比较简洁、开门见山的方式,也可以在问卷说明中进行一定的宣传,以引起调查对象对问卷的重视。例如:

“同学们:

为了了解当前大学生的学习、生活情况,并做出科学的分析,我们特制定此项调查问卷,希望广大同学予以积极配合,谢谢。”

③ 被调查者基本情况。这是指被调查者的一些主要特征,如在消费者调查中,消费者的性别、年龄、民族、家庭人口、婚姻状况、文化程度,职业、单位、收入、所在地区等。又如,对企业调查中的企业名称、地址、所有制性质、主管部门、职工人数、商品销售额(或产品销售量)等情况。通过这些项目,便于对调查资料进行统计分组、分析。在实际调查中,列入哪些项目,列入多少项目,应根据调查目的、调查要求而定,并非多多益善。

④ 调查主体。问卷的调查内容主要包括各类问题、问题的回答方式及其指导语,这是调查问卷的主体,也是问卷设计的主要内容。

问卷中的问答题,从形式上看,可分为开放式、封闭式和混合型三大类。开放式问答题只提问题,不给具体答案,要求被调查者根据自己的实际情况自由作答;封闭式问答题则既提问题,又给出若干答案,被调查中只需在选中的答案中打“√”即可;混合型问答题,又称半封闭型问答题,是在采用封闭型问答题的同时,最后再附上一项开放式问题。

⑤ 编码。编码是将调查问卷中的调查项目以及备选答案给予统一设计的代码,大多数市场调查问卷均需加以编码,以便分类整理,易于进行计算机处理和统计分析。所以,在问卷设计时,应确定每一个调查项目的编号和为相应的编码做准备。通常是在每一个调查项目的最左边按顺序编号。如:a. 您的姓名;b. 您的职业;……而在调查项目的最右边,根据每一调查项目允许选择的数目,在其下方画上相应的若干短线,以便编码时填上相应的数字代号。

编码既可以在问卷设计的同时就设计好,也可以等调查工作完成以后再进行。前者称为预编码,后者称为后编码。在实际调查中,常采用预编码。

⑥ 调查者情况。在调查表的最后,附上调查员的姓名、访问日期、时间等,以明确调查人员完成任务的性质。如有必要,还可写上被调查者的姓名、单位或家庭住址、电话等,以便于审核和进一步追踪调查。但对于一些涉及被调查者隐私的问卷,上述内容则不宜列入。

2. 问卷设计的原则与程序

(1) 问卷设计的原则

① 目的性原则。问卷调查是通过向被调查者询问问题来进行调查的,所以,询问的问题必须是与调查主题有密切关联的问题。这就要求在问卷设计时,重点突出,避免可有可无的问题,并把主题分解为更详细的细目,即把它分别做成具体的询问形式供被调查者回答。

② 可接受性原则。调查表的设计要比较容易让被调查者接受。由于被调查者对是否参加调查有绝对的自由,调查对他们来说是一种额外负担,他们既可以采取合作的态度,接

受调查;也可以采取对抗行为,拒答。因此,请求合作就成为问卷设计中一个十分重要的问题。应在问卷说明词中,将调查目的明确告诉被调查者,让对方知道该项调查的意义和自身回答对整个调查结果的重要性。问卷说明要亲切、温和,提问部分要自然、有礼貌和有趣味,必要时可采用一些物质鼓励,并代被调查者保密,以消除其某种心理压力,使被调查者自愿参与,认真填好问卷。此外,还应使用适合被调查者身份、水平的用语,尽量避免列入一些会令被调查者难堪或反感的问题。

③ 顺序性原则。它是指在设计问卷时,要讲究问卷的排列顺序,使问卷条理清楚,顺理成章,以提高回答问题的效果。问卷中的问题一般可按下列顺序排列。

第一,容易回答的问题(如行为性问题)放在前面;较难回答的问题(如态度性问题)放在中间;敏感性问题(如动机性、涉及隐私等问题)放在后面;关于个人情况的事实性问题放在末尾。

第二,封闭性问题放在前面;开放性问题放在后面。这是由于封闭性问题已由设计者列出备选的全部答案,较易回答,而开放性问题需被调查者花费一些时间考虑,放在前面易使被调查者产生畏难情绪。

第三,要注意问题的逻辑顺序,如可按时间顺序、类别顺序等合理排列。

④ 简明性原则。简明性原则主要体现在三个方面:第一,调查内容要简明。没有价值或无关紧要的问题不要列入,同时要避免出现重复,力求以最少的项目设计必要的、完整的信息资料。第二,调查时间要简短,问题和整个问卷都不宜过长。设计问卷时,不能单纯从调查者角度出发,而要为回答者着想。调查内容过多,调查时间过长,都会招致被调查者的反感。通常调查的场合一般都在路上、店内或居民家中,应答者行色匆匆,或不愿让调查者在家中久留等,而有些问卷多达几十页,让被调查者望而生畏,一时勉强作答也只有草率应付。根据经验,一般问卷回答时间应控制在 30 分钟左右。第三,问卷设计的形式要简明易懂,易读。

⑤ 匹配性原则。匹配性原则是指要使被调查者的回答便于进行检查、数据处理和分析。所提问题都应事先考虑到能对问题结果做适当分类和解释,使所得资料便于做交叉分析。

(2) 问卷设计的程序

问卷设计的程序一般包括 10 个步骤:确定所需信息、确定问卷的类型、确定问题的内容、确定问题的类型、确定问题的措辞、确定问题的顺序、问卷的排版和布局、问卷的测试、问卷的定稿、问卷的评价。

① 确定所需信息。确定所需信息是问卷设计的前提工作。调查者必须在问卷设计之前就把握所有达到研究目的和验证研究假设所需要的信息,并决定所有用于分析使用这些信息的方法,比如频率分布、统计检验等,并按这些分析方法所要求的形式来收集资料,把握信息。

② 确定问卷的类型。制约问卷选择的因素很多,而且研究课题不同,调查项目不同,主导制约因素也不一样。在确定问卷类型时,先必须综合考虑这些制约因素:调查费用,时效性要求,被调查对象,调查内容。

③ 确定问题的内容。确定问题的内容似乎是一个比较简单的问题。然而事实上不然,这其中还涉及一个个体的差异性问题,也许在你认为容易的问题在他认为是困难的问题;在

你认为熟悉的问题在他认为是生疏的问题。因此，确定问题的内容，最好与被调查对象联系起来。分析一下被调查者群体，有时比盲目分析问题的内容效果要好。

④ 确定问题的类型。问题的类型归结起来分为四种：自由问答题、两项选择题、多项选择题和顺位式问答题，其中后三类均可以称为封闭式问题。

自由问答题，也称开放型问答题，只提问题，不给具体答案，要求被调查者根据自身实际情况自由作答。

两项选择题，是多项选择题的一个特例，一般只设两个选项，如“是”与“否”，“有”与“没有”等。

多项选择题，是从多个备选答案中选一个或选几个，这是各种调查问卷中采用最多的一种问题类型。

顺位式问答题，又称序列式问答题，是在多项选择题的基础上，要求被调查者对询问的问题答案，按自己认为的重要程度和喜欢程度顺位排列。

在现实的调查问卷中，往往是几种类型的问题同时存在，单纯采用一种类型问题的问卷并不多见。

⑤ 确定问题的措辞。很多人可能不太重视问题的措辞，而把主要精力集中在问卷设计的其他方面，这样做的结果有可能降低问卷的质量。确定问题的措辞一般遵循以下原则。

第一，问题的陈述应尽量简洁；

第二，避免提带有双重或多重含义的问题；

第三，最好不用反义疑问句，避免否定句；

第四，注意避免问题的从众效应和权威效应。

⑥ 确定问题的顺序。问卷中的问题应遵循一定的排列次序，问题的排列次序会影响被调查者的兴趣、情绪，进而影响其合作积极性。

一般而言，问卷的开头部分应安排比较容易的问题，这样可以给被调查者一种轻松、愉快的感觉，以便于他们继续答下去；中间部分最好安排一些核心问题，即调查者需要掌握的资料，该部分是问卷的核心部分，应该妥善安排；结尾部分可以安排一些背景资料，如职业、年龄、收入等。个人背景资料虽然也属事实性问题，也十分容易回答，但有些问题，诸如收入、年龄等同样属于敏感性问题，因此一般安排在末尾部分。

⑦ 问卷的排版和布局。问卷的设计工作基本完成之后，便要着手问卷的排版和布局。问卷排版和布局的要求是整齐、美观、便于阅读、作答和统计。

⑧ 问卷的测试。对于一些大规模的问卷调查，应先组织问卷的测试，如果发现问题，再及时修改，测试通常选择20～100人，样本数不宜太多，也不要太少。如果第一次测试后有很大的改动，可以考虑是否有必要组织第二次测试。

⑨ 问卷的定稿。当问卷的测试工作完成，确定没有必要再进一步修改后，可以考虑定稿。问卷定稿后就可以交付打印。正式投入使用。

⑩ 问卷的评价。问卷的评价实际上是对问卷的设计质量进行一次总体性评估。对问卷进行评价的方法很多，包括专家评价、上级评价、被调查者评价和自我评价。

3. 问卷设计应注意的几个问题

(1) 避免提一般性的问题

例如：“您对某百货商场的印象如何？”这样的问题过于笼统，很难达到预期效果，可具体提问："您认为某百货商场商品品种是否齐全、营业时间是否恰当、服务态度怎样？"等。

(2) 避免用不确切的词

例如："普通"、"经常"、"一些"等，以及一些形容词，如"美丽"等。这些词语，各人理解往往不同，在问卷设计中应避免或减少使用。例如："你是否经常购买洗发液？"回答者不知经常是指一周、一个月还是一年，可以改问："你上月共购买了几瓶洗发液？"

(3) 避免使用含糊不清的句子

例如："你最近是出门旅游，还是休息？"出门旅游也是休息的一种形式，它和休息并不存在选择关系，正确的问法是："你最近是出门旅游，还是在家休息？"

(4) 避免引导性提问

如果提出的问题不是"折中"的，而是暗示出调查者的观点和见解，力求使回答者跟着这种倾向回答，这种提问就是"引导性提问"。例如："消费者普遍认为××牌子的冰箱好，你的印象如何？"引导性提问会导致两个不良后果：一是被调查者不加思考就同意所引导问题中暗示的结论；二是由于引导性提问大多是引用权威或大多数人的态度，被调查者考虑到这个结论既然已经是普遍的结论，就会产生心理上的顺向反应。此外，对于一些敏感性问题，在引导性提问下，不敢表达其他想法等。因此，这种提问是调查的大忌，常常会引出和事实相反的结论。

(5) 避免提断定性的问题

例如："你一天抽多少支烟？"这种问题即为断定性问题，被调查者如果根本不抽烟，就会造成无法回答。正确的处理办法是此问题可加一条"过滤"性问题。即："你抽烟吗？"如果回答者回答"是"，可继续提问，否则就可终止提问。

(6) 避免提令被调查者难堪的问题

如果有些问题非问不可，也不能只顾自己的需要、穷追不舍，应考虑回答者的自尊心。例如："您是否离过婚？离过几次？谁的责任？"等。又如，直接询问女士年龄也是不太礼貌的，可列出年龄段：20岁以下，20～30岁，30～40岁，40岁以上，由被调查者挑选。

(7) 问句要考虑到时间性

时间过久的问题易使人遗忘，如"您去年家庭的生活费支出是多少？用于食品、衣服分别为多少？"除非被调查者连续记账，否则很难回答。一般可问："您家上月生活费支出是多少？"显然，这样缩小时间范围可使问题回忆起来较容易，答案也比较准确。

(8) 拟定问句要有明确的界限

对于年龄、家庭人口、经济收入等调查项目，通常会产生歧义的理解，如年龄有虚岁、实岁，家庭人口有常住人口和生活费开支在一起的人口，收入是仅指工资，还是包括奖金、补贴、其他收入、实物发放折款收入在内，如果调查者对此没有很明确的界定，调查结果也很难达到预期要求。

(9) 问句要具体

一个问句最好只问一个要点，一个问句中如果包含过多询问内容，会使回答者无从答起，给统计处理也带来困难。例如："您为何不看电影而看电视？"这个问题包含了"您为何不看电影?”、“您为何要看电视?”和“什么原因使您改看电视?”等。防止出现此类问题的办法是分离语句中的提问部分,使得一个语句只问一个要点。

(10) 要避免问题与答案不一致

所提问题与所设答案应做到一致,例如,“您经常看哪个栏目的电视?”①经济生活;②电视红娘;③电视商场;④经常看;⑤偶尔看;⑥根本不看。

5.3.2 访员招聘与培训

1. 访员招聘

访问员即一般的调查员,有全职和兼职两类。

(1) 入户访问员

一般年龄在16～55岁;女性优先;学历要求高中或以上学历,语言表达能力强、礼貌大方、吃苦耐劳。需要进入陌生的被访者家中,与被访者进行面对面访问。工作时间一般在周一至周五晚上和周六、日。访问员的报酬按实际完成份数乘以问卷单价,问卷单价一般在8～40元/份,视问卷长度和难度而定。

(2) 电话访问员

一般要求在调查公司工作,一般年龄在16～55岁;男女皆可;学历要求高中或以上学历。礼貌大方、声音甜美、口齿伶俐,能说流利的普通话,有时可能需要会讲地方方言,并懂简单的计算机操作。有两种计酬方式,视项目而定:①实际完成份数×问卷单价;②底薪+实际完成份数×问卷单价。

(3) 街访拦截访问员

一般年龄在16～55岁;女性优先;学历要求高中或以上学历,礼貌大方、语言表达能力强、善于与人沟通,吃苦耐劳。负责按项目要求在街头拦截、甄别合适的被访者,并对其进行访问,要求访员必须有充足的白天工作时间。计酬方式:拦截=按实际邀请到的合格被访者人数计酬(7～10元/人,视项目难度而定)。访问=完成份数×问卷单价(6～12元/份,视问卷长度和难度而定)。

(4) 联络员

一般不需要在调查公司工作,社会上各阶层的人士均可,要求本人认真负责,社会人际关系广泛,按公司要求寻找合适的人员进行座谈会或访问,是联结公司与消费者的重要桥梁。计酬方式一般按邀请参加访问的出席人数而定,联络一位合格被访者的报酬是15～200元不等(视联络受访者的难度而定)。

2. 访员培训

(1) 培训的基本内容

市场调查人员的重要作用以及对调查人员的客观要求,都提出了对人员进行培训的问题。培训的内容应根据调查目的和受训人员的具体情况而有所不同。通常包括以下三项内容:思想道德方面的教育、性格修养方面的培养、市场调查业务方面的训练。

(2) 培训的途径和方法

① 培训途径。培训有两条基本途径:一是业余培训;二是离职培训。业余培训是提高

调查员素质的有效途径，是调动调查人员学习积极性的重要方法，它具有投资少、见效快的特点。离职培训则是一种比较系统的训练方法，它可以使调查人员集中精力和时间进行学习。离职培训可以采取两种方式：一种是举办各种类型的调查人员培训班；另一种是根据调查人员的工作特点和本部门的需要，送他们到各类经济管理院校相应专业，系统学习一些专业基础知识、调查业务知识、现代调查工具的使用知识等。这种方法能使调查人员有较扎实的基础，但投资较大。

② 培训方法。培训方法主要有以下几种：集中讲授方法、以会代训方法、以老带新方法、模拟训练方法、实习锻炼方法。培训方法多种多样，方式灵活，培训时可根据培训目的和受训人员情况加以选用。

问卷实例

问卷编号：________

贸易壁垒对我国出口影响

调查问卷

中华人民共和国商务部

填写说明：

为全面掌握入世以来国外贸易壁垒对我国对外贸易产生的影响，评估我国外部贸易环境，商务部特开展此次调查。调查的组织和实施各方承诺：在调查过程中严格保守企业秘密，不向任何第三方透露被调查企业的任何非公开信息，不将被调查企业的答卷信息用于本次调查以外的任何目的。现就调查问卷的填写注意事项说明如下：

1. 本调查问卷由三部分构成。第一部分为企业基本信息，所有被调查企业均须填写；第二部分为贸易壁垒影响调查，企业可根据实际情况选择填写；第三部分为贸易壁垒案例调查，企业可根据遇到的具体案例填写(可另附页)。

2. 请企业委派熟悉本企业情况和出口业务的人员填写，并请务必认真准确地填写填表人员姓名及有效联系方式，以利于进一步跟踪调查。

3. 选择性问题请在合适选项前的方框中打"√"，选择并填写性问题请在选择后补充填写，填写性问题请企业根据实际情况在问题后的对应填写处填写。

4. 需填写国家或地区处请填具体国家或地区名称，中国港、澳、台地区要具体列明，欧盟地区请注明具体国家名称。

5. 除第一部分的中资企业注册资本以人民币为货币单位外，其余涉及金额的地方均以美元作为货币单位。

6. 第二部分中的产品名称请填写具体产品名称或8位中国《海关税则》的商品编码。

7. 本问卷的调查期为2005年和2006年两个年度。

8. 部分术语说明：

(1) 企业海关代码：指出口企业在中国海关注册的10位企业代码。

(2) 从业人数：在本单位工作并取得劳动报酬或收入的人数总和。

(3) 出口贸易金额：企业依出口合同金额计算的年度贸易金额。

(4) 直接贸易利益损失：企业因贸易壁垒而遇到退货、销毁货物、订单取消、索赔等，由此给企业造成的直接经济损失。

(5) 间接贸易利益损失：企业为消除贸易壁垒、实现出口目的而支出额外费用，或因贸易壁垒而丧失贸易机会、市场份额减少，由此给企业造成的间接经济损失。

下面以第二部分为例说明。

第二部分　贸易壁垒影响调查

请按你公司实际情况回答下列问题。

关税壁垒(本部分共7题)

1. 公司产品在进口国的关税税率是否偏高。

□ 否

□ 是

如是，请填写下列相关信息，涉及的产品为两种或两种以上的，请挑选两种主要出口产品填写。

涉及产品名称：____________________

进口国：__________________________

关税税率：________________

你公司认为的合适税率：________

2. 公司产品在进口国的关税税率是否明显高于其主要原材料税率。

(例如：木制家具关税为15%，原木关税为5%)

□否

□是

如是，请填写下列相关信息，涉及的产品为两种或两种以上的，请挑选两种主要出口产品填写。

涉及产品名称：____________

进口国：________________

产品的关税税率：__________

主要原材料的关税税率：________

3. 2005—2006年进口国是否提高了你公司产品的关税税率。

□否

□是

如是，请填写下列信息。

(1) 上述关税调整措施：

□ 针对全球同类进口产品

□ 针对全球同类进口产品但中国产品是其主要进口来源

□ 仅针对中国产品

(2) 相关信息：

涉及产品名称：____________

进口国：________________

调整前税率：______________

调整后税率：______________

4. 2005—2006年内，进口国是否调整过产品海关分类，并因此导致关税提高。

□否

□是

如是，请填写下列相关信息，涉及的产品为两种或两种以上的，请挑选两种主要出口产品填写。

涉及产品名称：____________

进口国：________________

调整前产品所属类别：________ 及关税税率：________

调整后产品所属类别：________ 及关税税率：________

如1～4题均选择“否”，请跳至“二、进口限制”。

5. 上述关税措施给你公司带来的影响(可多选)。

□所涉产品难以进入该国市场

□所涉产品对该国出口减少

□所涉产品完全退出该国市场

关税措施对你公司造成的直接或间接贸易利益损失约合为(单位：万美元)：

2005 年：____________，2006 年：____________。

6. 上述关税措施存在的原因(可多选，并请在影响最大的原因空格内填“1”，然后依次为：2、3、…)。

□进口国为了增加政府财政收入

□进口产品在进口国的市场占有率过高

□中国出口产品增长过快

□进口国为了保护国内同类产业

□其他，请简要描述：____

7. 公司针对上述关税措施问题采取的措施(可多选)。

□未采取任何行动

□降低产品出口报价

□应客户要求低开发票

□改变商品报关名称以便于归入税率较低的产品类别

□到进口国或能在进口国享受优惠关税的国家开办生产线

□通过进口商或我驻外使馆向进口国政府部门反映

□向国内进出口商会、行业协会反映

□向中国商务部或当地外经贸主管部门反映

□其他，请简要描述：____

(资料来源：厦门经贸信息网)

5.4 数据分析与报告

5.4.1 数据处理

(1) 数据录入。数据录入是将在问卷编码部分所标记的符号及文字输入到计算机中，形成可供统计软件处理的文件格式的过程。

(2) 数据清理与校验。一份调查数据的产生，经过许多环节，各环节的错误都会反映在数据中。所以当录入完成后，必须对数据进行核查，既要发现录入中存在的问题，检查数据与问卷记录的信息是否一致，也要检查其他原因造成的错误。

(3) 数据归档。一项调查结束后，在研究人员进行分析数据以前，还需要对调查的数据建立相应的“档案”资料，同数据一起交给研究人员。

(4) 抽样数据的加权。在抽样调查中，由于设计和调查实施的原因，每一个被选对象的入选概率可能和实际情况不相符。因此在数据录入完成后，我们需要根据抽样方案的设计，参照权威的人口统计指标，对抽样调查数据进行加权，经过加权的数据能更准确地推断总体状况。

5.4.2 数据分析

1. 单变量描述统计

在对数据进行分析时，首先关心的是通过各个变量的次数分布、集中趋势、离散趋势所描绘出的研究对象的基本特征。

在描述性统计中，最常用的统计方法就是频数，即通过对数据进行统计分组和汇总所得到的各组次数分布情况，而将其除以样本总数，就是我们常用的百分数。虽然频数描述了研究对象的整体特征，但它是通过对若干组的统计来实现的，如果需要用一个数值来概括变量的特征，那么集中趋势的统计就是最合适的。所谓集中趋势，就是一组数据向一个代表值集中的情况。

仅有集中趋势的统计还不能完全准确地描述各个变量，这是因为它没有考虑到变量的离散趋势。所谓离散趋势，是指一组数据之间的离散程度。其最常用的统计量是标准差，它是一组数据中各数值与算术平均数相减之差的平方和的算术平均数的平方根。

在单变量描述性统计中，集中趋势的统计量包括众数、中位数和平均数，离散趋势则包括全距、方差和标准差。前者体现了数据的相似性、同质性，后者体现了数据的差异性、异质性。

2. 双变量和多变量关系分析

在问卷调查中，除了对单一变量进行描述和分析外，还要探讨变量之间的关系。这就涉及多变量分析。社会现象的复杂性只有通过在抽样调查中，以变量间关系的分析，才能得到较好的描述和解释。

最简略的变量间关系便是双变量关系。我们可以通过交互列联、分组平均数、等级相关、积矩相关、一元回归等双变量统计方式考察两个变量之间是否存在关联。双变量统计可以初步地揭示社会现象间的影响作用。比如，通过就业人口中性别变量与月工资收入变量的关系统计，发现男性就业人口的月收入平均为2800元，而女性只有2200元，这提示我们不同性别的收入是有差异的，性别是影响收入差距的因素之一。

3. 推论统计

就社会科学中的抽样调查而言，其最终目的并不是为了描述样本的统计量，而是希望通过对样本统计量的分析，对用以描述总体特征的参数进行估计，这就需要进行推论统计。

5.4.3 调查报告

1. 概念与特点

调查报告是对某项工作、某个事件、某个问题，经过深入细致的调查后，将调查中收集到的材料加以系统整理、分析研究，以书面形式向组织和领导汇报调查情况的一种文书。调查报告具有以下几个特点。

(1) 写实性。调查报告是在占有大量现实和历史资料的基础上，用叙述性的语言实事求是地反映某一客观事物。充分了解实情和全面掌握真实可靠的素材是写好调查报告的基础。

(2) 针对性。调查报告一般有比较明确的意向，相关的调查取证都是针对和围绕某一综合性或是专题性问题展开的。所以，调查报告反映的问题集中而有深度。

(3) 逻辑性。调查报告离不开确凿的事实，但又不是材料的机械堆砌，而是对核实无误的数据和事实进行严密的逻辑论证，探明事物发展变化的原因，预测事物发展变化的趋势，提示本质性和规律性的东西，得出科学的结论。

2. 分类

调查报告的种类主要包括以下几种。

(1) 情况调查报告。它是比较系统地反映本地区、本单位基本情况的一种调查报告。这种调查报告是为了弄清情况，供决策者使用。

(2) 典型经验调查报告。它是通过分析典型事例，总结工作中出现的新经验，从而指导和推动某方面工作的一种调查报告。

(3) 问题调查报告。它是针对某一方面的问题，进行专项调查，澄清事实真相，判明问题的原因和性质，确定造成的危害，并提出解决问题的途径和建议，为问题的最后处理提供依据，也为其他有关方面提供参考和借鉴的一种调查报告。

3. 写法

调查报告一般由题目、正文、参考文献、附录等组成。

(1) 题目

应以简练、概括、明确的语句反映所要调查的对象、领域、方向等问题，题目应能概括全篇，引人注目。

(2) 正文

正文部分一般由前言、方法、结果与讨论、结论与建议几部分构成。

① 前言(背景和目的)。它主要包括研究背景和目的。背景介绍应简明、扼要、切题，背景介绍一般包括一部分重要的文献小结。调查目的要阐述调查的必要性和针对性，使读者了解概况，初步掌握报告主旨，引起关注。

② 方法。详细描述研究中采用的方法，使读者能评价资料收集方法是否恰当。这部分一般包括以下几方面：地点、时间、调查对象、调查对象的选择(抽样方法)、样本量的估计、调查方法(定性或定量)、质量控制。

③ 结果与讨论。结果与讨论可以放在一起写，也可以分开写，结果和讨论分几节来完成。一般采用描述、对比、推断、讨论来写。

描述：描述事情的发生发展过程，描述调查人群的人口社会学特征，描述调查事物的特征。

对比：历史对比、他人研究对比、本调查中不同特征人群对比。

推断：在对比的基础上进行统计推断(前提条件是调查样本具有代表性)。主要是以样本推断总体，包括点估计、区间估计、假设检验等。

讨论：反映作者学术思想的深度和广度，要紧紧围绕结果，以及可能有争议的主要问题进行讨论。讨论时应注意以下几点：把调查结果上升到理论，去粗取精，去伪存真，由表及里，揭示内在联系。与他人结果相矛盾的地方，讨论发生的原因和理论依据，要有自己的看法和见解，论点明确。

④ 结论与建议。

结论：用扼要的文字把论文的主要内容概括起来，切忌重复文章内容。文字结构应该准确、完整、精练，能高度概括文章的主要目的和结果。

建议：为政府决策提出科学建议，进一步深入研究提出建议。

（3）参考文献

列出主要理论依据和方法，以及有争议的论据，参考文献的格式要统一，可参考一般学术期刊的参考文献的格式。

（4）附录

在论文中只有局部使用或完全没有使用，但又与论文有关的具有科学价值的重要原始资料、数据，如调查问卷、访谈提纲、复杂的公式推导、计算程序、各类统计表、统计图等都可以放在附录中，有利于说明和理解调查报告，又可提供有用的科学信息。

实例

某某大学本科生自习情况的调查报告

目录（略）

第一章　调查背景（略）

第二章　调查方案（略）

第三章　调查结果

（一）自习情况

1. 自习时间分析

有关自习时间的调查情况如表5-4所示。

表5-4　不同年级性别自习时间分布表　　单位：人

时　间	总体	大一男	大一女	大二男	大二女	大三男	大三女	大四男	大四女
1小时以下	111	20	12	27	12	5	11	1	23
1～3小时	160	11	47	30	40	9	14	2	7
3～5小时	80	9	11	5	23	2	18	0	12
5小时以上	32	3	2	1	2	4	14	0	6

从总体分析看，大多数同学平均每天上自习的时间都在1～3小时，如果考虑除去用餐、上课、睡眠等用时，同学们在学习上是相当刻苦的。

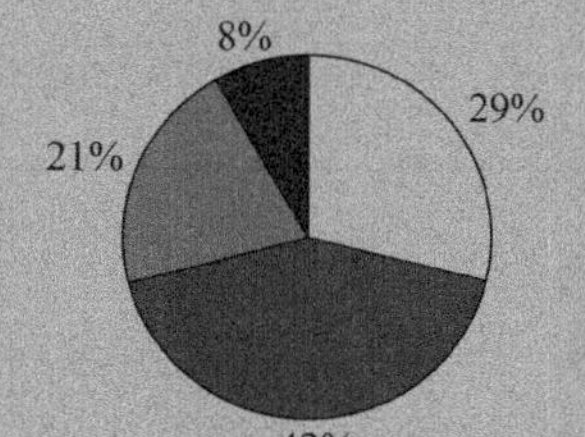

图5-2　自习时间分布

不同年级不同性别自习时间的不同如图5-2所示。由于双因素方差分析仅限于数值型数据，而调查数据的选项是分类数据（1小时以下，1～3小时，3～5小时，5小时以上），因此运用加权平均的方法对原始数据进行加工。各组的组中值分别为0.5小时、2小时、4小时和6小时，加权平均后的数据详见表5-5。

表5-5　不同年级性别自习时间分布表　　单位：小时

性　别	年级(A)			
	大一(A1)	大二(A2)	大三(A3)	大四(A4)
男(B1)	2	1.579	2.625	1.5
女(B2)	2.083	2.467	3.324	2.281

根据表5-5进行假设检验：

(1) 建立假设

对因素A：

原假设 H_0：$\mu_1=\mu_2=\mu_3=\mu_4$，即各年级之间平均自习时间无差别；

对立假设 H_1：μ_1,μ_2,μ_3,μ_4 不全相等，即各年级之间平均自习时间有差别。

对因素B：

原假设 H_0：$\mu_1=\mu_2$，即不同性别之间的平均自习时间无差别；

对立假 H_1：μ_1,μ_2 不全相等，即不同性别之间的平均自习时间有差别。

(2) 方差分析

不同性别和年级的自习时间的描述统计见表5-6。

表5-6 不同性别和年级的自习时间的描述统计 单位：小时

摘　要	计　数	求　和	平　均	方　差
男	4	7.704	1.9261	0.2652
女	4	10.155	2.5392	0.2988
大一	2	4.083	2.0417	0.0035
大二	2	4.046	2.0234	0.3944
大三	2	5.949	2.9748	0.2447
大四	2	3.781	1.8906	0.3052

同时得到方差分析结果，见表5-7。

表5-7 方差分析结果

误差来源	平方和	自由度	均　方	F　值	显著水平
性别	0.751	1	0.751	11.490	0.043
年级	1.496	3	0.499	7.629	0.065
误差	0.196	3	0.065		
合计	42.311	8			

(3) 统计决策

由表5-7可知，对于因素A，显著水平大于0.05，故接受 H_0，拒绝 H_1，说明不同年级之间平均每天上自习时间没有显著差异；对于因素B，显著水平小于0.05，故接受 H_1，拒绝 H_0，说明不同性别对上自习时间产生不同的影响。

2. 关于自习地点的分析(略)

(二) 关于自习情况存在的问题及原因的分析(略)

1. 关于对自习状况不满情况(略)

2. 关于旷课情况(略)

3. 关于熄灯太早问题(略)

第四章　结论与建议

(一) 结论(略)

（二）建议（略）

参考文献（略）

附录（略）

5.5 市场预测

5.5.1 市场预测的含义

所谓市场预测是指企业在通过市场调查获得一定资料的基础上，针对企业的实际需要以及相关的现实环境因素，运用已有的知识、经验和科学方法，对企业和市场未来发展变化的趋势做出适当的分析与判断，为企业营销活动等提供可靠依据的一种活动。

5.5.2 市场预测的分类

1. 依据预测的层次不同分类

(1) 环境预测。环境预测也称为宏观预测或经济预测，它是通过对各种环境因素，如国家财政开支、进出口贸易、通货膨胀、失业状况、企业投资及消费者支出等因素的分析，对国民生产总值和有关的总量指标的预测。环境预测是市场潜量与企业潜量预测、市场预测和企业预测的基础。

(2) 市场潜力与企业潜力预测。市场潜力和企业潜力是市场需求预测的重要内容。市场潜力是从行业的角度考虑某一产品的市场需求的极限值；企业潜力则是从企业角度考虑某一产品在市场上所占的最大的市场份额。市场潜力和企业潜力的预测是企业制定营销决策的前提，也是进行市场预测和企业销售预测的基础。

(3) 市场预测与企业预测。市场预测是在一定营销环境下和一定营销力量下，某产品的市场需求水平的估计；企业预测是在一定的环境下和一定的营销方案下，企业预期的销售水平，企业预测不是企业制定营销决策的基础或前提，相反它是受企业营销方案影响的一个函数。

2. 依据预测时间不同分类

根据预测的时间长短可以分为短期预测、中期预测和长期预测。

(1) 短期预测。时间在1年之内的预测，帮助企业适时调整营销策略，实现企业经营管理的目标。

(2) 中期预测。时间在1～5年之间的预测，帮助企业确定营销战略。

(3) 长期预测。时间在5年以上的市场变化及其趋势的预测，为企业制定总体发展规划和重大营销决策提供科学依据。

3. 依据预测内容不同分类

(1) 市场需求变化预测。它主要是指商品的购买力及其投向的预测。它包括生产资料市场购买力预测和消费市场购买力预测。

(2) 消费结构预测。它主要是指预测消费品市场的产品构成以及其相应比例关系。它包括消费者的消费支出在不同商品之间的分布比例，变动趋势；其中最为关键的是居民消费的恩格尔系数的变化。

(3) 产品销售预测。它是指企业本身产品销售前景的判断,包括对销售的品种、规格、价格、销售量、销售额以及销售利润等方面变化的预测。其目的在于使产品适销对路,满足消费需求,提高企业经济效益。

(4) 产品价格预测。它是指根据企业产品的市场价格以及同类产品的市场价格对企业产品未来市场价格变化的预测。影响产品价格的主要因素有市场供求、市场竞争状况、产品价值以及价格规律。

(5) 产品生命周期预测。它是指对企业产品在生命周期中所处阶段的预测,即对产品投入期、成长期、成熟期与衰退期的预测。

(6) 资源预测。为了保障企业生产的顺利进行,必须对企业所需要的原材料、能源等资源的供应状况及其变化趋势进行合理的预测,明确资源供应的数量、规格、质量、价格与渠道等,寻找降低资源成本的途径,增强企业竞争力。企业不仅要对物力资源的供应进行预测,还应该加强对企业财力与人力资源的预测。

(7) 市场占有率的预测。市场占有率是企业产品的市场竞争能力的综合表现,市场占有率的预测包括企业绝对市场占有率的预测与相对市场占有率的预测。企业不仅应该预测本身产品的市场占有率以及其变化趋势,还应该对同类产品、替代产品的市场占有状况及其变化趋势进行预测。

(8) 生产技术变化的预测。生产技术的变化对企业的生存与发展有着十分重要的影响。企业必须时刻关注内外部生产技术的发展趋势,并不断进行技术改革,保持与国际技术的同步发展。技术变化的预测包括企业生产技术变化的预测、国内行业技术发展变化的预测以及国际先进技术发展变化的预测等。

5.5.3 市场预测的方法

市场预测的方法有很多,一些复杂的方法涉及许多专门的技术。对于企业营销管理人员来说,应该了解和掌握的企业预测方法主要有以下几种。

1. 定性预测法

定性预测法也称为直观判断法,是市场预测中经常使用的方法。定性预测主要依靠预测人员所掌握的信息、经验和综合判断能力,预测市场未来的状况和发展趋势。这类预测方法简单易行,特别适用于那些难以获取全面的资料进行统计分析的问题。因此,定性预测法在市场预测中得到广泛的应用。定性预测法包括:顾客需求意图调查法、销售人员意见综合法、专家意见法、市场测试法。

(1) 顾客需求意图调查法

顾客需求意图调查法是对购买者想买什么进行调查。如果购买者有清晰的意图,愿付诸实施,并能告诉访问者,则这种调查就显得特别有价值。

购买者意图调查法对于工业产品、耐用消费品、要求有先行计划的产品采购和新产品的需求估计都有使用价值。如果购买者人数越多,调查成本越低,购买意图越明确,并且购买者愿意透露其购买意愿,则顾客需求意图调查法的价值越高。

(2) 销售人员意见综合法

当公司不能访问购买者时,则可要求它的销售代表进行估计。每个销售代表估计每位现行的和潜在的顾客会买多少公司生产的每一种产品。

【例 5-1】　某公司根据三个销售人员来预测明年的销售量，如表 5-8 所示。

表 5-8　销售人员销售预测表

销售员	销售预测值/百万元						期望值	销售人员权重	预测值
	乐观	概率	一般	概率	悲观	概率			
1	18	0.2	16	0.5	14	0.3	15.8	0.4	16.22
2	21	0.3	17	0.6	15	0.1	18.0	0.3	
3	17	0.2	15	0.6	13	0.2	15.0	0.3	

很少有公司在利用它们销售员的估计时不作某些调整的。销售代表是有偏见的观察者。他们可能是天生的悲观做义者或乐观主义者，他们也可能由于最近的销售受挫或成功，从一个极端走向另一个极端。此外，他们经常不了解较大的经济发展和影响他们地区未来销售的公司营销计划。他们可能瞒报需求，以达到使公司制定低定额的目的。他们也可能没有时间去做出审慎的估计，或可能认为这不值得考虑。

(3) 专家意见法

公司也可以借助专家来进行预测。专家包括经销商、分销商、供应商、营销顾问和贸易协会。例如，汽车公司向它们的经销商定期调查以获得短期需求的预测。但是，经销商的估计和销售人员的估计一样，有着相同的优点和弱点。许多公司从一些著名的经济预测公司那里购买经济和行业预测。这些预测专家处在较有利的位置，由于他们有更多的数据和有更好的预测技术，因此，他们的预测优于公司的预测。

公司可以偶尔召集专家，组成一个专门小组和提出一个特定的预测。会议请专家们交换观点并作出一个小组的估计(小组讨论法)，或者可以要求专家们分别提出自己的估计，然后由一位分析家把这些估计汇总成一个估计(个人估计汇总法)，或者由专家们提出各自的估计和设想，由公司审查、修改，并继之以更深化的估计(德尔斐法)。

(4) 市场测试法

在购买者不准备仔细地作购买计划，或在实现他们购买意图时呈现非常无规则性，或专家们并非是可靠的猜测者的情况下，一个直接的市场测试是必要的。直接的市场测试特别适用于对新产品的销售预测或为产品建立新的分销渠道或地区的情况下。

2. 定量预测法

定量预测是利用比较完备的历史资料，运用数学模型和计量方法，来预测未来的市场需求。定量预测法基本上分为两类：一类是时间序列预测法；另一类是回归分析预测法。

(1) 时间序列预测法

时间序列预测法是一种定量分析方法，它是在时间序列变量分析的基础上，运用一定的数学方法建立预测模型，使时间趋势向外延伸，从而预测未来市场的发展变化趋势，确定变量预测值。

时间序列预测法的基本特点是：假定事物的过去趋势会延伸到未来；预测所依据的数据具有不规则性；撇开了市场发展之间的因果关系。

① 简单平均法，是用一定观察期时间序列的数据求得平均数，以平均数为基础确定预

测的方法。简单平均法是最简单的定量预测方法。平均数预测法的运算过程简单，常在市场的近期预测和短期预测中使用。它一般包括以下几种方法。

第一种，算术平均数法。它是用一定观察期内预测目标的时间序列的各期数据的简单平均数作为预测期的预测值的预测方法。在算术平均数法中，极差越小、方差越小，算术平均数作为预测值的代表性越好。缺点是所有观察值不论新旧在预测中一律同等对待，这是不符合市场发展的实际情况的。简单平均数法的预测模型是：

$$\hat{\chi} = \bar{\chi} = \frac{x_1 + x_2 + \cdots + x_n}{n} \sum_{i=1}^{n} x_i$$

第二种，加权算术平均数法。它是简单算术平均数法的改进。它根据观察期各个时间序列数据的重要程度，分别对各个数据进行加权，以加权平均数作为下期的预测值。对于离预测期越近的数据，可以赋予越大的权重。其模型如下：

$$\hat{\chi} = \bar{\chi} = \frac{w_1 x_1 + w_2 x_2 + \cdots + w_n x_n}{n} = \frac{\sum_{n=1}^{n} w_i x_i}{\sum_{i=1}^{n} w_i}$$

式中，$w_1 + w_2 + \cdots + w_n = 1$

【例 5-2】 已知某公司近三年利润额为 35 万元、32 万元、38 万元，试预测今年利润额。

当运用算术平均法时，预测值为 $\hat{\chi} = \bar{\chi} = \frac{35+32+38}{3} = 35$ 万元。

当运用加权算术平均法，设前 1、2、3 年利润分别赋予权数为 0.25，0.35，0.40，则预测值为 $\hat{\chi} = \bar{\chi} = \frac{35 \times 0.25 + 32 \times 0.35 + 38 \times 0.40}{0.25 + 0.35 + 0.40} = 35.15$ 万元。

显然，由于加权算术平均法给予最近利润大的权数，当近期利润大的因素继续发挥作用时，则加权算术平均值较算术平均值较为合适。

第三种，几何平均数法。它是以一定观察期内预测目标的时间序列的几何平均数作为某个未来时期的预测值的预测方法。几何平均数法一般用于观察期有显著长期变动趋势的预测。或者一贯上升或一贯下降，同时逐期上升或下降的速度（环比速度）大体一致，否则不宜采用。

首先计算出几何平均环比速度

$$G = \sqrt[m]{\frac{a_1}{a_0} \times \frac{a_2}{a_1} \times \frac{a_3}{a_2} \times \cdots \times \frac{a_m}{a_{m-1}}} = \sqrt[m]{\frac{a_m}{a_0}}$$

式中，G 表示几何平均环比速度，$a_1, a_2, a_3, \cdots, a_m$ 等表示每期的观察值，则第 n 期预测值为：

$$\hat{x}_n = a_m \times G^{n-m}$$

【例 5-3】 已知前 11 年实际销售电视机数量见表 5-9，请按几何平均数法预测 2004 年电视机销售量。

表 5-9 公司前 11 年电视机销售量

观察期	1993	1994	1995	1996	1997	1998	1999	2000	2001	2002	2003
实际销售值/万台	144	145	175	196	202	214	230	263	286	324	348
环比指数/%	100	100.7	120.7	112.0	103.1	105.9	107.5	114.3	108.7	113.3	107.4

几何平均数为 $G=\sqrt[m]{\frac{a_1}{a_0}\times\frac{a_2}{a_1}\times\frac{a_3}{a_2}\times\cdots\times\frac{a_m}{a_{m-1}}}=\sqrt[m]{\frac{a_m}{a_0}}=\sqrt[10]{\frac{348}{144}}=109.2\%$

2004 年的销售量为 $\hat{x}_{2004}=a_{2003}\times G^{2004-2003}=348\times 109.2\%=380$(万台)

② 移动平均法,根据时间序列逐项移动,依次计算包含一定项数的平均数,形成平均数时间序列,并据此对预测对象进行预测。移动平均法可以消除或减少时间序列数据受偶然性因素干扰而产生的随机变动影响。移动平均法在短期预测中较准确,长期预测中效果较差。

设有 n 个观察值组成的时间序列 $X_1,X_2,\cdots,X_n$,其中 X_t 为第 $t(t=1,2,\cdots,n)$ 期的数据,选择连续的 N(跨越期)个观察期数据计算移动算术平均数 M_t:

$$M_t=\frac{1}{N}(X_t+X_{t-1}+\cdots+X_{t-N+1})$$

上面公式计算的 M_t 位于跨越期 N 的最末一个观察期。如果对有 N 个观察期组成的时间序列,随着观察期推进,逐期地按连续的 N 个观察期数据计算移动平均算术平均数,这些移动算术平均数也就组成了一个新的时间序列。新的移动平均数序列能较好地修匀在时间序列中的不规则变动和季节变动,修匀效果受 N 的大小影响。移动平均法正是利用多次移动算术平均数的特点,形成了一次移动平均法和多次移动平均法。下面仅就一次移动平均法进行简单介绍。

设有 n 个观察值组成的时间序列 $X_1,X_2,\cdots,X_n$,则第 $t+1(t=1,2,\cdots,n)$ 期的一次移动平均预测值 $\hat{X}_{t+1}$,是含 t 期的跨越期 N 的移动算术平均数 M_t,即

$$\hat{X}_{t+1}=M_t=\frac{1}{N}(X_t+X_{t-1}+\cdots+X_{t-N+1})$$

下面举例说明一次移动平均法预测的应用。

【例 5-4】 某地区 1997—2003 年的外贸收入见表 5-10,试用一次移动平均法预测该地区 2004 年的外贸收入。

表 5-10 某地区 1997—2003 年的外贸收入

年份	外贸收入	$N=3$ 移动平均数 M_t	$N=5$ 移动平均数 M_t
1997	776.6	—	—
1998	874.5	—	—
1999	1121.1	924.1	—
2000	1103.3	1033.0	—
2001	1085.2	1103.2	992.1
2002	1089.5	1092.7	1054.7
2003	1124.0	1099.6	1104.6

由表 5-10 资料可知,该地区近 7 年外贸收入前两年不到 1000 万元,后 5 年超过 1000 万元,在 1100 万元水平波动,从外贸形式估计未来两年变化不会太大,水平基本稳定,不存在长期增长趋势和循环性形态变化,故可用一次移动平均法预测,设 $N=3$, $N=5$,分别计算一次移动算术平均数的 2004 年预测值。

$$N=3,\ \hat{X}_{2004}=M_{2003}=\frac{1}{3}(X_{2003}+X_{2002}+X_{2001})=1099.6\ (\text{万元})$$

$$N=5,\ \hat{X}_{2004}=M_{2003}=\frac{1}{5}(X_{2003}+X_{2002}+\cdots+X_{1999})=1104.6(\text{万元})$$

③ 指数平滑法，来自于移动平均法，是一次移动平均法的延伸。指数平滑法是对时间数据给予加工平滑，从而获得其变化规律与趋势。它比较适用于短期预测，比较经济、简便。根据平滑次数的不同，指数平滑法可以分为：一次指数平滑法、二次指数平滑法、三次指数平滑法。这里，我们仅简单介绍一次指数平滑法。

设 $X_1, X_2, X_3, \cdots, X_n$ 为时间序列观察值，观察值的时间 $t=1,2,3,\cdots,n$；$S_1, S_2, S_3, \cdots, S_n$ 为时间 t 的观察值的指数平滑法；则一次平滑值为

$$\begin{aligned} S_{t+1} &= \alpha x_t + (1-\alpha)S_t \\ &= \alpha x_t + \alpha(1-\alpha)x_{t-1} + \alpha(1-\alpha)^2 x_{t-2} + \cdots + \alpha(1-\alpha)^{t-1}x_1 + (1-\alpha)^t S_1 \end{aligned}$$

式中，α 为平滑系数，$0 \leqslant \alpha \leqslant 1$。

α 取值不同，反映预测过程对新旧信息的重视程度不同，α 越小，则历史信息越重要；α 越大，则当前新信息越重要。当时间序列数据大于 50 时，初始值 S_1 对 S_t 计算结果影响极小，可以设定为 X_1；当时间序列数据小于 50 时，初始值 S_1 对 S_{t+1} 计算结果影响较大，应取前几项的平均值。

【例 5-5】 已知某单位销售量，见表 5-11，假设取 $\alpha=0.5$，S_1 取前三项的平均值，则 S_t 可以计算出，如表 5-11 第三行所示。

表 5-11 一次指数平滑法计算的预测量

时序	1991	1992	1993	1994	1995	1996	1997	1998	1999	2000	2001	2002
销售量	10	15	8	20	10	16	18	20	22	24	20	26
S_t	11	10.5	12.8	10.4	15.2	12.6	14.3	16.2	18.1	20.1	22.0	21.0

(2) 回归分析预测法

回归分析预测以因果关系为前提，应用统计方法寻找一个适当的回归模型，对未来市场的变化进行预测。在回归预测中，预测对象称为因变量，相关的分析对象称为自变量。

回归分析预测根据自变量的多少分为一元回归分析与多元回归分析；回归分析根据回归关系可分为线性回归分析与非线性回归分析。

回归分析包括以下基本步骤。

第一步，绘制散点图，判断变量之间是否存在相关关系；

第二步，确定因变量与自变量；

第三步，建立回归预测模型；

第四步，对回归预测模型进行评价；

第五步，利用回归模型进行预测，分析评价预测值。

下面我们仅介绍一元线性回归预测。

设已知 n 对数据 $(x_1,y_1),(x_2,y_2),\cdots,(x_n,y_n)$，假设 x,y 之间存在线性关系，设线性函数为：$y=a+bx$，则利用上面 n 对数据可以计算出：

$$b = \frac{n\sum xy - \sum x \sum y}{n\sum x^2 - \left(\sum x\right)^2} = \frac{\sum xy - n\overline{xy}}{\sum x^2 - n\bar{x}^2}$$

$$a = \bar{y} - b\bar{x}$$

那么，我们就可以利用函数 $\hat{y}=a+bx$ 来预测未来的 $\hat{y}$ 值。

【例 5-6】 假定我们要预测居民未来的总消费支出，我们知道，消费支出与收入有很强的相关关系，而收入的数据比较容易获取，因此，如果能取得消费与收入之间函数关系的具体关系式，将有助于消费的预测。当然，要求出两者之间的函数关系，先需要一些有关收入与消费的已知数据，根据市场调查，我们得到以下数据，见表 5-12，请预测当月收入为 4000 元时月人均消费为多少？

表 5-12　某地区城镇家庭月人均收入与月人均消费的有关数据　　单位：元

月人均收入	月人均消费	月人均收入	月人均消费
860	782	1489	1275
1077	961	1759	1457
1267	1098	2072	1685

把上面的数据画在坐标图上，如图 5-3 所示。

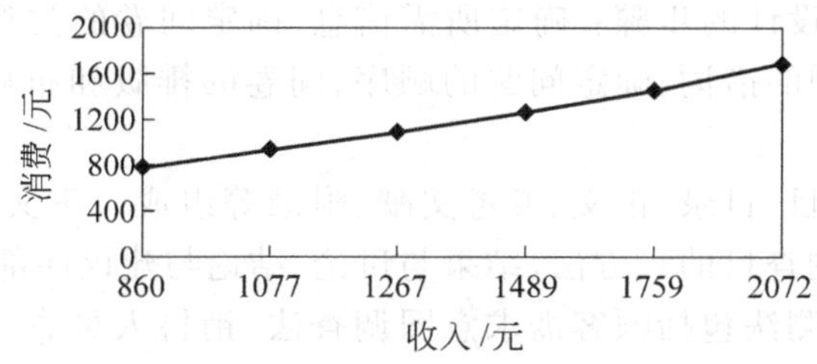

图 5-3　某地区城镇家庭月人均消费与月人均收入的散点图

从图 5-2 可以看出，x，y 之间确实存在线性关系，因此，我们可以设两者之间的函数关系为：$y=a+bx$，根据表 5-10 数据，我们可以计算出一元线性回归参数计算表，见表 5-13。

表 5-13　一元线性回归参数计算表　　单位：元

	月人均收入 x_i	月人均消费 y_i	x_iy_i	x_i^2
	860	782	672 520	739 600
	1077	961	1 034 997	1 159 929
	1267	1098	1 391 166	1 605 289
	1489	1275	1 898 475	2 217 121
	1759	1457	2 562 863	3 094 081
	2072	1685	3 491 320	4 293 184
合计	8524	7258	11 051 341	13 109 204
平均	1421	1209	—	—

由此，可计算出：

$$b=\frac{n\sum xy-\sum x\sum y}{n\sum x^2-\left(\sum x\right)^2}=\frac{\sum xy-n\overline{x}\overline{y}}{\sum x^2-n\overline{x}^2}$$

$$=\frac{11\ 051\ 341-6\times1421\times1208}{13\ 109\ 204-6\times1421\times1421}=0.7567$$

$$a=\overline{y}-b\overline{x}=1208-0.7567\times1421=132.7$$

故一元线性回归模型为

$$y = a + bx = 132.7 + 0.7567x = 132.7 + 0.7567 \times 4000 = 3159.5(\text{元})$$

本章小结

调查设计阶段具体工作步骤是：①确定调查目标，拟定调查项目。②确定收集资料的范围和方式。③设计调查表和抽样方式。④制订调查计划。

市场调查方案主要包括：①确定调查目的；②确定调查对象和调查单位；③确定调查项目；④制定调查提纲和调查表；⑤确定调查时间和调查工作期限；⑥确定调查地点；⑦确定调查方式和方法；⑧确定调查资料整理和分析方法；⑨确定提交报告的方式；⑩制订调查的组织计划。

一份完整的调查问卷通常包括标题、问卷说明、被调查者基本情况、调查主体、编码、调查者情况等内容。问卷设计的步骤：确定所需信息、确定问卷的类型、确定问题的内容、确定问题的类型、确定问题的措词、确定问题的顺序、问卷的排版和布局、问卷的测试、问卷的定稿、问卷的评价。

调查报告一般由题目、目录、正文、参考文献、附录等组成。正文部分一般包括前言（导言、引言、序言、背景和调查目的）、方法、结果与讨论、结论与建议四部分。

市场预测的定性预测法包括顾客需求意图调查法、销售人员意见综合法、专家意见法、市场测试法；定量预测法包括时间序列预测法（简单平均法、移动平均法、指数平滑法）和回归分析预测法。

思考题

1. 市场营销调查的类型有哪些？
2. 调查方案包括哪几方面的内容？
3. 问卷设计应注意什么？

练习题

1. 某市有各类型书店600家，其中大型50家，中型200家，小型350家。为了调查该市图书销售情况，拟抽取50家书店进行调查。如果采用分层比例抽样法，应从各类型书店中各抽取几家书店进行调查？

2. 某地区农民10年人均年纯收入和该地区相应年份的销售额的资料见表5-14。

表5-14 某地区农民10年人均年纯收入和该地区相应年份的销售额

年序号	人均年纯收入/元	销售额/百万元	年序号	人均年纯收入/元	销售额/百万元
1	400	130	6	820	182
2	520	150	7	940	190
3	560	156	8	1040	202
4	640	164	9	1160	216
5	720	172	10	1200	226

要求：

(1) 用最小平方法求出该一元回归方程中的参数，建立预测模型；

(2) 假设模型的各项检验均通过，用该模型预测当年纯收入为1400元的销售额。

3. 某企业历年销售额与利润额有如下关系，见表5-15。

表5-15 某企业历年销售额与利润额的关系 单位：百万元

销售额	10	20	30	40	50
利润额	1.0	2.2	2.8	4.4	4.8

试建立一元线性模型 $y=a+bx$，并预测该企业销售额达105百万元时的利润额。

案例分析

美国在1950年之后，①每年购买新车的人中，有五分之一是由原来低价位汽车换成中价位汽车；②中位价汽车量从只占五分之一市场，稳定成长至三分之一；③个人收入中用于汽车花费由1939年的3.5%，增加到1950年的5.5%～6%，中价位汽车乃当时汽车市场宠儿。

福特公司主事者认为，不能将这有利可图的市场拱手让人，因此Edsel中价位汽车系列推出市场必然有利可图。

Edsel于1957年9月4日推出，首日接获6500辆订单，接着销售情况却急剧下降。10月13日晚上，福特公司在电视推出大量广告，情况未见好转。到1958年11月，Edsel系列新车问世，销售稍有转机，1959年10月中旬Edsel推出第三个系列产品，没有造成任何影响。1959年11月19日，Edsel生产停止，正式谢幕。

Edsel乃经过周详计划，且投入大量人力、物力与财力，且有几十年生产和销售经验为后援，却会一败涂地，原因很多，每一个单独因素虽都不足以致命，但综合起来却使Edsel回天乏术。

仅就营销研究三大错误，明列如下：

(1)“Edsel之消费者购买动机研究”虽然提供了新汽车所需之良好形象，但却没有帮助。因为实际运用时，无法将它转变为“实质产品特色”。因为车型设计者研究了现有各型汽车形状特征，提出建议，最后车型之概念却在800位车型设计者同意下产生。将“市场调查结果”束之高阁。Edsel的车头像一个张开的大嘴吧，这种外观从心理学的观点而言，没有人愿意自己车子让人产生如此联想，因为那太不符合“消费者自我形象”的要求。

(2) Edsel于1957年推出，但大部分消费者偏好研究却早在10年前既着手进行，而那正是中价位强势时期，但其间经过许多年，研究者却没有考虑消费者态度上改变，发觉到消费者喜好的转变，这种转变在事实上调查者应该注意到的。

(3) 在车子命名的选择方面，研究者收集大约2000个不同名字，在几个大都市的人行道上访问行人，请他们说出每个名字时的自由联想，并询问每个名字的负面联想，但研究结果并没有确切的结论。结果提出 Edsel 系列车型名字是 Corsair, Citation, Pacer 和 Ranger 供公司参考。但福特公司并没有考虑研究结果，贸然采用了 Edsel，亨利福特的唯一儿子的名字。

问题思考：福特公司花费大量金钱做市场研究，却没有取得预期效果，原因是什么？

实践与实训

运用 Excel 进行如下问卷的数据录入，调查表如下：

问卷编号：

在校本科生学费负担情况调查表

指导语：为了更好地了解高校大学生对学费承受能力的实际情况，以便更好地促进学费制度改革。下面有一些相关问题，请仔细阅读，以不记名的方式，请如实填写。谢谢你的合作！

1. 你来自于我国________省。

2. 你就读的大学属于（　　）。

A. 国家重点　B. 省级重点　C. 一般高等院校　D. 民办高校

3. 你就读的专业是（　　）。

A. 理工农医类　B. 人文社科类　C. 艺术类　D. 其他

4. 你入学是的时间（　　）。

A. 2006 年　B. 2005 年　C. 2004 年　D. 2003 年

5. 你的性别是（　　）。

A. 女　B. 男

6. 2007 年通知你应交的全年学费的范围是（单位：元）（　　）。

A. 4000 以下　B. 4000～6000　C. 6000～8000　D. 8000 以上

7. 你交费的方式是（　　）。

A. 按时交清　B. 欠费（部分欠费）

C. 贷款交费　D. 减免或分期交

8. 你用于交学费的资金来源是（可多选）（　　）。

A. 全部由家里供应　B. 主要由家里供应，部分自己挣取

C. 主要由自己挣取，部分家里供应　D. 全部自己挣取

E. 贷款和家里供应　F. 贷款和自己挣取

G. 贷款、家里供应和自己挣取　H. 社会捐助或奖金

I. 其他

9. 学校收取一年的住宿费是（单位：元）（　　）。

A. 500 以下　B. 500～1000　C. 1000～1500　D. 1500 以上

10. 你在校期间每个月平均支出的生活费范围是（单位：元）（　　）。

A. 300 以下　B. 300～600　C. 600～1000　D. 1000 以上

现调查后的 30 份问卷回答情况见表 5-16。

表 5-16 调查后的 30 份问卷回答情况

问卷编号	第 1 问	第 2 问	第 3 问	第 4 问	第 5 问	第 6 问	第 7 问	第 8 问	第 9 问	第 10 问
Wj001	浙江	A	B	A	A	B	A	ABD	B	B
Wj002	广东	D	C	B	A	B	D	AH	D	B
Wj003	湖北	A	B	D	B	D	A	ABEH	A	D
Wj004	四川	B	A	C	A	A	B	BCH	B	A
Wj005	江西	A	B	A	A	B	A	CDH	A	B
Wj006	浙江	B	A	D	B	D	B	AE	B	D
Wj007	广东	C	D	C	A	A	C	ABEH	C	B
Wj008	湖北	B	B	A	B	C	B	CDH	B	C
Wj009	浙江	A	B	B	A	A	A	ABEH	C	A
Wj010	浙江	B	B	B	A	B	B	BCH	B	B
Wj011	广东	A	A	A	B	B	B	ABEH	A	A
Wj012	湖北	B	D	C	B	A	A	BCH	C	A
Wj013	四川	A	B	B	B	B	B	ABEH	A	B
Wj014	广东	B	A	D	A	D	D	BCH	B	D
Wj015	湖北	C	D	C	B	B	B	ABEH	C	B
Wj016	四川	B	B	A	A	B	B	BCH	B	A
Wj017	广东	A	B	B	A	A	A	BCH	A	A
Wj018	湖北	B	B	B	B	C	B	CDH	B	C
Wj019	四川	D	C	C	A	A	B	AE	C	A
Wj020	浙江	C	D	D	B	D	C	ABEH	C	D
Wj021	广东	B	A	A	A	C	D	BCH	B	C
Wj022	四川	B	C	C	B	A	A	ABEH	B	A
Wj023	四川	A	D	D	A	D	C	BCH	A	D
Wj024	湖北	C	B	B	B	C	B	ABEH	C	C
Wj025	四川	A	A	B	A	A	D	BCH	A	B
Wj026	广东	D	C	C	A	A	B	ABEH	D	A
Wj027	江西	C	C	B	A	C	B	BCH	C	C
Wj028	江西	A	B	C	B	B	A	BCH	A	B
Wj029	浙江	A	C	C	B	B	B	ABEH	A	B
Wj030	江西	B	B	C	A	A	B	BCH	B	A

要求：对上述数据进行录入，并作统计分析。

第6章 企业经营决策与计划

学习目标

知识点

1. 决策的概念、类型和基本过程。
2. 计划的概念、种类和一般程序。
3. 目标管理的实质与特点、步骤与方法。
4. 网络计划技术的基本原理。

技能点

1. 运用决策方法进行决策。
2. 制定目标和推行目标管理。
3. 绘制网络图。
4. 计算网络时间的参数并确定关键路线。

阅读材料

选择决定命运

三个人因故要在监狱服刑三年，监狱长答应他们每人可以提一个要求。

美国人爱抽雪茄，就要了三箱雪茄。

法国人最浪漫，他要了一个美丽的女子在狱中相伴。

而犹太人说，他要的是一部可以与外界随时沟通的电话。

三年很快就过去了。

美国人率先从监狱里冲出来，嘴里鼻孔里都塞满了雪茄，大喊道："给我火，给我火！"原来他忘记要火了。

接着出来的是法国人，只见他手里抱着一个小孩子，美丽女子手里牵着一个孩子，肚子里还怀着第三个宝宝。

最后出来的是犹太人，他紧紧地握住监狱长的手说："这三年来我每天与外界联系，我的生意不但没有停顿，反而增长了300%，现在我已经是10亿美元身价了。为了表示感谢，我送你一辆劳斯莱斯！"

启示：企业今天所取得的成就，其实都是企业以前的选择决定的，而企业今天的抉择将决定企业以后的发展。在这个信息时代里，企业管理者要选择接触最新的信息，了解最新的趋势，从而更好地创造企业的未来。

6.1 决策基本理论

6.1.1 决策的概念及影响因素

1. 决策的概念

所谓决策是指组织或个人为了实现某种目标而对未来一定时期内有关活动的方向、内容及方式的选择或调整过程。

(1) 主体：可以是组织，也可以是组织中的个人。

(2) 要解决问题：活动的选择，也可是这种活动的调整。

(3) 选择调整的对象：方向、内容和方式。

(4) 时限：可为未来较长时期，也可为某较短时段。

(5) 决策的构成要素：决策者；决策目标；自然状态；备选方案；决策后果；决策准则。

2. 决策的影响因素

影响组织决策主要包括以下因素。

(1) 环境

外部环境对组织决策的影响表现在以下两个方面。

① 环境的特点影响着组织决策的频率和内容；环境的特点影响着组织的活动选择。

② 环境中的其他行动者及其决策也会对组织决策产生影响。对环境的习惯反应模式影响着组织的活动选择。

(2) 组织文化

从决策方面来说，组织文化会对决策的制定和执行都产生重大影响。

① 组织文化制约着包括决策制定者在内的所有组织成员的思想和行为。

② 组织文化通过影响人们对改变的态度而对决策起影响和限制作用，组织文化是构成组织内部环境的主要因素。

(3) 过去决策

过去的决策对目前决策的制约程度，主要受它们与现任决策者的关系的影响。

(4) 决策者对风险的态度

任何决策都带有一定程度的风险性。愿意承担风险的决策者，通常会未雨绸缪，在被迫对环境做出反应以前就采取进攻性的行动，并会经常进行新的探索；不愿意承担风险的决策者，通常只会对环境做出被动的反应，事后应变，他们对变革、变动表现出谨小慎微。

(5) 决策的时间紧迫性

从时间敏感程度上，决策是否必须迅速而尽量准确地做出。

6.1.2 决策的原则及特点

1. 决策的原则

(1) 社会性原则

企业的目标应符合社会发展的总体利益，决策时牢记社会整体利益。

(2) 效益性原则

选择最佳方案时，经济效益的好坏是一条重要的选择方案的标准。

(3) 满意性原则

人们在决策时,希望决策实施能带来“最优结果”,但实际上最优方案往往是不存在的。内外环境都是变化的,因此西蒙提出决策的“满意”原则。

(4) 适应性原则

适应性原则也就是决策的弹性,即决策方案在实施过程中对可能出现的变化有适应能力。

(5) 民主性原则

民主性原则也就是决策的群众性,一项决策要减少失误,获得成功,重要的一条是在决策之前要听取多方面意见。

2. 决策的特点

(1) 目标性:目标是未来完成任务的标志。

(2) 可行性:要注意实施条件的限制。

(3) 选择性:从多种方案中选择,既有可能性,也有必要性。

(4) 满意性:选择组织活动的方案,通常根据的是满意化原则,而不是最优化原则。最优决策往往只是理论上的幻想。

(5) 过程性:决策的过程性可以从两个方面去考察。首先,组织决策不是一项决策,而是一系列决策的综合,只有这一系列的具体决策已经确定,相互协调,并与组织目标相一致时,才能认为组织的决策已经形成;其次,这一系列决策中的每一项决策,其本身就是一个包含了许多工作、由众多人员参与的过程,从决策目标的确定,到决策方案的拟订、评价和选择,再到决策方案执行结果的评价,这些步骤才构成了一项完整的决策,这是一个“全过程”的概念。

(6) 动态性:决策是一个不断循环的过程。

6.1.3 决策的类型

决策主要包括以下分类方式。

1. 从决策主体来看可分为组织决策和个人决策

(1) 所谓组织决策,就是为了实现组织的目标,由组织整体或组织的某个部分作出的对组织未来一定时期内活动的选择和调整。组织决策是在环境研究的基础上制定的。

(2) 个人决策是指个人在参与组织活动中的各种决策。

相同点:都要着眼于实现某种特定的目标。

区分点:组织决策从决策行为目的来看,它是为了组织的决策,即便这时的决策只是由组织中的某一或某些个人作出。

2. 从决策的起点来看可分为初始决策和追踪决策

(1) 初始决策是指组织对从事某种活动或从事该种活动的方案所进行的初次选择。

(2) 追踪决策是指在初始决策的基础上对组织活动方向、内容或方式的重新调整。

3. 从决策的对象和涉及的时限来看可分为战略决策和战术决策

两者的区别可以概括为以下几点。

(1) 从调整对象来看,战略决策调整组织的活动方向和内容,解决“干什么”的问题,是根本性决策；战术决策调整在既定方向和内容下的活动方式，解决“如何干”的问题，是执行性决策。

(2) 从涉及的时间范围来看，战略决策面对未来较长一段时期内的活动，而战术决策则是具体部门在未来较短时期内的行动方案。战略决策是战术决策的依据，战术决策是在其指导下制定的，是战略决策的落实。

(3) 从作用和影响来看，战略决策的实施效果影响组织的效益和发展，战术决策的实施效果则是局部的、有限的。

4. 从决策问题的程序来看可分为程序性决策与非程序性决策

(1) 程序性决策是按预先规定的程序、处理方法和标准来解决管理中经常重复出现的问题。一般组织中，约有80%的决策可以称为程序性决策。

(2) 非程序性决策是为解决不经常重复出现的、非例行的新问题所进行的决策。

5. 从决策问题的风险来看可分为确定型决策、风险型决策和不确定型决策

(1) 确定型决策是决策者确切知道自然状态的发生，每个方案只有一个确定的结果，方案的选择取决于各个方案的结果的比较。

(2) 风险型决策(随机决策)是指自然状态不止一种，决策者不能知道哪些自然状态会发生，但能知道有多少种自然状态及每种自然状态发生的概率。

(3) 不确定型决策是指不确定条件下进行的决策。决策者可能不知道有多少种自然状态，也不能知道每种自然状态发生的概率。

6.1.4 决策的过程

1. 发现问题

所谓问题，是应有状况与实际状况之间的差距。研究组织活动中存在的不平衡，要着重思考以下方面的问题。

(1) 组织在何时何地已经或将要发生何种不平衡？这种不平衡会对组织产生何种影响？

(2) 不平衡的原因是什么？其主要根源是什么？

(3) 针对不平衡的性质，组织是否有必要改变或调整其活动的方向与内容？

2. 确定目标

明确决策目标要注意以下几方面要求。

(1) 提出目标的最低和理想水平。

(2) 明确多元目标间的关系。

(3) 限定目标的正负面效果。

(4) 保持目标的可操作性。

明确组织目标应进行以下工作。

(1) 提出目标。

(2) 明确多元目标之间的相互关系，明确主要目标与非主要目标的关系。

(3) 建立目标：权衡目标执行的有利结果和不利结果，制定一个界限。

3. 制订方案

任何一个目标，都要制订多种方案，便于择优。在制订方案时，要求具备以下两个条件。

(1) 整体的详尽性。它是指所制订的方案应当包括所有可能的方案，即不能漏掉某些可能的方案。

(2) 相互排斥性。不同的方案之间必须是相互排斥的。如果遇到下列某种情况，方案都是违反相互排斥性原则的：第一，方案甲的行动或措施全部包括在方案乙之中，即方案甲仅仅是方案乙的一个组织部分；第二，两个方案是解决同一个问题的两个因素，因而可以同时采用；第三，两个方案是从两个不同的角度区分的，彼此无法对比。

另外，制订方案时，还要求每一个方案以确切的定量数据反映其效果，指出各种方案的优缺点并要求做到条理化和直观化。尽量采用形象直观的图表，直接表达其优缺点和经济效益。

4. 比较和选择方案

比较和选择方案的内容主要包括以下几个方面。

(1) 方案实施所需的条件是否已经具备，建立和利用这些条件需要组织付出何种成本。

(2) 方案实施能给组织带来何种长期和短期的利益。

(3) 方案实施中可能遇到的风险及活动失败的可能性。

5. 执行方案

将所决定的方案付诸实施是决策过程中至关重要的一步，应做好以下工作。

(1) 制定相应的具体措施，保证方案的正确执行。

(2) 确保有关方案的各项内容为参与实施的人充分接受和彻底了解。

(3) 运用目标管理方法把决策目标层层分解，落实到每一个执行单位和个人。

(4) 建立重要工作的报告制度，以便随时了解方案进展情况，及时调整行动。

6.2 决策方法

6.2.1 主观决策法

主观决策法是指运用社会学、心理学、组织行为学、政治学和经济学等有关专业知识、经验和能力，在决策的各个阶段，根据已知情况和资料，提出决策意见，并作出相应的评价和选择。主观决策法主要包括德尔菲法和头脑风暴法。

1. 德尔菲法

德尔菲是古希腊城名，相传城中阿波罗圣殿能预卜未来，因而命名。德尔菲法是20世纪40年代初美国兰德公司的专家们为避免集体讨论存在的屈从于权威或盲目服从多数的缺陷提出的一种定性预测方法。为消除成员间相互影响，参加的专家可以互不了解，它运用匿名方式反复多次征询意见和进行背靠背的交流，以充分发挥专家的智慧、知识和经验，最后汇总得出一个比较能反映群体意志的预测结果。

德尔菲法一般包括以下工作程序。

(1) 确定调查目的，拟订调查提纲。首先必须确定目标，拟订要求专家回答问题的详细提纲，并同时向专家提供有关背景材料，包括预测目的、期限、调查表填写方法及其他希望要求等说明。

(2) 选择一批熟悉本问题的专家，一般至少为20人，包括理论和实践等各方面专家。

(3) 以通信方式向各位选定专家发出调查表，征询意见。

(4) 对返回的意见进行归纳综合、定量统计分析后再寄给有关专家，如此往复，经过三四轮意见比较集中后进行数据处理与综合，得出结果。

德尔菲法的工作程序如图6-1所示。

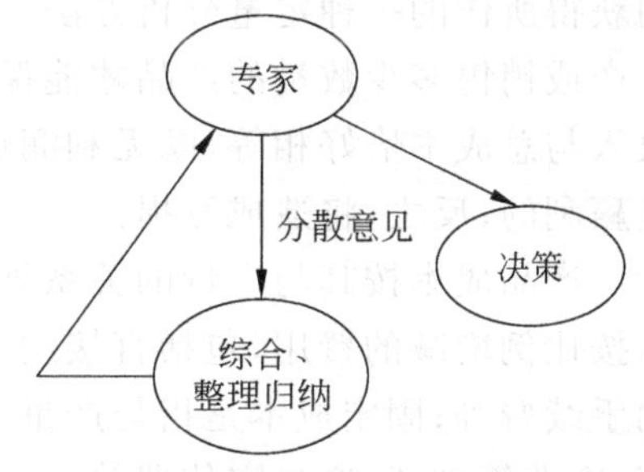

图6-1 德尔菲法的工作程序

2. 头脑风暴法

头脑风暴法又称智力激励法，是现代创造学奠基人美国的奥斯本提出的，是一种激发创造性思维的方法。它是一种通过会议的形成，让所有参加者在自由愉快、畅所欲言的气氛中，自由交换想法或点子，并以此激发与会者的创意及灵感，以产生更多创意的方法。具体来说，它包括以下内容。

(1) 培养对象：一般员工、管理者、领导干部等都可参与，并根据需要从各阶层人员中各抽几名。

(2) 培养目标：培养参加人员的创造性能力，激发他们的创造性思维，以得到创造性的构想。

(3) 培训内容：根据各企业需要确定，如给产品命名、创造新产品等需要大量构想的课题均可。

(4) 培训方式：会议讨论方式。

(5) 培训时间：会议时间一般为30分钟。

头脑风暴法包括以下原则。

(1) 独立思考，开阔思路，不重复别人的意见。

(2) 意见建议越多越好，不受限制。

(3) 对别人的意见不作任何评价。

(4) 可以补充和完善已有的意见。

6.2.2 确定型决策方法

确定型决策是指决策条件明确，方案的结果是确定的，只要经过直接比较即可作出方案选择的决策。由于未来的结果是肯定的，因此决策相对较为容易。

确定型决策方法的应用应具备四个条件：第一，存在决策者期望达到的一个确定型目标。第二，只存在一个确定的自然状态。第三，存在可供决策者选择的两个或两个以上方案。第四，不同方案在确定状态下的损益值可计算出来。

确定型决策的方法主要有：量本利分析、线性规划、投资报酬率等，其中最常用的是量本利分析。

1. 量本利分析

产量(或销售量)、成本、赢利分析(Volume-Cost-Profit Analysis)简称量本利分析或

VCP 分析。它是研究产量、成本控制和赢利之间的关系，进而对经营决策、成本控制和赢利的获得所作的一种定量分析方法。企业经营管理中，往往需要预先知道每年最低限度需要生产或销售多少数量的产品才能保本或赢利，即盈亏临界点(又称保本点)。保本点是销售收入与总成本恰好相等，既无利润也不亏损。当产量超过该点时，研制开发或生产这种产品是赢利的；反之，将造成亏损。

产品成本按其与产量的关系划分为变动成本和固定成本。变动成本是随着产量的增减而按比例增减的费用，包括直接用于制造产品的原材料、辅助材料、燃料动力、计件工资、推销手续费等；固定成本是指与产量大小无直接联系的那部分费用，如固定资产折旧、固定工资、企业管理费、广告宣传费等。

2. 量本利分析图

保本点的计算一般用图解法和数学分析法。

设固定成本为 F，单位产品变动费用为 V，则产量为 Q 时的总费用为 $VQ+F$；如果产品销售单价为 P，则产量(设等于销售量)为 Q 时销售收入为 QP。产量与总费用，产量与销售收入、赢利的关系如图 6-2 所示。

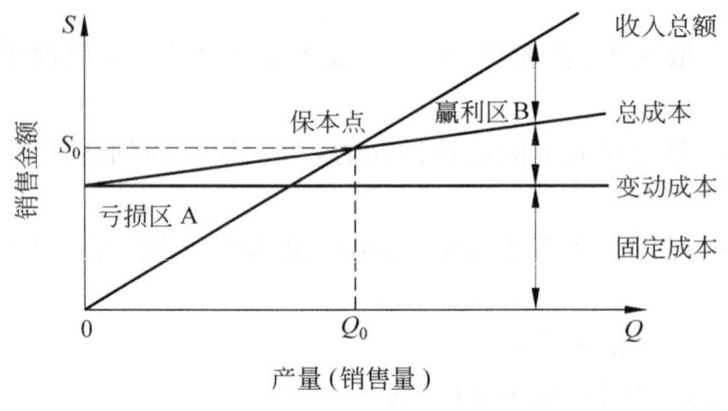

图 6-2　量本利分析图

由图 6-2 可见，在 A 区总成本大于总收入，就是亏损区；在 B 区总收入大于总成本，是赢利区；总收入线与总成本线相交处，就是保本点，此点在横轴上的投影 Q_0 是保本的最低限度的销量，在纵轴上的投影点 S_0 是保本最低销售金额。分析图可以得到以下结论。

(1) 保本点 Q_0 不变时，销售量越大，能实现的赢利总额越多，或亏损额越小；反之，销售量越小，能实现的赢利总额愈小，或亏损越大。

(2) 销售量不变，保本点 Q_0 愈低，能实现赢利愈多，或亏损愈少；反之，保本点愈高，能实现赢利越小，或亏损越多。

(3) 当销售收入总额一定的条件下，保本点的高低取决于固定成本总额与单位变动成本的大小。固定成本总额愈高，或单位变动成本愈大则保本点愈高；反之保本点愈低。

3. 保本点的确定

单位变动成本的大小在图中表现为总成本线的斜率，因此编制计划时，可利用该方法确定保本点销售量(Q_0)，某产量的相应赢利额(M)，或者某赢利额的相应产量(Q)，其中计算公式为：

$$QP=QV+F+M$$

保本点的销售收入为：

$$S_0 = Q_0 P$$

总成本为 $VQ_0 + F$，由于保本点时销售收入与总成本相等，即：

$$VQ_0 + F = Q_0 P$$

故推出保本点表示方法。

(1) 以产量 Q_0 表示：

$$PQ_0 = F + VQ_0$$

$$Q_0 = F \div (P - V)$$

式中，$P-V$ 表示单位产品得到的销售收入在扣除变动费用后的剩余，叫做边际贡献。

产量为 Q 时，赢利 M 的计算公式为：

$$M = (P - V)Q - F$$

赢利额为 M，则产量 Q 的计算公式为：

$$Q = (M + F) \div (P - V)$$

(2) 以销售收入 S_0 表示：

$$S_0 = F \div (1 - V \div P)$$

式中，$1 - V \div P$ 表示单位销售收入可以帮助企业吸收的固定费用或实现企业利润的系数，叫做边际贡献率。

注意：如果边际贡献或边际贡献率大于0，则表示企业生产这种产品除可收回变动费用外，还有一部分收入可用来补偿已经支付的固定费用。因此，产品单价即使低于成本，但只要大于变动费用，企业生产该产品还是有意义的。

(3) 以生产能力利用率 E_0 表示：

$$E_0 = (Q_0 \div Q^*) \times 100\%$$

式中，Q^* 表示设计生产能力。

(4) 以达到设计生产能力时的单价 P_0 表示：

$$P_0 Q^* = F + VQ^*$$

$$P_0 = V + F \div Q^*$$

4. 量本利分析方法的应用

量本利分析方法不仅应用于单一产品的计划和决策，也应用于多种产品或多种产品系列的分析比较。

(1) 根据所确定的保本点，就可掌握本企业避免亏损的最低限度的产品销售，并测定将会实现的利润或将会出现的亏损值，或测定实现目标利润需要多大的销售量。

【例 6-1】 某企业预计生产一种饲料添加剂，每千克售价为 2 元，固定费用为 20 000 元，单位产品变动费用为 1 元。求保本点产量；年产量为 40 000 千克时的赢利额及赢利为 30 000 元时的年销量。

保本点产量 $Q_0 = F \div (P - V) = 20\,000 \div (2 - 1) = 20\,000$(千克)

年产量 4 万千克时的赢利额 $M = (P - V)Q - F = (2 - 1) \times 40\,000 - 20\,000 = 20\,000$(元)

赢利额为 3 万元时的年销量 $Q = (F + M) \div (P - V)$

$$= (20\,000 + 30\,000) \div (2 - 1) = 50\,000 \text{(千克)}$$

(2) 现有市场竞争条件下，为了提高产品的竞争力，企业就必然会以不同的售价去扩大产品的销路，争取多赢利，这样就出现了各种不同的盈亏临界点。

从图 6-3 中，销量总额直线Ⅰ表示产品单位售价高，直线较陡，赢利多；销售Ⅱ表示产品单位售价较低，直线上升较缓，利润较少。二者保本点显然不同，直线Ⅰ的保本点(Q_0Ⅰ)往左移动了。根据这些盈亏临界点，我们就可以掌握销售量增加到多大，产品售价可以下降到什么程度，企业还有多少赢利可求，从而掌握产品售价上下浮动幅度。

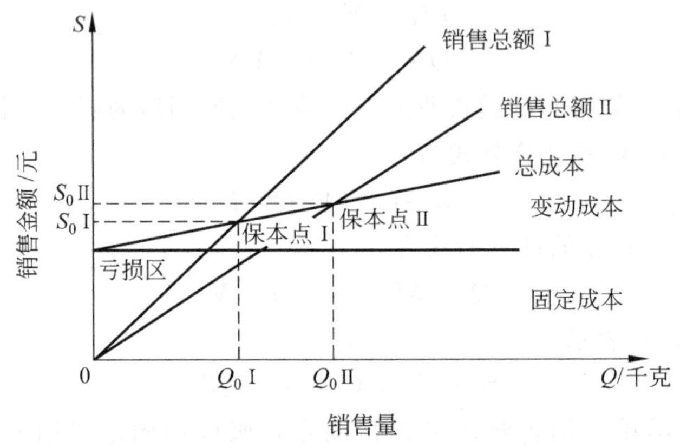

图 6-3 多种售价量本利分析

(3) 计算设备增加后所要求的销售额，例如某添加剂厂增加新设备后，固定成本每月增加 500 元，原有固定成本 1200 元，单位变动成本为 0.60 元，产品单位售价为 1.50 元，则有

所要求的销售额$=F\div[1-(V\div P)]=(1200+500)\div[1-(0.60\div1.50)]=2833$(元)

2833 元便是增加设备后所要求的销售额，它既是增加新设备方案经济效益的评价依据，又是设备投资部门(包括银行贷款)审查投资方案的重要依据。

5. 运用量本利分析方法所要注意的问题

(1) 量本利分析方法的运用，是假定企业的生产经营活动量为举足轻重的因素，收入和成本都围绕它发生变化；假定企业收入和成本间存在着直接因果关系；假定收入和成本间的数量变化关系在时间上是同步进行的，这些假设，一旦和实际情况有出入，分析的结论也需要相应加以修正。

(2) 为了从原则上说明产量、成本、赢利之间的数量关系，在盈亏临界图上，销售总收入和成本表现为两条直线，但实际中并非如此，它们常常是曲线，如果可能，尽量根据实际情况绘出其曲线，然后再对它们进行分析研究。

(3) 在进行盈亏临界分析时，如果综合地考虑到主观因素产生的影响，如加强管理，建立经济责任制，减少企业管理费用；进行技术改造，降低产品消耗；挖掘潜力，提高生产装置的生产能力，提高产品质量，更新产品品种，增加销售收入等，则分析会更加全面，决策会更加准确。

6.2.3 风险型决策方法

风险型决策方法主要用于人们对于未来有一定程度认识、但又不能肯定的情况，但每种自然状态可以根据以前的资料推断出各种自然状态出现的概率。因而，根据已知的概率和根据概率计算得到的期望值，对不同的方案可能获取的期望值进行比较，以获得最满意的方案。对风险型决策一般可采用决策树法进行。

决策树法是风险型决策常用的一种决策方法，它利用了概率论的原理，并且利用一种树形图作为分析工具。基本原理是用决策点代表决策问题，用方案分支代表可供选择的方案，用概率分支代表方案可能出现的各种结果，经过对各种方案各种结果条件下损益值的计算比较，为决策者提供依据。

绘制决策树，可按以下步骤进行。

(1) 根据方案的数目和对未来市场状况的了解，绘出决策树形图。绘制树形图一般由决策点开始，自左向右展开，画出可供选择的方案分支，在方案分支上标出方案名称和投入数额。方案分支连接状态结点之后，从状态结点再引出概率分支，在概率分支上标出状态内容和概率，便形成基本树形，如图 6-4 所示。

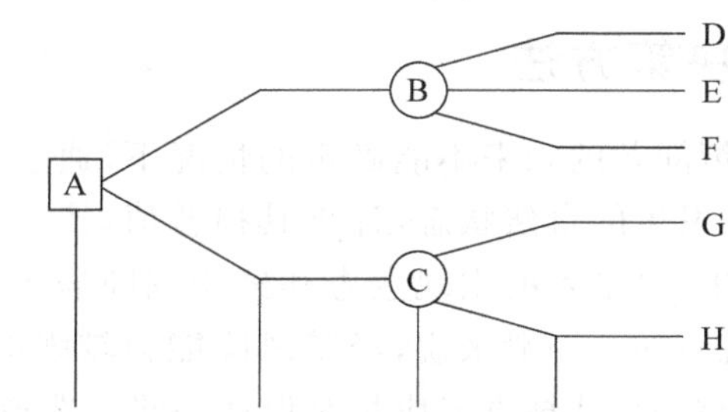

注：A—最终决策；B、C—决策状态；D~H—可行方案。

图 6-4　决策树形图

(2) 从右向左计算各方案的期望值，包括：计算各概率分支的期望值；将各概率分支的期望值相加，并将数字记在相应的自然状态结点上。

(3) 根据各方案所需的投资，比较不同方案的期望收益值。

(4) 剪去期望收益值较小的方案分支，将保留下来的方案作为备选实施的方案。

如果是多阶段或多级决策，则需重复(2)～(4)各项工作。

【例 6-2】 某企业在下一年度有甲、乙两种产品方案可供选择，每种方案都面临畅销、一般和滞销三种市场状态，各种状态的概率和损益值见表 6-1。

表 6-1　某企业各种市场状态损益表　　单位：万元

损益值 \ 概率 \ 市场状态	畅　销	一　般	滞　销
概率	0.6	0.3	0.1
甲方案	120	50	10
乙方案	90	60	40

解： 第一步，依据已知条件绘制决策树，如图 6-5 所示。

第二步，分别计算各方案的期望值。

$$甲方案的期望值 = 120 \times 0.6 + 50 \times 0.3 + 10 \times 0.1 = 88(万元)$$

$$乙方案的期望值 = 90 \times 0.6 + 60 \times 0.3 + 40 \times 0.1 = 76(万元)$$

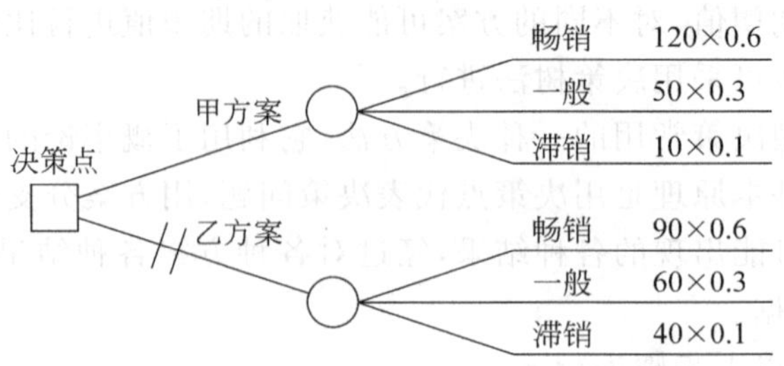

图 6-5 决策树形图

第三步，决策(剪支)。

由以上计算可见甲方案的期望值大于乙方案的期望值，所以选择甲方案，剪去乙方案分支。

6.2.4 不确定型决策方法

不确定型决策是在对决策问题的未来不能确定的情况下，通过对决策问题的变化的各种因素分析，估计有几种可能发生的自然状态，计算其损益值，按一定的原则进行选择的方法。在不确定型决策的过程中，决策者的主观意志和经验判断居于主导地位，因此，决策者采用的标准不同，决策方法就不同。一般来说，经受风险能力较强的企业，选择方案可以大胆一些；经受风险能力较弱的企业，选择方案应相对保守一些。选择方案时可遵循以下 3 个准则。

(1) 乐观准则：也叫大中取大法，即找出每个方案在各种自然状态下最大损益值，取其中大者，所对应的方案即为合理方案。

(2) 悲观准则：也叫小中取大法，即找出每个方案在各种自然状态下最小损益值，取其中大者所对应的方案即为合理方案。

(3) 后悔值准则：也叫大中取小法，即先计算各方案在各种自然状态下的后悔值，列出后悔值表，然后找出每一方案在各种自然状态下后悔值的最大值，取其中最小值，其所对应的方案为合理方案。

后悔值是指机会损失值，是在一定自然状态下由于未采取最好的行动方案，失去了取得最大收益的机会而造成的损失。

后悔值＝该自然状态下最大损益值－相应损益值

【例 6-3】 某企业有三种新产品待选，估计销路和损益情况见表 6-2，试分别用乐观准则、悲观准则、后悔值准则选择最优的产品方案。

表 6-2 某企业损益表 单位：万元

产品	状态		
	销路好	销路一般	销路差
甲	40	20	－10
乙	90	40	－50
丙	30	20	－4

解：(1) 乐观准则(大中取大)见表 6-3。

表 6-3 乐观准则　　单位：万元

状　态	销路好	销路一般	销路差	最大收益值
甲产品	40	20	－10	40
乙产品	90	40	－50	90
丙产品	30	20	－4	30
最大中的最大收益值				90
决策方案				乙产品

(2) 悲观准则(小中取大)见表 6-4。

表 6-4 悲观准则　　单位：万元

状　态	销路好	销路一般	销路差	最小收益值
甲产品	40	20	－10	－10
乙产品	90	40	－50	－50
丙产品	30	20	－4	－4
最小中的最大收益值				－4
决策方案				丙产品

(3) 后悔值准则(大中取小)见表 6-5。

表 6-5 后悔值准则　　单位：万元

状　态	销路好	销路一般	销路差	最大后悔值
甲产品	90－40＝50	40－20＝20	－4＋10＝6	50
乙产品	90－90＝0	40－40＝0	－4＋50＝46	46
丙产品	90－30＝60	40－20＝20	－4＋4＝0	60
最大中的最小后悔值				46
决策方案				乙产品

6.3 计划概述

6.3.1 计划的概念和作用

1. 计划的含义

所谓计划就是对行动的预先设计，它是在决策目标指导下，以预测工作为基础，对实现目标的途径作出具体安排的一项活动。计划是关于组织未来的蓝图，是对组织在未来一段时间内的目标和实现目标途径的策划与安排。

计划源于决策的需要，在决策目标确定之后，设计达到目标的行动方案就成为决策的又一项重要内容。计划的内容是多方面的，用 5W1H 法进行概括，即 Why(为什么做)、

What(做什么)、Who(谁去做)、When(何时做)、Where(何地做)、How(怎么做)。

计划与决策是相互区别的,因为这两项工作解决的问题不同。首先,决策是关于组织活动方向、内容以及方式的选择;而计划则是对组织内部不同部门和成员在一定时期内具体任务的安排。其次,计划和决策又是相互联系的。因为:第一,决策是计划的前提,计划是决策的逻辑延续;第二,在实际工作中,计划与决策相互渗透,有时甚至是不可分割地交织在一起。

2. 计划的作用

计划的作用具体表现在以下 4 个方面。

(1) 为落实和协调组织活动提供保证。

(2) 明确组织成员行动的方向和方式。

(3) 为组织资源的筹措和整合提供依据。

(4) 为检查与控制组织活动奠定基础。

6.3.2 计划的种类

根据划分标准的不同,计划可以分为各种不同的类别,最常见的分类方法包括以下几类。

1. 根据计划对企业经营影响范围和影响程度的不同划分为战略计划和战术计划

(1) 战略计划

战略计划是关于企业活动总体目标和战略方案的计划。

战略计划的基本特点:计划所包含的时间跨度长,涉及范围宽广;计划内容抽象、概括,不要求直接的可操作性;不具有既定的目标框架作为计划的着眼点和依据,因而设立目标本身成为计划工作的一项主要任务;计划方案往往是一次性的,很少能在将来得到再次或重复的使用;计划的前提条件多是不确定的,计划执行结果也往往带有高程度不确定性,因此,战略计划的制订者必须有较高的风险意识,能在不确定中选定企业未来的行动目标和经营方向。

(2) 战术计划

战术计划是有关组织活动具体如何运作的计划。

战术计划的主要特点是:计划所涉及的时间跨度比较短,覆盖的范围也较窄;计划内容具体、明确,并通常要求具有可操作性;计划的任务主要是规定如何在已知条件下实现根据企业总体目标分解而提出的具体行动目标,这样计划制订的依据就比较明确;另外,战术计划的风险程度也远较战略计划低。

2. 根据计划跨越的时间间隔长短分为长期计划和短期计划

(1) 长期计划描绘了组织在一段较长时期(通常为 3 年或 5 年以上)的发展蓝图,它规定在这段较长时间内组织以及组织的各部分从事活动应该达到什么样的状态和目标。

(2) 短期计划具体规定了组织总体和各部分在目前到未来的各个时间间隔相对较短的时段(如一年、半年甚至更短的时间)特别是最近的时段中所应该从事的各种活动及从事该种活动所应达到的水平。

6.3.3 计划工作的程序

计划工作的程序就是计划目标的制定和组织实现的过程。计划工作的一般程序分为以下步骤。

1. 收集资料,确定计划的基本前提条件

关于计划前提条件的类型和性质,可以从不同角度进行分类。

(1) 外部和内部的前提条件。

(2) 定量和定性的前提条件。

(3) 可控和不可控的前提条件。

怎样有效地确定计划的前提条件?

要想有效地确定计划工作的前提条件,需要注意以下几点。

(1) 合理选择关键性的前提条件。

(2) 提供多套备选的计划前提条件。

(3) 保证计划前提条件的协调一致。

2. 确定组织目标和实现

确定组织目标和实现就是要确定目标的总体行动计划。这一阶段计划工作的实质就是决策,它大致包括以下工作步骤。

(1) 确定组织的目标。

(2) 明确计划的具体前提条件。

(3) 提出多种可供选择的方案。

(4) 确定最优或最满意方案。

3. 分解目标,形成合理的目标结构

制定分部门及分阶段的目标,具有以下几个方面的作用。

(1) 目标分解到各个责任点上,以保证目标的一致性。

(2) 为组织资源和分配资源提供依据。

(3) 形成共同的思想状态或组织气氛。

(4) 指明工作努力方向。

(5) 形成详细指标体系。

4. 计划编制的综合平衡

计划编制的综合平衡主要考虑以下因素。

(1) 分析由目标结构所决定的或与目标结构所对应的组织各部门在各时期的任务是否互相衔接和协调,因此包括任务的时间平衡和空间平衡。

(2) 研究组织活动的进行与资源供应的关系。分析组织能否在适当的时间筹集到适当品种和数量的资源,从而保证组织活动的连续性。

(3) 分析不同环节在不同时间的任务与能力之间是否平衡,即研究组织的各个部分是否能够保证在任何时间都有足够的能力去完成规定的任务。

5. 编制并下达执行计划

执行计划可分为:单一用途计划和常用计划。

(1) 单一用途计划

单一用途计划的主要包括以下表现形式。

① 工作计划(program)是针对某一特定行动而制订的综合性计划,它指明组织如何用一定资源通过一定的工作活动来实现特定的目标。

② 项目计划(project)是针对组织的特定课题而制订的专一性更强的计划,它通常是工作计划中的一个组成部分。

③ 预算(budget)是一种数字化的计划,它是以数字来表示预期结果的一种特殊计划形式。

(2) 常用计划

常用计划,顾名思义,就是可以在多次行动中得到重复使用的计划。它是由政策、程序、规则等构成。

① 政策是组织对成员作出决策或处理问题所应遵循的行动方针的一般规定。

② 程序也是一种计划,它规定了一个具体问题应该按照怎样的时间顺序来进行处理。

③ 规则就是执行程序中的每一个步骤工作时所应遵循的原则和规章。

(3) 计划的层次体系

计划的层次体系如图 6-6 所示。

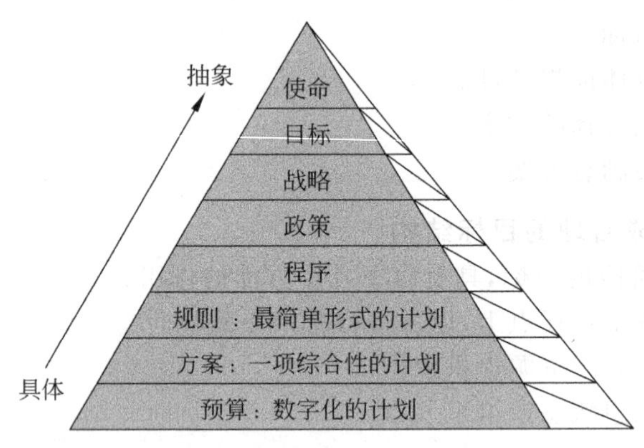

图 6-6 计划的层次体系

6.4 目标管理

6.4.1 目标管理的概念与优点

1. 目标管理的概念

1954 年,德鲁克提出了一个具有划时代意义的概念——目标管理(Management By Objectives,MBO),它是德鲁克所发明的最重要、最有影响的概念。所谓目标管理就是指组织的最高层领导根据组织面临的形势和社会需要,制定出一定时期内组织所要达到的总目标,然后层层落实,要求下属和员工根据上级制定的目标和保证措施,形成一个目标体系,并把目标完成情况作为考核的依据。

目标管理通过诱导启发职工自觉地去干，其最大特征是通过激发员工的生产潜能，提高员工的效率来促进企业总体目标的实现。

2. 目标管理的优点

(1) 权力责任明确。目标管理通过由上而下或自下而上层层制定目标，在企业内部建立起纵横联结的完整的目标体系，把企业中各部门、各类人员都严密地组织在目标体系之中，明确职责、划清关系，使每个员工的工作直接或间接地同企业总目标联系起来，从而使员工看清个人工作目标和企业目标的关系，了解自己的工作价值，激发大家关心企业目标的热情。

(2) 强调职工参与。目标管理非常重视上下级之间的协商、共同讨论和意见交流。通过协商，加深对目标的了解，消除上下级之间的意见分歧，取得上下目标的统一，调动了职工的主动性、积极性和创造性。

(3) 注重结果。目标管理所追求的目标，就是企业和每个职工在一定时期应该达到的工作成果。目标管理不以行动表现为满足，而以实际成果为目的。工作成果对目标管理来说，既是评定目标完成程度的根据，又是奖评和人事考核的主要依据。因此，目标管理又叫成果管理。

6.4.2　如何实施目标管理

1. 建立目标体系

(1) 建立目标管理体系必要性

“明确的目标是成功的开始。”对于企业而言，首要任务是确定企业的经营目标，然后根据经营目标制订经营计划，进而加以实施和控制。企业还应该根据内外部环境的变动，适当调整经营目标。另外，对经营目标制定的程序进行有效管理与合理控制，可使企业经营目标更具有可实现性、可执行性。

(2) 目标管理体系的核心

目标管理的核心是：建立一个企业内的目标体系，适应外部环境的企业发展战略。全体员工各司其职、各尽其能，推进组织目标的达成。在一个企业的目标体系中，总经理的目标、部门经理的目标、车间主任的目标，是各不相同的，但他们的目标都和企业整体目标息息相关。企业整体目标的实现，有赖于各部门目标的顺利实现。实行目标管理后，由于有了一套完善的目标考核体系，从而能够使员工的实际贡献大小得到如实的评价。

(3) 目标管理体系内容

目标管理可以概括为一个中心、三个阶段、四个环节和九项主要工作。

① 一个中心：以目标为中心统筹安排工作。

② 三个阶段：计划、执行、检查(含总结)三个阶段。

③ 四个环节：确定目标、目标展开、目标实施和目标考核。

④ 九项主要工作：计划阶段有三项工作即论证决策、协商分解、定责授权；执行阶段包括咨询指导、反馈控制、调节平衡；检查阶段包括考评结果、实施奖惩、总结经验。

上述内容构成目标管理系统，如图 6-7 所示。

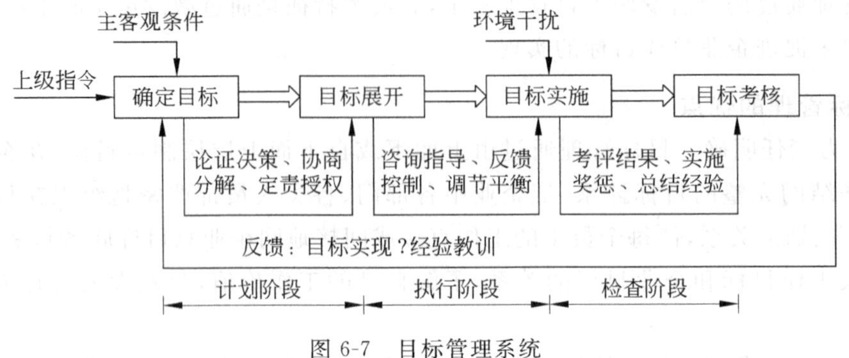

图 6-7 目标管理系统

(4) 目标管理的程序

目标管理的程序如图 6-8 所示。

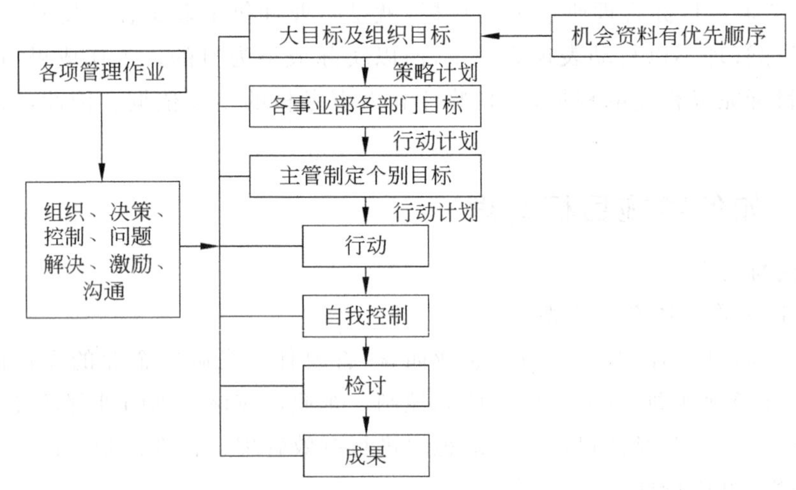

图 6-8 目标管理的程序

2. 目标的制定与分解

(1) 目标的 4 个层次

① 高阶层的目标，必须代表一个组织的整体目标。

② 中层各部门的目标，必须代表为贯彻各部门所期望的各项成果。

③ 基层工作单位目标，必须代表为完成基层工作目标的各项基本要素。

④ 个人工作目标，必须代表为完成基层工作目标的各项基本要素。

我们又可以从另一个角度把组织目标简化和概括为 3 个层次。

① 环境层——社会加于组织的目标，为社会提供所需要的优质产品和服务，并创造出尽可能多的价值。

② 组织层——作为一个利益共同体和一个系统的整体目标，如企业提高经济效益、增强自我改造和发展的能力、改善员工生活、保障员工的劳动安全。

③ 个人层——组织成员的目标，如经济收入、兴趣爱好等。

企业各管理层在相应的目标上有如图 6-9 所示的关系。

(2) 目标的分类

① 从动态的角度来考虑,总目标依计划期间可分为长期、中期、短期和执行目标四种。

② 从组织目标的等级层次看,分类如图 6-10 所示。

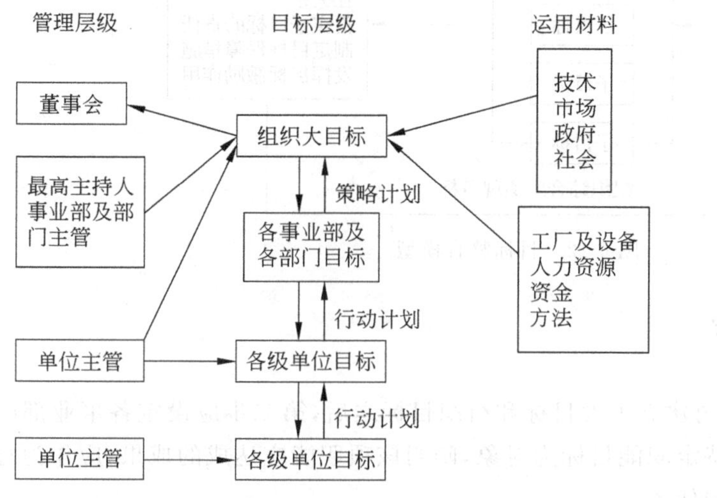

图 6-9 管理层次划分及各目标的关系

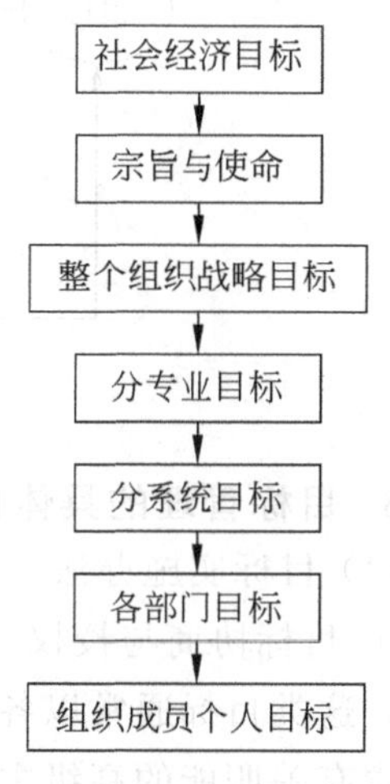

图 6-10 目标等级分类图

(3) 目标管理体系的建立方法

① 目标建立过程开始于组织最高层宣布企业的组织使命。

② 然后根据组织使命建立长期目标。

③ 由长期目标导致建立整个组织的执行性目标(短期目标)。

④ 然后建立组织内部每个主要部门或经营单位的长期目标和短期目标。

⑤ 为每个主要部门或经营单位中的下属单位建立长期目标和短期目标。

(4) 目标的分解

目标的分解如图 6-11 所示。

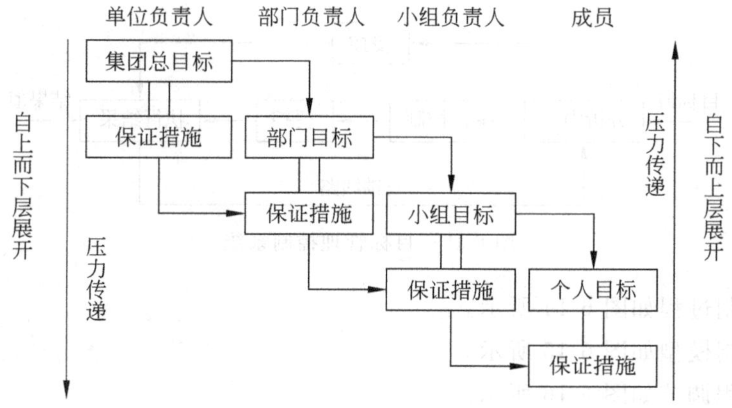

图 6-11 目标的分解

(5) 目标的整合

目标整合模型如图 6-12 所示。

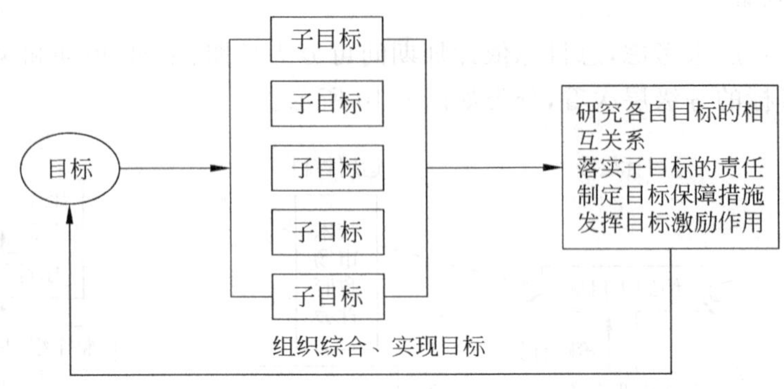

图 6-12　目标整合模型

3. 目标管理的具体内容

(1) 目标实施办法

① 目标协商与授权。公司建立了大目标和组织目标之后,第二步应设定各事业部门的目标。这类目标通常以各项特定职能目标为对象,阐明该项职能应达成的成果,应作为总公司负责有关职能的高级主管的任务。

② 目标实现的方法。业务负责人制定目标体系时,应通知各有关单位主管参与,倾听各部门的意见,并责成企划部门提高技术协助及汇总各部门目标,目标体系的建立需要所有管理者的参加。

③ 责任中心的建立。对各级主管人员的业绩评价,应以其对企业完成目标和计划中的贡献和履行职责中的成绩为依据。他们所主管的部门和单位有不同的职能,按其责任和控制范围的大小,这些责任单位分为成本中心、利润中心和投资中心。

(2) 目标管理的控制

① 为了进行有效的控制,必须建立科学的控制系统。控制系统是由监督、反馈两条线路和分析中心构成的自动控制系统,如图 6-13 所示。

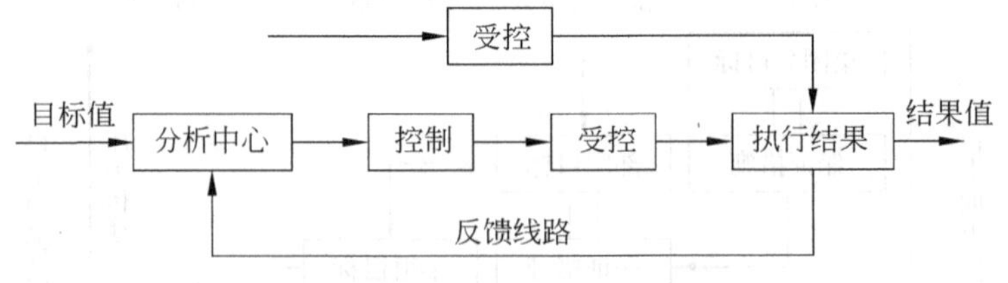

图 6-13　目标管理控制系统

② 管理控制过程如图 6-14 所示。

③ 目标控制模型如图 6-15 所示。

④ 实施过程调节如图 6-16 所示。

4. 目标的激励、检查、调节、考核

(1) 目标激励过程

目标激励过程如图 6-17 所示。

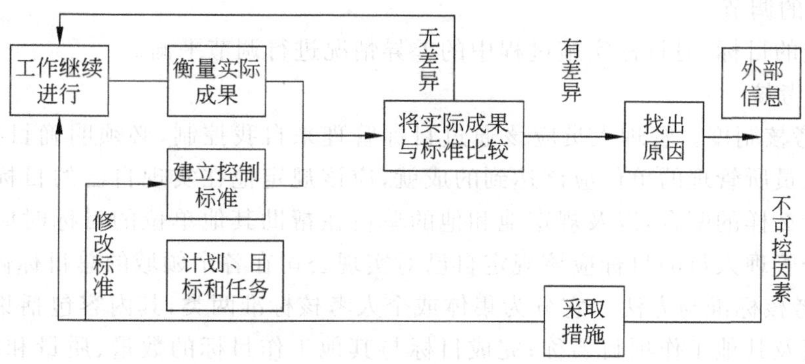

图 6-14 目标管理控制过程

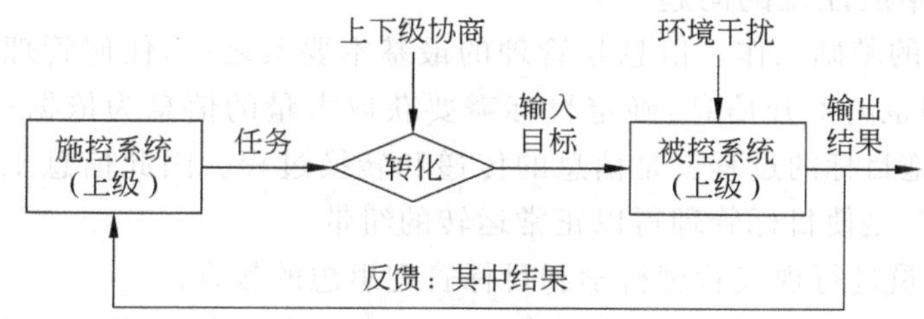

图 6-15 目标控制模型

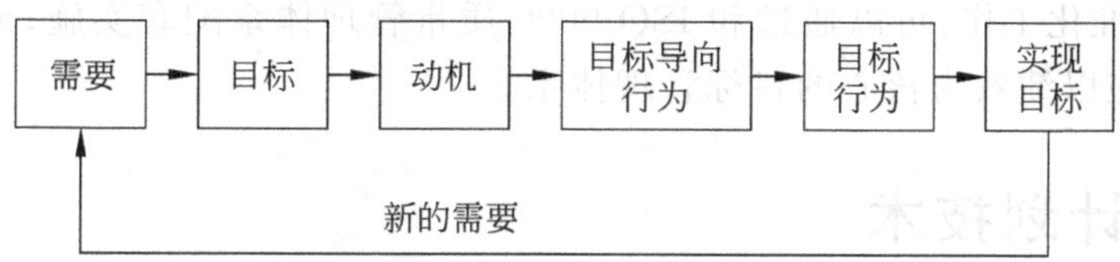

图 6-16 目标实施过程调节

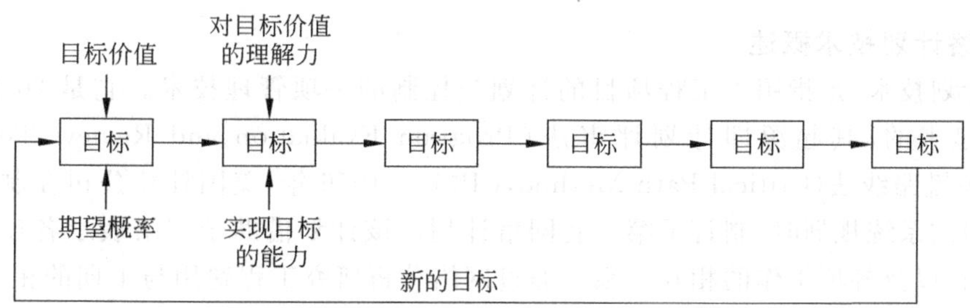

图 6-17 目标激励过程

(2) 目标检查的内容

① 目标实施的进度情况。

② 目标实施的质量情况。

③ 目标实施的均衡情况。

④ 目标实施的落实情况。

⑤ 按照目标管理计划要求，需要检查的其他问题。

(3) 目标的调节

根据制定的目标，对目标实施过程中的差异情况进行调节平衡。

(4) 目标考核

① 目标考核制度。管理人员应该通过目标管理来自我控制，必须明确目标，这些目标必须规定该人员所管理的单位应该达到的成就，应该规定他在实现自己的目标时能期望其他单位给予什么样的配合，以及规定他和他的单位在帮助其他单位的目标时应该做出什么贡献。每一个管理人员的目标应该规定自己对实现公司在各个领域的总目标做出的贡献。

② 目标考核标准与方法。它分为集体或个人考核标准两类，其内容包括集体或个人承担的目标项目及其他工作项目名称；完成目标与其他工作目标的数量、质量和时限要求；其他相关岗位的协作要求；对成果的评价尺度。

5. 目标管理中应注意的问题

(1) 目标管理的基础工作。信息是管理的最基本要素之一，任何管理活动都离不开信息。同样目标管理也离不开信息，确定目标需要获取大量的信息为依据；展开目标需要加工、处理信息。实施目标的过程就是信息的传递和转换过程。因此信息工作是目标管理基础工作的重要内容，是使目标管理得以正常运转的纽带。

(2) 对全体人员进行现代管理科学和目标管理思想的教育。

(3) 加强统计工作，打好信息基础。建立必要的统计制度，使统计工作制度化，规定统一的统计报表，提高原始记录的统计质量，保证统计的全面性、准确性、及时性。

(4) 加强标准化工作，可以通过和 ISO 9000 质量管理体系配套实施；或者做好量化基础工作，单独实施以绩效为核心的目标管理体系。

6.5 网络计划技术

6.5.1 网络计划技术基础

1. 网络计划技术概述

网络计划技术，是指用于工程项目的计划与控制的一项管理技术。它是 20 世纪50 年代末发展起来的，其起源即计划评审法（Program Evaluation and Review Techniques，PERT）和关键路线法（Critical Path Method，CPM）。1956 年，美国杜邦公司在制定企业不同业务部门的系统规划时，制订了第一套网络计划。该计划借助于网络表示各项工作与所需要的时间，以及各项工作的相互关系。通过网络分析研究工程费用与工期的相互关系，并找出在编制计划及计划执行过程中的关键路线。这种方法称为关键路线法（CPM）。1958 年美国海军武器部，在制订研制“北极星”导弹计划时，同样地应用了网络分析方法与网络计划，但它注重于对各项工作安排的评价和审查。该计划称计划评审法（PERT）。

网络计划技术最初是作为大规模开发研究项目的计划、管理方法而被开发出来的，但现在已应用到世界军用、民用等各方面大大小小的项目中。在美国，已规定承包与军用有关的项目时，必须以 PERT 为基础提出预算和进度计划并取得批准，我国对网络计划技术的推广与应用也较早，1965 年著名数学家华罗庚教授首先在我国推广和应用了这些新的计划管理方法，他把这种网络计划技术称为“统筹法”。

2. 网络计划技术的原理

网络计划技术(或称统筹法)的基本原理,首先是把所要做的工作,哪项工作先做,哪项工作后做,各占用多少时间,以及各项工作之间的相互关系等运用网络图的形式表达出来;其次是通过简单的计算,找出哪些工作是关键的,哪些工作不是关键的,并在原来计划方案的基础上,进行计划的优化,例如,在劳动力或其他资源有限制的条件下,寻求工期最短;或者在工期规定的条件下,寻求工程的成本最低等;最后是组织计划的实施,并且根据变化了的情况,搜集有关资料,对计划及时进行调整,重新计算和优化,以保证计划执行过程中自始至终能够最合理地使用人力、物力,保证多快好省地完成任务。

3. 网络计划技术的优点

网络计划技术具有以下优点。

(1) 能把整个工程的各项任务的时间顺序和相互关系清晰地表明出来,并指出关键的环节和路线。因此管理者在制订计划时可以统筹安排,全盘考虑,进行重点管理。

(2) 可对工程的时间进度与资源利用进行优化。调动非关键路线上的人力、物力和财力加强关键作业,进行综合平衡。这样既可节省资源,又能加快工程进度。

(3) 可事先评价达到目标的可能性,指出实施中可能发生的困难点和这些困难点对整个任务的影响,准备好应急措施,以减少完不成任务的风险。

(4) 便于组织和控制,特别是对于复杂的大项目,可以分成许多子系统来分别控制,在保证各子系统最优的情况下,就能保证整个项目最优。

(5) 网络计划能够和先进的电子计算机技术结合起来,从计划的编制、优化到执行过程中的调整和控制。

6.5.2 网络图的构成

网络图是一种图解模型,形状如同网络,故称为网络图。网络图是由作业、事件和路线组成的。

1. 作业

作业,是指一项工作或一道工序,需要消耗人力、物力和时间的具体活动过程。在网络图中作业用箭线表示,箭尾 i 表示作业开始,箭头 j 表示作业结束。

$$\xrightarrow[T_{ij}]{i\ \text{工序名称}\ j}$$

作业的名称标注在箭线的上面,该作业的持续时间(或工时)T_{ij} 标注在箭线的下面。有些作业或工序不消耗资源也不占用时间,称为虚作业,用虚箭线(------→)表示。在网络图中设立虚作业主要是表明一项事件与另一项事件之间的相互依存、相互依赖的关系,是属于逻辑性的联系。

2. 事件

事件,是指某项作业的开始或结束,它不消耗任何资源和时间,在网络图中用“○”表示,“○”是两条或两条以上箭线的交结点,又称为结点。网络图中第一个事件称网络的起始事件,表示一项计划或工程的开始;网络图中最后一个事件称网络的终点事件,表示一项计划或工程的完成;介于始点与终点之间的事件叫做中间事件,它既表示前一项作业的完成,又表示后一项作业的开始。为了便于识别、检查和计算，在网络图中往往对事件编号，编号应标在"○"内，由小到大，可连续或间断数字编号。编号原则是：每一项事件都有固定编号，号码不能重复，箭尾的号码小于箭头号码（即 $i<j$，编号从左到右，从上到下进行）。

3. **路线**

路线，是指自网络始点开始，顺着箭线的方向，经过一系列连续不断的作业和事件直至网络终点的通道。一条路线上各项作业的时间之和是该路线的总长度（路长）。在一个网络图中有很多条路线，其中总长度最长的路线称为"关键路线"，关键路线上的各事件为关键事件，关键事件的周期等于整个工程的总工期。有时一个网络图中的关键路线不止一条，即若干条路线长度相等。除关键路线外，其他的路线统称为非关键路线。关键路线并不是一成不变的，在一定的条件下，关键路线与非关键路线可以相互转化。例如，当采取一定的技术组织措施，缩短了关键路线上的作业时间，就有可能使关键路线发生转移，即原来的关键路线变成非关键路线，与此同时，原来的非关键路线却变成关键路线。

6.5.3 网络图的绘制

1. **网络图的绘制原则**

（1）箭线一般指向右边，不允许出现循环，如图 6-18 所示。

（2）箭头结点的编号（j）要大于箭尾结点的编号（i）；活动可用两编号表示，例如：③→④就可表示为活动 3-4；编号可以不连续编。

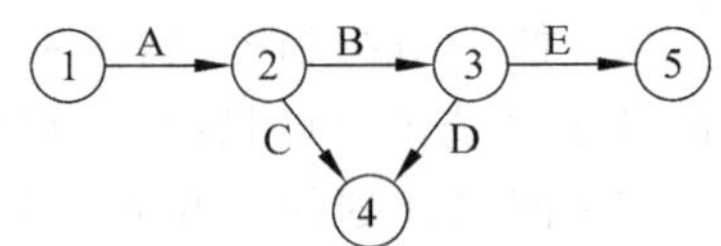

图 6-18 箭线一般指向右边，不允许出现循环

（3）两相邻结点之间只允许有一条箭线相连。进入某一个结点的箭线可以有多条，但其他任何结点直接连接该结点的箭线只能有一条。如果在两结点之间有几项活动平行进行，除一项活动可以直接相连接外，其余活动都必须增加结点和引用虚箭线予以分开。图 6-19 中(a)是错误的，图 6-19(b)是正确的。

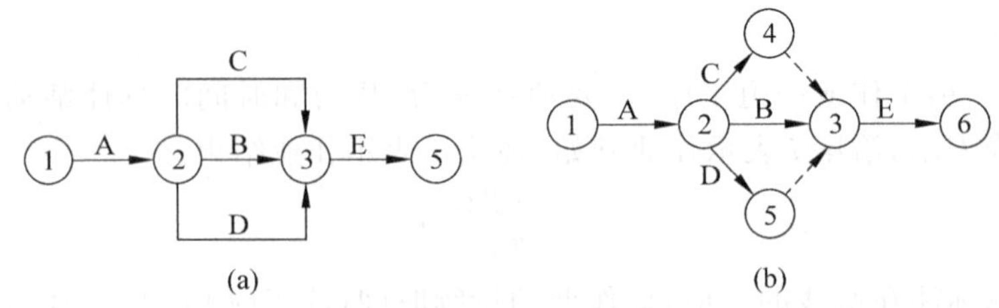

图 6-19 两相邻结点之间只允许有一条箭线相连

（4）一个完整的网络图必须有也只能有一个起始结点和一个终止结点。图 6-20(a)是错误的，图 6-20(b)是正确的。

（5）每项活动都应有结点表示其开始和结束，即箭线首尾都应有一结点。不能从一箭线中间引出另一箭线。图 6-21(a)是正确的，图 6-21(b)是错误的。

（6）网络图的绘制应简洁、清楚，尽可能水平绘制，避免箭线重叠和交叉、力求减少不必要的箭线和事项。

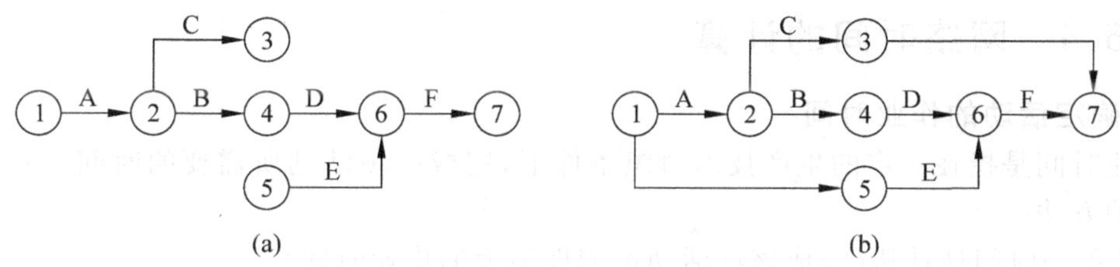

图 6-20 一个完整的网络图必须有也只能有一个起始结点和一个终止结点

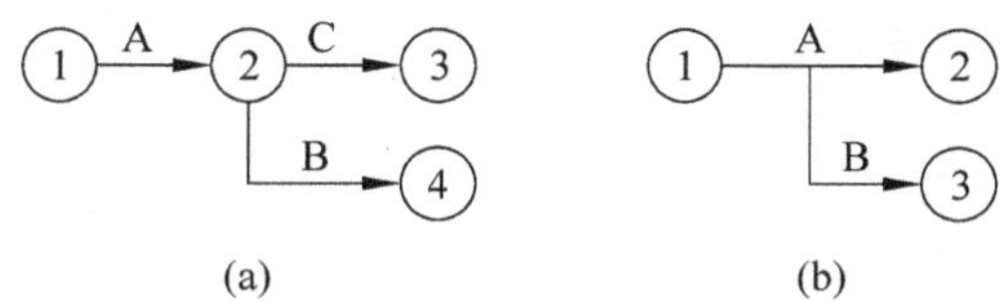

图 6-21 每项活动都应有结点表示其开始和结束

2. 网络图的绘制方法

首先将整个计划任务根据工艺上或组织管理上的需要分为若干工序，然后根据各工序先后顺序和相互关系，列出工序清单，标明工序代号，注明各工序的紧前或紧后工序，按照工序清单的逻辑关系可采用顺推法和逆推法绘制网络图。

(1) 顺推法(已知紧后工序)

从网络图的始点事项开始，为每一项活动确定其紧后工序，顺序从左到右依次画下去，直到最后一道工序的终点事项为止。

(2) 逆推法(已知紧前工序)

从网络图的终点事项开始，为每一项活动确定其紧前工序，顺序从右到左，直到始点事项为止。

【例 6-4】 已知某计划可分解成 8 项工序，其工序名称及与紧后工序和紧前工序的关系分别见表 6-6 和表 6-7。

表 6-6 各工序与紧后工序关系表

工序名称	A	B	C	D	E	F	G	H
紧后工序	C、D、E	E	F、G	H	H	H	—	—

表 6-7 各工序与紧前工序关系表

工序名称	A	B	C	D	E	F	G	H
紧后工序	—	—	A	A	A、B	C	C	D、E、F

要求分别用顺推法和逆推法绘制网络图。

解：根据已知条件，用顺推法绘制网络图，如图 6-22 所示。

用逆推法绘制网络图，最终得到的网络图与图 6-22 完全相同。

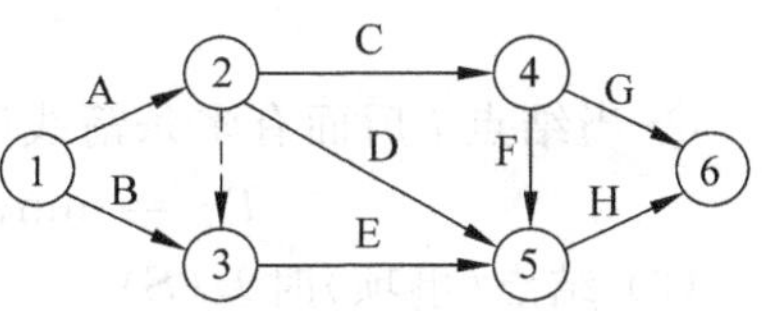

图 6-22 顺推法网络图

6.5.4 网络时间的计算

1. 确定活动的作业时间

作业时间是指在一定的生产技术组织条件下，完成一项活动所需要的时间。它包括以下估计的方法。

(1) 单一时间估计法(完成该项活动可能性最大的作业时间)

对各项活动的作业时间仅确定一个时间值，估计时，应以完成任务可能性最大的时间为准。应用于不可知因素很少，有同类工程或类似产品的工时资料可供借鉴的情况下。

(2) 3 种时间估计法

① 最乐观时间：a。

② 最可能时间：m。

③ 最悲观时间：b。

3 种时间估计法常用于探索性的项目。这些项目无先例可循，不可知因素多，因而活动的作业时间很难估计，只能由专家根据对设备、人员、组织及技术条件的综合分析估计这 3 种值，然后再平均获得。

作业时间：

$$t(i,j)=(a+4m+b)\div 6$$

2. 结点时间的计算

结点并不占用时间，它只表示进入该结点的活动或工序最迟在什么时刻结束和由该结点出发的活动或工序最早可能开始的时间。

(1) 结点最早开始时间(T_E)

结点最早开始时间是指从该结点开始的各项活动最早可能开始的时间。起始结点的最早开工时间为零。一个箭头结点的最早开工时间＝箭尾结点的最早开工时间＋该箭线的作业时间。如果同时有几条箭线与箭头结点相接，则选其中箭尾结点的最早开工时间＋箭线的作业时间的最大者。

① 当进入 j 结点的箭线(活动)只有一条时

$$T_{Ej}=T_{Ei}+t(i,j)$$

② 当进入 j 结点的箭线(活动)有多条时

$$T_{Ej}=\max\{T_{Eik}+t(ik,j)\}\quad(k=1,2,3,\cdots)$$

(2) 结点最迟结束时间(T_L)

结点最迟结束时间是指进入该结点的作业最迟必须完成的时间。它从网络图的终点事项开始，反结点编号顺序计算。终止结点的最迟结束时间等于其最早开始时间。箭尾结点的最迟完工时间＝箭头结点的最迟完工时间－箭线的作业时间。如果箭尾结点同时发出几条箭线，则选其中箭头结点最迟完工时间－箭线作业时间的最小者。

① 当结点 i 后面只有一条箭线(活动)时

$$T_{Li}=T_{Lj}-t(i,j)$$

② 当结点 i 后面有多条箭线(活动)时

$$T_{Li}=\min\{T_{Ljk}-t(i,jk)\}\quad(k=1,2,3,\cdots)$$

(3) 结点(事项)时差(S)

$$S(i)=T_{Li}-T_{Ei}$$

3. 作业时间参数的计算

(1) 作业的最早开始时间(T_{ES})

作业的最早开始时间是指作业最早可能开始的时间,它等于代表该作业的箭线的箭尾结点的最早开始时间。

$$T_{ES(i,j)}=T_{Ei}$$

(2) 作业的最早结束时间(T_{EF})

作业的最早结束时间是指作业最早可能结束的时间,它等于作业最早开始时间加上该作业的作业时间。

$$T_{EF(i,j)}=T_{ES(i,j)}+t(i,j)=T_{Ei}+t(i,j)$$

(3) 作业的最迟结束时间(T_{LF})

作业的最迟结束时间是指为保证工程按期完工的作业最迟必须完成的时间。它等于代表该作业的箭线的箭头结点的最迟结束时间。

$$T_{LF(i,j)}=T_{Lj}$$

(4) 作业的最迟开始时间(T_{LS})

作业的最迟开始时间是指作业最迟必须开始的时间,它等于作业的最迟结束时间和该作业的作业时间之差。

$$T_{LS(i,j)}=T_{LF(i,j)}-t(i,j)=T_{Lj}-t(i,j)$$

4. 作业时差

作业的时差是指在不影响整个项目按期完工的条件下,某作业在开工时间安排上可以机动使用的一段时间。时差又称机动时间、宽裕时间或缓冲时间。

(1) 总时差:作业的最迟开始时间和最早开始时间之差。

$$R_{总(i,j)}=T_{LS}-T_{ES}=T_{LF}-T_{EF}=T_{LF}-t(i,j)-T_{ES}$$

(2) 自由时差:在不影响紧后作业最早开始时间的条件下,作业的开始时间或完成时间可以前后松动的范围。它等于作业的箭头结点的最早开始时间与活动的最早结束时间之差。

$$R_{自(i,j)}=T_{Ej}-T_{Ei}-t(i,j)$$

5. 关键路线和路线时差

(1) 关键作业:总时差为零的作业。

(2) 关键路线:由关键作业所连接的路线。

(3) 工程工期:关键路线的长度。

(4) 路线时差:关键路线和非关键路线的时间之差,它等于路线上各活动的自由时差之和。

6. 网络时间的计算方法

(1) 图上计算法

根据各时间参数计算公式和工序清单绘制网络图,在图上直接进行计算,把计算结果记在网络图上,并标出关键路线,如图6-23所示。

图中,"□"内表示的数据为结点最早开始时间;"△"内表示的数据为结点最迟结束时

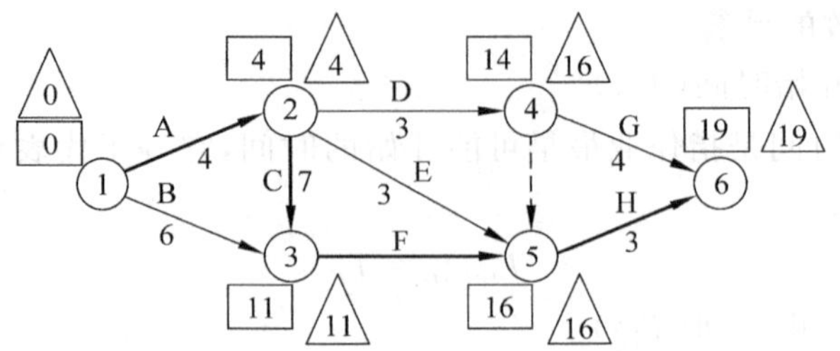

图 6-23 图上作业法示意图

间。工序 A-C-F-H 组成了关键路线,工期为 19 天。

(2) 表上计算法

根据时间参数计算的基本原理和各项活动的有关资料,在预先设计好的表格上进行计算,见表 6-8。

表 6-8 网络时间参数计算表 单位:万元

工序代号	结点编号		作业时间	T_{ES}	T_{EF}	T_{LS}	T_{LF}	时差 R	关键工序
	i	j							
A	①	②	4	0	4	0	4	0	V
B	①	③	6	0	6	5	11	5	
C	②	③	7	4	11	4	11	0	V
D	②	④	3	4	7	12	15	8	
E	③	④	3	11	14	12	15	1	
F	③	⑤	5	11	16	11	16	0	V
G	④	⑥	4	14	18	15	19	1	
H	⑤	⑥	3	16	19	16	19	0	V

通过表 6-8 计算,可确定关键路线为①→②→③→⑤→⑥,工期为 19 天。

本章小结

所谓决策是指组织或个人为了实现某种目标而对未来一定时期内有关活动的方向、内容及方式的选择或调整过程。决策是管理的核心,贯穿于整个管理过程,正确决策对于一个企业的生存与发展起着至关重要的作用。

主观决策法主要有德尔菲法和头脑风暴法;量本利分析方法是确定型决策最常用的方法;决策树法是风险型决策常用的一种决策方法;不确定型决策在选择方案时可遵循乐观准则、悲观准则和后悔值准则。

所谓计划就是对行动的预先设计,它是在决策目标指导下,以预测工作为基础,对实现目标的途径作出具体安排的一项活动。计划可以分为战略计划和战术计划、长期计划和短期计划等。计划工作的一般程序分为确定计划的基本前提条件、确定组织目标和实现、分解目标并形成合理的目标结构、计划编制的综合平衡和编制并下达执行计划五个步骤。

所谓目标管理就是指组织的最高层领导根据组织面临的形势和社会需要,制定出一定时期内组织所要达到的总目标，然后层层落实，要求下属和员工根据上级制定的目标和保证措施，形成一个目标体系，并把目标完成情况作为考核的依据。

网络计划技术是20世纪50年代末发展起来的、用于工程项目的计划与控制的一项管理技术，现在已应用到世界军用、民用等各方面大大小小的项目中。掌握网络计划技术的基本要求是学会读懂网络图、绘制网络图、计算网络时间参数和确定关键路线。

思考题

1. 为什么说"决策是管理者最重要的职能"？举例说明决策的正确与失误直接关系到企业的兴衰存亡。

2. 什么是程序化决策和非程序化决策？区分两者有何意义？

3. 计划的主要种类有哪些？计划工作的一般程序是什么？

4. 什么是目标和目标管理？

5. 目标管理体系的具体内容有哪些？

练习题

1. 某工厂为推销甲产品，预计单位产品售价为1200元，单位产品可变成本为700元，每年需固定费用为1800万元。要求计算：(1)盈亏平衡时的产量应为多少？(2)当企业现有生产能力为50 000台的时候，每年可获利多少？(3)为扩大生产规模，需添置一些设备，每年需增加固定成本400万元，同时可节约可变费用每台100元，为扩大销路，计划降低售价10%。问此方案是否可行？

2. 某企业每年A产品的生产能力是20万件，生产该产品的单位变动费用是140元/件，生产该产品的固定费用是600万元，该产品的单价是200元/件。

要求：(1)计算盈亏平衡点时的销售量和销售额；(2)若该企业今年计划的目标利润是150万元，则实现目标利润的销售量和销售额是多少？(3)若该企业今年已经落实计划生产任务是生产A产品8万件，现有一外商要求特殊订货4万件，出价仅为170元/件，问该企业是否应该接受订货？为什么？

3. 某公司有两种可行的扩大生产规模的方案：一个方案是新建一个大厂，预计需投资30万元，销路好时可获利100万元，销路不好时亏损20万元；另一个方案是新建一个小厂，需投资20万元，销路好时可获利60万元，销路不好时仍可获利30万元。假设市场预测结果显示，此种产品销路好的概率为0.7，销路不好的概率为0.3。请用决策树法选择最佳方案。

4. 已知：方案甲、乙、丙在各种市场状态下的损益值见表6-9。

表6-9 方案甲、乙、丙在各种市场状态下的损益值 单位：万元

效益 方案 / 状态	方案甲	方案乙	方案丙
需求较多	60	80	35
需求中等	40	35	22
需求较少	−15	−30	5

要求分别用悲观准则、乐观准则和后悔值准则作出方案选择。

5. 学校准备开一个运动会，作业明细见表6-10。

表6-10 作业明细

作业名称	作业代号	后续作业	作业长度
研究方案	A	B、I	5
制定比赛程序表	B	C、E、G	10
印刷比赛程序表	C	D	10
分发比赛程序表	D	结束	1
预订奖品	E	F	3
验收奖品	F	结束	1
制作比赛用具	G	H	7
搬运用具	H	J	1
联系运动场	I	J	1
布景运动场	J	结束	1

请画出网络图。

6. 某工程各项作业之间的逻辑关系及三点时间估计见表6-11，试绘制网络图，进行网络时间和时差计算，并确定关键路线和总工期。

表6-11 某工程各项作业之间的逻辑关系及三点时间估计

活动名称	A	B	C	D	E	F	G	H	I
紧前活动	—	A	A	B、C	B	D	D	E、G	F、H
乐观时间	14	12	12	8	4	5	0.5	28	6
正常时间	15	15	14	10	6	6	1	30	8
悲观时间	16	18	16	12	8	7	1.5	32	10

7. 某工程各项作业之间的逻辑关系及三点时间估计见表6-12，试绘制网络图，进行网络时间和时差计算，并确定关键路线和总工期。

表6-12 某工程各项作业之间的逻辑关系及三点时间估计

作业名称	A	B	C	D	E	F	G	H	I
紧前作业	—	—	B	B	A、C	A	D	D	E、G
作业时间	8	6	5	5	7	6	6	14	8

8. 某工程各项作业之间的逻辑关系及三点时间估计见表6-13，试绘制网络图，进行网络时间和时差计算，并确定关键路线和总工期。

表6-13 某工程各项作业之间的逻辑关系及三点时间估计

作业名称	A	B	C	D	E	F	G	H	I
紧前作业	—	—	—	A	A	C、B、E	C、B、E	C	D、F
作业时间	2	5	4	3	4	6	4	7	2

案例分析

耐克的决策困境

耐克公司的首席执行官菲尔·奈特(Phil Knight)是靠开车沿街叫卖运动鞋起家的，如今，他的公司已经发展成为一家举足轻重的运动鞋制造商。在20世纪八九十年代期间，耐克公司是世界上最赢利的公司之一。随着篮球巨星迈克尔·乔丹的加盟，耐克公司迅速成为人们眼中高品质的时尚企业，其产品风靡全美国，备受青少年的青睐。在外人看来，耐克公司不会做错事，并且能够快速成长、赢利颇丰似乎都是其首席执行官奈特过去正确决策的结果。然而，就是这样的一家声名显赫的公司，近些年的发展却很不乐观，实在令人费解。

2001年，由于首席执行官菲尔·奈特的某些决策失误，该公司不仅失去了众多的本可赢利的商业机遇，而且也没采取正确的措施应对新出现的商业挑战与威胁。由于畅销品的存货不足以及滞销品的过剩，耐克公司的销售不旺，利润也随之下滑。耐克公司除了对不断变化的顾客需要反应不够敏捷外，还被指责其国外工厂的生产条件差，员工待遇低。而奈特却对这些指责疏于理睬。看起来奈特是作出了一些有问题的决策，并因此而不可避免地影响到了公司的业绩。到底是什么原因致使这家颇受人们赞赏的公司出现下滑呢?

耐克公司近年来的诸多问题都来源于该公司高层决策上的失误，同时也与该公司的管理者未能随着环境条件的变化及时做出应变决策不无关系。耐克公司的管理者过于倚重产品的内部开发。他们一味地强调所谓的“耐克人”的做事方法，从而使得决策视野不够外向与开放。而耐克公司强有力的公司文化也妨碍了其设计师和管理者关注客户需求及外部环境的变化。

耐人寻味的是，菲尔·奈特也曾从公司外部聘用了一些高级管理人员。这些管理者带来了新观念并试图帮助公司跟上时代发展的步伐。但是，这些人所倡导的做法经常遭到菲尔·奈特和其他管理者的否决，因为在后者看来，那些倡议似乎不适合耐克的公司文化。例如，戈登·迈克法登(Gordon O. McFadden)就曾被聘为耐克公司的户外产品总裁，他试图说服耐克公司的高层管理者收购诺思费西公司(North Face Inc.)，以占领迅速发展的远足用品市场。迈克法登认为，收购诺思费西公司可使耐克公司一步跨入最大的户外运动用品生产商之列。菲尔·奈特最终还是否决了他的这个提案，因为耐克公司还不习惯于靠收购其他公司来发展壮大。耐克公司文化决定了只有耐克公司的设计师们心里最明白如何去开发“适销对路”的产品。

耐克公司的文化倾向也导致了其设计师过分强调运动鞋的性能，而不够重视正在流行的运动鞋的时尚或流行样式。这样，耐克的设计师就错过了抓住这些市场中某些变化机会，例如，面对从白色运动鞋到适合都市生活的深色、多用途鞋的市场变化潮流，他们依旧我行我素，还是强调性能至上。另外，耐克公司投入了过多的资源开发，像Shox系列这样的高性能、高价位鞋，每一双鞋的售价高达140美元以上，而这是以牺牲60～90美元一双的中等价位的运动鞋的生产为代价的，要知道，耐克公司有近一半的年收益来自这些中等价位运动鞋的销售。

虽然耐克公司的一些管理者也曾经参与改造该公司僵化的思维定式，以帮助公司作出与时俱进的决策，但他们的努力往往受挫。这些管理者无奈之余，多是选择离开该公司的。同样，Eller Turner——前金柯公司（Kinko's Inc.）的高层管理者，曾被耐克公司聘为首席营销官，她尽其所能，努力重振耐克公司的市场营销部门。不久她便明白，公司内部对她的改革行动支持甚少，而这些行动是顺应形势不得不展开的。六个月后，她辞职离开了耐克公司。要想克服上述问题或困难，耐克公司的决策者恐怕首先需要明白这一道理：该公司的产品市场及外部环境都已发生了变化，适合迈克尔·乔丹时代的决策思路在今天未必行得通。

（资料来源：阎子刚. 管理学基础. 北京：机械工业出版社，2009）

问题：

(1) 在不断变化的环境中，管理者如何才能持续作出良好的决策？

(2) 为什么说一家企业过去的成功有可能是现在失败的原因？

(3) 在一个不确定的环境中，管理者如何才能作出有效、及时的决策？

(4) 管理者可通过采取哪些措施以确保创造性的建议得以实施？也就是说管理者该如何促进创新？

实践与实训

1. 通过各种途径寻找一份企业计划，分析其制订计划的方法、该计划的类别以及制订此计划所要实现的目标。

目的：在分析计划书的过程中，理解计划的分类，领会计划制订的方法，并与目标管理知识相联系，整理出支持本计划的目标。

内容：

(1) 与相关企业管理人员沟通，获得计划书一份。

(2) 了解制订此计划的相关背景及实施情况。

(3) 参照计划工作理论并应用其进行分析。

(4) 针对企业计划书中的目标，按表 6-14 进行检验，评价其优劣。

表 6-14 目标检验

序 号	指标内容		优 劣
1	目标是否包括我的工作的主要特征？		
2	目标的数目是否太多？可否合并？		
3	目标是否是可考核的，即期末能否检查目标的实现情况？		
4	目标中是否表示了	数量（多少）	
		质量（程度或水平）	
		时间（长期或短期）	
		成本（具体金额）	

续表

<table>
<tr><th>序 号</th><th colspan="2">指 标 内 容</th><th>优 劣</th></tr>
<tr><td>5</td><td colspan="2">这些目标是否具有挑战性?</td><td></td></tr>
<tr><td>6</td><td colspan="2">目标体系是否安排了优先次序?</td><td></td></tr>
<tr><td rowspan="2">7</td><td rowspan="2">目标中是否包括了</td><td>改进工作的目标</td><td></td></tr>
<tr><td>个人发展的目标</td><td></td></tr>
<tr><td>8</td><td colspan="2">这些目标是否同企业其他部门的目标相协调?</td><td></td></tr>
<tr><td>9</td><td colspan="2">短期目标是否与长期目标相一致?</td><td></td></tr>
<tr><td>10</td><td colspan="2">目标表达是否已用文字清楚无误的写明?</td><td></td></tr>
<tr><td>11</td><td colspan="2">这些目标是否能及时反馈,从而采取必要的纠正步骤?</td><td></td></tr>
<tr><td>12</td><td colspan="2">你手中的权力和资源能否足以实现这些目标?</td><td></td></tr>
<tr><td>13</td><td colspan="2">分派给下属人员的责任是否都能控制?</td><td></td></tr>
</table>

2. 就你所熟悉的一件日常生活用品的销售情况,在3种不同类型的商场进行调查。假定你是该商品的总代理商,你将作出什么样的决策,并组织实施?

第 7 章 产品开发管理

学习目标

知识点

1. 新产品概念及分类。
2. 产品生命周期及各阶段特点。
3. 产品组合策略。
4. 新产品开发方式与策略。

技能点

1. 判断产品所处生命周期阶段。
2. 进行产品组合决策。
3. 制定新产品开发策略。

阅读材料

招商"一卡通"：金融产品的创新

招商银行是在 1987 年 4 月 8 日经中国人民银行批准并由招商局出资成立的；1989 年进行了首次股份制改造，成为我国第一家完全由企业法人持股的股份制商业银行。目前，招商银行总资产逾 5000 亿元，在英国《银行家》杂志"世界 1000 家大银行"的最新排名中居前 200 位。

17 年来，招商银行不断开拓，锐意创新，在革新金融产品与服务方面创造了数十个第一，较好地适应了市场和客户不断变化的需求，被广大客户和社会公众称誉为国内创新能力强、服务好、技术领先的银行。招商银行在业务上真正取得突破始于"一卡通"的推出，"一卡通"是招商银行个人业务的核心产品。1995 年 2 月成立了针对个人银行业务的个人银行部，开始全面进军国内的个人银行业务市场。同时开始对国内沿袭使用了上百年的存单、存折方式展开深入的市场调查和论证，得知消费者需要一种更加小巧、灵活、安全、方便的储蓄形式。于是，以统一的银行业务电子化处理系统为基础，招行向社会大众推出基于客户号管理的，以真实姓名开户，集本外币、定活期、多储种、多币种和多功能于一身的个人综合理财工具——"一卡通"，以先进的电脑处理替代了几十年来传统的储蓄方式。1995 年 7 月招商银行推出银行卡——"一卡通"，被誉为我国银行业在个人理财方面的一个创举；至今累计发卡量已超过 3000 万张，卡均存款余额超过 4500 元，居全国银行卡首位。

经过多年的持续开发，“一卡通”已具备一卡多户、通存通兑、约定转存、自动转存、电话银行、手机银行、查询服务、商户消费、ATM取款、CDM取款、自助转账、代理业务、证券转账、证券买卖、质押贷款、酒店预订、网上支付、长话服务、IP电话服务、外汇买卖等多项功能，这些功能和“安全、快捷、方便、灵活”的特点为客户带来了收益和便利：短短几年间，招商银行“一卡通”在全国已拥有3300多万个用户，吸存数百亿元，产生了良好的经济效益和社会效益。

（资料来源：赵鸿鹍. http://www.scopen.net/file_post/display/read.php? FileID=56911)

7.1 产品开发概论

7.1.1 新产品的概念

熊彼特认为，新产品是从未在市场上出现过的产品，是一种全新产品。随着市场和顾客的变化，新产品概念逐渐发生了变化。目前，新产品有狭义和广义两种概念，即技术角度的定义和市场营销角度的定义。狭义的新产品，如我国国家统计局对新产品的定义：“新产品是指采用新技术原理、新技术构思而研制生产的全新产品，或在结构、材质、工艺等某一个方面或几个方面对原产品有明显改变，从而显著提高产品性能或扩大了使用功能的产品。”其关键点在于新产品是由于科技进步和工艺的突破而产生的，产品实体有了显著变化，与老产品或原有产品有着本质不同或显著差异的，具备新性能、新用途的产品。

广义的新产品是从市场营销的角度来阐述的，即新产品是能进入市场，给消费者（用户）提供新的利益（新的效用）而被消费者（用户）认可的具有新意的产品。这个定义，除了技术上的意义外，通常还包括管理创新、市场创新的意义，因此其含义更为广泛和完整。以此为出发点，可以认为对产品整体结构的任何层次或某一层次中的任何要素实现变革，都可以使产品发生变化而导致产品创新，都可能开发出新产品。这些变化必须能为消费者（用户）带来新的利益，被社会认同。

7.1.2 新产品的分类

新产品可以从不同的角度分为不同的类型，这里只介绍一种最普通的技术分类。

1. 全新新产品

全新新产品是指以前没有的产品，采用了新原理、新技术、新材料、新工艺制成的产品，具有新结构、新功能的产品，与老产品相比有本质上的区别，并具有明显的技术优势和经济优势。例如，手机、复印机、计算机、电视出现时，在当时都曾被视为世界公认的全新产品。这类新产品往往与发明创造、专利等联系在一起，其开发不仅需要大量资金和时间，而且市场风险较大。

2. 换代新产品

换代新产品是指在原有产品的基础上，部分采用新技术、新材料或新的元器件，使产品性能、式样、品质等有显著提高。例如，将普通车床改制为数控车床，黑白电视机向彩色电视机的转化，激光打印机取代喷墨打印机等，都属于这一类新产品。这类新产品与老产品相比，产品具有一定程度的质的变化和一定的技术经济优势，其开发技术难度较全新新产品要小。

3. 改良新产品

改良新产品是指在原有产品的基础上，在品质、结构、花色、品种、材料方面作出改进的产品。这类新产品的功能、特性原来老产品就有，只是对它进行改进。如农业旅游项目改建为生态旅游项目、普通饭店改建成主题饭店。通常生产方法要作出相应调整，产品用途扩大，外观改变，可以由基本型产品派生出来，开发技术难度较小。

4. 仿制新产品

仿制新产品也叫模仿新产品，是指模仿制造已有的产品。这类新产品与市场上的已有产品在性能上差别不大，即使有差别也是企业根据自己和市场的特点进行局部改变，难有技术上的创新。如市场上许多日用的塑料制品，既满足了市场需要，又给公司带来了巨大的经济效益。

阅读材料

主题饭店

主题饭店的设计概念起源于主题餐厅，最早在美国等地发展起来，著名的迪斯尼度假俱乐部，太阳国际度假公司等都是经营主题饭店的专业机构。与传统饭店相比，主题饭店有不可比拟的优势。它把服务专案与主题相结合，以个性化的服务代替刻板的服务，体现出饭店对客人的尊重和信任。

饭店企业在主题产品的开发设计上，有如下几种不同的选择。一种是走完全主题化道路，将饭店整体形象进行彻底的转型，并在外观建筑、内部布局、产品选择等方面贯穿同一主题，即以主题饭店。主题客房的设计客房是饭店产品的核心部分，就客房有形产品而言，长期呈现千篇一律的“标准”模式，而对客人而言，他们更希望在客房内也能够有一些新奇的享受和经历，能有一些与众不同的收获和感受。因此，饭店应开发各类具有个性色彩的新概念主题客房，塑造客房卖点，满足不同客人的偏好。可根据不同客人的需求偏好设计不同的客房产品，如老年客房、青年客房、新婚客房、单身女性客房、儿童少年客房等；饭店也可通过挖掘不同的地域文化，开发各类“民俗客房”，如民俗风情客房、乡村风格客房、海底世界客房、世界风情客房、太空世界房等；饭店还可根据不同历史时代的人文现象进行主题的选择和设计，如史前客房、未来主流客房等；饭店更可以形形色色的文化作为主题切入口，设计各具特色的文化客房，如电影套房、摇滚之夜套房、小说客房等。

7.1.3 产品开发

就物质产品而言，产品开发有狭义和广义两种。

狭义的产品开发即新产品开发；广义的产品开发是指产品创新，指将产品要素合理组合，充分利用资源和拓展应用领域，以获取更大效益的全过程活动，包括产品的规划、产品的试制、生产和销售活动、产品的品牌策划等方面，由于技术因素和市场因素并重，称得上是现代意义上的新产品开发。但产品创新与产品开发还是有区别的，产品创新用来描述一种新的产品，并不一定使用新的技术，而产品开发用来描述对现有产品的进一步开发。两者可通过图7-1来体会。

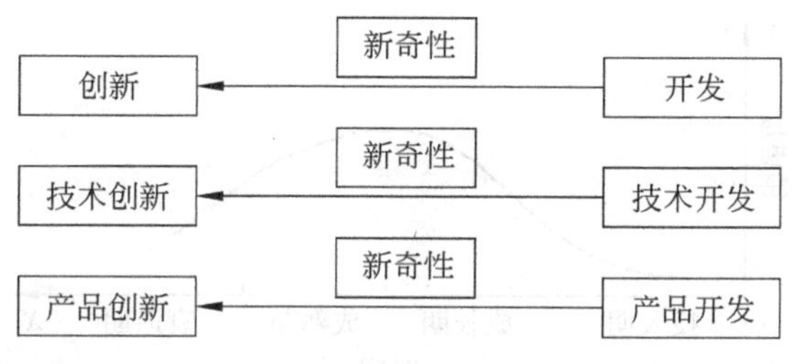

图7-1 产品创新与产品开发

阅读材料

开发创新产品是一条曲折而充满挑战的道路。国外研究表明新产品是从近3000个原始想法中产生大约125个小项目，对其中9个进行早期开发，这9个中有4个能取得进一步进展，最终只有不到两个能够进入市场。最近一项研究表明，新推出的工业产品失败的可能性是33%，而消费品有80%未能达到管理层的预期。

产品开发并不是一件容易的事情，既可能成功，也可能失败；既有成功典范，又有失败案例，如福特汽车在Edsel上损失了20亿美元，宝丽来在Polarvision即时电影上损失了1.97亿美元。影响企业产品开发活动的因素不外乎内外两大因素：一方面，与消费需求相联系的社会环境是影响企业产品开发是否成功的外部决定条件。企业既要创造并满足社会公众的需求，又不能违反政府规定的法令、法规，同时还要在保护环境的前提下充分利用资源，产品开发计划能否取得成功，在很大程度上取决于对这些有利与不利条件的博弈选择。另一方面，企业内部自身条件的状况，包括技术基础、人力资源和科学管理等，也是影响产品开发的重要因素。市场开发是一个复杂的大系统，既受国家宏观调控的大环境的影响，又在市场的引导下受营销、制造、技术进步等因素的影响。企业在实施产品开发活动时，要尽量做到发展有规划、市场有目的，使产品不断更新换代，尽量降低或避开产品开发的社会风险、市场风险和技术风险，才能使企业持续健康地发展。

7.2 产品生命周期与产品创新

一种产品在市场上的销售情况和获利能力是随着时间的推移而发生变化的，这种变化与一般生物的生长、旺盛、衰亡过程相似，有一定的规律性，我们必须研究和掌握产品成长的规律性，并利用它来制定正确的产品策略，以达到企业经营的目标。产品生命周期管理即PLM(Product Lifecycle Management)是一种先进的企业信息化思想，它让人们思考在激烈的市场竞争中，如何用最有效的方式和手段来为企业增加收入和降低成本。对于以产品为导向的制造业企业来说，建立 PLM 系统是实现企业信息化的基础。

7.2.1 产品生命周期的概念

产品生命周期是指从产品试制成功投入市场开始到被淘汰停止生产为止所持续的时间，分为投入期、成长期、成熟期和衰退期 4 个阶段，如图 7-2 所示。

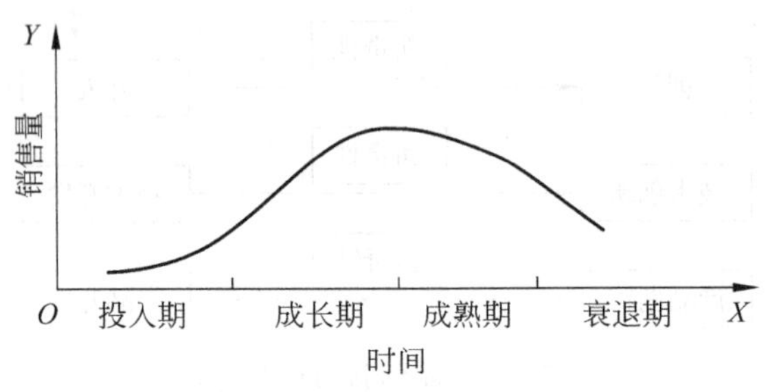

图 7-2 产品生命周期曲线

产品生命周期是客观存在的，它主要取决于产品上市后的需求变化和新产品的更新换代速度。关于产品生命周期的概念，我们可以从以下几个方面理解。

1. 产品生命周期不同于产品的使用寿命和技术寿命

产品使用寿命(又称自然寿命或物理寿命)，是指产品从投入使用到报废为止所延续的时间。使用寿命一般指物质形态的变化，是具体的、有形的、自然的变化；而产品生命周期是市场形态的变化，是抽象的、宏观的、社会的。产品的使用寿命是由消费过程中的使用时间、使用强度、维修保养等因素决定的；产品生命周期则是由各种市场因素决定的，如移动硬盘、U 盘的出现导致软盘的衰退。产品使用寿命与产品市场寿命往往是不一致的，有些产品的使用寿命小于市场寿命，如鞭炮、食品等；而有些产品的使用寿命则长于市场寿命，如服装、电视机、计算机等。

产品技术寿命，是指从技术进步角度考察产品生命周期，是指新产品从投入使用一直到由于技术进步而淘汰所延续的时间。例如，电子计算机已由电子管、晶体管、集成电路，向大型集成电路、智能型发展，电子管、晶体管计算机已停止了生产。产品技术寿命的长短是产品生命周期长短的决定性因素，一旦某种产品在技术上被淘汰，则它也将退出市场，它的产品生命周期也将终结。

2. 产品生命周期主要是指产品种类和产品品种的生命周期

产品生命周期是针对某类产品的具体品种而言，是指某一特定品种产品的经济寿命，而不是指整个这一类产品。理论上讲，产品生命周期概念能够用于分析一个产品种类(酒)、一种产品形式(白酒)、其中的一种形式(伏特加)或一种品牌(五粮液)，但在实践中，就产品种类而言，人们往往无法预见其生命周期，它可能无限地延长下去，如香烟类产品会长期存在，但作为某一种香烟在竞争中则不断地被新品牌的香烟所代替而结束产品生命周期。因此，产品生命周期主要是指产品种类和产品品种的生命周期，而不是某一具体产品的生命周期。

3. 产品生命周期曲线是一条经验曲线

产品生命周期曲线是人们在实践中总结各种不同产品在市场上的活动规律后概括出来

的，具有典型性，如图 7-3 所示。但事实上，并不是所有产品的生命周期都呈现正态分布。有些产品可能一上市就跳过投入期而进入成长期(见图 7-3(a))，有些产品的总销售额始终处在缓慢增长状态(见图 7-3(b))，有些产品迅速增长后立即衰退(见图 7-3(c))，有些产品由成熟期又进入第二个成长期(见图 7-3(d))，大多数产品表现为锯齿形发展(见图 7-3(e))。这都是符合产品生命周期理论的，是产品生命周期曲线受产品本身的特点和特殊市场环境的影响，以变异的形式出现的结果。

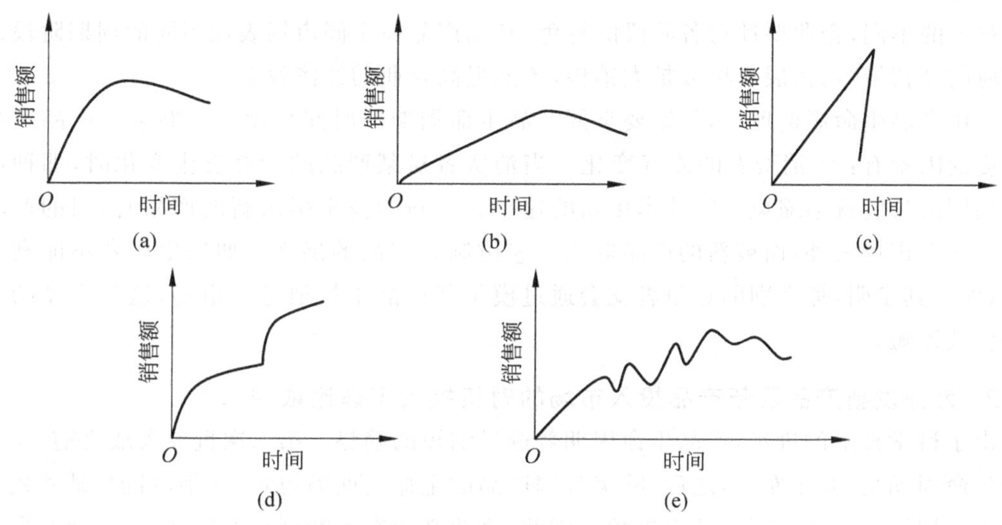

图 7-3 典型产品生命周期曲线

7.2.2 产品生命周期各阶段的划分及特点

产品生命周期可以分为投入期、成长期、成熟期和衰退期 4 个阶段。要判断产品处在哪个阶段，可以根据该产品销售增长率的变化情况来确定。划分标准一般是：投入期销售增长率很不稳定，通常在 10%以下；成长期销售增长率稳定上升，在 10%以上；成熟期增长率逐步减缓，为 0.1%～10%；衰退期销量下降，增长率小于 0。

产品生命周期各个阶段分别具有以下特点。

(1) 投入期的特点：市场需求量小，产品小批量生产；产品尚未定型，工艺也不成熟，产品的性能和质量不够稳定；废品率高，制造成本高，利润低，甚至出现亏损；由于处于产品投入市场的初始阶段，竞争不激烈；由于用户不了解产品，销售渠道也不完善，投入的广告宣传费用大。

(2) 成长期的特点：市场需求量大，产品批量生产；产品设计定型，工艺也较成熟；成本下降，销量和利润上升；竞争者看到有利可图，纷纷进入市场，竞争开始加剧。

(3) 成熟期的特点：市场需求量仍然增长，但已趋于饱和状态，产品大批量生产；产品设计和工艺非常稳定，产品的性能和质量也更有保障；成本最低，销量和利润最高；更多的竞争者进入市场，竞争更加激烈。

(4) 衰退期的特点：产品老化，市场需求量迅速减少；竞争非常激烈，价格下降，销量和利润迅速下降；市场上出现新的替代产品，并逐步代替原有产品。

7.2.3 产品生命周期理论的意义

产品生命周期理论实质上就是总结了各种产品进入市场以后的发展变化规律。掌握产品生命周期理论，对提高企业经营管理水平和产品创新能力具有以下意义。

1. 为企业制定灵活的经营策略提供了理论依据

产品生命周期理论告诉我们，产品在市场上的活动过程可以分为4个阶段，各阶段的特点有很大的不同，企业要针对各阶段的特色，利用产品在不同市场表现不同的周期阶段来制定相应的经营策略，拓展市场或扩大销售，才能提高企业的经济效益。

应用产品生命周期理论，关键要掌握产品生命周期的时间长度。影响某一产品生命周期长度的因素有：①消费者的爱好变化。当消费者对某产品的爱好发生变化时，那种产品生命周期的长度就会缩短。②技术更新的速率。当新的技术引出新的产品时，旧的产品就会被排斥在市场之外，而被新的产品取代。③仿制新产品的出现。如果生产者不能利用专利，以保护其发明，那么别的竞争者就会通过模仿新产品很快地进入市场，这种产品的生命周期就被缩短。

2. 为开发新产品及新产品投入市场的时机提供了理论依据

由于科学技术的进步，产品生命周期普遍呈缩短的趋势。第二次世界大战之前，工业产品的生命周期是30年左右，之后，欧美各国产品的生命周期缩短到10年，目前，某些机电产品的生命周期只有3～5年，甚至更短。因此，企业必须有不断创新的精神，不断地开发新产品，否则就会失去生命力与生存条件。

企业还应当对什么时候淘汰老产品推出新产品有一个清晰的认识，掌握产品生命周期理论，有助于产品的更新换代，利用产品生命周期来分析市场趋势，及时淘汰没有发展前途的老产品，有计划地及时推出新产品。

3. 为延长产品生命周期提供了有效的策略方法

延长产品生命周期是企业经常面临和必须解决的问题。当产品进入成熟期后，在激烈的竞争中，企业如果不采取措施，产品必然面临衰退；而如果采取一些有效措施，就可能延长产品的生命周期，甚至衰退期的产品也会焕发青春，再次进入成长期。

一般说来，延长产品生命周期具有以下策略方法，如图7-4所示。

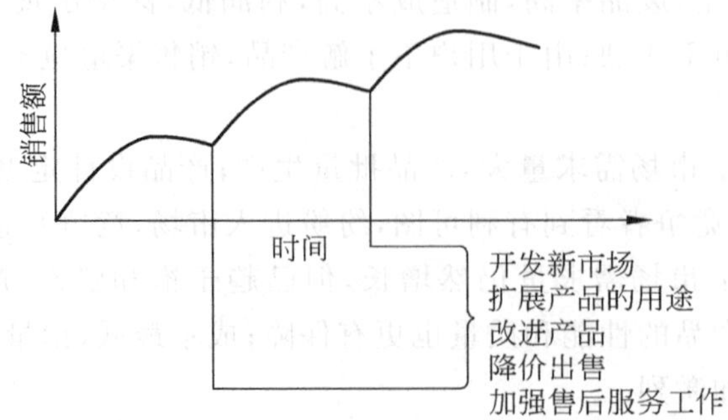

图7-4 延长产品生命周期策略

(1) 开发新市场，如将彩色电视机的市场从城市转向农村，从经济较发达的东部地区转向经济相对落后的西部地区。

(2) 扩展产品的用途，如美国杜邦公司开发的尼龙系列产品。

(3) 改进产品。

(4) 降价出售。

(5) 加强售后服务工作等。

4. 为组织多种产品的生产经营、优化产品组合提供了依据

企业虽然可以采取一定的措施来延长产品生命周期，但不能违背产品在市场上的兴衰活动规律。现代企业要达到均衡经营的目的，就不应该只生产经营单一的产品项目，必须搞多种产品的经营，使各种产品项目互相补充、互相调剂，促进产品组合的优化。

7.3　产品组合策略

7.3.1　产品组合的概念

产品组合是一个企业生产或经营的全部产品项目的结构。产品组合是由产品线构成的，产品线是由使用功能相同但规格不同的一组产品项目所构成。产品项目是指产品目录上列出的每一个产品，也就是企业生产的具有不同功能、不同尺寸规格和不同包装形式的各项产品。

一个企业产品线的数目称为产品线的宽度，产品线数量越多，表明企业产品线越宽，生产经营的范围越广。每条产品线平均包含的产品项目的数目称为产品线的深度，产品越深，表明企业满足细分化市场的能力越强。各条产品线之间在生产技术、销售分配渠道、顾客、最终用途及其他方面可以存在某种联系，也可以是互不相关、毫无联系的。产品线之间在上述方面相一致的程度被称为产品线的关联程度。如海尔集团生产家用电器产品线，如图 7-5 所示，总产品数 37 个，产品线数为 5，小神童洗衣机的深度为 3。

冰　箱	彩　电	洗衣机	空　调	电热水器
王中王				
金王子		小神螺		
小小王子	宝德龙系列	小神泡		
金统帅	美高美系列	双神螺		
小统帅	小禧龙系列	小神童	氧吧分体系列	
节能统帅	大视界系列	小神功	立体风氧吧除菌光	
游泳小宝贝	银雷系列	小小神童	彩屏氧吧除菌光	小小海象
复式冰箱	世纪强音系列	神童王	除菌聪明风系列	小天将
变频冰箱	青蛙王子系列	爽神童	省凉净系列	金海象
白马王子	海尔 6 系列	双动力	变频系列	银海象

产品线长度（纵轴）；产品组合的宽度（横轴）

图 7-5　海尔集团生产家用电器产品

产品组合是由产品线的宽度、深度和关联程度三个因素决定的。通常在产品组合三因素的确定中，产品线的宽度和关联程度的决策要比确定产品线的深度的决策显得更为重要。

7.3.2 产品组合策略

企业产品组合策略，就是企业根据其经营目标，对其产品线的宽度、深度和关联程度进行确定所形成的经营谋略或手段方式。一般情况下，扩大产品线的宽度有利于发挥企业的潜力，开拓新的市场，并能分散企业投资的风险；加深产品线的深度，可以使企业满足更多的特殊需要，占领更多的细分市场；加强产品线的关联性，可以增强企业的市场地位，发挥和提高企业在有关行业上的特长。因此，从上述三方面努力，都有可能促进销售，增加利润，但是，这种努力是有限制的，如企业所拥有的资源条件、市场需求和竞争对手等。因为产品线的宽度与深度往往同产品线的关联性呈反方向变化，即企业产品线越宽或越深，其关联性就越差。或者说，一个企业要么经营更多的产品线（多而粗）；要么选择某一条或几条产品线加强经营（少而精）。由此可以得出，企业对产品线的宽度、深度和关联性的确定会有多种选择，从而形成多种产品组合策略。通常产品组合策略有以下几种类型。

(1) 全线全面型（也称齐头并进策略）：企业在确定产品组合时，着眼于向任何顾客提供所需的一切产品，尽可能地增加产品线的宽度和深度，而不考虑产品的关联性。如食品公司去经营杂志，尽管食品和杂志互不关联。这种策略适合于实力雄厚的企业，有能力满足整个市场的需要。如大型百货商场经营的产品系列多，说明产品线宽度大，而专业商店则相反。

(2) 市场专业型：在确定产品组合时主要考虑尽量满足某一专业市场或某类用户的各种需要，而不考虑产品线之间在生产技术方面的关联性。如海尔集团公司是以家庭为其产品市场对象的，其产品组合包括以家用电器为拳头产品的冰箱、电视、洗衣机、计算机、医药等产品线。这种产品组合是以满足同一类用户——家庭的需要联系起来的，而没有考虑产品在生产技术方面的关联性。

(3) 产品线专业型：在确定产品组合时专注于某一类产品的生产，注重产品的关联程度，但经营范围较窄。如生产轿车、卡车和货车三种产品系列的汽车制造厂。

(4) 有限产品线专业型：在确定产品组合时，企业根据自己的特点集中经营有限的甚至单一的产品线以满足有限的或单一的市场需要，产品线很窄，但很深。如专门生产轿车的汽车制造厂。

(5) 特殊产品专业型：企业根据自己的专长或专利技术来生产经营某种工艺特殊和复杂的畅销产品的策略。产品线窄，深度也不一定大。这种策略由于产品的特殊性和独创性，所能开拓的市场是有限的，但是竞争的威胁也很少。

7.3.3 最佳产品组合

产品组合策略只能决定产品组合的基本形态，但由于科技发展、市场环境和竞争形势不断变化，产品组合的每一个决定因素必然会发生变化，一部分产品获得较快的成长，并持续取得较高的利润；另一部分产品则可能趋向衰退，因此任何一个企业都必须不断根据形势变化，调整产品组合，在变动的形势中，寻求和保持产品最佳化，这就产生了最佳产品组合问题。

所谓最佳产品组合，是根据市场环境和资源的变动，适时地增加应开发的产品和淘汰应退出的产品，从而使企业形成能取得最大利润的产品组合。分析产品组合是否最佳，常用三维分析图，如图 7-6 所示。

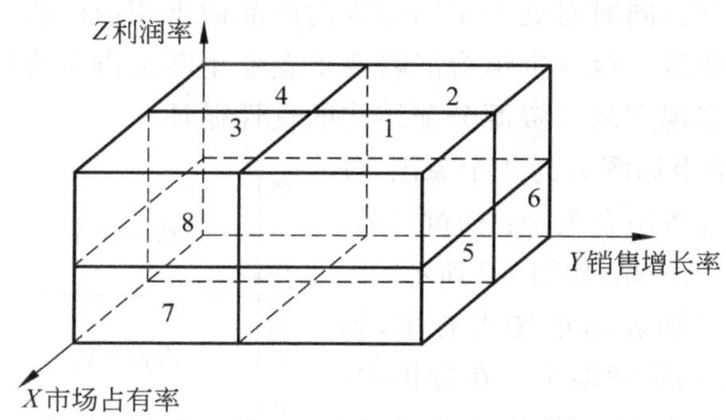

图 7-6 三维分析图

在三维空间坐标上，X、Y、Z 分别表示市场占有率、销售增长率和利润率，箭头方向表示由低向高发展。如果把每一坐标分为低、高两段，就能得到 8 种不同的空间位置，分析企业经营的所有产品项目各自在坐标空间占有的位置，就能将产品分为 8 类，然后据以采取相应的策略，见表 7-1。

表 7-1 三维分析图空间位置分析

空间位置	市场占有率	销售增长率	利润率	策 略
1	高	高	高	发展
2	低	高	高	促销、提高占有率
3	高	低	高	维持、促销
4	低	低	高	稳定
5	高	高	低	提高赢利率
6	低	高	低	降低成本、提高占有率
7	高	低	低	维持占有率
8	低	低	低	淘汰

企业最理想的产品组合是 1 号位置，但由于任何一个产品在市场上都要经历生命周期的各个阶段，因此要求所有的产品都同时达到最佳状态是不现实的，即使各个产品同时达到最佳状态也不可能持久，因此，企业所追求的最佳产品组合只能是指在一定的市场环境和企业资源条件下，以及在可以被预测到的变动范围内始终能使企业获得最大利润的产品组合。它包括有良好发展前景的新产品、稳定维持的产品和衰退将要淘汰的产品。实际上，最佳产品组合是一个动态的优化组合过程。它是通过不断地开发新产品、淘汰衰退产品来实现的。

7.3.4 波士顿矩阵法

对于产品项目众多的企业，最佳产品组合决策是一个十分复杂的问题，许多企业在实践中创造了不少有效方法。波士顿矩阵法就是其中的一种。

美国知名管理咨询服务企业波士顿咨询公司于 1970 年大胆创立并推广了“市场增长率|市场占有率”矩阵(波士顿矩阵)的投资组合分析方法。该方法能帮助我们分析公司的产品组合是否合理，并为大企业确定和平衡其各项产品经营业务的发展方向。

波士顿矩阵将企业产品按各自的销售增长率和市场占有率归入不同的象限，使企业现有产品结构组合一目了然，同时对处于不同象限的产品做出相应的投资决策，从而可利用企业有限资源，创造最大效益。该投资组合战略要求企业不断地淘汰那些无发展前景的产品，保持产品的合理组合，实现产品及资源分配结构的良性循环。

在波士顿矩阵中，将坐标图分为4个象限，分别代表一个公司的4种业务组合类型：幼童产品、明星产品、金牛产品和瘦狗产品，如图7-7所示。

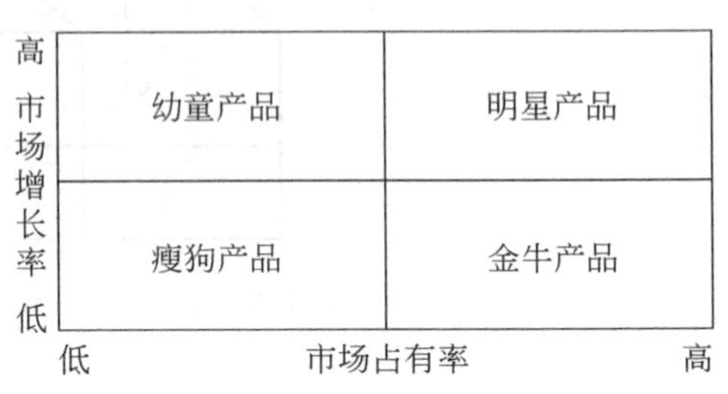

图7-7 波士顿矩阵图

图7-7中，矩阵的横轴表示市场占有率，即企业在行业中的相对市场份额地位。在分析中，通常以20%的增长率作为增长高低的界限，超过20%的属于高增长业务，低于20%的为低增长业务；纵轴表示市场增长率，在分析中，通常以10%的增长率作为增长高低的界限，超过10%的属于高增长业务，低于10%的为低增长业务。

(1) 明星产品是市场占有率和市场增长率高的“双高”产品。很有发展前途，一般处于生命周期的成长期。对于这类产品，企业要在人、财、物各方面给予支持，以保持其现有的地位和将来的发展。

(2) 金牛产品是市场占有率高、市场增长率低的产品。这类产品能带来很大的利润，是企业目前的主要收入来源，一般处于生命周期的成熟期阶段。对这类产品应采取努力改造、维持现状和提高赢利的对策。

(3) 幼童产品是市场占有率低、市场增长率高的产品。这类产品在市场中处于成长期阶段，有发展前途，但企业尚未形成优势，带有经营风险，也叫风险或问题产品。对这类产品应该集中力量，消除问题，扩大优势，创立名牌。

(4) 瘦狗产品是市场占有率和市场增长率都低的“双低”产品。说明产品无利或微利，处于衰退期了，它是企业的衰退或失败产品，应果断地淘汰并作战略上的转移。

充分了解4种产品的特点后，还需进一步明确各项产品在公司中所处的不同地位，从而进一步明确其战略目标——发展、保持(维持)、收割(收获)和放弃。

波士顿矩阵法的应用可以产生许多收益，同时它还提高了管理人员的分析和战略决策能力，帮助他们以前瞻性的眼光来看问题，使其更能深刻地理解公司各项业务活动的联系。但波士顿矩阵不是万能模式，如果评分等级过于宽泛、评分等级带有折中性、加上对经营单位的定位想当然，则会导致严重后果，需要具体情况灵活运用。

阅读材料

开发明星产品的5个黄金法则

一个创新的产品也许就能改变一个公司的命运，并带来整个系列的新产品，在业内一鸣惊人。但开发创新产品是一条曲折而充满挑战的道路。

Gary Lynn 在2003年10月被 Business 2.0 杂志评选为美国9大管理学领袖之一。在他的最新著作《新产品开发的五个关键》中阐述了迅速改变新产品开发和上市效果的5个关键。

(1) 高层管理的积极介入：明星团队能够得到最高管理层的全力支持。高管们或者积极地参与进程中每一方面的工作，或者明确表示对项目的完全支持，并且在合适的时机给予团队充分的授权。

(2) 明确而稳定的愿景：明星团队在早期要树立"项目支柱"并自始至终坚持，这是具体的、不会改变的、团队必须实现的目标。

(3) 灵活改进：明星团队并不一味沿着既定的路线前行。相反，他们的行动迅速敏捷。他们是灵活的，在短时间内不断尝试各种方法直到开发出客户赞许的产品。

(4) 信息交流：明星团队的信息交流不仅限于正式的会议。他们以各种各样非正式的形式交换信息，如咖啡时间、电视会议、办公室里满天飞的即时贴等。

(5) 有张力的合作：明星团队能排除个人间的差异的影响，集中精力实现团队的共同目标。他们的团队是团结的，但并非要成员之间建立深厚的友谊或者一定要使每个人都互相喜爱。

这5种行为特征就像拼图的组成部分互相结合。正是这种紧密的结合创造了明星团队和明星产品。仅仅是其中的一两项行为特征是不够的。

7.4 新产品开发

阅读材料

康佳公司的营销观念

深圳康佳公司成立于1980年，起初公司主要加工一些简单的电子钟、收录机，企业经营举步维艰。严峻的市场形式迫使康佳从市场出发，他们选择电视机作为打开市场的产品。为了寻找生存空间，康佳坚持以市场为导向，推出了十几种产品大类，几百个项目的产品，除了通信设备要求邮政部门批准入网以外，其他产品都是根据市场需求及时推出的。每年保证有4个新产品推出市场，同时开发40种新产品，每年新产品产值占总产值的80%以上。康佳总经理陈伟荣对市场营销观念的理解是：站在市场前沿，充分考虑未来市场需求的发展，及时开发新产品，市场上销售着一种，生产线上生产着一种，开发部里研究着一种，脑子里还构思着一种。

(资料来源：吴勇，车慈慧.市场营销. 北京：高等教育出版社，2001)

7.4.1 新产品开发定义

新产品开发工作，是指运用国内外在基础研究与应用研究中所发现的科学知识及其成果，转变为新产品、新材料、新生产过程等一切非常规性质的技术工作。新产品开发是企业在激烈的技术竞争中赖以生存和发展的命脉，是实现"生产一代，试制一代，研究一代和构思一代"的产品升级换代宗旨的重要阶段，它对企业产品发展方向，产品优势，开拓新市场，提高经济效益等方面起着决定性的作用。因此，新产品开发必须严格遵循产品开发的科学管理程序，新产品开发不仅仅是产品本身的开发，而是产品整体的开发，即从产品本身、包装、品牌、售前售后服务等整体出发，全面满足消费者需求。

新产品开发活动主要包括：开发新的工艺过程、设备和原材料，从而降低成本、提高效率；通过改变产品设计或增加某些功能，从而扩大产品市场范围，增强企业市场地位；加强研究开发、技术管理、知识产权、科学环境等软技术的创新开发。

7.4.2 新产品开发的方式和策略

1. 新产品开发方式

(1) 独立研制：是企业根据市场需要，针对产品现状和存在的问题，研究产品原理、技术、结构，生产出独具特色的产品。这种研制方式是企业完全依靠自己的科研技术力量独立研究开发新产品，能运用自己独创性研究并以基础研究和应用研究为前提。它具有容易形成系列产品、优势产品的优点，其缺点是研制开发费用高、周期长，适合于科研力量强的大型企业。

(2) 技术引进：是指企业通过技术合作、技术转移、购买技术专利等手段引进外部的先进技术开发新产品，或直接引进生产流水线生产新产品。它具有研制开发时间短、研制开发费用低、可以促进企业技术水平、生产效率和产品质量提高的优点，毕竟独立研制的费用高而且风险大。但在引进时要注意市场分析、时机分析、技术分析、适用性分析，结合本国和本企业的能力与特点，做好消化、吸收工作，把引进与创新结合起来。

(3) 独立研制与技术引进相结合：是指企业在对引进技术消化吸收的基础上，将引进技术与本企业的科研活动相结合，推动本企业的科研活动，在引进技术的基础上不断创新，开发新产品，努力赶超先进水平。

(4) 联合开发：是指企业与高等院校、科研机构以及其他企业合作开发新产品。联合开发方式按联合主体可分为产学研合作方式和企业间联合开发方式。产学研合作方式具有强大的创新优势和发展前景，企业与高等院校、科研单位之间发挥各自的优势，联合开发新产品。它把企业的资金优势和高等院校、科研单位的技术优势结合起来，双方共担风险，共享成果，达成双赢。企业间联合开发特别是强强联合是典型的优势互补，可以分担技术创新和产品开发的风险，扩大市场份额和提高经济效益。

阅读材料

奇瑞为了学习产品开发技术，采取走国际合作开发的道路。奇瑞已经委托意大利和德国的设计公司开发新车型，并明确提出要联合开发。由于掌握发动机的重要性，奇瑞启动了一个令中国汽车业界震惊的计划：在2002—2003年期间委托奥地利AVL公司设计了从0.8升到4.2升的18款发动机，全部达到欧Ⅳ排放标准；与之相应，奇瑞汽车研究院发动机部件目前已经建立起一支多达200人的技术队伍(2003年12月数据)。其技术水平也将会大幅度提高。

2. 新产品开发策略

(1) 模仿式新产品开发策略

模仿式新产品开发策略，就是等别的企业推出新产品后，立即加以仿制和改进，然后推出自己的产品。这种策略通过模仿市场上刚刚推出畅销的新产品，进行追随性竞争，以此分享市场收益。所以，又称为竞争性模仿，既有竞争，又有模仿。竞争性模仿既不刻意追求市场上的领先，又不是纯粹的模仿，而是在模仿中创新。

采用竞争性模仿策略既可以避免市场风险，又可以节约研究开发费用，还可以借助竞争者领先开发新产品的声誉，顺利进入市场。更重要的是，它通过对市场领先者开发的创新产品提出许多建设性的改进，有可能后来者居上。

(2) 先发制人策略

先发制人策略又称抢占市场策略，是指企业率先推出新产品，利用新产品的独特优点，占据市场上的有利地位。该策略能够在市场上捷足先登，利用先入为主的优势，最先建立品牌偏好，从而取得丰厚的利润。采用先发制人的策略，企业必须具备以下条件：企业实力相对雄厚，或者是科研实力，或者是经济实力，或者是两者兼备；具备对市场需求及其变动趋势的超前准确的预测、调研机制。

阅读材料

打印机制造业是伴随着计算机的普及而迅速成长起来的一个产业。这个产业经历从应用碰撞原理的色带打印、针式打印到应用非碰撞原理的感热打印以及目前流行的激光打印和喷墨打印的技术与市场的巨变过程。

Canon 自 1988 年到 20 世纪 90 年代中期，一直维持着该行业领头羊的优势地位。这一地位的取得，不仅取决于该公司从研发复印机中培养起来的电子照相技术在开发激光打印机得到了充分应用的结果，而且还取决于该公司未雨绸缪地开发和培育起喷墨技术这一新的替代核心技术得以市场化的结果。1986—1994 年，Canon 的喷墨打印机的累计市场占有率高达 68%。此后，Canon 把研发的重点转移到激光打印技术上。

(3) 类比式新产品开发策略

所谓类比式新产品开发策略，实为移植参合法，即指将某一领域的原理、技术、方法或构思移植到另一领域从而形成新事物的方法。企业采用该策略开发新产品时，就需要运用类比思维，举一反三，触类旁通，由已有的技术、工艺、原材料产品去类推另外的新产品。

① 原理类推。即把思维原理等类推到新的领域。连锁经营的形式就是把社会化大生产原理运用于传统零售业而创造出来的。准时生产制就是借鉴无人售货原理运用到生产企业研发出来的。

② 技术、工艺类推。如方便面出现后，人们根据该技术、工艺，开发出了适合中国人的方便米饭、方便米粉、方便粥等。

③ 原材料类推。矿泉水问世后，许多企业围绕“水”字，开发出了纯净水、太空水，进而又有茶水、维生素水等。

(4) 系列式新产品开发策略

所谓系列式新产品开发就是围绕产品向上下左右前后延伸，开发出一系列类似的但又各不相同的产品，形成不同类型、不同规格、不同档次的产品系列。由于系列化的产品能更好地满足不同顾客的不同需要，同一顾客的不同需要，从而扩大产品的市场占有率，增加销量，增强企业的竞争实力。

系列式新产品开发策略既可以把握市场需求，又可以利用企业原有的优势，还能节省企业的开发费用。

(5) 定制式新产品开发策略

所谓定制式新产品开发策略，就是根据顾客个性化需求设计研制满足每位顾客需要的新产品。这种策略能够充分体现"以消费者需要为中心"的经营理念，能减少企业研发中的失误。因而成为现代企业开发新产品的唯一正确方向。采用这种策略的企业必须具备以下条件：必须树立"全心全意为顾客"的经营理念；还要建立一套弹性设计、生产系统，以便能够随时、迅速地设计、调整和生产顾客所需要的个性化新产品。

(6) 差异化的新产品开发策略

新产品开发贵在创新。古人曰："人无我有则新，人新我精则妙，人妙我奇则智。"企业若能以此为原则，不断开发新产品，定会立于不败之地。企业在开发新产品时，应考虑、分析与其他同类产品的差异性，从而向消费者提供具有明显特色的新产品，给消费者一种标新立异的印象，以此增强产品的吸引力和竞争力。

7.4.3 新产品开发的过程

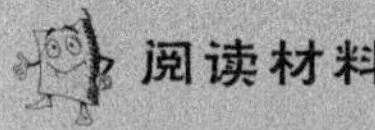

义祥电器厂——新产品开发的成功之路

义祥电器厂是一家以生产汽车电器为主的集体所有制企业。义祥电器厂建立于1966年，成立之初是一个仅有几十名职工的街道小厂，到1980年发展成市级企业。由于种种原因，企业到1988年已连续3年亏损，企业处于濒临倒闭之境。新厂长受命于危难之际，走马上任，进行了一系列大刀阔斧的改革，使企业面貌大为改观。到1995年，调节器和电磁开关的市场份额更是高达80%和90%。

1. 新产品开发的构思

厂长提出为了企业的继续发展，必须居安思危，以开发新产品来求得更大的经济效益。工厂迅速派出科技、营销方面的精干人员进行市场调查。经过市场调查发现，工厂生产的调节器系机械式电压调节器，随着科技的发展，市场上已经出现以现代新技术开发的第二代、第三代产品，即晶体管电压调节器、集成电路电压调节器。只有在现有主导产品的基础上，以老养新，开发新产品，才能为工厂在汽车电器市场上长久地保住一席之地。

2. 对新产品开发构思的筛选

工厂主要领导十分重视开发新产品的意见和建议，对有关技术、营销人员经市场调查后提交的几种方案，亲自主持召开可行性论证分析会议，并结合企业的目标和能力进行筛选。

(1) 认定我国汽车工业是一个很有发展前途的支柱产业。工厂没有必要去跨行业发展。如果跨行业发展新产品，将遇到三个障碍：进入新行业困难；花费时间长，投入资金大；缺乏跨行业的人才优势。为此，此方案不可取，仍应围绕汽车开发新的电器产品。

(2) 发展什么车型的电器产品？工厂分析了我国汽车总类的三大类：重型车、中型车和轻微轿车。一致认定，第一类不适合大批量生产，难以创造出规模经济；第二类是国内一汽、二汽大型企业的领地，已形成规模经济，又有较稳定的配套体系，工厂难以进入，而且对于工厂来讲开发的价值也不大；第三类轻微轿车，是我国汽车工业发展迅猛的车种，基本上是引进国外先进技术，正处在成长期阶段，工厂进入障碍小，而且该类车种产品的附加值高、技术先进、市场销售量大，能给工厂带来良好的经济效益，并对提高工厂的管理和技术水平，都将会有很大的促进。为此，工厂主要领导决定围绕第三类车型来开发电器产品。

(3) 工厂有关部门呈报开发汽车电器的方案内有三个项目供筛选：转光灯闪亮器、汽车电喇叭、启动机电磁开关。在可行性分析论证会上，结合本行业和企业的特点，大家认为第一个项目闪光器虽有一定的销售市场，但必须达到每年100万台以上的规模经济，企业才会取得一定效益，而且本市另一家工厂已跨行业转产，抢先引进闪光器的国外技术，占领了国内的较多市场，工厂再开发这种产品困难多、风险大，市场又难挤入；第二个项目汽车电喇叭，目前国内虽无企业生产，但该产品投入高，产品的附加值低，又属于劳动密集型产品，如果工厂开发该产品，弊多利少；第三个项目汽车启动机电磁开关，该产品是启动机上的一个电器组成，随着汽车工业向专业化、大协作、大批量的方向发展，电磁开关已从启动机分裂出来成为一个独立组成，目前，各主机厂正在寻求这种产品的专业化协作厂，该产品随着汽车电器技术的发展，在近几十年内不会出现换代产品，所需的工艺流程、加工设备、技术人才等，工厂目前生产的电压调压器有互换性，开发这种产品只需投入几台关键设备，具有投入少、产出大、见效快的特点，而且又可以充分利用工厂现有的优势。

经过新产品开发构思的筛选，工厂主要领导在可行性分析论证后，决定围绕轻、微型车种，开发汽车启动机电磁开关。义祥电器厂的这项新产品开发获得成功之后，除重庆生产启动机的厂家以外，全国各地等生产启动机的厂家，纷纷来义祥电器厂看样订货，电磁开关的市场占有率稳步上升，继续保持电器厂在汽车电器市场上的一席之地，也给工厂带来可观的经济效益。然而义祥电器厂并未就此满足，又开始了微型汽车分电器新产品开发的调研工作。

新产品开发的过程如图7-8所示。

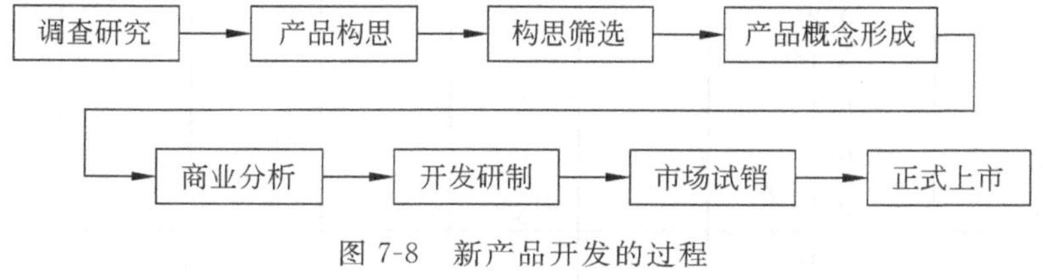

图7-8 新产品开发的过程

1. 调查研究

调查研究包括技术调查与市场调查。技术调查是指调查有关产品的技术现状与发展趋势，预测未来可能出现的新技术，以便为制订新产品的技术方案提供依据；市场调查是要了解国内外市场对产品的需求情况，从而根据市场需求来开发产品。具体调查国内市场和重要用户以及国际重点市场同类产品的技术现状和改进要求，以国内同类产品市场占有率高的前三名以及国际名牌产品为对象，调查同类产品的质量、价格、市场及使用情况，广泛收集国内外有关情报和专刊，然后进行可行性分析研究。

2. 产品构思

产品构思就是灵活运用人类已有的知识和经验进行重新组合、叠加、复合、化合、联想、综合及抽象等，形成新的思想观念和产品等的创造性思维过程。新的构思创意主要来源有：顾客、科学家、竞争对手、企业推销人员和经销商、企业高层管理人员、市场研究公司和广告代理商等，另外，还可以从大学、咨询公司、行业协会和有关报刊媒介等寻求有用的新产品构思创意。

新产品构思方法是激发创造性的重要工具，在新产品开发过程中起着重要作用。目前主要的新产品构思方法有属性分析法、需求分析法、关联分析法、头脑风暴法和德尔菲法等。

3. 构思筛选

产品构思完成以后，要对构思创意进行评估，研究其可行性，淘汰那些不可行或可行性较低的构思创意，挑选出可行性较高的构思创意，使企业的有限资源集中到构思创意上。

构思筛选时一般要考虑两个因素：一是该构思创意是否符合企业的战略目标，表现为利润目标、销售额目标、销售增长率目标、形象目标等；二是企业开发这种构思创意的可能性，表现为企业的资金能力、技术能力、人力资源、销售能力等。

对构思创意的筛选可通过构思创意评价表来进行，见表 7-2。

评价等级指数＝3.7/5＝0.74

在一般情况下，评价等级指数要大于 0.5 的构思创意才具备入选条件。

在构思筛选过程中，要避免犯两种错误：第一种是误弃，即因企业未认识到该构思创意的发展潜力而将其误弃；第二种是误用，即企业将一个没有发展前途的构思创意付诸开发并投放市场。不论误弃还是误用都会给企业带来损失，因此在构思筛选时应特别注意。

表 7-2 产品构思创意评价表

影响成功因素	重要性系数	评价等级					得分
		优(5)	良(4)	中(3)	及(2)	差(1)	
销售前景	0.25		√				1.00
赢利性	0.25		√				1.00
竞争能力	0.15			√			0.45
开发能力	0.15			√			0.45
资源保证	0.10		√				0.40
生产能力	0.10		√				0.40
合　计	1.10						3.70

4. 产品概念形成

经过筛选后的产品构思创意还要进一步发展成为产品概念，因此首先要区分产品构思创意、产品概念和产品形象概念。所谓产品构想创意，是指企业从自己的角度考虑它能够向市场提供的可能产品的构想。所谓产品概念，是指企业从消费者的角度为这种构思创意所做的详尽描述。所谓产品形象，是指消费者对某种现实产品或潜在产品所形成的特定形象，如外形、价格、性能、准确性、服务水平等。概念形成就是企业根据消费者在上述几方面的要求把产品构思创意变成产品概念。

阅读材料

一家街道小厂生产了一种塑料浴罩新产品，热水一倒，热气蒸发，使浴罩内的温度能保持在20℃以上，解决了冬天洗澡冷的问题，深受消费者欢迎。后来，这一概念被其他企业完善成了家喻户晓的桑拿浴箱。

一种产品构思创意能转化成若干种产品概念。在确定了最佳产品概念，选定产品和品牌的市场位置后，就应当对产品概念进行实验。所谓产品概念实验，就是用文字、图表描述或者用实物将产品概念展示于一群目标顾客面前，观察他们的反应。

5. 商业分析

获利是企业生存和发展的前提条件和追求的目标，同时，新产品开发又是有风险的，因此在新产品开发的全过程中，要对新产品的赢利能力前景进行多次评价，也就是商业分析。商业分析主要包括市场分析、资金分析、财务分析和不确定性分析等，具体采用投资回收期法、净现值法、盈亏平衡法、概率分析法等。

6. 开发研制

只有产品概念通过了商业分析，才可以进入开发研制阶段。开发研制是研究与开发部门及工程技术部门把文字、图表及模型等描述的产品概念设计成确实的物质产品并进入试制的过程。试制出来的产品必须符合以下要求。

(1) 开发研制的新产品具备了产品概念所列举的各种重要指标。

(2) 在正常条件下可以正常发挥功能。

(3) 能在已定的生产成本预算范围内生产成品。

在样品制造出来以后，还必须进行严格的功能测试和消费者测试。

7. 市场试销

对某些新产品在正式投放市场之前要组织试销，即将产品及其包装、装潢、广告、销售的组织工作等置于小型的市场环境之中，以便进一步了解产品的销售状况，发现产品性能方面的缺陷，检验产品包装、装潢等方面的效果和销售组织的完善程度。其目的是了解顾客和销售商对处理、使用和再购买该产品将如何反应，以及潜在市场的规模究竟有多大，企业还可以针对试销中发现的问题采取必要的措施，为产品正式投放市场打好基础。

8. 正式上市

新产品经过鉴定、试销就可以投放到市场中正式上市销售。这时企业要做的工作有：将新产品列入其正式产品目录；编制产品性能和使用说明书；选择适当广告媒介，安排广告宣传；制定产品商标，正式登记注册；培训销售人员；制定合理的产品价格；组织好技术服务工作等。

产品投放市场后，还要进行一次全面、系统的分析，包括市场销售状况、产品前景、竞争形势和产品赢利性分析，并与原计划进行比较，寻求进一步改进产品设计和营销策略的措施，以达到新产品开发的最佳效益。

以上是新产品开发的一般程序，但并非所有的新产品开发都必须经过上述8个阶段，需要具体情况具体分析，如对订货开发新产品，就不需要经过产品构思、构思筛选、概念形成和商业分析等阶段，只需考虑用户提出的产品技术性能、价格、交货时间与方式能否满足即可。

7.4.4 新产品开发管理

新产品开发是一个复杂的系统工程，涉及企业的许多方面和环节，要想取得预期的成效，必须加强新产品开发的规划、评价和组织工作，对新产品开发实施管理。

1. 新产品开发规划

新产品开发事关企业前途和命运，投资多、风险大、周期长、影响面广。因此，企业必须制订新产品开发规划，来指导新产品开发活动，为新产品的开发引路导航。新产品开发规划的主要内容有以下几个方面。

(1) 开发目标。主要包括开发新产品所要达到的技术经济指标、赶超国内和国际先进水平的指标、市场销售目标、市场占有率水平、成本目标和利润目标等。

(2) 分析资料。主要是分析企业内部的人财物及技术状况；企业外部的市场供给和需求、原材料来源；国家制定的政策和法律、国内和国际的政治经济形势等。

(3) 实施纲要。包括实施规划的各项技术措施、组织措施、研制日程、研制方式，以及责任部门和协作单位等。

2. 新产品开发评价

新产品开发评价贯穿于新产品开发的全过程，随着新产品开发工作的进展，不断地对其进行评价，可以及早发现问题，采取措施解决问题，才能保证所开发的产品技术上先进，经济上合理。

新产品开发评价分为初期评价、中期评价和后期评价。从总的情况来看，新产品开发评价要进行多方面的单项评价，如产品质量、技术水平、制造能力、投资效益以及市场销售等，然后在单项评价的基础上进行综合评价，综合评价项目的设置要根据评价的目标和要求来具体选择，但至少要包括技术评价、经济评价和能力评价三方面内容。新产品开发评价方法主要有直观判断法、综合评价法和价值工程法等。

3. 新产品开发组织

新产品开发不仅是一种与技术、市场需求相关的活动，与企业组织也有非常密切的关系。因此，建立具有高度灵活性、能迅速适应环境变化的新产品开发组织，选择适当的组织形式，做出正确合理的组织决策，对新产品开发活动有极大的促进作用。新产品开发组织形式有以下几种可供选择。

(1) 临时开发组织。大多数中小企业由于规模较小，人力资源和其他资源有限，无力设置常设的新产品开发组织，或即使有能力设置，但新产品开发工作很少没有必要设置。因此就临时组建一个委员会或一个小组来处理日常事务，行使指导和组织新产品开发的职能。这种形式花费最少，集中度最大，灵活性最强。

(2) 矩阵结构。如果企业的新产品开发任务较重,或者企业规模较大,就需要设置专门的新产品开发组织,矩阵结构是常用的一种新产品开发组织形式。

矩阵结构有利于加强各职能部门之间的协作配合,有利于顺利完成规划项目,提高企业的适应性。因此适合于某项特殊任务,如一项技术攻关,新产品的研制等,是横向和纵向相结合的一种好形式。在企业新产品开发过程中,常用的矩阵结构形式有新产品开发委员会、项目小组和产品经理等。

(3) 独立的新产品开发部门。一些规模很大或开发任务很多的企业,为了便于对新产品开发工作进行统筹管理,设立了专门的新产品开发部门,如新产品开发部、产品规划部或研究所等。这种独立的专职部门权力集中、见解独立,有助于帮助企业管理最高层决策。

总之,设立合理有效的新产品开发组织结构,可以减少新产品开发中的盲目性和风险性,还可保证企业各部门相互配合。

本章小结

一种产品在市场上的销售情况和获利能力是随着时间的推移而发生变化的,这种变化有一定的规律性即产品生命周期,正是由于产品具有成长、成熟和衰退的特点,因此,企业需要确定产品的组合。产品组合的确定方法有三维分析法、波士顿法。企业只有不断地开发产品创新才能提高市场竞争力。

产品开发管理本质上是确立企业在产品开发过程中的一系列组织和行为,具体包括产品开发方式、开发策略的选择、新产品开发过程的管理、组织设计和一些常用的技巧,实现卓有成效的产品开发。

思考题

1. 举例说明何谓新产品,新产品的种类。
2. 企业如何开发新产品?
3. 何谓产品生命周期?产品生命周期四个阶段的各自特点是什么?
4. 简述波士顿矩阵法。
5. 新产品开发有哪些策略?
6. 简述新产品开发管理过程。

案例分析

中国汽车工业进行自主产品开发的案例:吉利造车

从20世纪90年代中期开始,正当中国汽车工业在合资道路上越来越不能自拔、逐渐丧失自主开发的能力和信心时,一批新型的企业在市场经济的浪潮中相继出世。随着中国在新千年开始之际加快进入WTO的步伐,这批企业在经历了多年的压制后被允许进入轿车市场——自主开发企业终于在中国汽车工业中崛起。

1998年，吉利在台州的临海市建成第一个轿车生产基地。从中国的实际出发，先走低档路线，"为中国老百姓造买得起的好车"。吉利第一款投入批量生产并面世的车型是模仿夏利(包括车身和底盘)的"豪情"两厢轿车，采用天津丰田发动机公司为夏利配套的四缸发动机。1999年，吉利生产汽车1600多辆，几乎都卖出去了。2000年，吉利的汽车销售量一跃升至10 008辆。2001年，吉利再接再厉，卖了2.4万辆汽车。至此，吉利控制了临海、宁波和上海浦东3个汽车生产基地，完成了吉利进入汽车工业的基本战略架构。3个基地各有各的车型(豪情、美日和华普)，档次依次提高，但它们之间具有一个共同点：原型车都是在模仿的基础上靠钣金工敲出来的，图纸不全，更没有数模。

2002年，虽然面临着企业需要不断开发新产品的压力，但吉利技术人员仍然把工作重心放在基础建设上，主要是进行了三大体系的建设。

第一，产品开发体系。这个体系建设的核心内容是把产品开发过程程序化，即把吉利所有的产品开发工作都纳入标准开发程序中。为了把这项工作与企业不能中断的产品开发工作相结合，吉利对所有现有的产品进行数字化工程，即把所有产品的数模做出来(钣金工敲出来的车连图纸都不全，数模就更谈不上了)。为此，研究院的技术人员在2003年一年内做出了5000多个数学模型。由于建立数模是优化产品的关键(不仅可以准确找到产品需要改进的地方，而且大大提高模具的精度)，所以这项工作使吉利四大生产基地的9个产品可以在2004年8月之前全部完成升级换代。

第二，技术管理体系。技术管理体系的三大灵魂是：①产品明细表；②产品标准体系；③工程标准体系的管理。吉利原来没有技术档案，吉利吸收了南京菲亚特在与国外合作过程中的技术管理体系，并进行了进一步发展。吉利的产品明细表于2003年12月完成。吉利还希望通过对国外先进厂商的学习，把标准体系建立起来(原来国内的标准体系并不适合于汽车工业的发展)。整个集团的产品标准体系计划在2004年7月末之前完成。这些措施则保证了企业能够实现开发数据的整理，开发经验的积累，以及对开发失误的检查。目前吉利已经从一个曾经连产品图纸都不齐全的企业，转而形成了自身齐备而有序的一套技术管理体系。

第三，产品验证确认体系。这个体系包括产品试验分析体系、可靠性分析和环境。吉利力争在2004年内建成这个产品确认体系。主要指的是检测可靠性的实验手段，目前国内普遍应用的检测设备主要用于进行生产过程的检测而不是开发过程的检测。

这三大体系健全后，吉利就可以真正成为拥有自主知识产权的企业了。在实际意义上，三大体系的建设使吉利在产品开发上过渡到了产品的平台化开发模式和平台技术的生命周期管理模式。

(资料来源：中国研发管理网)

问题：

(1) 2000年前吉利公司的研发现状？主要问题有哪些？

(2) 试比较吉利与奇瑞早期研发的特点和优缺点？

(3) 研发过程程序化对产品研发的作用？

(4) 怎样建立科学研发管理体系？

实践与实训

1. 选择某种产品作为研究样本。组织市场调研，针对产品生命周期进行分析，根据研究结果，为企业制定新产品策略。

2. 利用网络资源，了解两个著名公司新产品开发情况，结合资料谈谈你对新产品开发看法以及企业如何进行新产品开发管理。

3. 利用网络资源，调查分析吉利和奇瑞在新产品开发中的策略。

第8章 营销管理

学习目标

知识点

1. 营销基本概念和营销观念。
2. 市场细分的标准及目标市场选择。
3. 产品整体概念。
4. 产品定价、分销、促销策略。

技能点

1. 根据具体产品进行市场细分。
2. 进行产品营销组合设计。

阅读材料

"动感地带"营销策略

2000年以后,中国移动将以业务为导向的市场策略率先转向了以细分的客户群体为导向的品牌策略。

中国移动目前业务有全球通、神州行和"动感地带"。全球通定位高端市场,针对商务、成功人士,提供针对性的移动办公、商务服务功能;神州行满足中低市场普通客户通话需要;"动感地带"有效锁住大学生和公司白领为主的时尚用户。

中国移动"动感地带"成功的基础是在众多的消费群体中锁住15~25岁年龄段的学生、白领,产生新的增值市场。2003年,中国移动据此建立了符合目标消费群体特征的营销策略:①产品服务个性化。开通移动QQ、铃声下载、资费套餐等活动,为消费群体提供实在的服务内容。②精确的市场细分。"动感地带"目标客户群体定位于15~25岁的年轻一族,"动感地带"被赋予了"时尚、好玩、探索"的品牌个性。③炫酷的广告语言。富有叛逆的广告标语"我的地盘,听我的"及"用新奇宣泄快乐"、"动感地带(M-ZONE),年轻人的通信自治区!"等流行时尚语言配合创意的广告形象,将追求独立、个性、更酷的目标消费群体的心理感受描绘得淋漓尽致,与目标消费群体产生情感共鸣。选择目标群体关注的报纸、电视、网络、户外、杂志、活动等,将动感地带的品牌形象、品牌主张、资费套餐等迅速传达给目标消费群体。

(资料来源:http://info.yidaba.com/newscenter/1519125.shtml)

8.1 营销理论

8.1.1 市场营销及其核心概念

科特勒指出，市场营销是致力于交换过程以满足人们需要的活动。一个市场是由一组有相同需要的人所组成的。营销包括那些与市场有关的活动，也就是那些力图使潜在交换成为现实的活动。营销管理是指为了实现各种组织目标，创造、建立和保持与目标市场之间的有益交换和联系而设计的方案的分析、计划、执行和控制等活动。

市场营销核心理论和概念如图 8-1 所示。

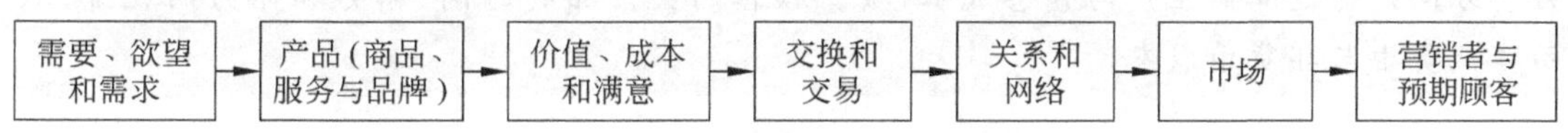

图 8-1 市场营销核心理论和概念

1. 需要、欲望和需求

(1) 需要(need)：没有得到某些基本满足的感受状态。需要包括基本的生理需要(如食物、衣服、保暖)、社会需要(如归属感、情感)以及个人需要(如追求知识与表现自我)。当需要得不到满足时，消费者可能采取下列两种行动之一：寻找能够满足其需要的目标(激励)；尝试削弱这种需要(抑制或削弱)。

市场营销的根本目的就是试图找到或开发出所需的物品或服务来满足人们的需要。

(2) 欲望(want)：对具体满足物的愿望。

(3) 需求(demand)：对有能力购买并且愿意购买的某个具体产品的欲望。人的欲望无穷无尽，但拥有的资源却非常有限，因此需求有限。在既定的欲望和资源条件下，人们会选择利益加总后能提供最大满足的产品。

需要和欲望是市场营销活动的出发点。需要、欲望和需求是不同的、分层次的和动态的。

2. 产品(商品、服务与品牌)

产品是指向市场提供的，能满足人们某种需要的物质产品和服务。

3. 价值、成本和满意

(1) 价值：消费者对产品满足需要能力的评价。

(2) 成本：消费者购买产品支付的资金、花费的时间和付出的精力之和。

(3) 满意：消费者通过对一个产品的可感知的效果与他期望值相比较后的感觉状态。

阅读材料

顾客让渡价值

一般来讲，消费者购物时总是希望"物有所值"，而每一个人的价值判断又不尽相同(十分挑剔)。因此能满足某种需要的产品制造出来后，还要考虑能否被消费者所接受。那么消费者是如何选择的？影响的因素有哪些？

显然，价值、成本、满意是消费者进行选择时必须考虑的因素，消费者会综合这三个因素，选择“最低成本之下的最大限度的满意”，即“顾客让渡价值”。

顾客让渡价值是指总顾客价值与总顾客成本之间的差额。总顾客价值是指顾客购买某一产品与服务所期望获得的一组利益，包括产品价值、服务价值、人员价值和形象价值等。总顾客成本是指顾客为购买某一产品所耗费的时间、精力、体力以及所支付的货币资金等，因此，总顾客成本包括货币成本、时间成本、精力成本和体力成本等。

上述八个因素中任何一个都可能增加企业的市场优势，因此，企业要战胜竞争对手，需要从两方面改进工作：一方面是通过改进产品、服务、人员和形象，提高产品的总价值；另一方面是通过降低生产与销售成本，减少顾客购买产品的时间、精力和体力的耗费，从而降低货币与非货币成本。

4. 交换和交易

(1) 交换(exchange)：以自己的某种物品作为代价，从他人那里换取想要的物品的行为。

(2) 交易(transaction)：交易指双方之间价值的交换。交易量是营销的度量单位。

交换和交易既有联系又有区别，前者是以提供某物作回报而与他人换取所需产品的行为，后者是指买卖双方在自愿让渡的前提下，比较双方彼此提供的让渡的商品或货币，并在双方达成完全一致的基础上进行的交换活动。从最广泛的意义而言，营销包括使目标大众对某些产品、服务、思想或其他事物产生预期反响所采取的一系列活动，而不限于传统意义上的交易。

5. 关系和网络

在现代市场活动中，交换和交易是复杂的，往往涉及制造商、供应商、中间商、顾客以及社区、广告商、政府、大众传媒等。市场营销活动实际上就是在这样的关系网络中进行的，能否建立一个和谐、长期、稳定的关系网络，对企业是至关重要的。

6. 市场

市场(market)是有关某种产品的实际和潜在顾客的集合。市场可以围绕着产品、服务或任何有价值的事物发展。市场包含三个主要因素：有某种需要的人、为满足这种需要的购买力和购买欲望。即：

市场＝人口＋购买力＋购买欲望

这三个因素是相互制约、缺一不可的，只有三者结合起来才能构成现实的市场，才能决定市场的规模和容量。如：一个国家或地区人口众多，但收入很低，购买力有限，则不能构成容量很大的市场；购买力虽然很大，但人口很少，也不能成为很大的市场；即使人口多，购买力大，也只表明是一个有潜力的大市场，如果产品不适合需要，引不起人们的购买欲望，仍不能成为现实的大市场。

7. 营销者与预期顾客

在市场交易活动中，一方是市场营销者，另一方是营销者的目标市场(预期顾客)。

市场营销者应该采取积极有效的策略与手段来促进市场交换的实现。营销活动的有效性既取决于营销人员的素质,也取决于营销的组织和管理。

8.1.2 营销管理理念

营销管理理念是企业在开展市场营销活动的过程中,在处理企业、顾客和社会三者利益方面所持的态度、思想和观念。企业的市场营销活动是在特定的营销管理理念指导下进行的。

营销管理理念的发展是建立在市场变化和企业经营观念相应变化的基础上的。从企业经营观念的变化过程来看,经历了生产观念、推销观念、营销观念、社会营销观念等有代表性的观念。

生产观念认为,消费者喜欢那些买得起和买得到的产品,所以,管理者的任务是提高生产和分配效率,降低价格,不需要促销努力;推销观念认为,消费者不会购买足量的公司产品,除非通过大量推销和促销努力来刺激他们购买;营销观念认为公司的主要任务是确定一组经过选择的顾客需要、欲望和偏好,并且使公司能适当地传送预期的满足;社会营销观念认为公司的主要任务是创造顾客的满意以及消费者和社会的长期福利,并以此作为满足组织目标和履行职责的关键。

阅读材料

向爱斯基摩人推销冰箱

爱斯基摩人的居住环境温度约为−30℃。然而,美国一位推销员曾成功地向爱斯基摩人推销电冰箱。他推销说明的重点并不是电冰箱有多制冷,而是电冰箱如何能防止食物腐败,冰箱如何保温(冰箱内温度为5℃左右),从而使食物的组织结构不致被破坏,因此可以保持食物的营养不被破坏。由于该推销员的推销视角别出心裁而且又合情合理,因而获得成功。

值得注意的是推销和营销是有区别的,是两个不同的概念。推销是将企业已经生产出来的产品销售出去,而不能对企业的全部经营活动发挥主导作用。推销以产品为中心,它对顾客会说:“我只是在今天可以把这些商品低价卖给你。”

市场营销的含义是广泛的,它重视销售,更强调企业在对市场进行充分分析和认识的基础上,以市场需求为导向,规划从产品设计开始的全过程。如表8-1所示,营销活动贯穿企业生产和销售各环节。营销以顾客为中心,它一般对顾客说:“请告诉我,为了使你少花钱和能更好地实现你的目标,我能够为你做些什么?”

表8-1 营销在企业经营中的地位

产前(选择价值)	产中(提供价值)	销售(沟通价值)	售后(提升价值)
(1) 市场调研 (2) 市场细分 (3) 价值定位	(1) 产品开发 (2) 服务开发 (3) 定价	(1) 分销 (2) 销售促进 (3) 公共关系	(1) 收集信息 (2) 售后服务 (3) 信息反馈

阅读材料

情感营销

香港人很善于情感营销。香港各大商场都有宽敞的休息场所，不仅有座位、空调，还备有茶水和孩子玩耍的设施。客人进入眼镜店、钟表店或珠宝店后，店方必定先恭请你坐下来，微笑地递上一杯热腾腾的咖啡或透心凉的橘子水。然后，再为你服务。

8.1.3 市场营销组合

1. “4P”营销组合

市场营销策略实质上是运用市场营销组合的策略。市场营销组合是综合运用企业可控的营销手段，对它们实施最优组合，以取得最佳市场营销效果。影响市场营销活动的因素有很多，企业可控营销因素通常可分为：产品(Product)、价格(Price)、分销(Place)和促销(Promotion)。因为，这4个因素第一个英文字母均为“P”，故简称“4P”组合。随着社会经济活动的复杂化，在市场营销组合方面，经历了从4P到6P的演变，就是在4P的基础上，增加权力(Power)和公共关系(Public Relationship)。

2. “4C ”营销组合

整合营销传播理念认为，4P营销策略是站在企业的角度来营销，突出的是产品导向。美国营销大师劳特朋提出以消费者为中心的“4C”营销组合理论。即以消费者(Consumer)、成本(Cost)、方便(Convenience)和沟通(Communication)。采用“4C”营销组合，首先研究消费者的需要和需求，要卖消费者想要购买的产品，并根据消费者需求来开发产品；其次是努力了解消费者要满足其需要愿意付出的成本；通过与消费者沟通，把产品送到有消费者的地方，方便消费者购买。

8.2 市场细分与选择

阅读材料

日本司机专用口香糖

日本有一家口香糖公司，面对激烈竞争的市场寻求细分市场。在进行细分市场之前，必须先找到细分变量。该公司按照人群和竞争度进行细分。口香糖可以给儿童吃，但儿童口香糖市场竞争激烈；可以给成年人吃，成年人口香糖市场竞争激烈；可以给白领吃，白领口香糖市场竞争激烈。最终，该公司找到了司机群体，可以用司机这一职业进行细分。先到市场进行调查，司机口香糖市场竞争不激烈，可以说没有竞争。那么，就开始运用上述四个标准衡量该变量是否可行？第一，司机群体有无共同需求？答案是肯定的，司机共同需求是开车时应该精神充足、不犯困、提神。第二，有无共同行为模式？答案也是肯定的，司机长期坐着驾驶。第三，司机量是否足够？足够。第四，司机是否好接近？很好接近，可以在加油站、洗车房接近。四个充分必要条件具备，可以确定该变量可行。于是针对该细分市场开发了专门给司机吃的口香糖，内部装有强力薄荷，吃一颗马上提神，备受司机欢迎，大获成功。

（资料来源：张利. 东方名家——新营销. 北京：北京大学音像出版社，2005）

8.2.1 市场细分的标准

由于消费需求的差异性、消费需求的相似性、企业资源和营销能力的有限性，企业要识别不同要求的购买者或用户群，以便更好地满足消费者需求。市场细分是企业通过市场调研，根据整体市场消费者需求的差异性，以影响消费者需求和欲望的某些因素为依据，将某一产品的整体市场划分为若干个需求特征不同的消费者群的市场分类过程。市场细分的基本观念是运用统计方法，在基础变量（如消费者的性别、年龄等）和行为变量（如对产品的购买率）之间建立某种联系。

1. 消费者市场细分的标准

（1）地理细分。地理细分是按照消费者所处的地理位置或自然环境来划分市场。其具体包括国家、地区；城市、乡村；城市规模、人口密度；气候、地理地貌等。处于不同地理环境下的消费者，对于同一类产品往往会有不同的需求和偏好，因而企业采取的营销措施与策略也应相适应。

（2）人口细分。人口细分是指按照人口统计因素来进行市场细分。其具体变量包括年龄、性别、家庭规模、文化水平、职业、收入、宗教信仰、国籍、民族等。不同年龄、不同文化水平的人，在价值观念、生活情趣、审美观念、消费方式等方面会有或大或小的差别，即使是同样商品，也会产生不同的消费需求。

（3）心理细分。心理细分是指按照消费者的心理特征来细分市场。其变量包括消费者的个性、购买动机、价值取向、生活方式、社会阶层等。

（4）行为细分。行为细分是指根据消费者不同的购买行为来细分市场。其变量包括消费者进入市场的程度、购买和使用产品的时机、对品牌的忠诚度、消费的数量、对质量和广告服务的信赖程度等。

2. 市场细分的原则

（1）可衡量性。指用来细分市场的标准和细分后的市场是可衡量的。这样才便于企业进行分析、比较和选择，否则对企业就没有任何意义。

（2）可进入性。即企业有能力进入将要选定的目标市场。如果企业无能力进入所选定的目标市场，细分后的市场机会就不是企业的营销机会。

（3）可赢利性。即企业要进入的细分市场规模必须保证企业能够获得足够的经济效益。如果市场规模太小、潜力有限，细分出来的市场对企业营销来说就毫无意义。

3. 市场细分的方法

（1）单一因素法。单一因素法就是根据影响消费者需求的某一个因素进行市场细分的方法。如根据年龄对市场进行细分。

（2）综合因素法。综合因素法就是根据两个或两个以上因素进行市场细分。

(3) 系列因素法。系列因素法就是根据影响消费者需求的各种因素,按照某种顺序由粗到细进行市场细分。如服装市场细分,如图 8-2 所示。

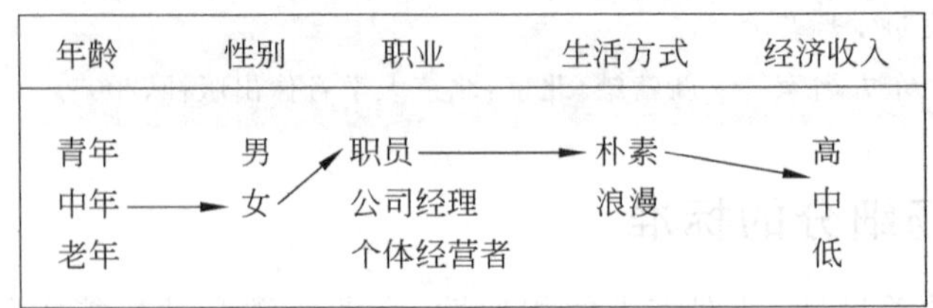

图 8-2 服装市场细分

因此,对基础变量的选择、建立变量间联系的方法成为细分研究成败的关键。

8.2.2 目标市场选择

目标市场是企业打算进入的细分市场,或打算满足的具有某一需求的顾客群体。它是根据消费者需求的差别将市场细分化,并从中选出有一定规模和发展前景并符合公司目标和能力的细分市场作为公司的目标市场。在评估各种不同的细分市场时,公司必须考虑两个因素:细分市场结构的吸引力、公司的目标和资源。首先,公司必须评估细分市场是否对公司具有吸引力,例如它的规模大小、成长性、赢利率、规模经济、低风险等。其次,公司必须考虑对细分市场的投资与公司的目标和资源是否相一致。某些细分市场虽然有较大吸引力,但不符合公司长远目标,因此不得不放弃。或者,如果公司在某个细分市场缺乏一个或更多的提供优势价值的竞争能力时,该细分市场就应放弃。

公司在对不同细分市场评估后,可考虑 5 种目标市场模式。

(1) 密集单一市场:公司可以选择一个细分市场。公司通过密集营销,更加了解该细分市场的需要,可在该细分市场建立巩固的市场地位。另外,公司通过生产、销售和促销的专业化分工,也获得了许多经济效益。如果细分市场补缺得当,公司的投资便可获得回报。然而,密集市场营销比一般情况风险更大。个别细分市场可能出现不景气的情况,或者某个竞争者决定进入同一个细分市场。由于这些原因,许多公司宁愿在若干个细分市场分散营销。

(2) 有选择的专门化:采用此法选择若干个细分市场,其中每个细分市场都有吸引力和符合公司要求。它们在各细分市场之间很少有联系,然而,每个细分市场都有可能赢利。这种多细分市场目标优于单细分市场目标,因为这样可以分散公司的风险。

(3) 产品专门化:用此法公司集中生产一种产品,公司向各类顾客销售这种产品。公司通过这种战略,在某个产品方面树立起很高的声誉。如果产品被一种全新的技术所代替,它就会发生危机。

(4) 市场专门化:它是指专门为满足某个顾客群体的各种需要而服务。公司专门为这个顾客群体服务,而获得良好的声誉,并成为这个顾客群体所需各种新产品的销售代理商。如果顾客突然经费预算削减,这就会产生危机。

(5) 完全覆盖市场:它是指公司想用各种产品满足各种顾客群体的需求。只有大公司才能采用完全覆盖市场战略,大公司可用两种主要的方法,即通过无差别市场营销或差别市场营销,达到覆盖整个市场的目的。

在上述5种模式下，可以有3种目标市场战略：无差异性营销战略、差异性营销战略、集中性营销战略。

8.2.3 市场营销战略

企业在决定目标市场的选择和经营时，可根据具体条件考虑3种不同的市场营销战略。

1. 无差异市场营销战略

无差异市场营销战略是把整个市场作为一个目标市场，着眼于消费需求的共同性，推出单一产品和单一营销手段加以满足。

无差异市场营销战略的优点是可以降低成本。这是因为：①由于产品单一，企业可实行机械化、自动化、标准化大量生产，从而降低成本，提高产品质量；②无差异的广告宣传，单一销售渠道，降低了销售费用；③节省了市场细分所需的调研费用、多种产品开发设计费用，使企业能以物美价廉的产品满足消费者需要。无差异市场营销战略也有其不足：①不能满足不同消费者的需求和爱好。②容易受到竞争对手的冲击。

2. 差异性市场营销战略

差异性市场营销战略是充分肯定消费者需求的异质性，在市场细分的基础上选择若干个细分子市场为目标市场，分别设计不同的营销策略组合方案，满足不同细分子市场的需求。

差异性市场营销战略是目前普遍采用的策略，这是科技发展和消费需求多样化的结果，也是企业之间竞争的结果。不少企业实行多品种、多规格、多款式、多价格、多种分销渠道、多种广告形式等多种营销组合，满足不同细分市场的需求。

差异性市场营销战略的优点是：①由于企业面对多个细分市场，某一细分市场发生剧变，也不会使企业全盘陷入困境，大大减少了经营风险。②由于能较好地满足不同消费者的需求，争取更多的顾客，从而扩大销售量，获得更大的利润。③企业可以通过多种营销组合来增强企业的竞争力，有时还会因在某个细分市场上取得优势、树立品牌形象而带动其他子市场的发展，造成连带优势。差异性市场营销战略的不足之处在于：由于多品种经营，成本高，经营难度大，人员的素质要求高。

3. 集中性市场营销战略

集中性市场营销战略是企业集中设计生产一种或一类产品，采用一种营销组合，为一个或少数几个性质相似的细分市场服务。

集中性市场营销战略与无差异性市场营销战略的区别是，后者追求整个市场为目标市场，前者则以整个市场中某个(些)细分市场为目标市场。这一战略不是在一个大市场中占有小份额，而是追求在一个小市场中占有大份额，其立足点是：与其在总体上占劣势，不如在小市场上占优势。

集中性市场营销战略优点很明显：①由于市场集中，便于企业深入挖掘消费者需求，能及时得到反馈意见，使企业能制定正确的营销策略。②生产专业化程度高，企业可有针对性地采取营销组合，节约成本和费用。③目标市场较小，可以使企业的特点和市场特征尽可能达成一致，从而有利于充分发挥企业自身优势。④在细分市场上占据一定优势后，可以积聚力量，与竞争者抗衡。⑤能有效地树立品牌形象，如全聚德烤鸭、张小泉剪刀等都是家喻户晓的产品。当然，集中性市场营销战略也有缺点：①由于市场较小，空间有限，企业发展受到一定限制。②如果有强大对手进入，风险很大。

8.3 产品策略

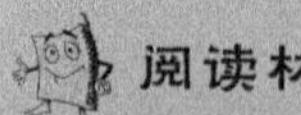

清凉啤酒公司啤酒包装决策

清凉啤酒公司的经理正在考虑改进啤酒包装，采用250毫升的小瓶并采用4～6瓶组合包装出售的策略。这样做的目的一方面是方便顾客，因为小瓶容量小适合单人饮用，不需另用杯子也不会造成浪费。第二方面是希望对更多的人具有吸引力，使小瓶装啤酒进入一些大瓶装啤酒不能进入的社交场合。第三方面是方便顾客购买并促进销售。这种啤酒在国外早已流行，但目前是不是在我国推出的时机呢？在正式作出采用新包装的决策之前，必须获得下面问题的答案：新包装是否有足够的市场？目标市场是什么？一般在什么时候饮用？顾客希望在哪类商店买到？

（资料来源：陈启杰．市场调研与预测（第二版）．上海：上海财经大学出版社，2004）

产品是中间媒体，通过它，消费者和生产经营者双方达到交换的目的。消费者通过消费各种产品或各项服务来实现他想要得到的效益。企业之所以能够存在，是由于它能提供满足顾客需要的产品或服务，并实现自身的利润和市场占有率。

8.3.1 产品

产品是指向市场提供的，能满足人们某种需要的物质产品和服务。消费者购买产品，通常想要的是整体产品，包括物质的产品和与之相应的包装、配件供应、使用指导、维修服务、分期付款、保证等。因此，整体的产品是物质和非物质形态的统一。一般来说，整体产品可分为核心、形式和附加三个层次，如图8-3所示。

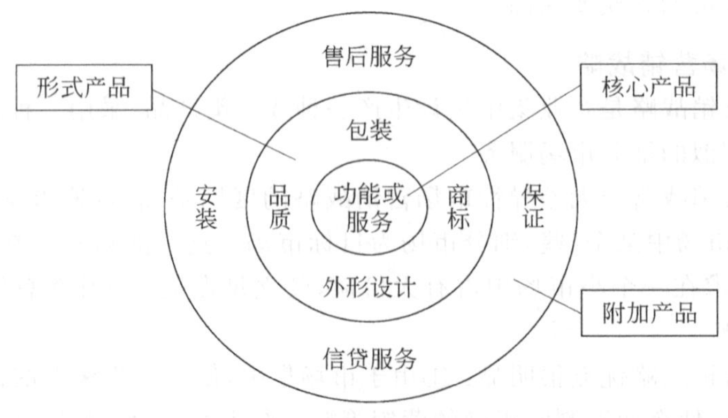

图8-3 整体产品的概念

核心产品是产品最基本的层次，它提供满足顾客需要的最根本的使用价值。形式产品是产品的第二个层次，是核心产品的载体，企业的设计和生产人员将用户的核心利益转变为有形的产品才能出售给顾客，即形式产品是满足顾客需要的各种具体的产品形式。附加产品是产品的第三个层次，指顾客在购买产品时所得到的附加服务或利益。例如，电冰箱的核心产品主要由制冷功能和电路控制系统构成；电冰箱的形式产品主要由箱体和造型设计及外壳材料等组成；电冰箱的附加产品则是指送货上门、安装、保修及售后服务等内容。

8.3.2 品牌与商标

1. 品牌

所谓品牌是销售者给自己的产品规定的商业名称，通常由文字、标记、符号、图案和颜色等要素或这些要素的组合构成，用作一个销售者或销售者集团的标识，以便同竞争者的产品相区别。品牌是一个集合概念，包括品牌名称和品牌标志。品牌名称是指品牌中可以用文字表述的部分；品牌标志是指品牌中可以被认出，但不能用文字表述的部分。

2. 商标

商标实质上是一个法律名词，是指已获得专用权并受法律保护的一个品牌或一个品牌的一部分。商标是企业的无形资产，驰名商标更是企业的巨大财富。

商标可以分为注册商标与非注册商标。注册商标是指受法律保护、所有者享有专用权的商标。非注册商标是指未办理注册手续、不受法律保护的商标。国家规定必须使用注册商标的商品，必须申请注册商标，未经核准注册的，不得在市场上销售。商标使用人应对其使用商标的商品质量负责。各级工商行政管理部门应通过商标管理，监督商品质量，制止欺骗消费者的行为。

3. 品牌策略

企业经常制定的品牌策略包括以下几种。

(1) 品牌建立策略。一般来说，现代企业都要建立自己的品牌。虽然这会使企业增加成本费用，但可以得到以下好处：便于管理订货；有助于企业细分市场；有助于树立良好的企业形象；有利于吸引更多的品牌忠诚者；注册商标可使企业的产品特色得到法律保护，防止别人模仿、抄袭。有些产品不会因为生产不同而产生不同的特点，如电力、煤炭等，这类产品一般不需要建立品牌。小商品，因工艺简单，无须品牌。

(2) 品牌归属策略。企业有三种可供选择的策略，即：企业可以决定使用自己的品牌，这种品牌叫做企业品牌、生产者品牌；企业也可以决定将其产品大批量地卖给中间商，中间商再将物品贴上自己的品牌后转卖出去，这种品牌叫做中间商品牌、私人品牌；企业还可以决定有些产品用自己的品牌，有些产品用中间商品牌。

(3) 品牌统分策略。如果企业决定其大部分或全部产品都使用自己的品牌，那么还要进一步决定其产品是分别使用不同的品牌，还是统一使用一个或几个品牌。具体有4种可供选择的策略。

① 个别品牌，是指企业各种不同的产品分别使用不同的品牌。其好处是：企业的声誉不致受其某种商品的声誉的影响。

② 统一品牌，是指企业所有的产品都统一使用一个品牌名称。如美国通用电气公司的所有产品都统一使用“GE”。它的好处是：企业宣传介绍新产品的费用开支较低；如果企业的名声好，其产品必然畅销。

③ 分类品牌，是指企业的各类产品分别命名，一类产品使用一个牌子。如一家公司同时生产火腿和化肥，需要使用不同的品牌名称，以免互相混淆。

④ 企业名称加个别品牌，是指企业对其不同的产品分别使用不同的品牌，而且各种产品的品牌前面还冠以企业名称。其好处是：在各种新产品品牌名称前冠以企业名称，可以使新产品合法化，能够享受企业的信誉，而各种不同的新产品分别使用不同的品牌名称，又可以使各种不同的新产品各有不同的特色。

(4) 多品牌策略。多品牌策略是指企业同时经营两种或两种以上互相竞争的品牌。这种策略由宝洁公司首创。传统的市场营销理论认为，单一品牌延伸能使企业降低宣传成本，易于被顾客接受，便于企业形象的统一。宝洁公司认为，单一品牌并非万全之策。因为一种品牌树立之后，容易在消费者心目中形成固定的印象，不利于产品的延伸，尤其是像宝洁这样横跨多种行业、拥有多种产品的企业更是如此。多种不同的品牌有助于企业内部各个部门、产品经理之间开展竞争，提高效率，可以吸引更多的顾客，提高市场占有率。

(5) 品牌重新定位策略。某一个品牌在市场上的最初定位即使很好，随着时间推移也必须重新定位。企业在制定品牌重新定位策略时，要全面考虑两个方面的因素：自己原来的品牌从一个市场部分转移到另一个市场部分的成本费用和收入。

(6) 企业的商标防御策略。商标抢先注册、抢占他人无形资产的行为令许多企业损失惨重，而且企业之间还存在着"类似商标注册"的问题，如椰树牌与椰风牌等。防止他人搭便车的有效手段就是采用防御性商标注册。

所谓防御性商标注册，即注册与使用相同或相似的一系列商标。具体地说就是注册一系列文字、读音、图案相同或相似的商标，保护正在使用的商标或以后备用。如"娃哈哈"注册了"哈哈娃"、"哈娃娃"等一系列保护性商标。

防御性注册商标的另一种方法就是将同一商标运用于完全不同种类的产品或不同行业，防止他人在不同产品或产业上使用企业的商标。因为同一商标使用的商品类别有一定限制，产品跨行业、跨种类时，就必须分别注册。

8.3.3 包装

1. 概念

大多数物质产品在从生产领域流转到消费领域的过程中，都需要有适当的包装。包装工作是整个商品生产的一个重要组成部分。所谓包装工作，就是企业的某些人员对某种产品的容器或包装物的设计和制造活动。包装能有效地保护产品、方便使用、促进销售、提升产品的价值。

产品包装一般包括以下 3 个部分。

(1) 首要包装，即产品的直接包装，如牙膏皮、啤酒瓶都是这种包装。

(2) 次要包装，即保护首要包装的包装物，如包装一定数量的牙膏的纸盒或纸板箱。

(3) 装运包装，即为了便于储运、识别某些产品的外包装。

此外，在产品包装上还有标签，这是为了说明产品而贴在产品上的招贴或印在产品包装上的文字、图案等。在标签上一般都印有包装内容和产品所包含的主要成分、品牌标志、产品质量等级、生产厂家、生产日期和有效期、使用方法等，有些标签上还印有彩色图案或实物照片，以促进销售。

2. 包装策略

符合设计要求的包装固然是良好的包装，但良好包装只有同包装策略结合起来才能发挥应有的作用。可供企业选择的包装策略有以下几种。

(1) 相似包装策略。即企业生产的各种产品，在包装上采用相似的图案、颜色，体现共同的特征。其优点在于能节约设计和印刷成本，树立企业形象，有利于新产品的推销，但有时也会因为个别产品质量下降而影响到其他产品的销路。

(2) 差异包装策略。即企业的各种产品都有自己独特的包装，在设计上采用不同的风格、色调和材料。这种策略能够避免由于某一商品推销失败而影响其他商品的声誉，但也相应地会增加包装设计费用和新产品促销费用。

(3) 配套包装策略。即将多种相关产品配套放在同一包装物内出售，如系列化妆品包装。这可以方便顾客购买和使用，有利于新产品的销售。

(4) 复用包装策略或多用途包装策略。即包装内产品用过之后，包装物本身还可以作其他用途使用，如奶粉包装铁盒。这种策略的目的是通过给消费者额外利益而扩大产品销售。

(5) 等级包装策略。即对同一种商品采用不同等级的包装，以适应不同的购买力水平，如送礼商品和自用商品采用不同档次的包装。

(6) 附赠品包装策略。即在包装上或包装内附赠奖券或实物，以吸引消费者购买。这一策略对儿童尤为有效。

(7) 改变包装策略。当某种产品销路不畅或长期使用一种包装时，企业可以改变包装设计、包装材料，使用新的包装。这可以使顾客产生新鲜感，从而扩大产品销售。

8.3.4 服务

现代市场营销越来越重视产品服务，企业应该采取多种形式，为用户提供多方面的服务，以增强产品的竞争力。

1. 服务的内容

产品服务的内容包括产品服务的项目和水平。产品服务的项目与扩增产品的内涵是一致的，但各种服务项目对不同的用户来说，其重要性是不同的，企业要根据重要性对提供那些服务项目做出决策。由于较高服务水平伴随较高的服务收费，而服务水平与销售量之间并不一定无条件呈线性增长，因此，服务项目确定后，企业还必须从全局考虑，作出服务水平的决策。

服务按提供时间不同可分为3类。

(1) 售前服务，是指在产品销售前为用户提供的各种技术咨询、新产品知识介绍、协助用户做好设备选型，根据用户要求提供各种技术资料或图纸等。

(2) 售中服务，是指在产品销售过程中根据用户要求提供的各种服务，如送货上门、到现场为用户安装调试设备、信用服务、保证服务等。

(3) 售后服务，是指在产品销售后根据购销合同的规定为用户提供的各种服务，包括为用户提供培训技术人员或操作人员，为用户维护和检修设备以及提供零配件等。

2. 服务策略

企业要为用户提供良好的服务，促进产品销售，必须正确运用服务策略，可供选择以下服务策略有。

(1) 广设固定服务网点策略。即在产品销售比较集中地区广设固定服务网点，开展技术服务。服务网点既可委托经销商提供，也可委托专业修理店特约修理，还可自己培训修理服务人员派到各地。

(2) 巡回流动技术服务策略。即根据销售档案记录，定期或不定期地派人到各用户处走访、检查、修理本厂的产品，从而加强促销，提高经济效益。

(3) 不提供修理服务策略。即在产品销售分散，维修技术简单的情况下，企业不设专门的维修点，而将服务工作让给独立的修理店去进行。

8.4 定价策略

阅读材料

牵引机价格的制定

一般牵引机的价格均在20 000美元左右，而美国一家生产和销售牵引机的公司，其牵引机却报价24 000美元，高出同类产品4000美元，尽管如此，它的销路仍然很好。他们是这样算出价格的：

20 000美元是与竞争者同一型号的机器价格；

3000美元是因产品更耐用而必须多付出的价格；

2000美元是产品可靠性更好而多付的价格；

2000美元是本公司服务更佳而多付的价格；

1000美元是保修期更长而多付的价格；

28 000美元是上述价格的总和，减去4000美元的折扣后，24 000美元是最后的价格。

价格是市场营销组合因素中十分敏感而又难以控制的因素，它直接关系着市场对产品的接受程度，影响着市场需求和企业利润的多少，涉及生产者、经营者、消费者等各方面的利益。因此定价是企业市场营销组合中一个极其重要的组成部分。

8.4.1 影响定价的因素

影响定价的因素是多方面的，包括定价目标、产品成本、市场需求、竞争者的产品和价格、其他因素等。

1. 定价目标

任何企业都不能孤立地制定价格，而必须按照企业的目标市场战略和市场定位战略的要求来进行。企业定价目标主要包括以下几种。

(1) 维持生存。如果企业产量过剩，或面临激烈竞争，或试图改变消费者需求，则需要把维持生存作为主要目标。为了确保工厂继续开工和使存货出手，企业必须制定较低的价格。只要其价格能弥补可变成本和一些固定成本,企业的生存便可以维持。

(2) 当期利润最大化。有些企业希望制定一个能使当期利润最大化的价格。假定企业对其产品的需求函数和成本函数有充分的了解,则借助需求函数和成本函数便可制定确保当期利润最大化的价格。

(3) 市场占有率最大化。有些企业想通过定价来取得控制市场的地位,即使市场占有率最大化。因为,企业确信赢得最高的市场占有率之后将享有最低的成本和最高的长期利润,所以,企业制定尽可能低的价格来追求市场占有率领先地位。

(4) 产品质量最优化。企业还可以考虑产品质量领先的目标,并在生产和市场营销过程中始终贯彻产品质量最优化的指导思想。这就要求用高价格来弥补高质量和研究开发的高成本。产品优质优价的同时,还应辅之以相应的优质服务。

2. 产品成本

任何企业都不能随心所欲地制定价格。产品的价格是根据成本、利润和税金三部分来制定的。其中产品成本不是指企业生产该产品的个别实际成本,而是该产品的平均成本或社会成本,它是产品定价的基础因素。产品成本是企业经济核算的盈亏临界点,产品定价必须至少能够补偿产品成本,这是企业再生产的最基本条件。因此,产品成本是定价的基本因素和依据。

3. 市场需求

市场营销理论认为,产品的最高价格取决于产品的市场需求,最低价格取决于该产品的成本费用。在最高价格和最低价格的幅度内,企业能把产品价格定得多高,则取决于竞争者同种产品的价格水平。可见,市场需求、成本费用、竞争产品的价格对企业的定价有着重要影响。而需求又受价格和收入变动的影响。因价格与收入等因素而引起的需求的相应的变动率,就叫做需求弹性。

市场上的产品供求关系平衡总是暂时的、相对的。一般情况是:当产品供过于求时,价格下降;当产品供不应求时,价格上升。但对于不同产品,由于其需求弹性大小不一,其供求关系对价格的影响也是不相同的。需求弹性小的产品,其供求关系对价格的影响较小,需求弹性大的产品,其供求关系对价格的影响较大。因此,企业必须预先测定产品的供求状况,作为产品定价的依据。

4. 竞争者的产品和价格

企业必须采取适当方式,了解竞争者所提供的产品质量和价格。企业获得这方面的消息后,就可以与竞争产品比质比价,更准确地制定本企业产品价格。如果二者质量大体一致,则二者价格也应大体一样;如果本企业产品质量较高,则产品价格也可以定得较高;如果本企业产品质量较低,那么,产品价格就应定得低一些。还需密切关注竞争者价格的调整,确定本企业的产品价格决策或调整市场营销组合的其他变量。这就需要企业及时掌握有关信息,并作出明智的反应。

5. 其他因素

如货币价值、货币流通量和物价政策等。

8.4.2 定价方法

定价是一项很复杂的工作,必须全面考虑各个方面的因素。一般来讲,定价要采取六个步骤,即选择定价目标、测定需求的价格弹性、估算成本、分析竞争对手的产品与价格、选择适当的定价方法、选定最后价格,重点在于选择适当的定价方法。产品定价方法具体如下。

1. 成本加成定价法

所谓成本加成定价是指按照单位成本加上一定百分比的加成来制定产品销售价格。加成的含义就是一定比率的利润。公式为:

单位产品价格=单位产品成本×(1+成本加成率)

成本加成定价法简单易行,受到企业的欢迎,但将一个固定的、惯例化的加成加在成本上,从逻辑上讲是行不通的。因而,企业应根据需求弹性的变化,调整加成的幅度。如果某品牌的价格弹性高,最适合加成就应相应低些;如果某品牌的价格弹性低,最适合加成则应相对高些。而且当价格弹性保持不变时,加成也应保持相对稳定,以制定出最适合价格。

2. 目标定价法

所谓目标定价法是指根据估计的总销售收入(销售额)和估计的产量(销售量)来制定价格的一种方法。目标定价法可使用损益平衡图,参见6.2节的量本利分析。

目标定价法有一个问题,即企业以估计的销售量求出应制定的价格,殊不知价格恰恰是影响销售量的重要因素。

3. 竞争导向定价法

竞争导向定价法通常有两种方法,即随行就市定价法和投标定价法。

(1) 随行就市定价法,是指企业按照行业平均现行价格水平来定价。在以下情况下往往采取这种定价方法:难以估算成本;企业打算与同行和平共处;如果另行定价,很难了解购买者和竞争者对本企业的价格反应。所以随行就市定价是同质产品市场的惯用定价方法。

在异质产品市场上,企业有较大的自由度决定其价格。产品差异化使购买者对价格差异的存在不甚敏感,企业可根据其产品战略及市场营销方案制订相适价格,以应付竞争者的价格竞争。

(2) 投标定价法,即采购机构在报刊上登广告或发出函件,说明拟采购商品的品种、规格、数量等具体要求,邀请供应商在规定的期限内投标。某供货企业在规定的期限内填写标单,上面填明可供应商品的名称、品种、规格、价格、数量和交货日期等,密封交给招标人(即政府采购机构),这叫做投标。这种价格是供货企业根据对竞争者的报价的估计制定的,而不是按照供货企业自己的成本费用或市场需求来制定的。供货企业的目的在于赢得合同,所以它的报价应低于竞争对手的报价。这种定价方法叫做投标定价法。

8.4.3 定价策略

前述定价方法是依据成本、需求和竞争等因素决定产品基础价格的方法。在市场营销实践中,企业还需考虑或利用灵活多变的定价策略,修正或调整产品的基础价格。

1. 新产品定价策略

一般来说，新产品定价有两种策略可供选择。

(1) 撇脂定价，是指在新产品投入市场后，把产品的价格定得很高，以攫取最大利润，犹如从鲜奶中撇取奶油。企业所以能这样做，是因为有些购买者主观认为某些商品具有很高的价值。

(2) 渗透定价，是指企业将新产品的价格定得相对较低，以吸引大量顾客，提高市场占有率。因为，一般情况下，低价会刺激市场需求迅速增长。

2. 老产品的价格调整策略

企业处在一个不断变化的环境之中，为了生存和发展，有时候需主动降价或提价，有时候又需对竞争者的变价作出适当的反应。

(1) 降价。企业降价的主要原因有：企业的生产能力过剩，因而需要扩大销售；企业的成本费用比竞争者低，企图通过降价来掌握市场或提高市场占有率，从而扩大生产和销售量，降低成本费用。

(2) 提价。引起企业提价的主要原因有：通货膨胀，物价上涨，企业的成本费用提高；企业的产品供不应求，不能满足其所有顾客的需要。

3. 折扣定价策略

企业为了鼓励顾客及早付清货款、大量购买、淡季购买，还可以酌情降低其基本价格。这种价格调整叫做价格折扣。价格折扣有5种主要类型。

(1) 现金折扣。这是企业对当场付清货款的顾客的一种减价。

(2) 数量折扣。这是企业给那些大量购买某种产品的顾客的一种减价，以鼓励顾客购买更多的物品。

(3) 功能折扣(贸易折扣)。这是制造商给某些批发商或零售商的一种额外折扣，促使他们执行某种市场营销功能(如推销、存储、服务)。

(4) 季节折扣。这是企业给那些购买过季商品或服务的顾客的一种减价，使企业的生产和销售在一年四季保持相对稳定。

(5) 价格折让。这是另一种类型的价目表价格的减价。例如，一辆小汽车标价为4000元，顾客以旧车折价500元购买，只需付给3500元。

4. 心理定价策略

(1) 声望定价，是指企业利用消费者仰慕名牌商品或名店的声望所产生的某种心理来制定商品的价格，故意把价格定成整数或高价。

(2) 尾数定价，是指利用消费者数字认知的某种心理，尽可能在价格数字上不进位，而保留零头，使消费者产生价格低廉和卖主经过认真的成本核算才定价的感觉，从而使消费者对企业产品及其定价产生信任感。

(3) 招徕定价。所谓招徕定价是指零售商利用部分顾客求廉的心理，特意将某几种商品的价格定得较低以吸引顾客。某些商店随机推出降价商品，每天、每时都有一两种商品降价出售，吸引顾客经常来采购廉价商品，同时也选购了其他正常价格的商品。

8.5 分销策略

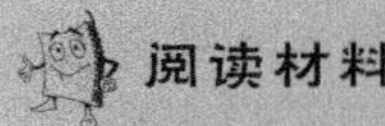

阅读材料

欧莱雅收购小护士

2003 年 12 月 11 日下午 2:30,全球最大的化妆品集团巴黎欧莱雅在巴黎和北京同时宣布,欧莱雅集团正式签订了收购中国护肤品牌小护士的协议,这也成为 2003 年度最引人注目的并购案。

那么,创建只有短短 11 年的小护士为什么会得到欧莱雅的青睐呢?

欧莱雅自 1997 年进入中国以来,销售额在 5 年之内增长了 5 倍,业绩颇为惊人。但是 2002 年,中国化妆品市场总额约为 450 亿～460 亿元人民币,已经跃居亚洲第二位,而欧莱雅的市场占有率不到 2%,中国市场的销量也只占到集团全球销量的 1%,令这位巨人十分难受。欧莱雅必定要加强在中国的攻势。

欧莱雅集团的全球升级主要得益于 CEO 欧文·林德赛的品牌经营之道,他最擅长在全球各地收购具有发展潜力的区域品牌,经过欧莱雅的国际化包装和研发支持,使之成为全球化品牌或某地区的领导品牌,其中最著名的案例就是"美宝莲·纽约"。而欧莱雅进入中国 6 年来,还没有在中国收购一个本土品牌,这显然不太符合欧莱雅的一贯作风。而纵观目前市场上表现比较好的几个本土品牌,小护士的定位和品牌形象无疑是最"洋气"和最符合欧莱雅的"择偶标准"。

小护士从创建之初就花大力气构建了覆盖全国的 280 000 个销售网点。欧莱雅擅长的市场细分、品牌定位和集团渠道细分是完整结合在一起的。目前,欧莱雅集团的高档产品,如兰蔻和赫莲娜等,通过高档百货商店销售,并提供最好的咨询服务;中档产品则通过专业渠道销售,如欧莱雅专业美发产品是通过专业发廊销售,而薇姿和理肤泉则通过专业药房销售;大众产品如美宝莲和卡尼尔则采取"尽可能方便购买"的策略。但是,欧莱雅进入中国以来,大众产品的销售网络一直没有很好地建立起来,现在仍然走的是百货商店的渠道,2003 年美宝莲才进入一些超市,这可以说是欧莱雅集团的软肋。小护士的分销渠道将可以让美宝莲等大众产品的销路成倍数地扩大,这是小护士带来的最好的嫁妆。

(资料来源:http://www.ecm.com.cn)

8.5.1 分销渠道

1. 分销渠道的概念和特点

所谓分销渠道是指某种产品和服务在从生产者向消费者转移过程中,取得这种产品和服务的所有权或帮助所有权转移的所有企业和个人。因此,分销渠道包括商人中间商(因为他们取得所有权)和代理中间商(因为他们帮助转移所有权),此外,还包括处于渠道起点和终点的生产者和最终消费者或用户。但是不包括供应商、辅助商。

分销渠道具有以下特点。

(1) 分销渠道反映某一特定商品价值实现的过程和商品实体的转移过程。分销渠道一端连接生产,另一端连接消费,是从生产领域到消费领域的完整的商品流通过程。在这个过程中,主要包含两种运动:一是商品价值形式的运动(商品所有权的转移,即商流),二是商品实体的运动(即物流)。

(2) 分销渠道的主体是参与商品流通过程的商人中间商和代理中间商。

(3) 商品从生产者流向消费者的过程中,商品所有权至少转移一次。大多数情况下,生产者必须经过一系列中介机构转卖或代理转卖产品。所有权转移的次数越多,商品的分销渠道就越长;反之,分销渠道就越短。

(4) 在分销渠道中,与商品所有权转移直接或间接相关的,还有一系列流通辅助形式,如物流、信息流、资金流等,它们发挥着相当重要的协调和辅助作用。

2. 分销渠道的类型

分销渠道就是指产品从制造商手中传至消费者手中所经过的各中间商联结起来的通道。分销渠道包括某种产品的供、产、销过程中所有相关的企业和个人,如供应者、生产者、经销商、代理商、批发商、零售商以及最终消费者或用户等。因此,分销渠道也被称为“销售通路”、“流通渠道”或“营销渠道”。这一渠道可直接可间接,可长可短,可宽可窄,视具体企业、具体商品的不同而不同。

图 8-4 是消费品分销渠道的简单模型,图 8-5 是工业品分销渠道的简单模型,可以看出,这两类产品的分销渠道存在很大区别。

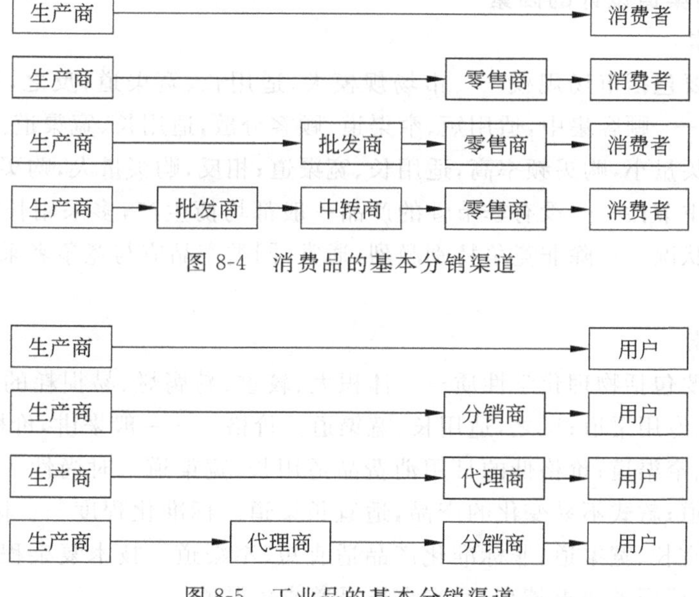

图 8-4 消费品的基本分销渠道

图 8-5 工业品的基本分销渠道

按商品在流通过程中经过的流通环节的多少分销渠道可以划分为以下两类。

(1) 直接渠道。直接渠道是指没有中间商参与,产品由制造商直接销售给消费者和用户的渠道类型。如上门推销、电视直销和网上直销等。直接渠道是工业品销售的主要方式特别是一些大型、专用、技术复杂、需要提供专门服务的产品。

直接渠道的优点是：对于用途单一、技术复杂的产品，可以有针对性地安排生产，更好地满足需要；生产者直接向消费者介绍产品，便于消费者掌握产品的性能、特点和使用方法；由于直接渠道不经过中间环节，可以降低流通费用，掌握价格的主动权，积极参与竞争。但直接渠道也存在不足，如制造商在销售上投入大、花费大，而且销售范围也受到限制。

(2) 间接渠道。间接渠道是指产品经由一个或多个中间环节销售给消费者和用户的渠道类型。它是消费品销售的主要方式，许多工业品也采用。

间接渠道的优点是：中间商的介入，使交易次数减少，节约了流通成本和时间；中间商着重扩大流通范围和产品销售，制造商可以集中精力于生产，有利于整个社会的生产者和消费者。它的不足是：中间商的介入，使制造商与消费者之间的沟通不便。

另外，分销渠道还可以按照中间环节(层次)的多少分为长渠道和短渠道；按照每一渠道层次中间商的多少分为宽渠道和窄渠道；按照渠道成员联系的紧密程度分为传统渠道和现代渠道系统。传统渠道是指由独立的制造商、批发商、零售商和消费者组成的分销渠道。各自为政，各行其是，追求各自利益的最大化。但是实际上各自都实现不了各自利益的最大化，所以，现代渠道系统都趋向于联合经营或一体化经营，由竞争转向联合，通过做大做强，来追求利润的最大化。

8.5.2 分销渠道策略

1. 影响分销渠道设计的因素

(1) 市场因素

市场因素主要包括市场规模——市场规模大，适用长、宽渠道；反之，适用短、窄渠道。顾客的集中程度——顾客集中，适用短、窄渠道；顾客分散，适用长、宽渠道。顾客的购买量、购买频率——购买量小，购买频率高，适用长、宽渠道；相反，购买量大，购买频率低，适用短、窄渠道。消费的季节性——没有季节性的产品一般都均衡生产，多采用长渠道；反之，多采用短渠道。竞争状况——除非竞争特别激烈，通常，同类产品应与竞争者采取相同或相似的销售渠道。

(2) 产品因素

产品因素主要包括物理化学性质——体积大、较重、易腐烂、易损耗的产品适用短渠道或采用直接渠道、专用渠道；反之，适用长、宽渠道。价格——一般来讲，价格高的工业品、耐用消费品适用短、窄渠道；价格低的日用消费品适用长、宽渠道。时尚性——时尚性程度高的产品适宜短渠道；款式不易变化的产品，适宜长渠道。标准化程度——标准化程度高、通用性强的产品适宜长、宽渠道；非标准化产品适宜短、窄渠道。技术复杂程度——产品技术越复杂，需要的售后服务要求越高，适宜直接渠道或短渠道。

(3) 企业自身因素

企业自身因素主要包括财务能力——财力雄厚的企业有能力选择短渠道；财力薄弱的企业只能依赖中间商。渠道的管理能力——渠道管理能力和经验丰富，适宜短渠道；管理能力较低的企业适宜长渠道。控制渠道的愿望——愿望强烈，往往选择短而窄的渠道；愿望不强烈，则选择长而宽的渠道。

（4）中间商因素

中间商因素主要包括合作的可能性——如果中间商不愿意合作，只能选择短、窄的渠道。费用——利用中间商分销的费用很高，只能采用短、窄的渠道。服务——中间商提供的服务优质，企业采用长、宽渠道；反之，只有选择短、窄渠道。

（5）环境因素

环境因素主要包括经济形势——经济萧条、衰退时，企业往往采用短渠道；经济形势好，可以考虑长渠道。有关法规——如专卖制度、进出口规定、反垄断法、税法等。

2. 选择销售渠道的策略

一般来讲，要选择一个有效的渠道系统，必须经过确定渠道模式、确定中间商数目、规定渠道成员的交易条件及责任、评估各种可能的渠道交替方案。

（1）确定渠道模式

企业首先要根据影响渠道设计的各种因素，决定采取什么类型的销售渠道，是直接销售还是中间商销售？选择什么样的中间商类型？生产者在选择中间商时，常常会面临若干个可行的交替方案。

（2）确定中间商数目

在每一渠道类型中的不同层次，所有中间商数目的多少，受企业追求的市场展露程度的影响。市场展露程度可分为3种：即密集分销、选择分销和独家分销。

① 所谓密集分销是指制造商尽可能地通过许多负责任的、适当的批发商、零售商推销其产品。消费品中的便利品（如食品、日用品）和产业用品中的供应品（如办公用品），通常采取密集分销。

② 所谓选择分销是指制造商在某一地区仅仅通过少数几个精心挑选的、最合适的中间商推销其产品。相对而言，消费品中的选购品和特殊品最适于采取选择分销。

③ 所谓独家分销是指制造商在某一地区仅选择一家中间商推销其产品，通常双方协商签订独家经销合同，规定经销商不得经营竞争者的产品，以便控制经销商的业务经营，调动其经营积极性，占领市场。

（3）规定渠道成员的交易条件及责任

分销渠道成员的交易条件和责任在交易关系的组合中，分销渠道成员的交易条件和责任主要包括：价格政策、销售条件、经销区域权、各方应承担的责任等方面。

（4）评估各种可能的渠道方案

渠道方案的评估标准有3个：经济性、控制性和适应性。

① 经济性标准。经济性标准是最重要的标准。在分销渠道的评估中，首先应将分销决策所引起的销售收入的增加与所需成本作比较，以评价决策的合理性。这种比较可以从静态效益、动态效益和综合因素分析来比较。

② 控制性标准。对分销渠道的设计和选择不仅要考虑经济效益，还要考虑企业能否对其实行有效地控制。但这种控制是有效控制，并不是绝对控制。

③ 适应性标准。在评估渠道方案时，还要考虑分销渠道是否具有地区、时间、中间商等适应性。

8.6 促销策略

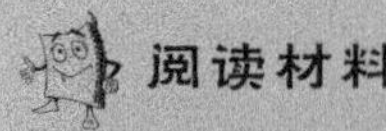

阅读材料

解析屈臣氏的促销

能让都市时尚白领一族以逛屈臣氏商店为乐趣，并在购物后仍然津津乐道，有种“淘宝”后莫名喜悦的感觉，这可谓达到了商家经营的最高境界。屈臣氏正是捕捉了这个微妙的心理细节，成功地策划了一次又一次的促销活动。屈臣氏的促销活动算得上是零售界最复杂的，不但次数频繁，而且流程复杂，内容繁多，每进行一次促销活动更是需要花很多的时间去策划与准备。为超越顾客期望，屈臣氏所有员工都乐此不疲。

2004年6月16日，屈臣氏中国区提出“我敢发誓，保证低价”承诺，并开始了以此为主题的促销活动，每15天一期。从《屈臣氏商品促销快讯》中，屈臣氏的促销活动发展大致分为三个阶段：2004年6月以前为第一阶段，在这段时间里，屈臣氏主要以传统节日促销活动为主，屈臣氏非常重视情人节、万圣节、圣诞节、春节等节日，促销主题多式多样，例如“说吧说你爱我吧”的情人节促销，“圣诞全攻略”、“真情圣诞真低价”的圣诞节促销，“劲爆礼闹新春”的春节促销，还有以“春之缤纷”、“秋之野性”、“冬日减价”、“10元促销”、“SALE周年庆”、“加1元多一件”、“全线八折”、“买一送一”、“自有品牌商品免费加量33%不加价”、“60秒疯狂抢购”、“买就送”等为主题的促销活动；第二阶段是在2004年6月提出“我敢发誓，保证低价”承诺后，以宣传“逾千件货品每日保证低价”为主题，到了2004年11月，屈臣氏作出了宣言调整，提出“真货真低价”，并仍然贯彻执行“买贵了差额双倍还”方针，这样一直到2005年8月，屈臣氏一共举行了30期的促销推广，屈臣氏的低价策略已经深入人心；第三阶段是2005年6月起，屈臣氏延续特有的促销方式并结合低价方针，淡化了“我敢发誓”的角色，特别是到了2007年，促销宣传册上几乎是不再出现“我敢发誓”字样，差价补偿策略从“两倍还”到“半倍还”最终不再出现，促销活动变的更是灵活多变，并逐步推出大型促销活动如：“大奖POLO开回家”、“百事新星大赛”、“封面领秀”、“VIP会员推广”，屈臣氏促销战略成功转型。

8.6.1 促销和促销组合

1. 促销概念

促进销售（即促销）是通过人员推销或非人员推销（如广告、营业推广和公共关系等）的方式，传递商品或服务的存在及其性能、特征等信息，帮助顾客认识商品或服务所能带来的利益，从而达到引起顾客注意和兴趣、唤起需求、采取购买行为的目的。因此，促销的实质是营销者与购买者之间的信息沟通。这种信息沟通不是单向式沟通，而是一种由卖方到买方和由买方到卖方的不断循环的双向式沟通。

2. 促销组合

促销组合是指企业根据促销的需要，对广告、销售促进、宣传与人员推销等各种促销方式进行的适当选择和综合编配。促销方式有人员推销、营业推广、公共关系和广告四种。

确定促销组合实质上就是企业在各种促销方式之间合理分配促销预算的问题。一般来说，企业在确定促销组合时需要考虑以下因素：产品类型、产品生产周期、市场状况和销售目标等。

3. 促销策略组合

促销策略组合研究的是对各促销手段的选择及在组合中侧重使用某种促销手段，一般有以下 3 种倾向。

(1) 推式策略

推式策略是指企业运用人员推销的方式，将产品推向市场，即利用推销人员与中间商促销，将产品推入渠道的策略，如图 8-6 所示。这一策略需利用大量的推销人员推销产品，它适用于生产者和中间商对产品前景看法一致的产品。推式策略风险小，推销周期短、资金回收快，但其前提条件是须有中间商的共识和配合。

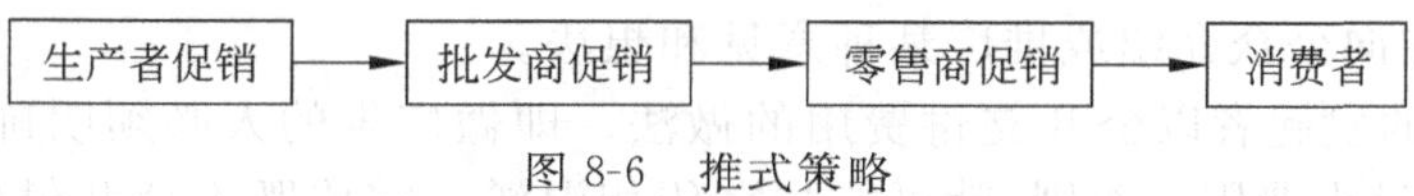

图 8-6 推式策略

推式策略常用的方式有：派出推销人员上门推销产品，提供各种售前、售中、售后服务促销等。

(2) 拉式策略

拉式策略是企业运用非人员推销方式，把产品信息介绍给目标市场的消费者，使他们产生强烈的购买欲望，形成急切的市场需求，然后"拉引"中间商经销这种产品，如图 8-7 所示。

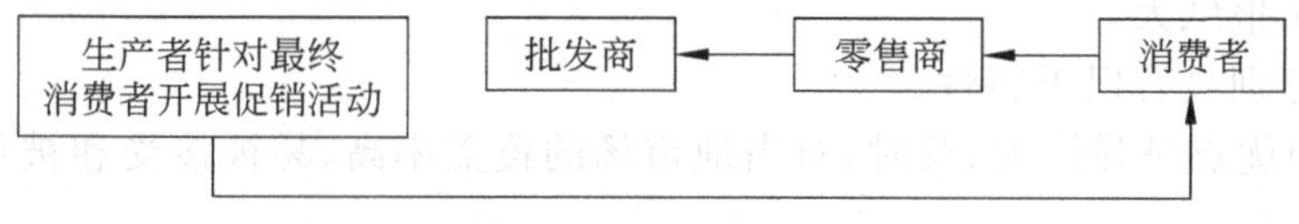

图 8-7 拉式策略

在市场营销的过程中，由于中间商与生产者对某些新产品的市场前景常有不同的看法，因此，很多新产品上市时，中间商往往因过高估计市场风险而不愿经销。在这种情况下，生产者只能先向消费者直接推销，然后拉引中间商经销。

(3) 推拉结合策略

在通常情况下，企业也可以把上述两种策略结合起来运用，在向中间商进行大力促销的同时，通过广告刺激市场需求，如图 8-8 所示。

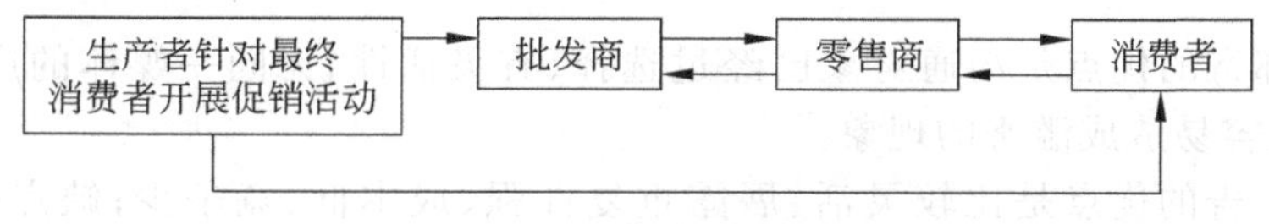

图 8-8 推拉结合策略

在"推式"促销的同时进行"拉式"促销，用双向的促销努力把商品推向市场，这比单独地利用推式策略或拉式策略更为有效。

8.6.2 广告

1. 广告的含义

美国市场营销协会定义委员会就广告的性质下过这样的定义："广告是由明确的发起者以公开支付费用的做法，以非人员的任何形式，对产品、服务或某项行动的意见和想法等的介绍"，该定义包含下列内容。

(1) 任何形式。指广告可以用任何形式进行介绍。报纸、杂志、广播、电视、海报、牌坊、符号、空中文字、卡片、气球、车船、火柴盒、瓶罐、日历等都可以用做广告。

(2) 非人员。这就排除了广告与人员推销相混淆的可能。面对面、个人对个人、小组对小组进行游说推销，不属于广告的范畴。

(3) 介绍产品、服务或某项性的意见和想法。人们在给广告下定义时，往往只提到介绍产品或服务，而忽略了对某种意见和想法的推广，其实这正是极为重要的广告内容。例如"喝汇源果汁，走健康之路"、"钻石恒久远，一颗永流传"、"中国移动通信，沟通从心开始！"等广告词句，都是在向公众介绍或推广某种意见和想法。

(4) 由明确的发起者以公开支付费用的做法。即做广告的人必须明确，并公开承认为使用广告媒体而付出费用。否则，就可能与宣传相混淆。宣传既不公开付费又不一定总能明确识别其作者。

2. 广告媒体

企业媒体计划人员还必须评估各种主要媒体到达特定目标沟通对象的能力，以便决定采用何种媒体。主要媒体有报纸、杂志、直接邮寄、广播、户外广告等。这些主要媒体在送达率、频率和影响价值方面互有差异。如电视的送达率比杂志高，户外广告的频率比杂志高，而杂志的影响比报纸大。

各种媒体分别具有以下特性。

(1) 报纸的优点是弹性大、及时、对当地市场的覆盖率高、易被接受和被信任；缺点是时效短、转阅读者少。

(2) 杂志的优点是可选择适当的地区和对象、可靠且有名气、时效长、转阅读者多；缺点是广告购买前置时间长、有些发行量是无效的。

(3) 广播的优点是大量使用、可选择适当的地区和对象、成本低；缺点是仅有音响效果、不如电视吸引人、展露瞬间即逝。

(4) 电视的优点是视、听、动作紧密结合且引人注意，送达率高；缺点是绝对成本高、展露瞬间即逝、对观众无选择性。

(5) 互联网的优点是传播广、互动性和针对性强、费用低；缺点是受众全体较小、浏览者有抵触心理。

(6) 直接邮寄的优点是沟通对象已经过选择、有灵活性、无同一媒体的广告竞争；缺点是成本比较高、容易造成滥寄的现象。

(7) 户外广告的优点是比较灵活、展露重复性强、成本低、竞争少；缺点是不能选择对象、创造力受到局限等。

选择何种媒体，需考虑以下因素。

(1) 目标沟通对象的媒体的习惯。

(2) 产品特性。

(3) 信息类型。

(4) 成本。

8.6.3 人员推销

人员推销是指推销人员通过自己的声音、形象、动作或拥有的样品、宣传图片等图片直接向顾客展示、操作、说明，直接与顾客相互交流，向目标顾客推销商品或劳务的过程。或者说，人员推销是销售人员帮助和说服购买者购买某种商品或服务的过程。

1. 人员推销的特点

(1) 信息传递的双向性。人员推销是一种典型的信息双向沟通的促销形式。人员推销注重人际关系，有利于顾客同销售人员之间建立友谊。

(2) 推销过程的灵活性。销售人员在访问推销过程中可以亲眼观察到顾客对推销陈述和推销方法的反应，并揣摩其购买心理变化过程，因而能立即根据顾客情绪及心理的变化酌情改进推销陈述和推销方法，以适应各个顾客的行为和需要，促进最终交易的达成。

(3) 满足顾客需求的针对性强。人员推销与广告相比，广告所面对的范围广泛，其中有相当部分根本不可能成为企业的顾客；而人员推销总是带有一定的倾向性访问顾客，目标明确，往往可以直达顾客，因而无效劳动少。

(4) 推销目的的双重性。实质就是满足顾客需要基础上企业获利。

2. 人员推销的基本形式

(1) 上门推销。就是推销人员带样品直接上门推销。这是常见的一种人员推销方式。

(2) 柜台推销。就是将产品放在商店柜台上通过营业员等客上门的推销方法。

(3) 会议推销。如各种促销会。

8.6.4 营业推广

所谓营业推广，也称销售促进，是指企业运用各种短期诱因，鼓励购买或销售企业产品或服务的促销活动。美国市场营销协会定义委员会认为，销售促进是指“除了人员推销、广告、宣传以外的、刺激消费者购买和经销商效益的各种市场营销活动，例如，陈列、演出、展览会、示范表演以及其他推销努力。”营业推广具有许多分类方式，包括：

(1) 针对消费者的促销工具，如样品派送、折价券、以旧换新、减价、赠奖、商品示范等。

(2) 针对产业用品的促销工具，如折扣、赠品、特殊服务等。

(3) 针对中间商的促销工具，如购买折让、免费商品、商品推广津贴、合作广告、经销商销售竞赛等。

(4) 针对推销人员的促销工具，如红利、竞赛、销售集会等。

营业推广依据对象的不同，可以分为三种类型，即：面向消费者的营业推广、面向中间商的营业推广和面向推销人员的营业推广。

一般来说，企业的营业推广战略包括确定目标、选择工具、制订方案、预试方案、实施和控制方案，以及评价结果等内容。

8.6.5 公共关系

1. 公共关系的概念和作用

所谓公共关系，是指通过获得有利的公众宣传而与公司的不同客户建立良好的关系，建立良好的"公司形象"，对付或消除不利的谣言、传闻或事件。公共关系可以用来宣传产品、人、地方、活动、组织，甚至是国家。例如，强生公司成功地使用了公关手段，避免了从市场上消失的危险；杭州市政府通过组织"住在杭州"、"西博会"、"我看杭州新变化"等活动转变杭州市的形象，吸引游客到杭州游玩；许多国家也利用公关吸引更多的游客、外资和国际支援。

由于公共关系可以远低于广告的代价而对公众心理产生较强的影响，因此，如果一个公司能够"制造"一些有趣的故事，就可能会有好几家不同的新闻机构来"炒"这些故事。这与花费巨资做广告带来的效果相同，并且它带来的可信度要比广告高得多。

2. 公共关系促销的主要工具

(1) 新闻。公关人员应找出或创作一些对公司或其产品有利的新闻。

(2) 演说。领导人要学会如何回答新闻媒体提出的问题、如何演讲、如何在会议上讲话等。

(3) 特别活动。如新闻发布会、开幕式、焰火展示、镭射节目、热气球升空、多媒体展示和各种展览会。

(4) 书面材料。包括年度报告、文章、公司的新闻小报和杂志等。

(5) 视听材料。如电影、幻灯节目、录音磁带等。

(6) 企业形象材料。如宣传小册子、制服、公司的汽车和卡车等。

(7) 公益活动。如各种募捐。

本章小结

市场营销在企业生产经营活动中占据重要的地位。市场营销是致力于交换过程以满足人们需要的活动。该活动对一种构想、商品和服务的定义、定价、促销和流通等活动，通过它，消费者和生产经营者双方达到交换的目的。

市场细分是企业通过市场调研，根据整体市场消费者需求的差异性，以影响消费者需求和欲望的某些因素为依据，将某一产品的整体市场划分为若干个需求不同的消费者群的市场分类过程。在市场细分的基础上，企业根据自己资源优势选择要满足的市场，即目标市场的选择。

影响市场营销活动的因素有很多，企业可控营销因素通常可分为：产品(Product)、价格(Price)、分销(Place)和促销(Promotion)。每一个因素都包含了许多相关的决定因素，各自又会形成相应策略，如产品策略、价格策略、分销策略和促销策略。

思考题

1. 什么是市场营销？简述需要与需求的区别？
2. 结合产品说明市场细分及其标准。

3. 举例说明产品的整体概念及层次结构。

4. 试分析影响产品定价的因素?

5. 结合具体产品(家用电器)说明销售渠道选择。

6. 结合具体产品(牙膏、电脑)策划促销方案。

案例分析

纳爱斯包装“100年润发”,进军个人护理市场

早在20世纪90年代,浙江纳爱斯集团以一句“只选对的,不选贵的”的广告宣传用语,从而开创了肥皂和洗衣粉领域一头独大的市场局面,但是经过10余年的高速发展,纳爱斯虽然已经拥有了涉及家居清洗、织物洗护、口腔护理等业务领域,但是整体市场表现却是乏善可陈,一直以来还是难以甩掉“肥皂王”的帽子和“洗衣粉”的味道。如何从世界最大的肥皂生产企业提升为世界最大的日化用品生产企业,如何借船下海、通过企业并购、品牌收购等手段加速实现自己“大纳爱斯”的目标和梦想。为此,长久以来浙江纳爱斯集团决策者都在潜心关注和倾心思考着。

2009年7月,浙江纳爱斯集团让“100年润发”的品牌复出。

从7月1日起,细心的消费者会发现,“100年润发”广告在全国众多电视频道热播。此次广告由刘德华担任主角,在广告中为女主角温柔洗发,耐心呵护。一句“调理秀发,爱润100年”的广告词给人以清新、爽朗的感觉。

据介绍,“100年润发”产品延续原周润发代言的“青丝秀发,缘系百年”的东方情缘,经重新整合,专门针对亚洲人发质精心研发,采用特有的N-balanz健康调理配方,调理头皮环境,从根本上解决头发问题。一经推出,便引起了市场和各方的关注与好评。而在11年前的周润发版的“100年润发”老广告中,周润发细心地为女主角洗头的场景已成为广告片中的经典镜头。该广告的成功传播,帮助“100年润发”在宝洁、联合利华等众多国外大公司把持的化学洗发市场中开辟出了植物一派的新天地。

成名多年的本土知名日化品牌“奥妮”、“百年润发”和“西亚斯”,虽然由于其品牌专属和经营关系的纠葛几经辗转,但是,奥妮旗下的产品品牌一直都没有受到影响,直到2004年年底,香港奥妮接手重庆奥妮的全国市场业务时期,全国的市场销售仍然还有2亿元的市场规模。

2006年10月,浙企纳爱斯集团通过成功收购3家英属香港公司,一举拥有了“100年润发”等品牌的所有权和独家使用权。此次“100年润发”强势重出江湖,纳爱斯集团可谓用心良苦。

2008年11月,纳爱斯集团市场发展部总监董丽瑛透露,纳爱斯之所以花2.29亿元拿下央视2008年全年的电视剧特约剧场冠名权,其中一个考虑就是着力打造“100年润发”这个品牌。而此次邀请天王巨星刘德华代言,正是寻找到了刘德华的气质与产品的神似之处。

但是，面对媒介资讯日益泛滥的今天，广告的商业效果已经不比从前了，在10年前，浙江纳爱斯依靠央视媒介的广告平台助推了品牌和企业的双向发展，然后在现如今，央视的广告效应还是毋庸置疑，但是面对日益变换的市场环境和消费者心理需求变化，如果还单凭唯广告论成败，毕竟是痴人说梦。

(http://wenwen.soso.com/z/q190401106.htm)

问题：

(1) 收购了奥妮后的纳爱斯该如何发展？又该如何定位这些品牌群和产品线？

(2) 纳爱斯要将百年润发带向哪里？

实践与实训

1. 分析身边经常使用的产品(如游戏、MP3、包)进行层次结构分析，指出该产品的核心产品、形式产品、附加产品。

2. 日本资生堂的负责人说：本公司推销的不是化妆品，而是美丽。当咖啡被当做普通的产品卖时，一杯可卖5元钱；当咖啡被包装成商品时，一杯可以卖一二十元钱；当其加入了服务，在咖啡店中出售，一杯可卖几十元钱；但如果能让咖啡成为一种醇香与美好的体验，一杯就可以卖到上百元。对此进行分析讨论。

3. 利用网络资源调查国内外知名企业关于家用轿车、家电产品和食品营销策略。

第9章 生产管理

学习目标

知识点

1. 生产过程及主要运作方式。
2. 生产能力。
3. 生产计划组成和编制。
4. “5S”管理、定置管理。
5. 生产作业调度与控制。

技能点

1. 人员的调配、排班。
2. 制订生产计划和采购计划。
3. 做好生产现场管理。
4. 车间生产过程的控制和监督。

阅读材料

海尔电脑的柔性生产线

不久前，海尔电脑提出了独具匠心的“CIY”营销理念，受到经销商和用户的一致认可和欢迎，在业界引起强烈的反响。“CIY”理念的意思就是根据用户的创意和要求来生产，满足用户的个性化需求。为实现这一经营理念，并且要保证电脑质量，海尔进行了生产改革与创新。

海尔电脑从接到订单到出厂，这中间的每道工序都是在电脑系统的集成管理和严格监控下完成的。

在海尔电脑的柔性生产线上，工作人员每完成一道工序，都会在上面贴上一个条形码。这是海尔电脑为了确保每道工序都能符合要求，所采取的条形码数据采集系统，这套系统能够自动对每道工序进行检查和检测，杜绝任何一道工序和任何一个环节的质量误检和漏检。每一台出厂的海尔电脑都有一个唯一的条形码，这样，对于出现质量问题的电脑部件，就可以根据条形码很快找到直接责任人，并及时加以处理。海尔电脑为使生产线的生产模式更加灵活，对生产线的制造系统进行了改造并开发了辅助系统。

（资料来源：季建华.运营管理.上海：上海交通大学出版社，2004）

9.1 生产过程组织

9.1.1 生产与生产过程

1. 生产与运作活动

生产与运作活动是指“投入—转化—产出”的过程，即投入一定的资源，经过一系列多种形式的转化，使其价值增值，最后以某种形式产出供给社会的过程，也可以说，是一个社会组织通过获取和利用各种资源向社会提供有用产品的过程，如图 9-1 所示。

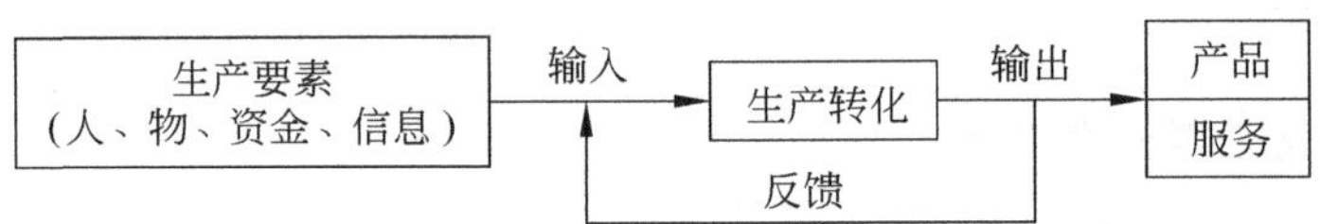

图 9-1 生产系统功能示意图

其中投入包括：人力、设备、物料、信息、技术、能源、土地等劳动资源要素。产出包括两大类：有形产品和无形产品。人们把有形产品的生产过程和无形产品的提供过程都看做是一种“投入—转化—产出”的过程。这种变换过程的产出结果无论是有形还是无形的，都具有下述特征。

(1) 能够满足人的某种需要，即具有一定的使用价值。

(2) 需要投入一定的资源，经过一定的变换过程才能够实现。

(3) 在变换过程中总要投入一定的劳动，实现价值增值。

2. 生产过程

生产过程是指从投料开始，经过一系列的加工，直至成品生产出来的全部过程。其中包括：劳动过程和自然过程。

(1) 劳动过程：人们利用劳动工具，作用于劳动对象，按照预订的方法和步骤，改变其几何形状和性质，使之成为产品的过程。

(2) 自然过程：在自然力的作用下，改变其物理和化学状况的过程。

生产过程的构成，按各部分分担任务的不同，可分为以下 4 部分。

(1) 生产技术准备工作：指产品在投入生产前所进行的各种生产技术准备工作。

(2) 基本生产过程：指对构成产品实体的劳动对象直接进行工艺加工的过程。

(3) 辅助生产过程：指为保证基本生产过程的正常进行而从事的各种辅助性生产活动的过程。如为基本生产提供动力、工具和维修工作等。

(4) 生产服务过程：指为保证生产活动顺利进行而提供的各种服务性工作。如物料供应工作、物料运输工作、技术检验工作等。

3. 生产过程先进合理的标志

生产管理的对象就是生产过程，组织好生产过程能使企业有效地利用生产资源，根据市场需求快速反应。衡量生产过程组织的合理与否的标志是能否合理地处理生产过程各个部分之间的关系，使其在时间上、空间上密切配合、协调一致，以保证均衡、有节奏的生产。生产过程先进合理的标志有连续性、比例性、节奏性、准时性和柔性。

(1) 连续性

产品在各个环节上的运动始终处于连续状态,没有或很少有不必要的停顿和等待时间。要实现生产过程的连续性,首先生产单位布置合理,符合工艺流向,生产过程的运输路线短,减少或消除迂回和往返的距离;其次采用合理的生产组织形式,避免因组织结构设置不合理而使物流不通畅;第三是要合理安排生产计划,使上下工序衔接流畅;第四要有科学的设备管理和质量管理体系。

(2) 比例性

在生产能力、效率、计划方面保持比例,避免脱节。要做到比例性,在生产系统设计时就要考虑生产各个环节、各工序之间能力匹配问题。但实际上,随着时间的推移,生产系统的比例性会随着产品变化、生产组织改善、工艺改进发生改变,产生瓶颈问题。因此,需要经常对生产过程的能力比例进行调整。

(3) 节奏性

节奏性也叫均衡性,即相同的时间间隔内生产大致相同数量或递增数量的产品。生产的节奏性表现在产品的投入、生产和产出三个环节。

(4) 准时性

生产过程的各阶段、各工序按用户需要进行生产,即只在需要的时候,按需要的量,生产需要的产品。

(5) 柔性

能及时满足变化的市场需要,即朝着多品种、小批量、能够灵活转向、应急应变性强的方向发展。

4. 生产类型

生产类型是按企业产品的性质、结构和工艺特点,产品品种的多少以及其变化的程度,对企业及其生产环节所进行的分类。常见的分类方法有以下几种。

(1) 按工艺过程的特点不同划分

① 连续性生产。连续性生产是指物料均匀、连续地按照一定工艺顺序移动,连续不间断地生产一种或少数几种产品。如钢铁、水泥、玻璃、制糖及化工等。

② 离散性生产。离散性生产是指物料离散地按照一定工艺顺序投入,该种生产类型产品往往是多品种。如汽车、家具、服装及机车制造。

(2) 按组织生产的特点划分

① 备货型生产。没有接到订单时,按已有的产品标准或产品系列,在市场预测的基础上,有计划地进行生产。如轴承、电子元件、标准件等,其生产目的是为补充库存和防止脱销。

② 订货型生产。根据用户订单的具体订货要求进行生产。如船舶、飞机等产品的生产。

(3) 按生产产品的专业化程度划分

① 大量生产类型。长期生产一种或少数几种产品,其特点是专业化程度高、产量大、品种少,生产条件稳定。

② 成批生产类型。工作成批轮番进行生产,一批零件加工完成后,调整设备和工装,再

生产另一批零件。由于生产稳定程度、重复程度、专业化程度不同，成批生产又分为大批生产、中批生产和小批生产三种情况。

③ 单件生产。产品品种很多，每种产品的数量很少，只生产一个或几个，生产稳定性和专业化程度低，对工人的技术水平要求较高。

9.1.2 生产过程的空间组织

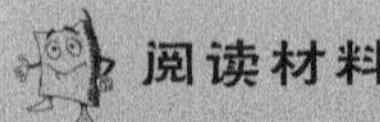

柔性生产线对生产效率的影响

某大型办公设备制造企业，在20世纪90年代投资数百万美元引进一条装配生产线，每月生产A款打印机两万台，线上配置近100名工人，之后，A款打印机销售量逐年递减，为确保市场占有率，该公司又陆续投入其他几款产品的生产，当几种产品换线生产时，由于存在装配速度较慢的机型，每次都要调整，特别是各工位和工人熟练程度的不同，生产浪费较严重。而某世界500强R公司采取柔性制造系统来布置生产中心，实现了多种生产方式并存，取得了巨大的经济效果，在同样的厂房设备条件下，复印机生产能力提高到原设计能力的3.5倍以上。

空间组织就是指企业的各个生产单位的组成、相互联系及其在空间上的分布情况。空间组织要求对车间、工作中心和设备合理布局，以确保生产系统中工作流(材料或顾客)的畅通。由于生产布局需要投入大量资金和精力，并且建成后不宜改动，因此，需要对新设施设计和对现有设施再设计进行慎重决策。生产布置的三种基本类型是工艺原则布置、产品原则布置和定置布置。

1. 工艺原则布置

工艺原则布置按照生产工艺的特点来设置生产单位。制造业工艺原则布置的例子就是机加工车间，有专门的车、磨、刨、钻等部门，需要进行这些操作的工件按特定顺序成批地进入这些部门，如图9-2所示。

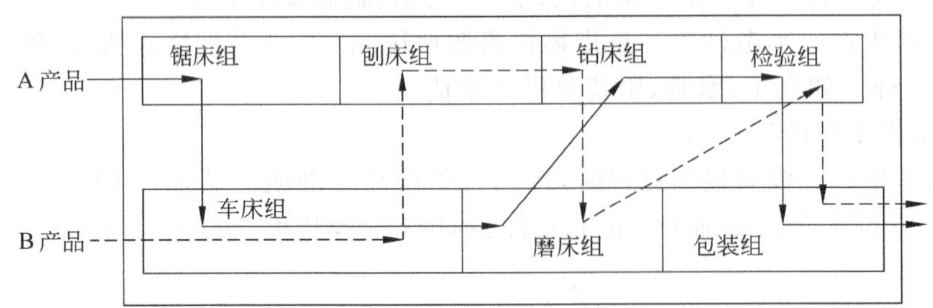

图9-2 工艺原则布置示意图

工艺原则布置的特点是在工艺专业化的生产单位内，集中着同种类型的生产设备和同工种的工人，每一个生产单位只完成同种工艺方法的加工。在这些部门，所生产的加工对象品种多，批量小。采用这种布置方式往往是由于同样的设备只能用来制造多种不同的零部件，其最大的优点是有很强的灵活性，即适应产品品种的要求，适应分工的要求，同时便于工艺管理、便于技术交流和提高技术水平。缺点是加工路线长；工件要经过许多车间，增加交接等待时间；车间之间的相互联系比较复杂，使计划管理和在制品管理工作更加复杂。

以机械制造类企业为例，按工艺专业化原则建立的生产单位，其具体形式如下。

(1) 工厂：铸造厂、锻造厂、电镀厂。

(2) 车间：机械加工车间、锻压车间、焊接车间。

在服务业如医院的眼科、牙科、外科、内科等，学校教学单位如中小学语文、数学、外语教研室。

2. 产品原则布置

产品原则是各基本车间独立完成产品、零件、部件的全部或大部分工艺过程，如图9-3所示。该布置旨在使大量产品或顾客顺利且迅速通过系统，适用于标准化高的产品或服务。

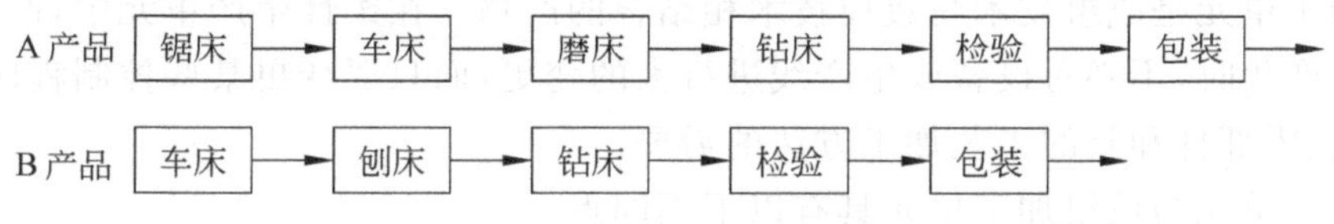

图9-3 产品原则布置示意图

对象专业化形式有两类主要形式：以成品或部件为对象的专业化形式和以同类零件为对象的专业化形式。对象化布置的典型实例就是生产线和装配线。生产线是在一系列机器上制造零部件或成品，如制造洗衣机的金属部件或啤酒生产；装配线是在各工作地把各种零件装配起来，如汽车总装。由于按产品布置，其生产往往具有较强的连续性，因此为采用先进的生产过程组织形式(流水线、自动化)创造了条件。该方式加工路线短，大大减少车间之间的联系，有利于在制品管理、降低生产成本。其缺点是对产品变动的应变能力差，工人之间的技术交流比较困难，因此工人技术水平的提高受到一定限制。

按对象专业化原则建立的生产单位，其具体形式如下。

(1) 工厂：汽车制造厂、齿轮厂、飞机制造厂。

(2) 车间：发动机车间、底盘车间、齿轮车间。

在实际应用中企业可以采取按工艺或对象原则来布置生产现场，但更多的企业是采取上述两种或两种以上形式的布置方式，这种布置也叫混合布置。

3. 定置布置

定置布置是加工对象不动，人员、材料和设备根据需要移动。采用这类布置的产品具有体积大、产品移动困难的特点，如大型建设项目(大楼、发电厂、大坝)、船舶、飞机和火箭的制造。定置布置还广泛地应用于耕地、消防、筑路、建筑住宅和钻探方面。

4. 单元布置

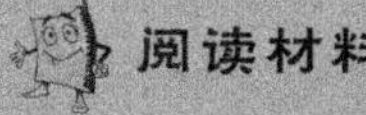

阅读材料

佳能公司业绩成长的一条最重要的成功经验就是将原始的流水作业线改为一个独立的超小型组装工作室，以"蜂巢式的单元小组"系统代替了传统的流水线。以组装复印机为例，将冗长的流水线改为6名员工为一个小组的作业组，这些员工在一个小工作室中合作组装含1万个零件的复印机，他们所需要的工具都在随手可得的地方，所有工作都可以在小工作室完成。在这种情况下，6名员工的生产力，等于旧式生产线的30名员工。这个改变使公司减少1万名工人，公司的生产率增长了30%。

（资料来源：由建勋.现代企业管理.北京：高等教育出版社，2008）

（1）成组加工单元

成组加工单元就是在一个生产单元内，配备某些不同类型的加工设备，完成一组或几组零件的全部加工任务，且加工顺序在组内可以灵活安排。成组加工单元符合对象原则，也可以看做是对象原则的进一步发展。

（2）柔性加工单元

柔性加工单元是成组技术与数控技术相结合的产物。在柔性生产单元中，产品、零部件或加工工艺变化时，不必对设备或生产线进行大的变更，而只要变更某些控制程序就可以适应新的产品、零部件和新的工艺加工方法的需要。

柔性加工单元与成组加工单元具有以下不同点。

① 加工机床为数控机床或数控加工中心。

② 传递装置为自动传送系统或自动抓握装置。

③ 工件和刀具自动传递装卸。

④ 采用集中数控或计算机控制。

5. 其他的服务布置

在服务业还存在其他的布置，如仓库、零售及办公室布置。

（1）仓库与储备布置

储备布置的设计与工厂布置考虑的因素不同。订货次数是考虑的重要因素，频繁订货的物品应放置在出口附近；物品的相关性也很重要，相关物品靠近放置可以减少挑选时间。其他因素如走道的数量和宽度、储备分隔间的高度、铁路和货车的卸货等。

（2）零售布置

制造业布置追求的目标是成本最小化和产品流动距离短。而百货商店、超市、专卖店的布置，需要考虑顾客的到来情况，通过设计来影响销售额和顾客的态度。一些连锁店的布置采用标准化设计。

（3）办公室布置

开放式的布置成为办公室布置的趋势，通常采用低隔断或玻璃墙。

9.1.3 时间组织

生产过程的时间组织，是指要求各个生产单位之间、各加工工序之间在时间上紧密衔接起来，以缩短生产周期。要缩短生产周期，一是要制定合理作业时间，二是要组织好作业加工顺序。

1. 标准作业时间的确定

标准作业时间是指某一加工工序，在标准的作业条件下，合格的作业人员以正常的努力，完成一件工件的时间。每项工作的标准时间都应包括基本时间和放宽时间两部分组成。

基本时间就是一个合格工人按照操作规范完成一项特定工作所需的时间；放宽时间就是在基本时间基础上为工人休息、放松和满足个人需要预留出来的时间。实际中用放宽率来计算，在西方国家通常为4%～7%，我国一般为10%～15%。标准作业时间的确定包括以下方法。

(1) 秒表测时法

秒表测时法由科学管理之父泰勒首创，是根据对某个工人多次的观察来开发时间标准，然后将之应用于相同任务的其他人中的方法。其步骤就是明确所要研究的任务，将完成该任务的过程分解为细微的动作要素，确定观察的次数，记录工作时间，评估工人的绩效，计算标准时间。

【例 9-1】 某公司对包装车间的包装工作进行了一次时间研究，观测结果见表 9-1，公司规定放宽率为10%。

表 9-1 包装工作标准时间计算

动 作	观测次数和动作时间/分钟						平均基本时间/分钟	放宽率/%	动作标准时间/分钟
	1	2	3	4	5	6			
制箱	0.64	0.64	0.63	0.60	0.61	0.66	0.63	10	0.69
包 * 20	1.17	1.19	1.25	1.20	1.15	1.19	1.19	10	1.31
封箱和保护	0.48	0.48	0.50	0.50	0.52	0.52	0.50	10	0.55
固定和标签	1.12	1.10	1.08	1.13	1.27	1.12	1.14	10	1.25

总的标准时间＝0.69＋1.31＋0.55＋1.25＝3.8(分钟)

(2) 历史数据法

历史数据法是根据过去的经验和历史数据来估计标准作业时间的方法，用上次完成相同或类似工作所耗费的时间来估计现在要完成工作所需要的时间。该方法简单、易行、经济，不需花费时间和成本去进行时间研究。

(3) 即定时间法

即定时间法也称即定时间标准法，只需记录动作，然后根据资料查得的时间值进行计算，即可得出动作时间。该方法是在20世纪40年代由操作工程委员会开发出的操作时间测量系统(MTM)。MTM表是以基本动作和时间组成，采用这种方法，分析人员须把工作分解成基本动作单元(移动、伸手、上举、站立等)，并测量所涉及的距离，评估动作难度，然后参照合适的数据表获得动作单元时间，最后求出标准时间。

2. 生产作业排序

时间组织实际上就是对工件加工顺序的安排，因为每个工件在各个工作地的时间定额是事先确定的，不同的加工顺序，其完成时间就不同。工件的加工顺序也称为作业排序，是将多个不同的工件按一定优先法则，将不同的工件安排在不同的设备上或同一设备上进行顺序加工的过程。

(1) 常用的优先法则

在实际工作中常用的优先法则主要包括以下几种。

① 先到先服务(First Come First Served, FCFS)，即工件或工作顺序安排是根据工作到达工作地的先后顺序而决定的。

② 最短加工时间(Shortest Processing Time，SPT)，即工件顺序的安排是根据工作所需要的加工时间而决定的，先安排加工时间最短的工作。

③ 最早交货期(Earliest Due Date，EDD)，即工件安排顺序是根据工作的交货期到期时间的先后来决定，优先安排交货期早的工件。

④ 最小松弛时间(Minimum Slack Time，MST)，即工件顺序的安排是根据工作最小松弛时间而决定的(松弛时间＝交货日期－完成工作所需时间)，先安排松弛时间最小的工件。

(2) 作业排序的评价标准

① 总流程时间最短，总流程时间为每个工件的加工时间与等待加工时间之和。

② 平均流程时间最短，平均流程时间为全部工件流程时间总和除以工件个数。

③ 最大误期最短，各种排序中各工件延误时间之和要最短。

④ 平均误期最短，平均延误期为各工件延误时间之和除以工件个数。

3. 作业排序的方法

(1) 单设备排序

① 定理1　对于单设备排序问题，SPT 规则使平均流程时间最小。

② 定理2　对于单设备排序问题，EDD 规则使最大误期最短。

③ 定理3　对于单设备排序问题，若存在使最大误期为0的排序方案，则在交货期不小于考虑中的工件的作业时间之和的工件中，将作业时间最大的工件安排在最后位置，如此反复进行，可得到使平均流程时间最小的最优工件顺序。

【例 9-2】 单设备方法的比较。设某项工作有 A、B、C、D、E 5 项工作，按先后顺序到达某工作地，其作业时间见表 9-2。

表 9-2　作业时间信息　　单位：小时

工作顺序	作业时间	工作流程时间	交货时间
A	4	4	6
B	17	21	20
C	14	35	18
D	9	44	14
E	11	55	12

解：按 FCFS 排序结果为 A—B—C—D—E，排序数据见表 9-3，其评价时间为：

总完工时间 ＝ 4＋17＋14＋9＋11 ＝ 55(小时)

平均流程时间 ＝ (4＋21＋35＋44＋55)/5 ＝ 31.8(小时)

平均延误时间 ＝ (1＋17＋30＋43)/5 ＝ 18.2(小时)

表 9-3　按 FCFS 排序数据表　　单位：小时

工作顺序	作业时间	流程时间	交货时间	延误时间
A	4	4	6	0
B	17	21	20	1
C	14	35	18	17
D	9	44	14	30
E	11	55	12	43
总计	55	159		91

按 SPT 排序，排序结果为 A—D—E—C—B，其排序数据见表 9-4。

表 9-4 按 SPT 排序数据表 单位：小时

工作顺序	作业时间	流程时间	交货时间	延误时间
A	4	4	6	0
D	9	13	14	0
E	11	24	12	12
C	14	38	18	20
B	17	55	20	35
总计	55	134		67

平均流程时间 ＝ 134/5 ＝ 26.8(小时)

平均延误时间 ＝ 67/5 ＝ 13.4(小时)

按 EDD 排序，排序结果为 A—E—D—C—B，排序数据见表 9-5。

表 9-5 按 EDD 排序数据 单位：小时

工作顺序	作业时间	流程时间	交货时间	延误时间
A	4	4	6	0
E	11	15	12	3
D	9	24	14	10
C	14	38	18	20
B	17	55	20	35
总计	55	136		68

平均流程时间 ＝ 136/5 ＝ 27.2(小时)

平均延误时间 ＝ 68/5 ＝ 13.6(小时)

按 MST 排序，排序结果为 E—A—B—C—D，其排序数据如表 9-6。

表 9-6 按 MST 排序数据 单位：小时

工作顺序	作业时间	流程时间	交货时间	松弛时间	延误时间
E	11	11	12	1	0
A	4	15	6	2	9
B	17	32	20	3	12
C	14	46	18	4	28
D	9	55	14	5	41
总计	55	159			90

平均流程时间 ＝ 159/5 ＝ 31.8(小时)

平均延误时间 ＝ 90/5 ＝ 18(小时)

虽然 4 种排序的总完工时间相同，但 FCFS 排序对客户来说是最公平的，平均流程时间最短的是按 SPT 法则，流程时间短意味着生产周期短，对企业流动资金的周转有利。

(2) Johnson 排序法

当几种零件在两台设备上加工，且工艺顺序相同，即为两台设备的流水型排序问题，可使用 Johnson-Bellman 排序法，确定出加工排序，使总流程时间最小。其排序步骤如下所述。

第一步，从所有工件的加工时间中找出最小的。

第二步，如果找出的最小加工时间在第一台机器上，将其对应的工件排在第一位；如果找出的最小加工时间在第二台机器上，则将其工件放置在最后；然后进行第三步。

第三步，将已经确定位置的工件删除，返回第一步，直至全部工件排完为止。

【例 9-3】 已知有 5 项工件顺序经过设备Ⅰ、设备Ⅱ，工件在两台设备上加工所需时间见表 9-7。

表 9-7 工件加工时间 单位：小时

工作设备	A	B	C	D	E
设备Ⅰ	4	4	10	6	2
设备Ⅱ	5	1	4	10	3

解：根据 Johnson-Bellman 排序法则，加工时间最小的是工件 B 在设备Ⅱ上的时间(1 小时)，工件 B 排在最后的位置。

接下来最小加工时间是 2 小时且出现在第一台设备上，其对应的工件 E 应排在第一位。

重复上述排序规则，得到排序结果是：

E—A—D—C—B

但这个定理无法具体确定这个流程时间的大小。确定这个流程时间的大小，可用甘特图。

总的完工时间＝2＋4＋6＋10＋4＋1＝27(小时)

9.1.4 人员组织

生产过程的组织除了空间组织和时间组织外，还需进行人员的组织。人员组织问题在生产现场主要表现为人员班次安排。

在人员组织过程中，要考虑一天中工作任务与员工人数相适应；每周休息时间要与员工人数相互调和；一年中的度假时间、培训周期以及员工不工作时间也要相互匹配。在人员安排时要注意以下事项。

(1) 生产能力与实际需求相互匹配。

(2) 每一班次的工作时间要合理，以便调动员工的积极性。

(3) 尽量减少非标准工作时间。

(4) 休息的时间应该适合员工的需要(如员工更喜欢连续两天休息)。

(5) 人员安排要有足够的弹性来应对突发的情况(如员工生病)和需要(客户的紧急问题)。

在许多企业(如医院、消防队、饭店、超市)中，对人员安排的要求是相当类似的：员工的工作在重复性或循环的基础上进行轮班，并且还有假期。

1. 单班次人员安排

设某单位每周工作 7 天，每天一班，平常需要 N 人，周末需要 n 人。求在以下条件下的班次计划：(1)保证工人每周有两个休息日；(2)保证工人每周的两个休息日为连休。

设 W 为符合条件下最少的人员数；$[x]$为大于等于 x 的最小整数；X 在作业计划中表示休息日。

条件(1)，每周休息两天。

$$W = \max\{n, N + [2n/5]\}$$

假定 $N=5$，$n=8$，求班次安排。根据公式先求出满足员工每人每周有两天的休息时间，这样条件下所需的人数。

$$W = \max\{8, 5 + [2 \times 8/5]\} = 9(\text{人})$$

具体人员安排可先确定周末休息人数，剩下人员就从星期一开始安排。根据条件(1)的要求，得出如表 9-8 所示的排班计划。该排班虽能满足要求，但还需要继续优化。

表 9-8 员工每周休息两天安排

工人号	一	二	三	四	五	六	日	一	二	三	四	五	六	日
1	×						×	×						×
2	×					×		×					×	
3	×				×			×				×		
4	×				×			×				×		
5				×	×						×	×		
6		×		×					×		×			
7		×		×					×		×			
8		×		×					×		×			
9		×			×				×			×		

条件(2)，每周的两个休息日为连休。

对于条件(2)，所需劳动力的下限为：

$$W = \max\{n, N + [2n/5], [(2N + 2n)/3]\}$$

假定 $N=6$，$n=5$，根据公式得 $W=8$ 人。8 名员工的班次安排见表 9-9。

表 9-9 员工每周的两个休息日为连休

工人号	一	二	三	四	五	六	日	一	二	三	四	五	六	日
1	×						×	×						×
2		×	×						×	×				
3			×	×						×	×			
4				×	×						×	×		
5					×	×							×	×
6					×	×							×	×
7	×	×						×	×					
8					×	×						×	×	

在人员排班中要实现连续两天休息的要求，有时仅考虑一个周期可能无法实现，这时就需要多周进行安排。在上例中可以看出 6、7 号在周末连休，如果要保证每个人在两个星期

内都有休息机会，那么还需要增加人员，并需继续优化排班计划。

2. 多班次人员安排

多班次比单班次多了换班约束，如果规定任意连续两天工作内的班次必须相同。单班次的人员安排只需考虑休息日、工作日顺序，而多班次人员安排除了确定每名员工休息日、工作日顺序，还需确定每名员工在每个工作日中的具体班次问题。此外，考虑到员工的生理和社会问题，企业往往采取不固定班次的方法。多班次的人员安排需增加换班的问题，如至少休息 16 小时，才能从白班换到晚班。多班次人员安排比单班次要复杂得多。如某单位排班安排：生产部员工每人要上 3 种班，分别为早班、中班、晚班。早班上班时间为 00:00～08:00；中班上班时间为 08:00～16:00；晚班上班时间为 16:00～24:00。员工上下班都需签到。生产一部的上班周期为早早中中晚晚休；生产二部的上班周期为中中晚晚早早休；生产三部的上班周期为晚晚早早中中休；且本月 1 号生产一部上周期的第一个早班，生产二部上周期的第一个中班，生产三部上周期的第一个晚班。

9.2 生产计划

阅读材料

准时生产制下的生产计划制定

采用准时化生产组织下的企业通常利用平准化综合计划建立年度生产计划，表明制造和销售的汽车数量。日本汽车企业的平准化成功的秘诀是均衡生产。通过生产系统进行排序，总生产计划被转化为月计划和日计划。这一过程实际上就是：提前两个月确立需要生产的汽车型号和数量；提前一个月得到详细计划。然后将这些数量提供给分包商和供应商，这样他们能够安排生产以满足丰田的需求。例如某月要生产 8000 辆 A 型号汽车，6000 辆 B 型号汽车，4000 辆 C 型号汽车，2000 辆 D 型号汽车，假定生产线每月运作 20 天，这样它们的日产就分别为 400、300、200、100。进一步分解，按一天两班工作制(960 分)，每 9.6 分钟的产量为 4 辆 A 型车、3 辆 B 型车、2 辆 C 型车、1 辆 D 型车。

9.2.1 生产计划体系

生产计划是指企业为实施生产活动而对市场需求和企业资源所进行的系统性研究、分析和规划。也就是企业在生产之前，需根据对市场需求的预测，将需要生产产品的品种、规格、数量、价格以及其生产方式、地点、生产周期或交货期，配合企业资源（包括劳动力、原材料、机器设备、厂房设施和资金等要素）做全面筹划，制订出经济合理且有效的预订计划。制造型企业计划体系如图 9-4 所示。

企业生产计划可划分为长期、中期和短期计划，它们分别产生于不同的管理层次且表示距未来不同时间的生产能力。长期生产计划又称生产能力计划，划期一般为 1～5 年，它反映企业的生产战略并构成对中短期生产计划的约束，通常由企业高层主管制订计划。具体地说：

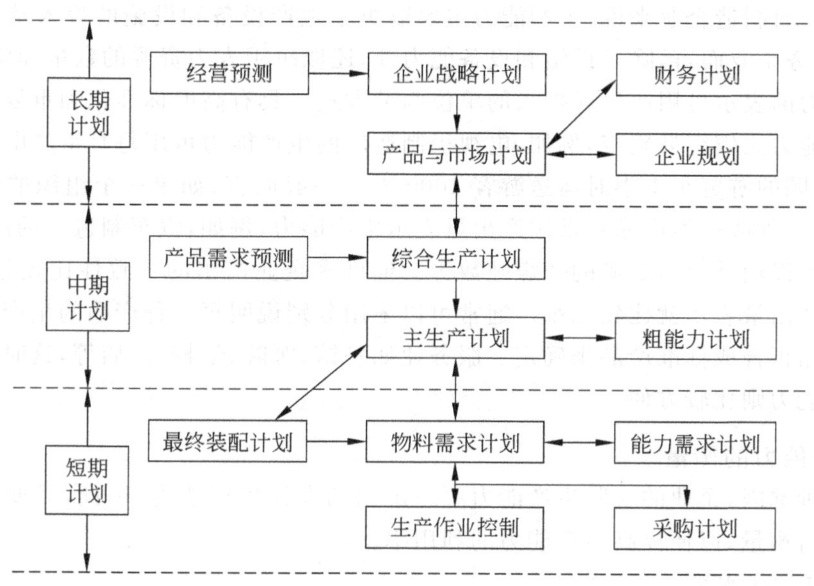

图 9-4 制造企业计划体系

(1) 长期生产计划包括：产品设计、厂址选择、厂内布局、生产能力计划和工作系统设计。

(2) 中期生产计划由企业中层管理部门制订，计划期一般为 3～18 个月，通常是确定企业产品生产的总量而不是具体品种或规格产品的产量，因此，也称为综合计划，它构成对短期生产计划的约束。在我国，生产计划通常特指中期生产计划，计划期一般为 1 年。

综合计划也叫生产大纲，是企业根据其所拥有的生产能力和需求预测之间达到平衡后所做出的总体性规划。综合计划的目标是拟定一个能够充分利用整个组织资源来满足市场需求的生产计划，它不具体制定每一品种的生产数量和生产时间，也不布置车间、人员的具体工作任务，只是对产品、时间和人员配置进行总体规划。未来的市场需求是不确定的，各个周期的需求量也不是固定不变的。这就促使企业必须制订一套既经济又有效的综合计划，以应付市场需求的变化。就中期计划而言，由于受长期计划的约束，企业的基础设施和机器设备无法变动，生产管理人员只能通过调整工作时间、员工人数增减、存货水平、外包等变动因素，以使产品供给与市场需求保持相互匹配。

(3) 短期生产计划，也称生产作业计划，计划期为 1 周至几个月，由工厂或车间的生产管理人员制订，通常是确定计划期内每周或每天具体品种或规格产品的生产数量及其完成顺序和完成时间。包括：生产进度或称排程、机器负荷、工作任务指派、作业排序、进度控制。

9.2.2 生产能力

1. 生产能力概念

生产能力是指在先进合理的技术组织条件下，一个生产单位系统在一定的时间内能向市场提供产品或服务的最大数量。生产单位可以是一家工厂、一个部门、一台机器、一个商店或是一个工人。一个企业的生产能力一旦确定，其生产经营活动的最大规模也就基本上被限制住了。对制造企业来说，生产能力主要取决于生产设备和设施的投入及其拥有的技术力量；对服务企业而言，除了设施和设备能力外，还取决于人力资源的数量和质量。

生产能力的表示可用产出或投入的单位两种方式。具有高度标准化和重复性程度高的企业的生产能力比较容易确定，例如，电视机制造厂的生产能力可用每月生产电视的台数来表示；主题公园的游览车 1 小时运送游客 1000 人。一般而言，如果一个组织的产出非常一致时(产出为一种或一类产品)，常用产出量表示生产能力，例如，汽车制造厂的汽车辆数(不论大小汽车均以辆计数)，煤矿的产煤吨数等。但许多企业产出的一致性比较差(多种产品或服务)，用产出量表示就比较困难。通常可以采用分别说明每一种产品的生产能力的办法或把其他产品折合成标准产品来确定。服务业如餐馆、医院、学校、商店等，这时使用投入量来表示生产能力则比较方便。

2. 生产能力的衡量

由于各种原因，企业的实际生产能力不一定达到设计生产能力，因此，需要对生产能力利用情况进行衡量，以便提高生产能力的利用率。

(1) 最佳运作水平

最佳运作水平是生产系统的设计生产能力，也就是当产品单位生产成本最小时的产出量。设计能力是一个生产系统、工序或设施设计的最大产出。技术设计人员在将其交付使用时所设想的生产能力，是理想状况下最大的可能产出。当生产系统的产出量低于最佳运行水平时，由于管理费成本分担使得平均成本上升；当高于最佳运行水平时，由于加班费、磨损费而使平均成本上升。

(2) 生产能力利用率

$$\text{生产能力利用率}=\frac{\text{实际产出}}{\text{设计能力}}\times 100\%$$

该指标反映出市场需求、技术和管理水平等现实情况约束后的可能生产能力。

(3) 生产效率

$$\text{生产效率}=\frac{\text{实际产出}}{\text{有效能力}}\times 100\%$$

该指标是衡量对有效生产能力的利用情况，反映了企业现场管理水平。

有效能力是指在给定产品组合、排程、机器维修以及质量因素等情况下的最大可能产出。有效生产能力要考虑产品组合改变、设备维修、正常休息时间以及综合平衡、市场需求等因素。通常有效能力小于设计能力。

由于受到机器故障、缺工、材料短缺、不合格品等预期之外问题的影响，实际产出通常小于有效生产能力。有效生产能力决定实际产出的可能性，因此，提高生产能力利用率的关键是通过改进产品质量、保持设备良好运行条件、充分培训员工和利用瓶颈设备以提高生产能力水平。

【例 9-4】 一家纸箱生产厂有一条设计能力为 200 平方米/分钟的镀膜生产线，而且该生产线以每周 7 天、24 小时的方式运转。

该生产线的设计能力为 200×60×24×7=201.6(万平方米/周)。通过查看某一周的生产记录，发现该生产线有表 9-10 所示的损失掉的生产时间。

表 9-10 该生产线损失的生产时间 单位：小时

生产记录	损失的生产时间	生产记录	损失的生产时间
产品更换	20	质量事故调查	20
例行的预防维修	16	原料缺货	8
质量抽样检查	8	劳动力短缺	6
换班时间	7	加工等待	6
故障维修	18		

在这一周，该生产线的实际输出仅为58.8万平方米。

对这些时间损失进行分析，发现前4种的51小时损失是合理的，是不可避免的。而后5种的58小时损失是计划外，同时是可以避免的。

设计生产能力＝24×7＝168(小时/周)

有效生产能力＝168－51＝117(小时)

实际输出水平＝168－51－58＝59(小时)

$$生产能力利用率=\frac{实际产出}{设计能力}\times 100\%=\frac{59}{168}\times 100\%=35.12\%$$

$$生产效率=\frac{实际产出}{有效能力}=\frac{59}{117}\times 100\%=50.43\%$$

生产能力利用率与生产效率反映了由于各种因素的影响所造成的能力利用情况，影响生产能力利用的各种因素见表9-11。

表 9-11 影响生产能力利用的因素

工厂设施	设计/选址/布局
产品/服务	设计/产品或服务组合
工艺	产量能力/质量能力
人力因素	工作满足/人员素质/培训与经验 报酬/学习欲望/出勤
运行	生产计划的合理性/材料管理 质量保证/设备维护
外部因素	产品标准/安全条例/劳动力供应状况 污染控制标准/宏观经济影响

在这些影响因素中，比较困难的是不规则需求变动，因为它们实际上是不可预测的。不规则需求变动是因突发事件而产生的，如台风使得正常的工作停顿，因国际政治变动而造成石油短缺，主要的生产设备突然发生故障等。

3. 改善生产能力的策略

(1) 改变工作时间

改变企业内的生产性工作时间是见效快也最方便的一种调整生产能力的方法。当需求高于额定生产能力时，就加班。通过加班增加生产性工作时间，以实现生产能力提高。当需求低于额定生产能力时，员工用在生产性工作上的时间可能会减少，可安排员工进行一些其他工作，如清扫或维修。

(2) 利用库存

由于需求的变化,对制造企业可以利用库存,在低需求时增加库存水平,以满足将来某时期的高需求。

(3) 增加或减少劳动力的数量

如果生产能力很大程度上取决于劳动力规模的大小,那么调整生产能力的办法之一就是调整劳动力的规模。具体做法就是在需求高峰期雇用临时员工,等到需求回落时再解雇他们。采用这种方法需要考虑雇用成本和解雇费用以及道德问题。如果高峰期需求局限在企业内部,可以采取内部员工调剂的办法,让系统中不繁忙的部门帮忙。

(4) 利用兼职人员

兼职人员每天工作时间比正常工作时间短。这种方法在超市或快餐等服务企业中比较普遍。它在制造业企业中也有使用,制造商通常使用这种方法为正常工作日结束后的晚班工作组补充人手。

(5) 利用外部生产能力

利用外部生产能力也叫分包,就是在需求高峰期企业将部分业务包给其他企业。这样既能满足自己的需求,又不需要对高峰期过去而不需要的生产能力进行额外投资。

9.2.3 综合计划与主生产计划

综合计划的实质是将企业多种不同品种和规格的产品或服务整合成一个“产品”或“服务”,从而使计划制订者在制订企业的综合计划时不必考虑那些需要在短期生产计划中予以解决的特殊细节。然而,经过整合后的“产品”或“服务”,其度量单位是一个综合单位,不便于实际操作。例如生产电脑的企业有台式电脑和笔记本电脑,台式的规格也不同,其装配的部件有区别,为了便于生产计划的作业,必须将这些综合单位转换成具体产品或服务的实际单位。因此,需要对综合计划进行分解,分解的结果则形成沟通综合计划与作业计划之间的桥梁——主生产进度(或称主排程、主生产计划),简称 MPS,见表 9-12。

表 9-12 综合计划分解成主生产计划

综合计划	月份	1	2	3
	电脑	2000	2500	2800
↓				
主生产计划	月份	1	2	3
	台式电脑Ⅰ	700	500	500
	台式电脑Ⅱ	300	1000	500
	笔记本电脑Ⅰ	400	300	800
	笔记本电脑Ⅱ	600	700	1000
	合计	2000	2500	2800

主生产进度根据综合计划确定短期生产能力以及分配最终产品订单。主生产进度的目标有两个:为具体产品的生产时间安排进度,保证交货期的实现;避免机器设备的过载或欠

载，有效利用生产能力，保持生产的低成本。

主生产计划制定程序：

第一步，汇集顾客订单、市场预测、存货状态及生产能力等方面的信息。

需求有许多来源，例如：顾客订单、市场需求预测、存货水平、售后服务零件、安全存货以及企业内部其他部门的需求等。除此之外，还要考虑企业的生产形态，例如，是存货生产、订单生产，还是两者兼备。在存货生产环境中，主生产进度在未接到客户的订单之前是根据市场预测安排的，成品生产出来之后送入仓库，一旦接到客户的订单就可以立即从仓库提出货物送交客户。

第二步，详细计算每周的成品需求量、欲生产成品的数量以及成品存货量。

【例 9-5】 主生产进度的拟订过程。某公司以存货生产方式生产 A 和 B 两种产品，有多种需求来源。未来 6 周的预计需求量见表 9-13。安全存货量产品 A 为 30 单位，产品 B 为 40 单位。产品 A 每批投产 50 单位，产品 B 每批投产 60 单位。期初存货产品A 为70 单位，产品 B 为 50 单位。试拟订 A 和 B 两种产品的主生产进度。

表 9-13 产品需求预测

需求来源	A产品需求量/周						B产品需求量/周					
	1	2	3	4	5	6	1	2	3	4	5	6
公司本部订单				20	10	10			10		10	
市场预测及已有订单	20	20	50	30	20	20	30	30	30	40	30	20
总计	20	20	50	50	30	30	30	30	40	40	40	20

根据每种产品的周需求量总计、期初存货和安全存货，计算出存货余额、计划生产量与期末存货，见表 9-14。

表 9-14 产品计划生产量及期末存货量

产品	产 品 A						产 品 B					
周	1	2	3	4	5	6	1	2	3	4	5	6
期初存货量	70	50	30	30	30	50	50	80	50	70	90	50
需求量总计	20	20	50	50	30	30	30	30	40	40	40	30
存货余额	50	30	−20	−20	0	20	20	50	10	30	50	20
计划生产量	—	—	50	50	50	50	60	—	60	60	—	60
期末存货量	50	30	30	30	50	70	80	50	70	90	50	80

其中：

存货余额 = 期初存货 − 需求量总计

计划生产量 = 每批投产量(若存货余额 < 安全存货)

= 0(若存货余额 ≥ 安全存货量)

期末存货 = 期初存货 + 计划生产量 − 周需求量总计

根据上述计算结果，拟订出 A 和 B 两种产品的主生产进度，见表 9-15。

表 9-15 主生产计划

产　品	计算项目	周					
		1	2	3	4	5	6
产品 A	需求量总计	20	20	50	50	30	30
	期初存货量	70	50	30	30	30	50
	存货余额	50	30	－20	－20	0	20
	计划生产量	—	—	50	50	50	50
	期末存货量	50	30	30	30	30	70
产品 B	需求量总计	30	30	40	40	40	30
	期初存货量	50	80	50	70	90	50
	存货余额	20	50	10	30	50	20
	计划生产量	60	—	60	60	—	60
	期末存货量	80	50	70	90	50	80

注：产品 A 安全库存量＝30，每批投产量＝50；产品 B 安全库存量＝40，每批投产量＝60。

第三步，初步核对每个工作中心的生产设备负荷量。

例 9-5 中的公司现在想知道总装配线在装配产品 A 和 B 时是过载还是欠载。该装配线每周可利用工时为 100 小时，产品 A 每单位需用 0.9 小时，产品 B 每单位需用 1.6 小时。求：

(1) 计算总装配线完成主生产进度中两种产品所需要的实际工时，即计算总装配线的工作负荷量，并将其与总装配线未来 6 周的每周可利用工时进行比较，比较结果即为粗算生产能力计划。

(2) 总装配线现有生产能力完成主生产进度是否足够？

(3) 如果不够怎样调整？

解：(1) 产品 A 每批投产 50 单位，每单位装配需用 0.9 小时，因此，产品 A 50 单位实际装配工时＝0.9×50＝45(小时)；同理，产品 B 60 单位实际装配工时＝1.6×60＝96(小时)。

比较结果见表 9-16。

表 9-16 生产能力计算

产　品	计算项目	周装配工时/小时						
		1	2	3	4	5	6	总计
A	生产量	—	—	50	50	50	50	
	装配工时			45	45	45	45	
B	生产量	60	—	60	60	—	60	
	装配工时	96		96	96		96	
工作负荷量/小时		96	—	141	141	45	141	564
装配能力/小时		100	100	100	100	100	100	600

(2) 总装配线 6 周的装配能力为 600 小时，而主生产进度只需用 564 小时，从总体上看，总装配线的现有生产能力足够。但是，从总装配线的现有周生产能力来看，第 3、4、6 周总装配线过载，而第 1、2、5 周总装配线欠载。因此，总装配线的周工作负荷量需要进行调整。

(3) 若将主生产进度中的周生产量向前移动，总装配线会获得较好的平衡。移动方法如下：将产品 A 第 4 周和第 6 周的生产量分别向前移到第 3 周和第 5 周，而将产品B 第3 周的生产量向前移到第 2 周进行装配。调整后的总装配线粗算生产能力计划见表 9-17。

表 9-17 调整后的总装配线粗算生产能力计划

产品	计算项目	周装配工时/小时						
		1	2	3	4	5	6	总计
A	生产量	—	—	100	—	100	—	
	装配工时			90		90		
B	生产量	60	60		60	—	60	
	装配工时	96	96		96		96	
工作负荷量/小时		96	96	90	96	90	96	564
装配能力/小时		100	100	100	100	100	100	600

第四步，安排主生产进度。粗算生产能力计划调整之后，最后求得的主生产进度见表 9-18。

表 9-18 主生产进度

产品	计算项目	周					
		1	2	3	4	5	6
产品 A	需求量总计	20	20	50	50	30	30
	期初存货量	70	50	30	80	30	100
	计划生产量	—	—	100	—	100	—
	期末存货量	50	30	80	30	100	70
产品 B	需求量总计	30	30	40	40	40	30
	期初存货量	50	80	110	70	90	50
	计划生产量	60	60	—	60	—	60
	期末存货量	80	110	70	90	50	80

9.2.4 物料需求计划

1. MRP 的原理

(1) 独立需求与相关需求

独立需求是指一项物料的需求与其他项的需求无关，例如对最终成品和产品的需求，或维修服务行业对维修零部件的需求都属独立需求。与之相反，某些物料项目的需求取决于对另一些项目的需求，则对这些物料项目的需求为相关需求。例如汽车制造工厂对汽车轮胎的需求量，取决于汽车的产量，属相关需求。

(2) MRP 的原理

① 从最终产品的主生产计划(Master Production Schedule，MPS)导出相关物料(原材料、零件、组件、部件等)的需求量和需求时间。

② 根据物料的需求时间和生产(订货)周期来确定其投产(订货)时间。

物料需求计划示意图如图 9-5 所示。

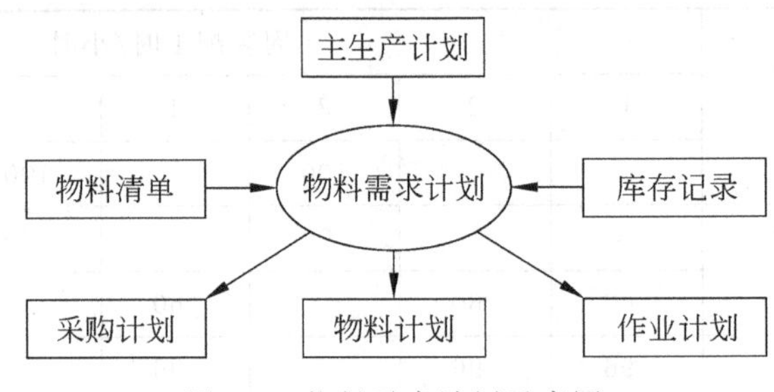

图 9-5 物料需求计划示意图

(3) MRP 的输入信息

① 主生产计划(MRS)。它表示在计划期间每个时间段计划需求每种成品(产品)的数量。

② 库存状态信息。库存状态信息应保存所有产品、零部件、在制品、原材料(我们将之统称为项目)的库存状态信息。

③ 产品结构信息。产品结构又称为零件(材料)需要明细，如图 9-6 所示(以眼镜为例)。图中以字母表示部件、组件，数字表示零件，括号中数字表示装配数。组件和零件中，有些是工厂自己生产的，有些可能是外购件，如果是外购件，则不必再进一步分解。在物料需求计划系统中完全用产品结构图表示物料信息是不可能的。因为在复杂产品中可能会有 15 个装配层、5000 种不同的零部件，因此，需要用物料清单来表示，物料清单有单层式和缩排式两种表示方式。单层式物料清单是按各个层次单独记录；缩排式物料清单是将各个层次先展开，然后再以缩进格式排在一起。如表 9-19 所示为眼镜的缩排式物料清单。

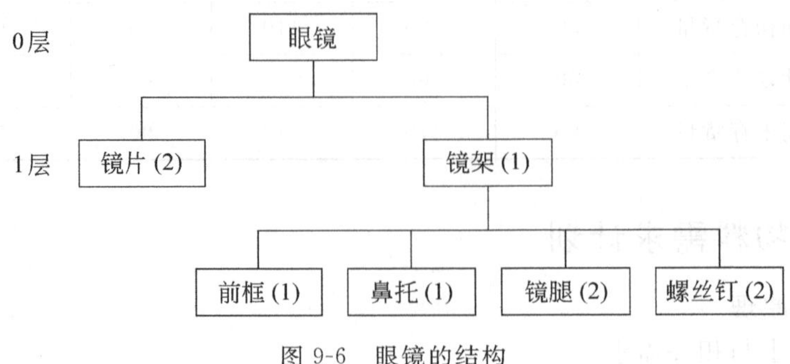

图 9-6 眼镜的结构

表 9-19 眼镜的缩排式物料清单

零件号码：0001	名称：眼镜	装配层次：0	
装配层次	零件号码	名　称	数量
0	0001	眼镜	1
.1	1011	镜片	2
.1	1021	镜架	1
..2	2010	前框	1
..2	2020	鼻托	1
..2	2030	镜腿	2
..2	2040	螺丝钉	2

(4) MRP 的工作逻辑

MRP 的计算是根据反工艺路线的原理，按照主生产计划规定的产品生产数量及期限要求，利用产品结构、零部件和在制品库存情况、各生产阶段(或订购)的提前期、安全库存等信息，反工艺顺序地推算出各个零部件的出产数量与期限，其计算程序如图 9-7 所示。

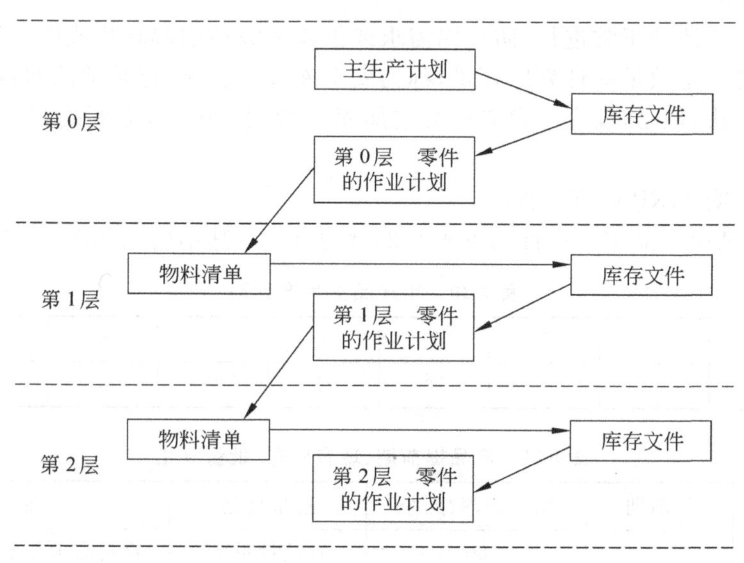

图 9-7 MRP 净额计算程序

确定净需求是 MRP 的核心。净需求等于总需求减去库存持有量和预期收货量，再加上安全库存。净需求有时还要修正，即允许少量的浪费，为简化计算，这里不考虑这种情况。

2. MRP 的决策参数

(1) 时间参数

① 计划展望期。系统生成物料需求计划所覆盖的未来时间区间，称为计划展望期。MRP 计划展望期的长度，要足以覆盖计划中物件的最长累计提前期，最长累计提前期是产品结构各层次上最长提前期之和。通过层层提前期求和，找出最长路径，才能决定计划展望期。

② 时间段(周期)。计划展望期被分成称为时间段的小时间区间，把各项目的需要量，预计到货量，可利用库存量，生产指令下达等一系列活动的连续时间，分割为时间段，按时间段来组织生产作业。

(2) 提前期

提前期是执行某项任务由开始到完成所消耗的时间。订单下达之前的一段时间称为管理提前期,用来计划和准备订单。采购件的提前期由管理提前期、供应商提前期与验收时间等组成,制造件的提前期是管理提前期以及制造工艺路线中的每道工序的移动、排队、等待与准备、加工时间之和。

计算MRP矩阵所用的提前期是计划提前期,而不是实际提前期。MRP中所用的提前期,可凭经验公式估算,常用的经验公式是:

$$LT=2N+6$$

式中,N为工序数。

(3) 批量

在MRP计算中,常用的决定批量的方法,分为静态方法和动态方法两类。

① 静态方法就是保持订货数量为一常数。常用的静态方法有:固定批量法、经济订货批量。

② 动态方法在不同周期订货数量可能变动,常用的动态方法有:直接批量法、固定周期批量法等。

(4) 安全库存

为使生产经营活动正常进行,防止因需求或供应的波动引起缺货或停工待料,经常在仓库中各项目保持一定数量的计划库存量,称为安全库存,安全库存是消除制造过程中不可预知变化的重要方法,但是,安全库存必然会增加库存费用。因此,需要确定一个适宜的安全库存水平。

下面举例说明MRP计算过程。

【例9-6】 某甲产品主生产计划见表9-20和表9-21,其结构图如图9-8所示。

表9-20 甲产品主生产计划

计划期/周	1	2	3	4	5	6	7	8
产量	20	25	30	20	25	30	30	40

表9-21 产品提前期、现有库存、批量规格

物料	提前期	第0周库存/个	批量规格	备　注
甲	1	80	直接批量	物料需求等于净需求
A	2	0		
B	1	0		
C	1	25	固定周期2	每次加工订货间隔期相同; 第3周到货40个
其他略				

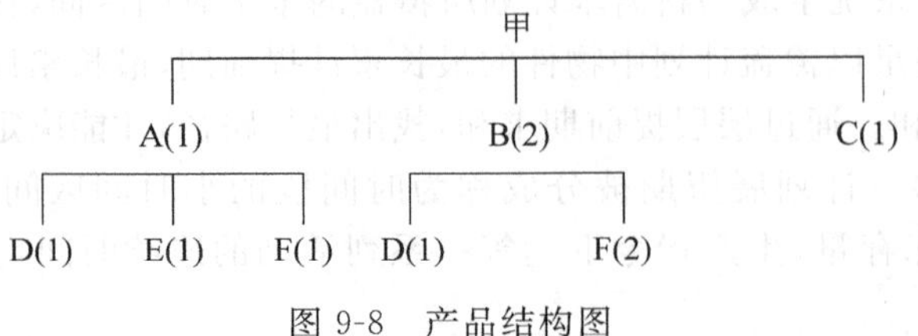

图9-8 产品结构图

做出甲、A、B、C 的计划，见表 9-22。

表 9-22 MRP 计划

甲($L=1$)	1	2	3	4	5	6	7	8
总需求	20	25	30	20	25	30	30	40
预期到货量								
现有库存量	80	60	35	5				
净需求				15	25	30	30	40
计划入库量				**15**	25	30	30	40
计划订货量			**15**	25	30	30	40	

A($L=2$)	1	2	3	4	5	6	7	8
总需求			15	25	30	30	40	
预期到货量								
现有库存量	0							
净需求			15	25	30	30	40	
计划入库量			**15**	25	30	30	40	
计划订货量	**15**	25	30	30	40			

B($L=1$)	1	2	3	4	5	6	7	8
总需求			30	50	60	60	80	
预期到货量								
现有库存量	0							
净需求			30	50	60	60	80	
计划入库量			30	50	60	60	80	
计划订货量		30	50	60	60	80		

C($L=1$)	1	2	3	4	5	6	7	8
总需求	15	55	80	90	100	80		
预期到货量								
现有库存量	25	10	40					
净需求		45	40	90	100	80		
计划入库量		85		190		80		
计划订货量	85		190		80			

9.3 现场管理

9.3.1 "5S"管理

阅读材料 企业有下列"症状"吗?

在工作中常常会出现以下情况。

(1) 急等要的东西找不到,心里特别烦躁。

(2) 桌面上摆得零零乱乱,以及办公室空间有一种压抑感。

(3) 没有用的东西堆了很多,处理掉又舍不得,不处理又占用空间。

(4) 工作台面上有一大堆东西,理不清头绪。

(5) 每次找一件东西,都要打开所有的抽屉箱柜狂翻。

(6) 环境脏乱,使得上班人员情绪不佳。

(7) 制订好的计划,事务一忙就"延误"了。

(8) 材料、成品仓库堆放混乱,账、物不符,堆放长期不用的物品,占用大量空间。

(9) 生产现场设备灰尘很厚,长时间未清扫,有用和无用的物品同时存放,活动场所变得很小。

(10) 生产车道路被堵塞,行人、搬运无法通过。

企业内员工的理想,莫过于有良好的工作环境,和谐融洽的管理气氛。"5S"管理造就安全、舒适、明亮的工作环境,提升员工真、善、美的品质,从而塑造企业良好的形象,实现共同的梦想。

"5S"管理活动起源于日本,并在日本企业中广泛推行。其核心内容是"从小事做起,认真、讲究地做好每件事"。所谓 5S 就是整理(Seiri)、整顿(Seiton)、清扫(Seiso)、清洁(Setketsu)、素养(Shitsuke)5 个日文的罗马拼音字,并取其第一个字母"S"加以简称,5S 可以说是教育、启发、养成良好"人性习惯",以获得高品质工作环境、工作成果的最有效的方法。

5S 活动不仅能改善生活环境,还可以提高生产效率,提升产品的品质、服务水准,将整理、整顿、清扫进行到底,并且给予制度化等,这些都是为了减少浪费,提高工作效率,也是其他管理活动有效展开的基础。

1. 整理

生产过程中经常有一些残余物料、待修品、返修品、报废品等滞留在现场,既占据了地方又阻碍生产,包括一些已无法使用的工夹具、量具、机器设备,如果不及时清除,会使现场变得凌乱。增加寻找工具、零件等物品的困难,浪费时间。物品杂乱无章地摆放,增加盘点的困难,成本核算失准。

(1) 定义

整理就是将工作场所任何东西区分为有必要的与不必要的;把必要的东西与不必要的东西明确地、严格地区分开来;不必要的东西要尽快处理掉。

(2) 目的

通过"整理",对物品进行区分,划分出有用的物品,将多余的物品从作业现场清理出去。其目的是:腾出空间,提高空间使用价值;防止误用、误送;塑造清爽的工作场所。

(3) 实施要领

① 现场检查。自己的工作场所(范围)全面检查,包括看得到和看不到的,如设备的内部、桌子底下、文件柜的上面。

② 制定"要"和"不要"的判别基准。必要物品是指经常使用的物品,没有它就必须购入替代品,否则会影响工作;非必需品是指对目前生产或工作无任何作用的物品。

③ 将不要物品清除出工作场所。

④ 对需要的物品调查使用频度,决定日常用量及放置位置。

⑤ 制定废弃物处理方法。涉及企业专利或商业机密的物品,要按企业规定处理;其他物品可折价处理或做员工培训工具。

⑥ 每日自我检查。

阅读材料

某企业现场检查的内容

(1) 办公场地(包括现场办公桌区域)检查内容:办公室抽屉、文件柜的文件、书籍、档案、图表、办公桌上的物品、测试品、样品、公共栏、看板、墙上的标语、月历等。

(2) 地面(特别注意内部、死角)检查内容:机器设备、大型工模类具;不良的半成品、材料;置放于各个角落的良品、不良品、半成品;油桶、油漆、溶剂、黏接剂、垃圾筒、纸屑、竹签、小部件。

(3) 室外检查内容:堆在场外的生锈材料、料架、垫板上之未处理品、废品、杂草、扫把、拖把、纸箱。

(4) 工装架上检查内容:不用的工装、损坏的工装、其他非工装之物品,破布、手套、酒精等消耗品、工装(箱)是否合用。

(5) 仓库检查内容:原材料、导料、废料、储存架、柜、箱子、标识牌、标签、垫板。

(6) 天花板检查内容:导线及配件、蜘蛛网、尘网、单位部门指示牌、照明器具。

2. 整顿

(1) 定义

整顿就是对整理之后留在现场的必要的物品分门别类放置,排列整齐,并明确数量,有效标识。通过整顿可以消除寻找的行为,提高工作效率。

(2) 目的

工作场所一目了然;创造整齐的工作环境;消除找寻物品的时间;消除过多的积压物品。

(3) 实施要领

① 分析现状。分析物品存放地点是否合理;物品数量是否合理;是否存在标识不清,别人无法找到。

② 实施定置管理。定置管理是一种科学的现场管理方法和技术,它主要研究生产要素

中人、物、场所三者的状态以及它们在生产中的相互关系。定置管理能有效地强化现场的总和管理，是企业挖掘内部潜力的重要途径。

对现场包括物、操作者、工艺设计、材料、设备运转、运输路线等进行调查，对现场的人—物—场所的结合状态进行分析，实现人与物的有效结合，并且使物摆放整齐、有条不紊。要使人与物有效结合，可借助布置图、场所标识和物品名称等信息媒介。

③ 场所、物品标识。整顿的“3 要素”：场所、方法、标识；放置场所——物品的放置场所原则上要 100%设定，物品的保管要定点、定容、定量。放置方法——易取。标识方法——放置场所和物品原则上一对一表示。

④ 地板画线定位。生产线附近只能放真正需要的物品。

整顿的结果要达到任何人都能立即取出所需要的东西的状态；无论是老员工还是新员工，都清楚什么东西该放在什么地方，能立即取出物品使用；另外，使用后要能容易恢复到原位，没有恢复或误放时能马上知道。

3. 清扫

清扫就是使工作现场没有垃圾，没有污脏的状态，虽然已经整理、整顿过，要的东西马上就能取得，但是被取出的东西要达到能被正常使用的状态才行。而达到这种状态就是清扫的第一目的，尤其目前强调高品质、高附加价值产品的制造，更不允许有垃圾或灰尘的污染，造成品质不良。

(1) 定义

清扫就是将工作场所、设备清扫干净，保持工作场所干净、亮丽。

(2) 目的

消除脏物，保持工作场所干净、明亮；稳定品质；维护安全生产，减少工业伤害。

(3) 实施要领

① 清扫前准备。一是做好安全教育工作。对可能发生事故(触电、挂伤、碰伤、坠落、灼伤)等不安全因素进行预防和警示。二是设备常识教育。了解设备工作原理，能够对设备出现漏油、振动、异常声响、异常现象等原因进行分析，通过清扫来预防重大事故发生。

② 执行例行扫除，清理脏物。

③ 调查污染源，予以杜绝或隔离。

④ 建立清扫基准，作为规范。

⑤ 检查清扫的结果。

进行设备清扫要注意以下内容。

① 不仅设备本身，其附属、辅助设备也要清扫。

② 容易发生跑、冒、滴、漏的部位要重点检查确认。

③ 油管、气管、空气压缩机等看不到的内部结构要特别小心。

④ 检查注油口周围有无污垢和锈迹。

⑤ 表面操作部分有无磨损、污垢和异物。

⑥ 操作部分、旋转部分和螺丝连接部分有无松动和磨损。

4. 清洁

整理、整顿、清扫的最终结果是形成“清洁”的作业环境。

(1) 定义

清洁就是将上面的 3S 实施的做法制度化、规范化。

(2) 目的

维持上面3S的成果，实现工作场所的干净、生产高效、工作安全。

(3) 实施要领

① 确定清洁的标准。通过制定详细的明细检查表，以明确“清洁的状态”。

② 制定目视管理的基准。

③ 制定5S实施办法。

④ 制定考评、稽核方法。

⑤ 制定奖惩制度，加强执行。

⑥ 高级主管经常带头巡查，带动全员重视5S活动。

5. 素养

素养是一种作业习惯和行为规范。活动是使员工时刻牢记5S规范，自觉地进行整理、整顿、清扫和清洁，使5S活动更加重于实际，而不是流于形式。提高素养使员工在言行举止上都有好的习惯，自觉地遵守和执行企业的规章制度。

(1) 定义

素养是使员工自觉地进行整理、整顿、清扫和清洁，自觉地遵守和执行企业的规章制度。

(2) 目的

提升人的品质，使员工对任何工作都讲究认真。

(3) 实施要领

① 明确素养的目的。企业通过实施素养活动(如通过晨会等手段)，提高员工文明礼貌水准，打造一个积极向上、富有合作精神的团队，培养员工遵守规章制度并且具有良好习惯。

② 制定服装、臂章、工作帽等识别标准。

③ 制定公司有关规则、规定，如《员工行为礼仪》、《员工守则》等。

④ 实施教育培训，开展推动各种精神提升活动(新进人员强化5S教育、晨会、例行打招呼、礼貌运动等)。

⑤ 将各种规章制度目视化。目视化的目的，在于让这些规章制度用眼睛一看就能了解。规章制度目视化的方法有：订成管理手册、制成图表、做成标语、看板、卡片。目视化场所地点应选择在明显且容易被看见的地点。

⑥ 推动各种激励活动，遵守规章制度。

一个企业，只有全面地推行5S管理，才能实现企业的改善，才能取得显著的成效并提高企业的经营管理水平。5S的整顿、整理、清扫、清洁、素养，这五者并不是相互对立、互不相关的，它们之间是一种相辅相成，互为作用的关系。这五个要素缺一不可。目前，海尔等企业在5S基础上，把安全考虑进去，形成6S管理。

阅读材料

某企业现场管理

1. 项目背景

某著名家电集团(以下简称A集团)，为了进一步夯实内部管理基础、提升人员素养、塑造卓越企业形象，希望借助专业顾问公司全面提升现场管理水平。集团领导审时度势，认识到要让企业走向卓越，必须先从简单的ABC开始，从5S这种基础管理抓起。

2. 现场诊断

通过现场诊断发现,A集团经过多年的现场管理提升,管理基础扎实,某些项目(如质量方面)处于国内领先地位。现场问题主要体现为3点。

(1) 工艺技术方面较为薄弱。现场是传统的流水线大批量生产,工序间存在严重的不平衡,现场堆积了大量半成品,生产效率与国际一流企业相比,存在较大差距。

(2) 细节的忽略。在现场随处可以见到物料、工具、车辆搁置,手套、零件在地面随处可见,员工熟视无睹。

(3) 团队精神和跨部门协作的缺失。部门之间的工作存在大量的互相推诿、扯皮现象,工作更缺乏主动性,而是被动地等、靠、要。

3. 解决方案

"现场5S与管理提升方案书"提出了以下整改思路。

(1) 将5S与现场效率改善结合,推行效率浪费消除活动和建立自动供料系统,彻底解决生产现场拥挤混乱和效率低的问题。

(2) 推行全员的5S培训,结合现场指导和督察考核,从根本上杜绝随手、随心、随意的不良习惯。

(3) 成立跨部门的专案小组,对现存的跨部门问题进行登录和专项解决;在解决的过程中梳理矛盾关系,确定新的流程,防止问题重复发生。

根据这三大思路,A集团从人员意识着手,在全集团内大范围开展培训,结合各种宣传活动,营造了良好的5S氛围;然后从每一扇门、每一扇窗、每一个工具柜、每一个抽屉开始指导,逐步由里到外、由上到下、由难到易,经过一年多的全员努力,5S终于在A集团每个员工心里生根、发芽,结出了丰硕的成果。

4. 项目收益

(1) 经过一年多的全员努力,现场的脏乱差现象得到了彻底的改观,营造了一个明朗温馨、活性有序的生产环境,增强了全体员工的向心力和归属感。

(2) 员工从不理解到理解,从要我做到我要做,逐步养成了事事讲究,事事做到最好的良好习惯。

(3) 在一年多的推进工作中,从员工到管理人员都得到了严格的考验和锻炼,造就了一批能独立思考、能从全局着眼,具体着手的改善型人才,从而满足企业进一步发展的需求。

(4) 配合A集团的企业愿景,夯实了基础,提高了现场管理水平,塑造了公司良好的社会形象,最终达到提升人员品质的目的。

(资料来源:http://www.baoku168.com)

9.3.2 定置管理

1. 定置管理的含义

"定置"是管理中的一个专业术语,是指根据安全、质量、效率、效益和物品本身的特殊要求,科学地规定物品摆放的特定位置。

定置管理是对以生产现场为主要对象,研究分析人、物、场所的状况以及它们之间的关系，并通过整理、整顿、改善生产现场条件，促进人、机器、原材料、制度、环境有机结合的一种方法。

定置管理中主要解决人与物、物与场所以及信息媒介与定置关系。

(1) 人与物的结合状态

A状态：指人与物能马上结合并能发挥作用的状态。操作者在生产过程中需要的工具、量具等应能马上拿到。处于这种状态，生产就会顺畅地进行。

B状态：指生产现场的人与物不能马上结合并发挥作用的状态。如生产现场工具等物品乱丢乱放，需要的时候找不到，或者即使找到也是有毛病的。

C状态：指生产现场的人与物失去联系的状态。

定置管理的目标就是采取一切措施和办法消除C状态，改进B状态，使之转化为A状态。

(2) 物与场所的关系

物与场所的结合，实际上是为人与物结合服务的。物与场所结合的关键是场所的状态，就场所本身来看有三种状态。

A状态：是一种良好的状态。工作环境好，场所作业面积、通风、照明、噪音、粉尘等符合有关标准，符合操作者生理、心理、安全需要。

B状态：是需要改善的状态。工作环境存在着缺陷，如设备、工作地布置不合理，环境条件对人心理、生理有一定影响。

C状态：是需要予以彻底进行改造的状态。工作现场对人有严重影响。

物与场所定置管理的目标就是采取一切措施和办法消除C状态，改进B状态，使之转化为A状态。

(3) 信息媒介与定置的关系

信息媒介是指对人与物、物与场所结合过程中起着指导、控制、确认等作用的信息载体。具体有定置图、标志线、标志牌、卡片以及台账等。

良好的定置管理要求信息媒介应达到以下要求：场所标志明显，设有定置图；位置台账齐全、准确、规范；场所在明显处挂有清晰的定置图；存放物品的序号、编码齐全；物品流动时间、数量、摆放做到标准化、目视化、层次化等。

2. 定置管理的内容

(1) 生产厂区的定置内容

① 根据工厂占地，合理设计厂区定置图，对场所和物件实行全面定置。

② 对易燃、易爆、有毒、易变质、容易发生伤人和污染环境的物品及重要场所、消防设施等实行特殊定置。

③ 对绿化区域和卫生区实行责任定置。

④ 确定物品的停放(成品、半成品、材料、工具)区域。

⑤ 对垃圾、废品回收点定置。

⑥ 对车辆停放定置。

(2) 车间定置内容

① 根据车间生产需要，合理设计车间定置图。

② 对物品临时停滞区域定置，有毛坯区、半成品区、成品区、返修区、废品区等。

③ 对工段、班组及工序、工位、机台定置。

④ 对工具箱定置。

⑤ 设备定置。

(3) 库房定置内容

① 设计库房定置图,悬挂在库房的醒目处。

② 对易燃、易爆有毒及污染环境、限制储存物品实行特别定置。

③ 限期储存物品要用特定的信息表示接近储存期。

(4) 办公室定置内容

① 设计各类文件资料流程。

② 办公桌定置。

③ 文件资料柜定置。

④ 卫生及生活用品定置。

⑤ 急办文件、信息特殊定置。

3. 实施定置管理技法

定置管理是一个动态的整理整顿体系,是在物流系统各工序实现人与物的最佳结合。因此要根据场所现有的实际情况,运用现场诊断、作业研究、工艺分析、动作分析、环境因素分析等基本技法,对现场进行科学的分析,然后进行定置管理设计。

(1) 现场诊断

对现场的现状进行分析,找出存在的问题及原因,并设计方案,使其达到预定管理目标。主要分析工作现场有哪些工具,物品需定置管理,采用什么方法方便。

(2) 作业研究

分析操作者与机器的位置,需定置什么工具、物品。

操作者动作分析,设置合理定置管理。

通过作业者和班组作业的分析,人和机械的配置分析,研究作业者的工作效率,去掉作业中的不合理状态,清除人和物结合的不紧密状态,消除生产、工作现场的无秩序状态,从而建立起高效率,合理文明的生产秩序。

(3) 工艺分析

以工艺分析为原则,按物的加工处理过程,分成加工、搬运、检查、停滞、储存五个环节。同时分析工序的加工条件、经过时间、移动距离,从而确定合理的工艺路线、运输路线,使改进后的现场环境达到人、物、场所一体化。

(4) 动作分析

研究作业者动作,分析人与物的结合状态,发现合理的人、物结合状态,使作业标准化,使物品定置规范化,使人、物、场所结合高效化。

(5) 环境因素分析

凡环境因素有不符合国家环境标准要求的情况都必须改善,达到国家标准。

4. 定置管理图

对现场进行诊断、分析、研究后,绘制新的人与物、人与场所、物与场所的相互关系的定置管理平面图。企业定置图主要有:车间定置图、区域定置图、办公室定置图、库房定置图、工具箱定置图、文件资料柜定置图。例如,某电厂B级检修汽机定置图见图9-9。

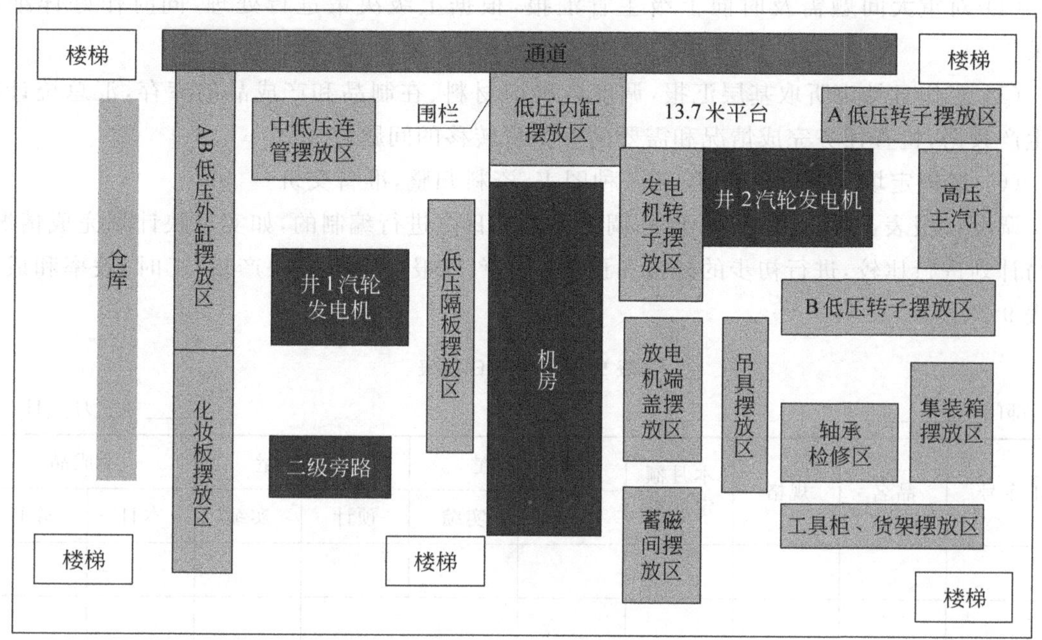

图9-9 某电厂B级检修汽机定置图

9.4 生产作业调度与控制

9.4.1 生产调度工作

生产调度工作是生产作业管理中的重要内容,关系到整个生产作业活动能否有效、正常地运作,生产部门应做好调度工作。

1. 生产调度系统

厂级调度机构:总调度室(值班调度)。

厂级调度员包括以下分工方式。

(1) 按车间分工。避免多头指挥,但对工艺专业化车间不易掌握产品进度。

(2) 按产品分工。当车间生产多个产品时,容易命令冲突。

(3) 两者兼有。但以某一个为主。

2. 生产调度工作程序

(1) 生产调度人员必须提前到岗,听取上一班的工作汇报,特别是有关生产隐患和正在解决或急需要本班解决的问题,办好交接班手续。

(2) 交接班后,认真查看调度记录,熟悉情况,了解人员、工艺和设备情况,布置生产任务,解决生产中出现的问题。

(3) 对班中出现的各种事故,生产调度人员要深入现场进行协调、指导,并处理分析原因,将情况记录在案。要随时了解外部环境的变化,调整内部活动,使生产处于平衡状态,实现稳定生产。

(4) 对重大问题需及时向上级主管汇报，根据上级决策进行处理，同时作好详细的记录。

(5) 工作日结束听取基层汇报，调度各种原材料、在制品和产成品的库存，汇总统计有关生产数据，检查任务完成情况和需要向下一班转移的问题。

(6) 按规定填写调度日志，绘制各种图表，资料归整，准备交班。

调度日报表：是根据全天生产的调度记录和日志进行编制的，如实反映计划完成情况，并与计划进行比较，进行初步的分析和预测。生产日报表重点反映产量、工时、效率和成本见表 9-23。

表 9-23 生产日报表

部门________ ____年__月__日

工令号	品名	规格	本月额定产量	本月产量		累计产量		半成品	
				预计	实绩	预计	实绩	本日	昨日

调度月报：是对相应时期内的生产经营活动的总结。除了要反映生产任务完成的实际情况外，还要对生产系统的稳定性、安全、成本等进行分析，同时提出解决问题的措施和建议。生产月报表见表 9-24。

表 9-24 生产月报表

月份________ 填制日期________

部门	制单号	品名	工序	计划产量	实际产量	进度达成率/%	不良率/%	标准总工时	实用工时
存在问题分析：									

此外，企业编制调度年报和生产简报。企业利用日报、月报管理系统了解生产进度，挖掘异常，据此作出适当的处置。

3. 调度工作制度与方法

(1) 调度值班制度。连续系统掌握生产情况，及时处理临时问题。

值班调度员工作：按班(小时)检查产品的出产情况，检查调度决议和重点任务的执行情况，记录和发出生产指标，并检查其执行情况。及时处理临时问题，并详细记录调度日记、交接班。

(2) 调度会议。发扬民主、集思广益、统一指挥是调度的工作方法。

厂级调度会议：厂级一般每周一次，不同于日常的碰头会，专题会议，应相互结合。先总结上次的决议执行情况，再提出本次要解决的主要关键问题，主要讨论横向协调，会前有调查准备，会中有记录、决议。无法解决的交厂生产会议。会后有检查。

车间调度会议：内容一般是上旬抓短线件，中旬抓成套，下旬抓出产成品以及下月准备。

工段的班前班后会：布置、总结。

(3) 现场调度会。

(4) 调度报告制度。让领导掌握产品进度、生产情况及存在问题和采取措施。一般逐级报告，调度员口头、电话、会议或书面向上级调度部门报告。调度部门书面汇报一般以生产日报形式报厂级领导，此外，还有调度专题汇报(针对临时、典型或特殊事件)、事故汇报。

4. 调度常用的工具和统计的原始凭证

原始凭证是用数字或文字对生产活动进行最初的直接记录的单卡或票据，即考虑管理方便。凭证要有种类、记录内容、表格形式、份数及传递路线。

(1) 加工路线单。按零件设置，适用于成批生产的机加工车间，毛坯库送毛坯领毛坯时，毛坯收料员第一副券交还毛坯库，以便在仓库作为凭证，并在发料台账上登记。第二副券交车间调度以便安排投产计划，登记投产台账以作为车间凭证。然后计划员填写投料日期和投入数量等。开始前，由调度填好工序、工时等内容。送检入库，成品第一副券交还毛坯库，据以登记台账，车间统计员以第二副券作为原始凭证并登记入台账。加工路线单正联返回计划调度组以便和计划对比。

可见，加工路线单(见表9-25)是一单多用(既是计划，又是统计)。写上工序有利于工艺纪律的执行。原始数据唯一，有助于生产控制。

表 9-25 加工路线单

产品：　　填发日期：　　卡片编号：

<table>
<tr><td rowspan="2">件号</td><td rowspan="2">零件名称</td><td rowspan="2">每件台数</td><td colspan="3">计划投入</td><td colspan="3">实际投入</td></tr>
<tr><td>件</td><td>台</td><td>累计</td><td>件</td><td>台</td><td>累计</td></tr>
<tr><td></td><td></td><td></td><td></td><td></td><td></td><td></td><td></td><td></td></tr>
</table>

<table>
<tr><td colspan="2">日期</td><td>工序</td><td rowspan="2">机床号</td><td colspan="2">工作者收到</td><td>工时定额</td><td colspan="5">检验结果</td><td rowspan="2">检验员签章</td></tr>
<tr><td>月</td><td>日</td><td>序号名称</td><td>数量</td><td>签章</td><td>准备与结束</td><td>单件</td><td>合格</td><td>返修</td><td>工废</td><td>料废</td></tr>
<tr><td></td><td></td><td></td><td></td><td></td><td></td><td></td><td></td><td></td><td></td><td></td><td></td><td></td></tr>
<tr><td></td><td></td><td></td><td></td><td></td><td></td><td></td><td></td><td></td><td></td><td></td><td></td><td></td></tr>
</table>

<table>
<tr><td>合格入库数量</td><td>检验员签章</td><td>入库签章</td><td>入库日期</td><td>备注</td></tr>
<tr><td></td><td></td><td></td><td></td><td></td></tr>
</table>

(2) 单工序工票，简称工票，见表9-26。一序一票，适用于批量大的零件加工。零件名、单件定额、加工时间、完成数量、合格、回用、返修、工废、料废。

表 9-26 单工序工票

<table>
<tr><td rowspan="2">产品编号</td><td rowspan="2">件号</td><td rowspan="2">序号</td><td rowspan="2">序名</td><td rowspan="2">单件定额</td><td rowspan="2">每台件数</td><td colspan="2">投入件数</td></tr>
<tr><td>本批</td><td>累计</td></tr>
<tr><td></td><td></td><td></td><td></td><td></td><td></td><td></td><td></td></tr>
</table>

<table>
<tr><td rowspan="2">日期</td><td rowspan="2">班次</td><td rowspan="2">工作者</td><td colspan="3">加工时间</td><td colspan="2">完　成</td><td colspan="4">检验结果</td><td rowspan="2">检验印章</td></tr>
<tr><td>起</td><td>止</td><td>工时</td><td>件数</td><td>工时定额</td><td>合格</td><td>返修</td><td>工废</td><td>料废</td></tr>
<tr><td></td><td></td><td></td><td></td><td></td><td></td><td></td><td></td><td></td><td></td><td></td><td></td><td></td></tr>
<tr><td></td><td></td><td></td><td></td><td></td><td></td><td></td><td></td><td></td><td></td><td></td><td></td><td></td></tr>
</table>

生产组长：　　　　　　　　　　计划调度员：

(3) 工作班任务报告。按工段进行作业统计。一个班能完成多项作业任务。

9.4.2 生产作业控制

企业的生产经营活动会因各种原因导致生产延误、生产脱节、无法按期交货等情况发生，这些问题关系到企业竞争能力。因此，在生产中要对生产作业进度进行控制。生产作业控制主要包括生产进度控制、工序进度控制和在制品控制。

1. 生产进度的控制

生产进度控制是对产品生产作业计划、车间计划和生产进度计划进行的安排和检查，也就是从原材料投入生产开始到成品产出过程都要进行时间上和数量上的控制。通过生产进度控制提高生产效率、降低成本、按期交货。如何控制生产进度？

(1) 投入进度控制。投入进度控制是指对产品开始投入的日期、数量、品种进行控制，以便符合计划要求。由于企业的生产类型不同，投入进度控制的方法也不尽相同，大致可以分为以下几种。

① 大量大批生产投入进度控制。可根据投产指令、投料单、投料进度表、投产日报等进行控制。

② 成批生产投入进度控制。一方面要控制投入的品种、批量和成套性；另一方面要控制投入提前期，可利用投产计划表、配套计划表、加工路线单等工具。

(2) 出产进度控制。出产进度控制是指产品(或零部件)的出产日期、出产提前期、出产量、出产均衡性和成套性的控制。

① 大量大批生产出产进度控制。主要利用生产日报、班组的生产记录、班组和车间的生产统计日报同出产日历进度计划表进行比较，来控制每日出产进度、累计出产进度和一定时间内的生产均衡程度。

② 成品生产进度控制。主要根据零件轮番生产计划、出产提前期、零部件日历进度表、零部件成套进度表和成批出产日历装配进度表等来进行控制；对零部件成批出产日期和出产提前期的控制，只要利用甘特图对照实际完成情况，就可以清楚实际产量与计划的差距。

③ 单件小批生产进度的控制。主要根据订货合同所规定的交货期进行控制。通常是直接利用作业计划图表，只需要在计划进度线下用不同颜色画出实际的进度线即可。

2. 工序进度控制

工序进度控制是指对产品在生产过程中经过每道加工工序的进度所进行的控制。在成批、单件生产条件下,由于产品品种多、工序不固定,各品种加工进度所需设备经常发生冲突,生产执行过程中一出现干扰因素,原计划就会被打乱。因此,对成品或单件生产只要控制投入进度和出产进度是不够的,还需加强工序进度的控制。常用的方法有以下几种。

(1) 按加工路线单经过的工序顺序进行控制。由车间、班组将加工路线单进行登记后,按加工路线单的工序进度及时派工,遇到某工序加工延迟时,要立即查明原因,采取措施解决问题,以保证按时完成工序,顺序加工。

(2) 按单工序工票进行控制。按零件加工顺序的每一工序开一个工序工票交给操作者进行加工,完成后将工序工票交回,再派工时又开一个工序工票通知加工,用此办法进行控制。

(3) 跨车间工序进度控制。对于零件有跨车间加工时,须明确协作车间及交付时间。主要车间要建立台账,及时登记,按加工顺序派工生产;协作车间要认真填写"协作单",并将协作单号和加工工序、送出时间一一标注在加工路线单上,待外协加工完毕,协作单连同零件送回,主要车间要在"协作单"上签收,双方各留一联作为记账的原始凭证。

3. 在制品控制

在制品控制范围包括在制品占用量的实物和信息管理形成全过程。具体范围包括以下几个方面。

(1) 原材料投入生产的实物与账目控制。

(2) 在制品加工、检验、运送和储存的实物与账目控制。

(3) 在制品流转交接的实物与账目控制。

(4) 产成品验收入库的控制等。

控制方法主要取决于生产类型和生产组织形式。

(1) 大批大量生产时,在制品在各个工序之间是按一定路线有节奏地移动的,各工序衔接固定,在制品数量比较稳定。在此条件下,对在制品占用量的控制,通常采用轮班任务报告单,结合生产原始凭证或台账来进行,即以各工作地每一轮在制品的实际用量,与规定的定额进行比较,使在制品的流转和储备量经常保持正常水平。

(2) 成批和单件生产时,因产品品种和批量经常转换,生产情况比较复杂。在此条件下,一般可采用工票或加工路线单来控制在制品的流转,并通过在制品台账来掌握在制品的变化量,检查是否符合原定控制标准。如发现偏差,要及时采取措施,组织调节,使其被控制在允许范围之内。

总之,实施生产进度管理,生产部门要督促和协助有关部门做好工作,定期检查生产作业计划的执行情况,掌握生产动态,了解实际生产进度与计划之间的偏差,根据偏差产生的原因,采取相应的措施。

9.4.3 在制品管理

在制品是指处于生产加工、装配等生产过程中或暂存的原材料、零部件、半成品及成品,有的存储于仓库,也有的散置于生产现场。一定数量的在制品,是保证生产不断进行的必要条件。但在制品过多，又会使工作场所拥挤，产品生产周期延长，流动资金占用过多。因此，必须合理确定在制品的占用量，并加强在制品管理，并使之规范化、制度化。

1. 在制品管理内容

(1) 依现场与物流搬运流程适当划分在制品储存场所。

(2) 在制品在下列工作场所移动，通常以移转单作交接，见表 9-27。一般用于零件加工、外包加工和装配作业。

表 9-27 移转单

单据号：

单位： 日期： 年 月 日

批 号	品 名	转送数量	单 位	接收数量	备 注

移交者： 签收者：

(3) 在制品分类保管方式及标准容器的安排。

(4) 实施收、发、存之数量及储位记录，无表单不移动。

(5) 维持现场整洁，保证生产的正常秩序。

(6) 保管责任要明确。

(7) 定时盘点，加强统计工作。

2. 在制品定额

在制品定额是指在一定技术组织条件下，各生产环节上为了保证生产衔接所必需的，最低限度的在制品储备量。不同的生产条件下，在制品定额的计算方法是不同的。

(1) 大量流水线条件下，在制品定额的确定

确定流水线内部在制品定额。流水线内部的在制品，按其性质和作用来划分，有工艺在制品、运输在制品、周转在制品和保险在制品 4 种。

① 工艺在制品。工艺在制品是指在流水线上各个工作地正在进行加工或检验的在制品。

其数量计算公式为：

工艺在制品定额＝工序数×每道工序的工作地数×一个工作地同时加工的零件数

② 运输在制品。运输在制品是指流水线内运输过程中的在制品。

其数量计算公式为：

运输在制品定额＝(流水线工序数－1)×运输批量

间断流水线是不需要计算的。

③ 周转在制品。周转在制品是流水线上相邻两工序间由于生产率不平衡而形成的在制品。

其数量计算公式为：

周转在制品定额＝较高效率工序的延续工作时间×前工序工作地数
÷前工序单件时间－较高效率工序的延续工作时间
×后工序工作地数÷后工序单件时间

④ 保险在制品。保险在制品是当流水线某一环节发生意外事故时，为了保证整条流水线仍能正常工作而设置的。

其数量计算公式为：

保险在制品定额＝消除工序故障的最低时间÷工序单件时间

（2）成批生产条件下，在制品定额的确定

① 车间内部在制品。在定期成品轮番生产情况下，车间内部在制品是根据产品（零件）的生产周期、生产间隔期和批量而决定的。

周转在制品定额＝生产周期×平均日产量

② 车间中间半成品。车间中间半成品是处于车间之间的中间仓库，如毛坯库。其在制品周转定额由周转在制品和保险在制品组成。

本章小结

生产过程是指从原料投入到生产出成品的全过程。生产过程组织的合理与否直接影响企业的交货期、生产效率和竞争力。做好生产系统的空间组织、时间组织和人员安排是十分重要的。

生产计划是指企业为实施生产活动而对市场需求和企业资源所进行的系统性研究、分析和规划。生产系统的高效运转取决于计划工作的水平，要制订好计划必须要了解企业生产能力，并根据需求进行生产能力的调整。企业生产计划主要是综合计划确定主生产计划，再根据主生产计划制订物料需求计划。

生产系统的运行离不开良好的生产环境、生产设备和作业的控制。生产环境管理的方法主要有5S管理和定置管理；车间设备管理工作主要内容就是要合理使用、正常地维修和保养；要建立良好生产作业秩序需要做好作业调度工作和作业的控制。

思考题

1. 什么是生产过程？生产过程设计有哪些原则和要求？
2. 设备布置的形式有哪些？它们分别具有什么特征？
3. 企业如何调整生产能力？
4. 不同生产方式的生产计划有何不同？
5. 什么是主生产计划？如何安排主生产进度？
6. 相关需求与独立需求的区别是什么？
7. 解释5S管理，如何推行5S管理？
8. 如何进行在制品的管理？
9. 如何进行生产作业控制？

练习题

1. 有A、B、C、D、E五种零件依次经由甲、乙两台设备加工。其加工时间见表9-28,试用约翰逊法进行最优化排序。

表 9-28 零件加工时间表

零件＼设备	A	B	C	D	E
甲	3	7	9	10	5
乙	5	8	6	4	10

2. 设某项工作有A、B、C、D、E五个工件,按先后顺序到达某工作站,其作业时间与交货时间见表9-29。

表 9-29 某项工作各工件作业时间与交货时间　　单位:天

到达顺序	作业时间	交货时间	到达顺序	作业时间	交货时间
A	2	7	D	10	7
B	8	16	E	12	18
C	4	4			

试根据FCFS、SPT、EDD原则分别排序,并比较3种不同排序原则的排序结果。

3. 某部门现有8名员工,平常需要6人,周末需要5人,请用图表安排作业班次计划,要求每人每周两天休息日尽量为连休(用X表示休息,只需要把员工休息日安排出来即可)。

4. 某单位平日需要11人当班,周末需要7人值班,求以下4种条件下的单班次计划。

(1) 保证每周工人有两个休息日。

(2) 保证工人每周的两个休息日为连休。

(3) 除保证工人每周有两个休息日外,在连续两周内每名工人有一周在周末休息。

(4) 除保证工人每周的两个休息日为连休外,在连续两周内每名工人有一周在周末休息。

5. 已知某企业生产A、B两种型号的电表,其产品结构树如图9-10所示。

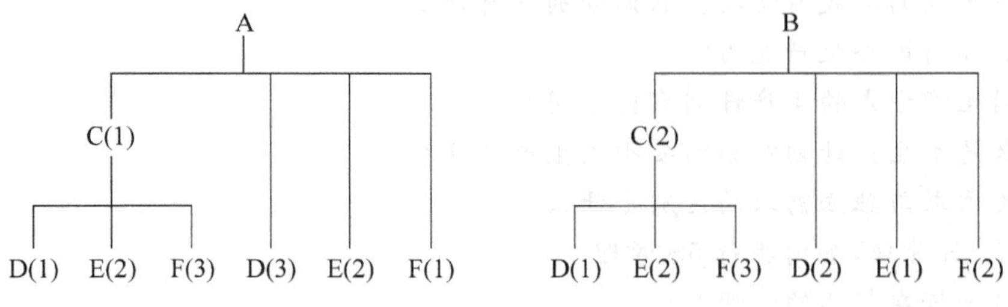

图 9-10 A、B产品结构树

并且已知产品及所属物料的订货提前期和库存资料见表 9-30，要求：假设需要在第 10 周出产 200 件电表 A、100 件电表 B，试编制生产的物料需求计划。

表 9-30 产品及物料的订货提前期和库存资料

物料项目	期初可用库存量	订货提前期/周	物料项目	期初可用库存量	订货提前期/周
A	10	2	D	40	3
B	20	2	E	50	1
C	30	1	F	60	2

案例分析

英航伦敦之眼

英国航空公司的伦敦之眼是世界上最大的观光转轮，同时也是英国最壮观、最具有吸引力的旅游景点之一。它的高度是著名的维也纳普拉特观光转轮的两倍还多。此外，与此类似传统的摆渡型转轮相比，伦敦之眼在设计上还有 3 个主要的区别：首先，乘客座舱采取全封闭设计，并安装空调；其次，座舱装在轮外缘，而不是吊在转轮下方；最后，整个转轮都是由一个 A 字形的支架在一侧支撑的，因此它可以通过悬臂俯瞰泰晤士河。

伦敦之眼转轮直径为 135 米，其外边共固定有 32 个乘客座舱，每个座舱一次可以承载 25 位乘客。转轮不停地旋转，因此，乘客迈进舱内时轮子还在转动。只不过转速仅为 0.26 米/秒，只有人正常步行速度的 1/4。完成 360°的转动需要 30 分钟，结束时舱门会自动打开。乘客的上下地点是分开的，公司在泰晤士河上游为此建有专门设计的平台。

英国伦敦之眼每隔半小时安排一批顾客登舱。全年开放（除了圣诞节），夏季（4～9 月）开放时间是上午 10:00 到晚上 9:30（末班 9:30～10:00），其他时间转轮从上午 10:00 开始，末班时间是下午 5:30～6:00。最初价格为：成人 7.45 英镑、儿童 4.95 英镑、老年人 5.85 英镑。

公司预测报告估计，2000 年到英国伦敦之眼观光的游客人数将达 220 万（其中不包括 1 月份大检修）。在早先的新闻发布会上，公司告诉记者，伦敦之眼每年平均运转 6000 圈。

（资料来源：奈杰尔.斯莱克.运营管理.北京：中国市场出版社，2007）

问题：

（1）你认为在伦敦之眼的设计过程中有哪些主要的设计问题？

（2）根据预订的操作时间，计算伦敦之眼的小时、天、周、年生产能力，并将这个数值与其最大的理论设计能力（全天 24 小时）进行比较。公司在新闻发布会上公布的每年运转次数是否准确？

（3）根据资料中乘客人数，计算伦敦之眼的生产能力的利用率和效率。

实践与实训

1. 从烹饪书中选择一个相对复杂的烹饪项目(比如有层叠的、有装饰的奶油蛋糕或其他项目),为此产品进行制定产品结构以及物料清单。

2. 利用网络搜索为主,找出两个国内著名企业,一个是制造业企业,另一个是服务性企业。调查它们是如何实施5S管理的,它们的经验是什么?取得哪些成果?该方法在学校宿舍管理方面如何开展?

3. 观察几家理发店。研究理发店店面的布置、工具摆放、店内的环境、使用的设备,该店是否应用定置管理?讨论如何实施定置管理?思考推行定置管理的关键因素是什么?

4. 对拥有或负责使用下列设备的一些人进行调查。他们维护这些设备的方法是什么?如何合理使用这些设备?

(1) 机动车。

(2) 家具。

(3) 家用电器,如冰箱、电视。

(4) 打印机。

第10章 质量管理

学习目标

知识点

1. 因果图、排列图、分布图、控制图。
2. ISO 9000 体系。

技能点

1. 质量数据统计图表的填写和作图。
2. 生产制程异常及控制图异常的判别及分析处理。

阅读材料

第二次世界大战中期，美国空军降落伞的安全度不够完美，即使经过降落伞制造商的努力改善，使得降落伞的良品率已经达到了99.9%，这个良品率即使现在许多企业也很难达到。但是美国空军却对此公司说NO，他们要求所交降落伞的良品率必须达到100%。于是降落伞制造商的总经理便专程去飞行大队商讨此事，看是否能够降低这个标准。因为厂商认为，能够达到这个程度已接近完美了，没有什么必要再改。当然美国空军一口回绝，因为质量没有折扣。后来，军方要求改变了检查质量的方法。那就是从厂商前一周交货的降落伞中，随机挑出一个，让厂商负责人装备上身后，亲自从飞行中的机身跳下。该方法实施后，不良率立刻变成零。

10.1 质量管理概论

10.1.1 质量的内涵

ISO 9000:2000中质量的定义：一组固有特性满足要求的程度。

在这个定义中，所指的"固有的"特性是指在某事或某物中本来就有的，尤其是那种永久的特性，包括产品的适用性、可信性、经济性、美观性和安全性等。

(1) 适用性

适用性是指产品适合使用的特性，包括使用性能、辅助性能和适应性。注意产品的使用性能与产品功能的区别：产品的功能反映产品可以做什么，产品的使用性能是指产品做得怎么样；辅助性能是指保障使用性能发挥作用的性能；适应性是指产品在不同的环境下依然保持其使用性能的能力。如一辆轿车，其有无天窗属于汽车的功能范畴，不属于质量范畴，天窗是否好用、是否漏水则属于使用性能问题，属于质量范畴；一块手表走时是否准确属于使用性能范畴，是否带有夜光则属于辅助性能范畴，是否提供防水功能则属于适应性范畴。

(2) 可信性

产品的可信性包括可靠性和可维修性。可靠性是指产品在规定的时间内在规定的使用条件下完成规定功能的能力，它是从时间的角度对产品质量的衡量；可维修性是指产品出现故障时维修的便利程度。对于耐用品来说，可靠性和可维修性是非常重要的，如汽车的首次故障里程、平均故障里程间隔、车体结构是否易于维修等都是顾客十分重视的质量指标。

(3) 经济性

产品的经济性是指产品在使用过程中所需投入费用的大小。如空调器是一种需要消耗电能的产品，在达到同样的制冷效果下能耗越低给顾客带来的节约就越大；洗衣机则是一种需要大量消耗水的产品，在达到同样洗净比的前提下，用水越少则其经济性越好。

(4) 美观性

产品的美观性是指产品的审美特性与目标顾客期望的符合程度。当产品的外观、款式、颜色符合顾客的审美要求时，顾客就会被这种产品所吸引。如瑞士 SWATCH 手表的成功更多地应归功于其对顾客审美需求的准确把握。

(5) 安全性

产品的安全性指产品在存放和使用过程中对使用者的财产和人身不会构成损害的特性。不管产品的使用性能如何、经济性如何，如果产品存在安全隐患，那不仅是消费者所不能接受的，政府有关部门也会出面干涉或处罚生产企业。对于家用电器、汽车、工程机械、机床设备、食品、医药等，安全性是一个特别重要的质量指标。

质量管理经过了从无到有、从粗到细、从结果到全面的过程。质量管理基本上可以划分为 3 个阶段。

第一阶段，产品质量检验阶段。这一阶段是按照一定的标准对成品进行检验，即从成品中挑出不合格品。从质量管理角度来说，质量检验的效能较差。因为这种方法虽然可以防止不合格品出厂或流入下一工序，但是不能预防废品的产生，由废品造成的损失也无法消除。

第二阶段，统计质量管理阶段。由于第二次世界大战对大量生产的需要，质检的工作量增大，军火交货期经常被延迟。美国政府和国防部组织数理统计学家，制定了最早的质量管理标准。这一阶段主要采取数理统计原理，预防产生的废品并检验产品的质量。预防质量事故的发生这一观念的转变，是质量管理工作的又一次重大进步。这一阶段的缺点是过分注重数学工具的使用，而忽略了管理工作和生产者的能动运作，所以显得“曲高和寡”，令人望而生畏，结果阻碍了数理统计质量管理方法的推广使用。

第三阶段，全面质量管理阶段。从 20 世纪 60 年代开始，质量管理中出现了“依靠工人”、“自我控制”、“无缺陷运动”和“QC 小组活动”等。经过多年的实践经验，结合管理界各种蓬勃发展的理论，如“人本管理”、“系统思考”、“学习型组织”、“JIT(精益生产)”、“ISO 质量管理体系标准”等，全面质量管理理论已比较完善，在实践上也取得了较大的成功。

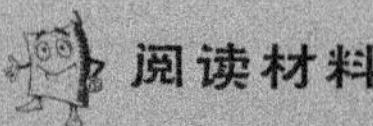

阅读材料

A. C. 吉尔伯特公司破产启示

20 世纪 60 年代后，玩具业的销售环境发生变化，吉尔伯特公司销售额从 1960 年的 1260 万美元下降到 1160 万美元。对此，公司试图通过增加新的“热门产品”来提高销售额。为此，公司增加了 50 多个新品种，产品种类达到了 307 种；产品的包装也全部更新，为此多支出 100 万美元。同时，销售人员比原来增加了 50%。

但这些策略徒劳无功。到 1963 年销售额仅有 1070 万美元，亏损达 570 万美元。这主要是由于以担保销售为基础运往超级市场的低价玩具的大量退货，吉尔伯特公司未能卖出去的玩具存货价值已达 350 万美元。

1965 年入秋至圣诞节，公司对产品花色品种再一次进行改进，并开始实施大规模的广告宣传计划。大量的广告宣传确实使销售量达到了 1490 万美元，然而亏损也增加到 290 万美元，主要原因是 007 玩具赛车的大量退货。市场销售情况证明，这种玩具赛车无论在设计、制作上还是在包装上，都很拙劣，而且定价过高。

曾经叱咤一时的 A. C. 吉尔伯特公司在 1967 年 2 月宣布破产。

（资料来源：财务顾问网）

10.1.2 质量管理体系架构与流程

1. 质量管理体系架构

质量管理体系一般由质量控制、质量保证、质量工程三方面构成，如图 10-1 所示。

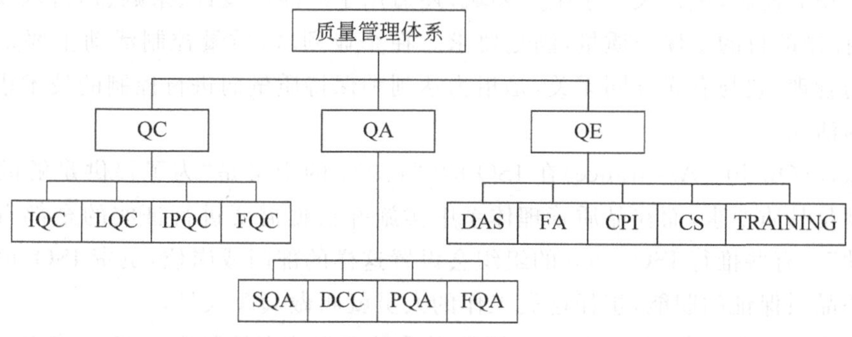

图 10-1 质量管理体系的一般架构

图 10-1 各缩写词含义见表 10-1。

表 10-1 质量管理体系架构相关术语中英文对照

相关术语	英文全称	中文释义
QC	Quality Control	质量控制
QA	Quality Assurance	质量保证
QE	Quality Engineering	质量工程

续表

相关术语	英文全称	中文释义
IQC	Incoming Quality Control	进料质量控制
LQC	Line Quality Control	生产线质量控制
IPQC	In Process Quality Control	制程质量控制
FQC	Final Quality Control	最终质量控制
SQA	Source (Supplier) Quality Assurance	供应商质量控制
DCC	Document Control Center	文控中心
PQA	Process Quality Assurance	制程质量保证
FQA	Final Quality Assurance	最终质量保证
DAS	Defects Analysis System	缺陷分析系统
FA	Failure Analysis	坏品分析
CPI	Continuous Process Improvement	连续工序改善
CS	Customer Service	客户服务
TRAINING		培训

质量控制(Quality Control)又可称为质量检验。其在 ISO 8402:1994 的定义是“为达到品质要求所采取的作业技术和活动”。有些推行 ISO 9000 的组织会设置这样一个部门或岗位,负责 ISO 9000 标准所要求的有关品质控制的职能,担任这类工作的人员就叫做 QC 人员,相当于一般企业中的产品检验员,包括进货检验员(IQC)、制程检验员(IPQC)、最终检验员(FQC)和出货检验员(OQC)。作为质量管理的一部分,质量控制适用于对组织任何有关质量活动的控制,不仅仅限于生产领域,还适用于产品的设计、采购、销售以及人力资源的管理等,控制的目的是保证质量,满足要求。在企业领域,质量控制活动主要是企业内部的生产现场管理,它与有无合同无关,是指为达到和保持质量而进行控制的技术措施和管理措施方面的活动。

质量保证(Quality Assurance)在 ISO 8402:1994 的定义是“为了提供足够的信任表明实体能够满足品质要求,而在品质管理体系中实施并根据需要进行证实的全部有计划和有系统的活动”。有些推行 ISO 9000 的组织会设置这样的部门或岗位,负责 ISO 9000 标准所要求的有关品质保证的职能,担任这类工作的人员就叫做 QA 人员。

质量工程(Quality Engineering)主要从事质量工程的文件制定,QE 是建立、分析、完善品质控制程序的人,不会去查每一件产品。

具备必要资质的 QA 是组织中的高级人才,需要全面掌握组织的过程定义,熟悉所参与项目所用的工程技术;QC 则既包括软件测试设计员等高级人才,也包括一般的测试员等中、初级人才,QC 人员就是俗称的检验员。

2. 质量控制流程

就质量控制而言,一般流程如图 10-2 所示。

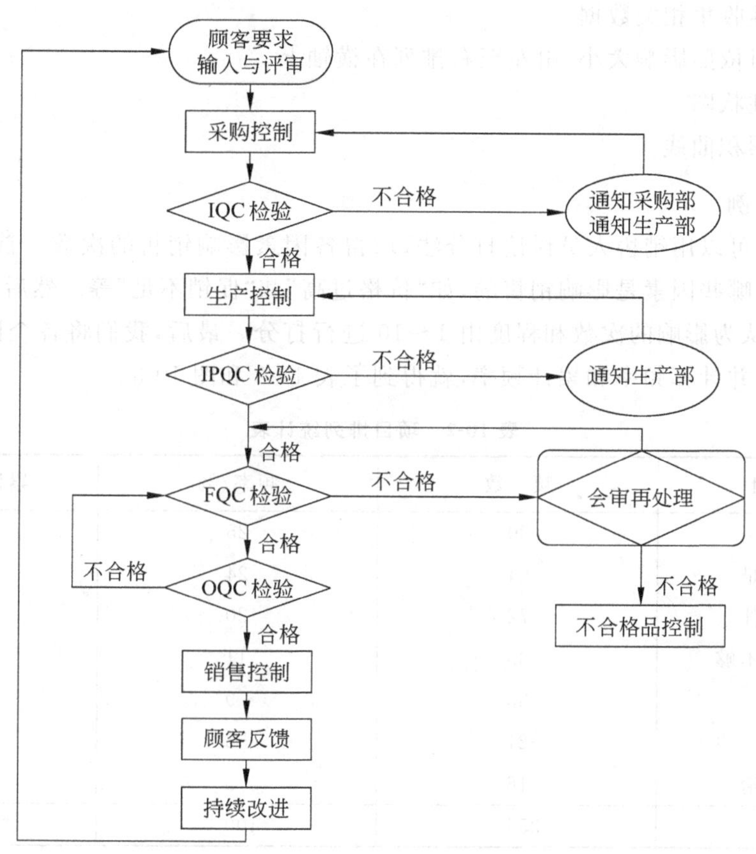

图 10-2 质量控制一般流程

10.2 质量控制技术

分析和控制产品质量的常用方法有排列图、因果分析图、分层法、直方图、相关图、统计分析表和控制图(质量管理的老“七种工具”为因果图、直方图、相关图、排列图、控制图、分层法和调查表;新“七种工具”为关联图法、KJ 法、系统图法、矩阵图法、矩阵数据解析法、过程决策和箭条图法)等。以下仅介绍老“七种工具”。

10.2.1 排列图法

排列图法,又称主次因素分析法、柏拉图法,它是找出影响产品质量主要因素的一种简单而有效的图表方法。排列图是根据“关键的少数和次要的多数”的原理而制作的。也就是将影响产品质量的众多因素按其对质量影响程度的大小,用直方图形顺序排列,从而找出主要因素。

1. 排列图分析步骤

(1) 将要处置的事,以现象或原因加以分类。

(2) 纵轴虽可以表示件数,以金额表示更明确。

(3) 周期性收集相关数据。

(4) 各项目依照影响大小,由左至右排列在横轴上。

(5) 绘上柱状图。

(6) 连接累积曲线。

2. 应用示例

比如,我们可以用销售人员讨论打分法,取得各因素影响销售的次数。首先,我们需要了解在市场中,哪些因素是影响销售的,如“价格过高”和“促销不足”等。然后,让10名销售经理按照他们认为影响的次数和程度由1～10进行打分。最后,我们将各个因素的分数加起来作为频数,并计算频率和累计频率,就得到了表10-2和图10-3。

表 10-2 项目排列统计表

项目	频数	频率/%	累计频率/%
价格过高	90	25	25
终端促销不足	84	24	49
广告效果不佳	72	20	69
经销商激励不够	39	11	80
产品系列少	33	9	90
产品质量差	21	6	95
团队热情下滑	16	5	100
合计	355	100	

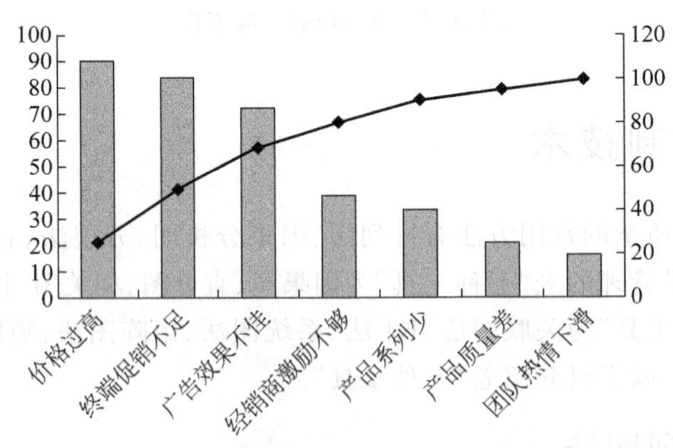

图 10-3 影响销量因素的排列图

一般来说,0%～80%是A类因素,80%～90%是B类因素,90%～100%是C类因素。从表10-2中,我们可以发现,影响销量最主要的A类因素是“价格过高”、“终端促销不足”、“广告效果不佳”和“经销商激励不够”,从而为改善销售状况找到了方向。

10.2.2 因果分析图法

因果分析图法,又叫鱼刺图法,顾名思义就是用原因对结果进行详细表述的图形,具体的就是通过罗列造成结果的原因，并将众多的原因分类、分层而形成鱼刺状的图形，如图 10-4 所示。

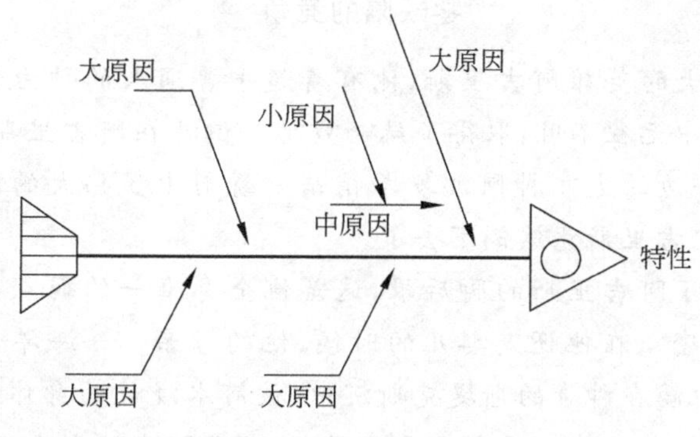

图 10-4　因果分析图

因果分析图使用步骤如下：

(1) 集合有关人员。召集与此问题相关的、有经验的人员，人数最好为 4～10 人。

(2) 挂一张大白纸，准备 2～3 支色笔。

(3) 由集合的人员就影响问题的原因发言，发言内容记入图上，中途不可批评或质问。(脑力激荡法)

(4) 时间大约 1 个小时，搜集 20～30 个原因则可结束。

(5) 就所搜集的原因，什么影响最大，再由大家轮流发言，经大家磋商后，认为影响较大的圈上红色圈。

(6) 与步骤(5)一样，针对已圈上一个红圈的，若认为最重要的可以再圈上两圈或三圈。

(7) 重新画一张因果图，如图 10-5 所示，未圈上的去除，圈数愈多的列为最优先处理。

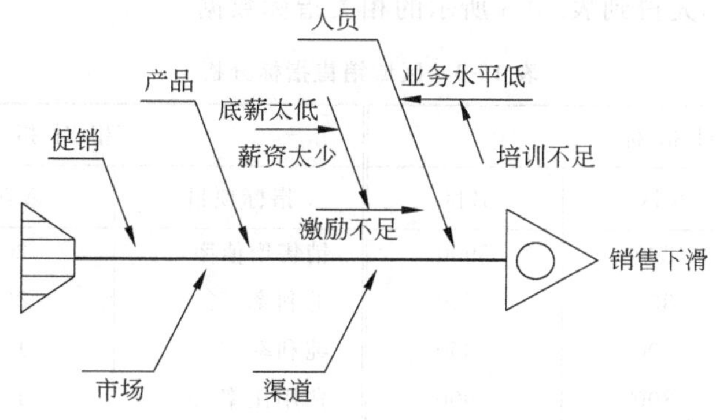

图 10-5　销售下滑因果分析

因果分析图提供的是抓取重要原因的工具，所以参加的人员应包含对该项工作具有经验者，才易奏效。

阅读材料

零缺陷的竞争

古希腊有一位伟大的英雄阿吉里斯，他有着超乎普通人的神力和刀枪不入的身体，在激烈的特洛伊之战中无往不胜，取得了赫赫战功。但就在阿吉里斯攻占特洛伊城奋勇作战之际，站在对手一边的太阳神阿波罗却悄悄一箭射中了伟大的阿吉里斯，在一声悲凉的哀叹中，强大的阿吉里斯竟然倒下去了。

原来这支箭射中了阿吉里斯的脚后跟，这是他全身唯一的弱点，只有他的父母和天上的神才知道这个秘密。在他还是婴儿的时候，他的母亲——海洋女神特提斯，就曾捏着他的右脚后跟，把他浸在神奇的斯堤克斯河中，被河水浸过的身体变得刀枪不入，近乎于神。可那个被母亲捏着的脚后跟由于浸不到水，成了阿吉里斯全身唯一的弱点。母亲造成的这唯一弱点要了儿子的命！

10.2.3 分层法

分层法又称分类法，是质量管理中常用来分析影响质量因素的重要方法。在实际生产中，影响质量变动的因素很多，这些因素往往交织在一起，如果不把它们区分开来，就很难得出变化的规律。实际应用分层法时，研究质量因素可按操作者、设备、原材料、工艺方法、时间、环境等方法进行分类。

分层法用雷达图表示。雷达图可以在多个维度上比较两个以上对象的差异，在质量管理中则更多地用于描绘现有状况与目标之间差距的大小程度。具体制定雷达图分为 4 个步骤：①确定评定的对象；②根据每个评定对象来确定关键指标并进行维度上的分类，并将这些维度平均分布在整个圆周上；③确定轴向上的水平等级，并且各等级都与一个数字相关联，以反映不同的能力水平；④然后连接各点构成一个雷达图。例如，在对两个区域的销售情况进行比较，我们先得到表 10-3 所示的相关指标数据。

表 10-3 区域销售指标分析

绝对指标			相对指标		
指标项目	A 区	B 区	指标项目	A 区	B 区
销售额/万元	4800	3900	销售增值率/%	20	30
纯利润额/万元	800	750	毛利率/%	30	28
费用额/万元	600	350	纯利率/%	17	19
销售增长额/万元	800	900	费用比率/%	13	9
费用增长额/万元	200	50	费用增长率/%	50	17

虽然，我们从数据中也可大概比较出 A、B 两个区域的优劣，但通常容易进行一对一的比较，而不容易得到直观的总体感觉。特别是，需要比较分析的对象超过两个时，统计表的直观性和整体性就更显不足了。

这里选择对相对销售指标做一个示例。通过图 10-6 所示的雷达图，我们可以非常直观地了解两个区域的整体情况：A 区域的毛利率比 B 区域高出两个点，但是由于费用比率高，纯利率反而低了两个点；同时，A 区域费用增长率远远超过了销售额的增长率，显然其费用控制上存在问题，而 B 区域在保证销售额快速增长的情况下，费用控制上做得非常好。

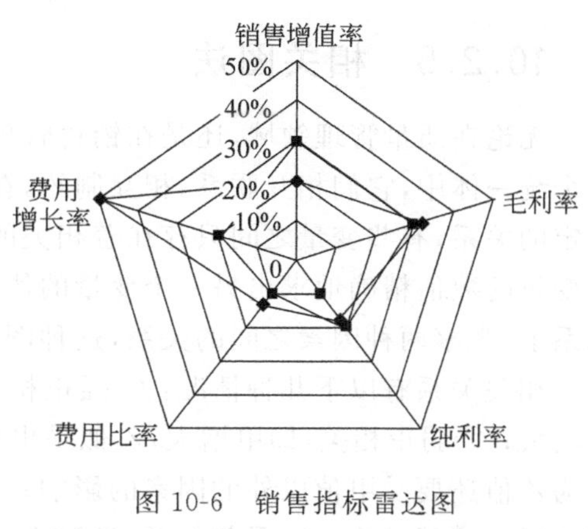

图 10-6 销售指标雷达图

注：—◆— A区；—■— B区。

10.2.4 分布图法（直方图法）

分布图，全称是质量分布图，也叫做直方图，是通过对测定或收集来的数据加以整理，来判断和预测生产过程中质量和不合格品率的一种常用质量管理工具。

以销售情况分析为例，按照分布图的方法：我们首先选定 N 个要分析的对象，然后在每个对象的某个销售指标中找出最大值和最小值，并确定对该销售指标进行分组。一般而言，分组数的大小随着对象数目的多少成正比。对于质量管理来说，测定值（也就是分析对象）一般会比较多，按最少的数目 50～100 时，分 7 组就可以了。对于一般的销售对象（如销售人员、销售区域等）来说，大多不会超过 100，反而更多的时候是在 50 以下。所以，我们一般分成 7 组就可以了。最后是确定组距，有一个固定的公式，即用最大值和最小值之差除以组数即可。

举例来说，在一个渠道长度较短的公司，销售人员比较多，有 100 人。我们针对销量指标进行分析：在这 100 人中，一年中销量最大的是 1000，最小的是 300，分成 7 组，每组组距就是(1000－300)/7＝100。然后，根据各组的区间，我们将这 100 个销售人员的销量分布进行统计，见表 10-4，并得到如图 10-7 所示的分布图。

表 10-4 销售量频数分布统计表

分　组	频　数
300～400	3
400～500	10
500～600	19
600～700	32
700～800	21
800～900	11
900～1000	4
合　计	355

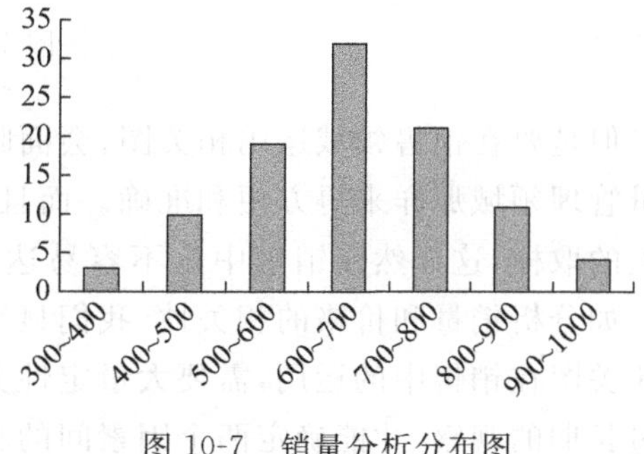

图 10-7 销量分析分布图

根据图 10-7，我们可以非常清晰地了解销售人员的主要销量是集中在哪个和哪些区间中。同样的分析也可以针对其他指标，如对各个区域市场的相应销售指标：销量、销售额、利润等进行分析。

10.2.5 相关图法

无论在质量管理领域，还是在销售管理领域，在原因分析中，常常遇到一些变量共处在一个统一体中，它们相互联系，相互制约，在一定条件下又互相转化。有些变量之间存在着确定的关系，有些变量之间只存在着相关的关系，即这些变量之间既有关系，但又不能由一个变量的数值精确地求出另一个变量的值。将两种有关的数据列出，并用点子填在直角坐标系上，观察两种因素之间的关系，这种图称为相关图，对它进行的分析称为相关分析。

相关关系有以下几种情况：①强正相关，即随着一个因素甲的增大，另一个因素乙也明显增大；②弱正相关，即甲增大，乙似乎也有增大的趋势，但不如正相关关系那样明显，这是因为乙值还要受甲值以外的因素的影响；③强负相关，即随着一个因素甲的增加，另一个因素乙反而明显减少；④弱负相关，即随着甲的增加，乙有减少的趋势，但不如强负相关那样明显；⑤不相关，即甲增加与乙的增减之间找不出什么规律；⑥非线性相关，甲在一定范围内增加，乙随之增加，超过一定幅度，则甲的增加，反而引起乙的减少。

在销售指标中，很多指标是相关的，但是属于哪一种相关性，则取决于不同的市场发展阶段、不同的竞争情况和不同的产品类别等环境因素的影响。在一段时间内宏观因素不变的情况下，相关图可以帮助我们发现一些重要因素间的关系，从而找到对策。如销量和价格、广告投入、销售提成等因素都是相关的。但是怎么样的关系呢？我们利用相关图来进行分析，如图 10-8 所示。

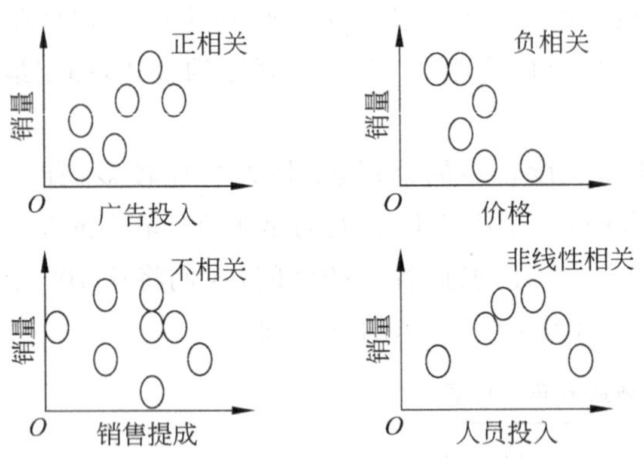

图 10-8 相关图

但是要在销售领域运用相关图，会面临一个非常大的挑战，即销售相关数据的取得不如质量管理领域那样来得方便和准确。而且，在质量管理的相关图运用中，一般都要求 30 组以上的取样，这显然在销售中是不容易达到的。甚至，有些数据也是不可能在现实中取得的。如分析销量和价格的相关性，我们显然从来不会对某个产品实施频繁变动的价格。所以相关图在销售中的运用，需要大量定性分析为基础，再加上定量分析作为印证和补充，并通过长期的观察，才能确定两个因素间的相关图。

当相关图取得后，我们就有了行动的指南。它的意义在于：一是直接通过一个因素影响另一个相关的因素，如通过一定范围内的降价提升销量的增长；二是通过控制那些好控制的因素间接地影响那些不好控制的因素，如终端卖场的销量不好控制，就通过影响经销商的进货量来“以压促售”，而压多少合适则需要根据“存货量”和“销量”间的相关图来确定。

10.2.6 统计分析表法

统计分析表就是利用统计表对数据进行整理和初步分析原因的一种常用图表。其格式可以根据产品和工序的具体要求来灵活确定。这种方法虽然简单,但是非常实用、有效。

运用这种方法时,常用的统计表主要有以下几种。

(1) 缺陷位置调查表。

(2) 不良品原因统计表。

(3) 按不良品项目分类调查表。

在实际生产中,统计分析表同分层法结合使用的效果最佳。

阅读材料

把产品当做为自己生产的

有个老木匠准备退休,他告诉老板,说要离开建筑行业,回家与妻子儿女享受天伦之乐。

老板舍不得他的好工人走,问他是否能帮忙再建一座房子,老木匠说可以。但是大家后来都看得出来,他的心已不在工作上,他用的是软料,出的是粗活。房子建好的时候,老板把大门的钥匙递给他。

"这是你的房子,"他说,"我送给你的礼物。"

他震惊得目瞪口呆,羞愧得无地自容。如果他早知道是在给自己建房子,他怎么会这样呢?现在他得住在一幢粗制滥造的房子里!

10.2.7 控制图法

控制图是用于分析和判断工序是否处于稳定状态所使用的带有控制界限的一种工序管理图。由纵坐标(表示质量特征)、横坐标(表示样本号)、中心线(CL)、控制上限(UCL)和控制下限(LCL)组成,如图10-9所示。控制图大体分为两大类:计量值控制图和计数值控制图。这两类控制图都是在生产过程中做出的。一般是每隔一定时间或一定数量的制品,从中随机抽取一个或几个制品组成样本,将检验的质量数据按照一定要求列表计算出中心线、上下控制限,即为控制图。然后逐一将制品样品的质量检测数据标入控制图,以其控制工序的状态。

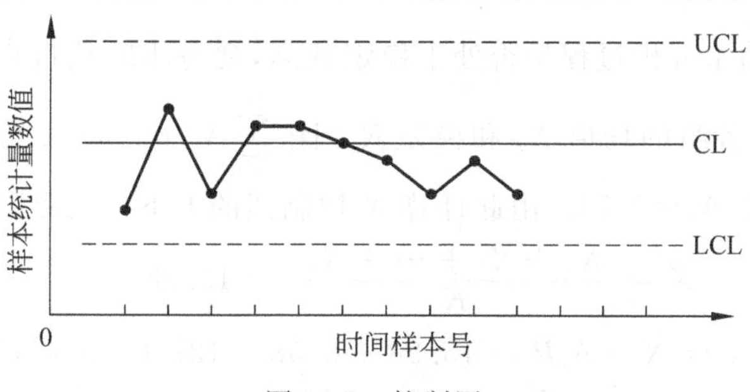

图10-9 控制图

对于计量值数据，其控制图类型有：均值|极差控制图、中位数|极差控制图、单值|移动极差控制图、单值控制图、均值|标准偏差控制图。

对于计数值数据，其控制图类型有：不合格品数控制图、不合格品率控制图、缺陷数控制图、缺陷率控制图。

均值|极差控制图包括以下作图步骤。

(1) 收集数据(总样本数≥100)得到质量特性值 $x_i(i=1,2,\cdots,m)$。

(2) 数据分组(每组样本数 3～5 个为宜)，m 个数据共分为 K 个组(每组 n 个数据)。

(3) 计算各组平均数 $\overline{X}_i$ 和总平均值 $\overline{\overline{X}} = \frac{1}{K}\sum \overline{x}_i$。

(4) 计算各组极差 R_i 及其平均值 $\overline{R} = \frac{1}{K}\sum R_i$，$R_i$ 为该组最大的 x_i 减去最小的 x_i。

(5) 计算平均数控制的控制界限。

均值图($\overline{X}$ 图)：

$$CL_{\overline{X}} = \overline{\overline{X}} = \frac{\overline{X}_1 + \overline{X}_2 + \cdots + \overline{X}_K}{K}$$

$$UCL_{\overline{X}} = \overline{\overline{X}} + A_2\overline{R}$$

$$LCL_{\overline{X}} = \overline{\overline{X}} - A_2\overline{R}$$

极差图(R 图)：

$$CL_R = \overline{R} = \frac{R_1 + R_2 + \cdots + R_K}{K}$$

$$UCL_R = D_4\overline{R}$$

$$LCL_R = D_3\overline{R}$$

式中，A_2，D_4，D_3 为控制图常数，各参数见表 10-5。

(6) 计算极差控制图的控制界限。

(7) 画控制图。

表 10-5 均值|极差控制图参数

n	2	3	4	5	6	7	8	9	10
D_4	3.27	2.57	2.28	2.11	2.00	1.92	1.86	1.82	1.78
D_3	*	*	*	*	*	0.08	0.14	0.18	0.22
A_2	1.88	1.02	0.73	0.58	0.48	0.42	0.37	0.34	0.31

举例来说，例如为了分析过程是否处于稳定状态，现每小时从过程抽取 5 个样品，已抽得 30 组样本，并得到各组的均值 $\overline{X}_i$ 和极差 R_i，且 $\sum_{i=1}^{30}\overline{X}_i = 458.4$ 与 $\sum_{i=1}^{30} R_i = 127.6$。由表 10-5 可知，$n=5$ 时，$A_2=0.58$。由此计算 $\overline{X}$ 控制图的上下控制界限值及中心值为：

$$CL_{\overline{X}} = \overline{\overline{X}} = \frac{\overline{X}_1 + \overline{X}_2 + \cdots + \overline{X}_K}{K} = 15.28$$

$$UCL_{\overline{X}} = \overline{\overline{X}} + A_2\overline{R} = 15.28 + 0.58 \times 127.6/30 = 17.75$$

$$LCL_{\overline{X}} = \overline{\overline{X}} - A_2\overline{R} = 15.28 - 0.58 \times 127.6/30 = 12.81$$

生产是否处于正常状态的判别。从控制图上判定生产过程处于控制状态必须满足以下两个条件。

(1) 控制图上的点(数据)不超过控制界限。

① 连续25点以上处于控制界限内。

② 连续35点中,仅有1点超出控制界限。

③ 连续100点中,不多于两点超出控制界限。

(2) 控制图上的点排列没有缺陷。

① 链状排列,即连续7个点出现在中心线一侧,或连续11个点中至少有10个点同时出现在中心线一侧。

② 接近控制限,即点子较多地在2倍的标准差和3倍的标准差之间的区域出现,如连续3个点中至少有2个点或连续7个点中至少有3个点接近控制限。

③ 倾向,即连续7个点上升或下降。

④ 周期,即点子出现周期性变化。

如果控制图中点子分布在控制界限内,且分布无异常情况,就可判断工序处于正常状态。

10.3 全面质量管理

10.3.1 全面质量管理的特点

全面质量管理是指企业全体职工及有关部门同心协力,综合运用管理技术、专业技术和科学方法,经济地开发、研制、生产和销售用户满意的产品的管理活动。全面质量管理的演变如图10-10所示。

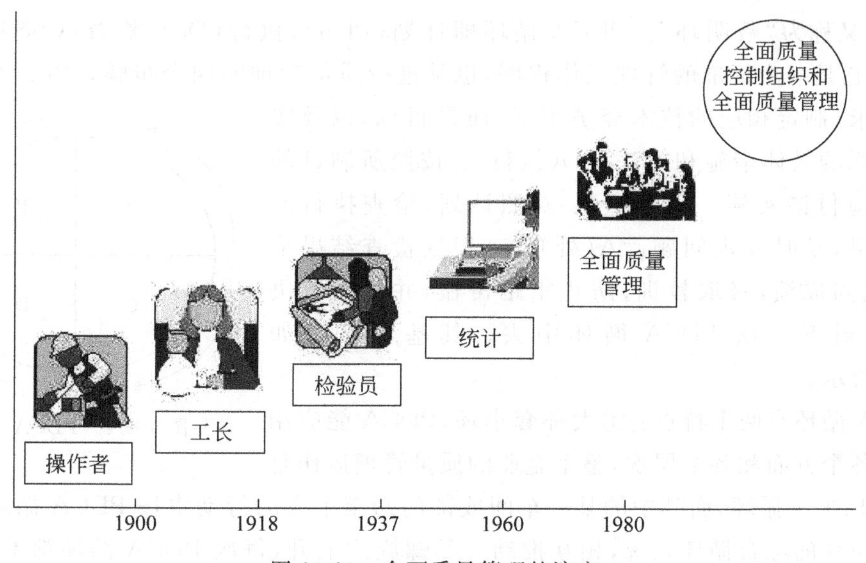

图10-10 全面质量管理的演变

全面质量管理具有如下特点。

(1) 管理的对象是全面的。不仅要管好产品质量，而且要管好产品赖以形成的工作质量。它要求保证质量、功能，及时交货，服务周到，一切使用户满意。

(2) 质量管理的范围是全面的。即实行过程的质量管理，要求把形成产品质量的研发、采购、制造、库存、配送、售后服务都管起来，以便全面提高产品质量和服务质量。

(3) 参加质量管理的人员是全面的。它要求企业各业务部门、各环节的全体职工都参加质量管理。

(4) 管理质量的方法是全面的。在质量分析和质量控制时必须以数据为科学依据，以统计质量控制方法为基础，全面综合运用各种质量管理方法；实行组织管理、专业技术和数理统计三结合，充分发挥它们在质量管理中的作用。

10.3.2 全面质量管理的要求

(1) 一切为用户服务。在全面质量管理中，必须树立以用户为中心、为用户服务的思想，产品质量的好坏，最终应以用户的满意程度为标准。需要指出的是，这里所说的“用户”既可以指产品的直接用户，也包括企业内部前后工序、前后工段或车间，以及任何一件工作的执行者与工作结果的受用者之间的关系。下道工序是上道工序的用户，下一个车间是上一个车间的用户。

(2) 以预防为主。在全面质量管理中，要做到以预防为主，即通过分析影响产品质量的各种因素，找出主要因素，加以重点控制，防止质量问题的发生。

(3) 一切以数据为依据。全面质量管理强调一切以数据为依据，对质量问题要有定量分析，做到心中有数，掌握质量变化规律，通过调查分析，得到可靠的结论，以便采取解决质量问题的有效措施。

(4) 按 PDCA 管理循环办事。PDCA 循环的概念最早是由美国质量管理专家戴明提出来的，所以又称为“戴明环”。PDCA 循环即计划(Plan)、执行(Do)、检查(Check)和处理(Action)，它是一个标准的管理工作程序，也是进行质量管理的四个步骤。P(计划)：根据用户的要求，制定相应的技术经济指标、质量目标，以及实现这些目标的具体措施和方法。D(执行)：按照所制订的计划和措施付诸实施。C(检查)：对照计划，检查执行的情况和效果，及时发现问题。A(处理)：根据检查结果采取措施，巩固成绩，吸取教训，防止重蹈覆辙，并将未解决的问题转到下一次 PDCA 循环中去。其基本模型如图 10-11 所示。

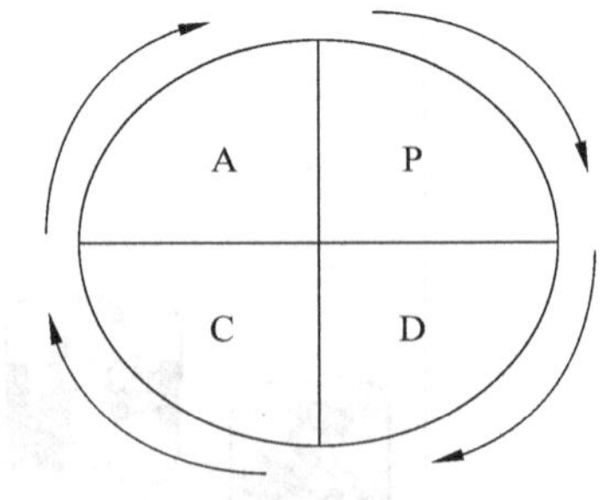

图 10-11 PDCA 循环

PDCA 循环有两个特点：①大环套小环，PDCA 能应用于企业的各个方面和各个层次，整个企业的质量管理运作是一个大的 PDCA 循环，而其中的某一车间或部门乃至个人的行动也按 PDCA 循环进行，形成大环套小环的综合循环系统，相互推动。②螺旋式上升，每次 PDCA 循环都不是在原地踏步，而是每次循环都能解决一些问题，下次循环就在一个较高的层面上进一步解决新的问题。所以，它在不断循环的同时，还在不断上升，呈螺旋上升状态。

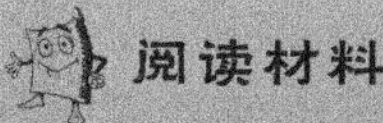

阅读材料

袋鼠逃亡

有一天，几只袋鼠从笼子中跑出来。管理员见状大惊，忙把笼子加高了一尺。结果，第二天袋鼠仍然从笼子中跑了出来，管理员便将笼子加高了一米。他们以为从此袋鼠再也不会逃逸，但事实却是，第三天，袋鼠们又出现在笼外。管理员接着将笼子加高了两米。旁边笼子里的河马问："你们觉得他们把笼子加高到什么地步才算完?"袋鼠们说："不知道，只要他们继续忘了锁门的话，加高到多少米也没有用。"

10.3.3 质量保证体系

质量保证体系是指运用系统的原理和方法，以保证和提高产品质量为目标，把企业各部门、各环节的生产经营活动严密地组织起来，规定它们在质量管理方面的职责、任务和权限，并建立统一协调这些活动的机构，使企业内部形成一个完整的质量管理有机体。质量保证体系是全面质量管理的脊髓和核心，建立和健全质量保证体系是从组织上保证企业长期、稳定地生产用户满意的产品的关键。

质量保证体系的基本内容包括设计过程、制造过程、辅助生产过程和使用过程的质量保证体系。设计过程的质量管理是全面质量管理的关键；制造过程的质量管理是全面质量管理的重点；辅助生产工具过程的质量管理会影响制造过程的质量；使用过程的质量管理既是质量管理的"归宿点"，又是质量管理的起点。

10.3.4 质量成本控制

1. 质量成本的概念与组成

质量成本是指企业为了保证和提高质量而支出的一切费用以及由于产品质量未达到既定标准而造成的一切损失的总和。质量成本包括运行质量成本和外部质量保证成本两方面，其中运行质量成本包括预防成本、鉴定成本、内部缺陷成本和外部缺陷成本四个方面。

(1) 预防成本是指为预防质量缺陷的发生所支付的费用(通常包括质量管理大纲制定费、质量管理培训教育费、工序控制费、产品证明审费、质量信息费、质量管理实施费、其他)。

(2) 鉴定成本是指为评定产品是否具有规定的质量而进行试验、检验和检查所支付的费用(通常包括进货测试费、工序和成品检验费、在库物资复检费、对测试设备的评价费、质量评审费、其他)。

(3) 内部缺陷成本是指交货前因产品未能满足规定的质量要求所造成的损失(通常包括废品、返修、停工损失费和故障分析处理费等)。

(4) 外部缺陷成本是指交货后因产品未能满足规定的质量要求所造成的损失(通常包括由于诉讼、退货、保修、折价和赔偿等发生的费用)。

外部质量保证成本是指为满足合同规定的质量保证要求提供客观证据、演示和证明所发生的费用(各种证明和验证费用)。

2. 故障成本、鉴定成本与预防成本的关系

产品的总成本包括制造的基本成本和质量成本两部分，加强质量管理可以使总成本降低。在对质量成本进行分析时，主要是要分析故障成本（包括内部故障成本和外部故障成本）、鉴定成本与预防成本之间的相互关系。大量的统计资料表明，目前四种质量成本在总质量成本中所占大致比例见表 10-6。

表 10-6 质量成本构成比例

质量成本项目	占总质量成本的比例/%	质量成本项目	占总质量成本的比例/%
内部故障成本	25～40	鉴定成本	10～50
外部故障成本	20～40	预防成本	0.5～5

统计资料证明，如以预防为主，加强质量管理，可使质量事故明显下降，虽然预防成本可能增加 3%～5%，但总质量成本可能下降 30%。在一般情况下，随着鉴定成本和预防成本的增加，产品的质量水平随之提高，产品的缺陷大大减少，因而总质量成本下降；但随着质量水平达到一定程度，预防成本和鉴定成本增加较快，虽然故障成本仍会下降，但总质量成本却会增加，这里存在一个临界点，即最佳质量成本。图 10-12 反映了各质量成本间的关系。

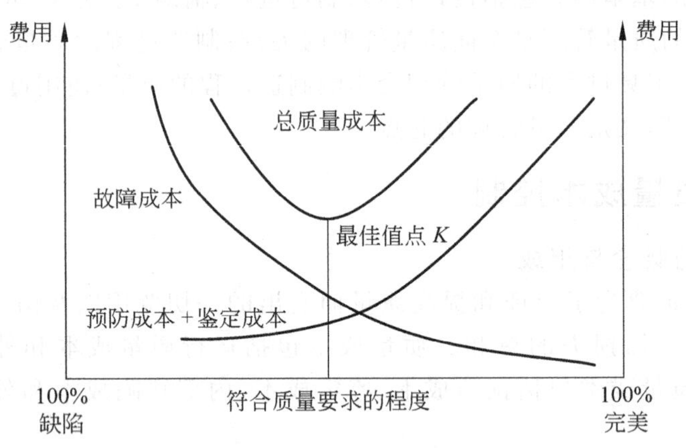

图 10-12 最佳质量成本模式

从图 10-12 可看出，总质量成本曲线为故障成本曲线和预防、鉴定成本曲线之和，其最低点 K 即为最佳质量成本。在达到最佳成本之前，故障成本在总成本中占主导地位，此时应以改进质量为主，以期降低总质量成本；在达到最佳成本之后，在总成本中鉴定成本占主导地位，此时应着手提高检验工作效率，以降低鉴定成本。

10.4 质量体系及其认证

10.4.1 质量体系

1. 定义

质量体系是指“为了实施质量管理的组织机构、职责、程序、过程和资源”（引自

ISO 8402:1994)。并具有以下两条注解。

(1) 质量体系所包含的内容仅需满足实现质量目标的要求。

(2) 为履行合同、贯彻法规和进行评价,可要求提供体系中已确定的要素实施的证实。

2. 特点

它代表现代企业或政府机构思考如何真正发挥质量的作用和如何最优地作出质量决策的一种观点。它是深入细致的质量文件的基础。

质量体系是使公司内更为广泛的质量活动能够得以切实管理的基础。

质量体系是有计划、有步骤地把整个公司主要质量活动按重要性顺序进行改善的基础。

质量体系构成如图 10-13 所示。

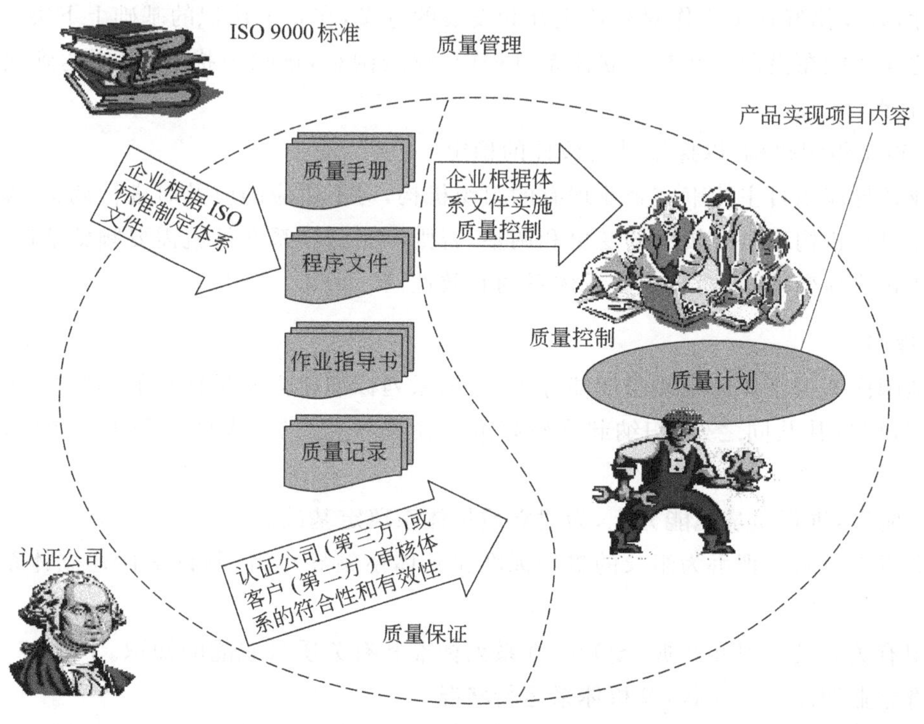

图 10-13 质量体系构成

阅读材料

没有国界的竞争

日本在 20 世纪四五十年代产品质量问题严重,"东洋货"在国际市场上名声非常不好。为了摘掉这顶帽子,日本政府当年提出了"质量救国"的口号,狠抓质量,各企业也纷纷响应。若干年之后,日本产品质量有了根本性改观,一些企业为了占领国际市场,采取许多奇招展示自己产品不同一般的质量。一次,日本西铁城钟表商为了在澳大利亚打开市场,提高手表的知名度,宣传某月某日将在某广场空投手表,谁捡到归谁。到了那天,日本钟表商雇用了一架直升飞机，将千余块手表空投下来。当幸运者发现自己捡到的手表居然完好无损时，都高兴地奔走相告。于是，西铁城钟表销路打开。日本的许多产品就是这样，依靠过硬的质量跨出国门，在国际竞争中连连取胜。

10.4.2 ISO 9000质量体系的建立

1. 条件

任何企业要想应用职能分配的方法贯彻系列标准、建立质量体系，必须具有以下两方面的先决条件。

(1) 企业领导的决心和决策

企业最高领导应对贯彻系列标准建立质量体系有明确的认识，明确这项工作的艰巨性和长期性，以及搞好这项工作对企业生存和发展的意义，在有了认识的基础上下决心并作出决策。这样才能在贯彻标准和建立体系过程中，克服困难，排除干扰，坚决要达到建成质量体系的目标。

(2) 审定组织机构，以保证其阶段性的稳定

企业领导应亲自主持审定企业现有的组织机构，对不适应的应及时进行调整，保证三五年内企业组织机构不再有较大的变更和调整，否则编制的体系文件就需要频繁地修改，质量活动也要相应地变动，从而影响质量体系的有效性。

2. 程序

总结国内不少企业运用质量职能分配，贯彻系列标准建立质量体系的作法和步骤，虽然各不相同，但有其共同之处，归纳起来较好的工作程序和步骤，大体可分为3个阶段19项活动。

第一阶段，进行质量职能分配，为建立质量体系奠定基础。

成立以企业第一把手为组长的贯彻标准建立体系领导小组；制订贯标建立体系的工作计划。

组织有关人员学习并掌握ISO 9000系列标准和有关质量职能的知识。

调查企业职能分配现状，分析体系运行状况。

选定体系要素，并将其展开成质量职能和质量活动。将体系要素展开成质量活动，是一项艰巨复杂的工作，关系到能否作好质量职能分配。

制定质量体系要素及其质量职能和质量活动的分配方案，并组织讨论。

企业最高领导者亲自主持会议，按“分配方案”对体系要素及其质量职能和活动进行分配，明确承担职能和活动的部门。

确认质量职能和活动的分配结果。

第二阶段，编写质量体系文件，进行质量体系设计。

制定或重新审定质量方针，并正式发布。

编写质量手册如下：

质量手册范本

文件编号：JQ-ZS-01

质量手册

第一版

审核：
批准：
日期：
发放文件号：

地址：
电话：
传真：
邮编：

颁布令

本公司依据 ISO 9001:2000《质量管理体系——要求》编制完成了《质量手册》第一版，现予以批准颁布实施。

本手册是公司质量管理体系法规性文件，是指导公司建立并实施质量管理体系的纲领和行动准则。公司全体员工必须遵照执行。

总经理：

年 月 日

任命书

为了贯彻执行 ISO 9001:2000《质量管理体系——要求》，加强对质量管理体系工作的领导，特任命________为我公司的管理者代表。

管理者代表的职责是：

1. 确保质量管理体系的过程得到建立和保持。
2. 向最高管理者报告质量管理体系的业绩，包括改进的需求。
3. 在整个组织内促进顾客要求意识的形成。
4. 就质量管理体系有关事宜对外联络。

总经理：

年 月 日

××××××××××公司	章节号	0.1
	版本	1
0.1 目 录	页次	1/1

标题　　ISO 9001:2000 标准条款对照

以0.2和4.2为例说明如下：

<table>
<tr><td rowspan="3">××××××××××××公司

0.2 质量手册说明</td><td>章节号</td><td>0.2</td></tr>
<tr><td>版本</td><td>1</td></tr>
<tr><td>页次</td><td>1/1</td></tr>
</table>

1. 手册内容

本手册系依据ISO 9001：2000《质量管理体系——要求》和本公司的实际相结合编制而成，包括：

(1) 公司质量管理体系的范围，它包括了ISO 9001：2000标准的全部要求；

(2) 质量管理标准和公司质量管理体系要求的所有程序文件；

(3) 对质量管理体系所包括的过程顺序和相互作用的表述。

2. 术语和定义

本手册采用ISO 9001：2000《质量管理体系——基本原理和术语》的术语和定义。

3. 本手册为公司的受控文件，由总经理批准颁布执行。手册管理的所有相关事宜均由质管部统一负责，未经管理者代表批准，任何人不得将手册提供给公司以外人员。手册持有者调离工作岗位时，需将手册交还质管部，办理核收登记。

4. 手册持有者应将其妥善保管，不得损坏、丢失、随意涂抹。

5. 在手册使用期间，如有修改建议，各部门负责人应汇总意见，及时反馈到质管部；质管部应定期对手册的适用性、有效性进行评审；必要时应对手册予以修改，执行《文件控制程序》的有关规定。

……

××××××××××××公司 **4.2 质量记录控制程序**	章节号	4.2
	版本	1
	页次	1/2

1. 目的

对质量管理体系所要求的记录予以控制。

2. 范围

适用于为证明产品符合要求和质量管理体系有效运行的记录。

3. 职责

(1) 质管部负责监督、管理各部门的质量记录。

(2) 各部门资料员负责收集、整理、保管本部门的质量记录。

(3) 档案室负责人负责批准本部门编制的质量记录格式。

4. 程序

(1) 各部门资料员负责收集、整理、保存本部门的质量记录。

(2) 质量记录的标识编号

质量记录的标识编号按《文件控制程序》执行。

(3) 质量记录填写

① 质量记录填写要及时、真实、内容完整、字迹清晰,不得随意涂改;如因某种原因不能填写的项目,应能说明理由,并将该项用单杠注明;各相关栏目负责人签名不允许空白。

② 如因笔误或计算错误要修改原数据,应采用单杠划去原数据,在其上方写上更改后的数据,加盖或签上更改人的印章或姓名及日期。

5. 相关文件

《文件控制程序》。

6. 质量记录

(1)《质量记录清单》。

(2)《文件发放、回收记录》。

(3)《文件借阅、复制记录》。

(4)《文件销毁申请》。

……

在确认"分配结果"的基础上,制定企业二级部门的工作标准,规定部门的职责和职权。

企业二级部门进行质量职能和活动再分配,并在此基础上制定部门内部机构或岗位人员的工作标准。

制定程序文件(管理标准和实施细则)。它是建立体系的一项关键工作,应下大力气抓好。

制订质量计划(必要时)。

经过以上步骤，企业最终形成质量手册。

第三阶段，学习和贯彻质量体系文件，组织体系运行。

组织学习质量体系文件。

贯彻质量体系文件，有计划、有重点地开展质量活动，不断深化 QM 提高管理水平。

开展质量体系审核。

应用体系审核信息采取纠正措施或组织质量改进，提高体系运行的有效性。

应用体系审核整改的信息进行考核，提高各部门贯彻体系文件的积极性。

进行体系评审，应用评审信息采取纠正措施或组织质量改进。

在上述建立质量体系的 3 个阶段 19 项活动(工作)中，第一阶段重点应搞好体系要素展开和质量职能分配；职能分配应结合企业质量职能划分不清的现状，认真作好。第二阶段重点是编好程序文件——工作标准和管理标准。程序文件应由各有关部门自己起草，认真作好集中审查，确保其协调衔接性；第三阶段重点是认真贯彻程序文件和应用审核信息不断进行质量改进。

10.4.3 质量体系认证

1. 定义

质量体系认证，是指第三方(社会上的认证机构)对供方的质量体系进行审核、评定和注册活动，其目的在于通过审核、评定和事后监督来证明供方的质量体系符合某种质量保证标准，对供方的质量保证能力给予独立的证实。

质量体系认证，起源于产品质量认证中的“企业质量保证能力评定”。这种评定着重对保证质量条件进行检查，以确认该企业能否保证其申请产品能长期稳定地符合特定的产品标准。因此，不能把产品质量认证中质保能力评定与单独的质量体系认证等同起来，质量保证能力评定只是质量体系认证中的一部分。

2. 认证程序

(1) 提出申请。申请者(例如企业)按照规定的内容和格式向体系认证机构提出书面申请，并提交质量手册和其他必要的信息。质量手册内容应能证实其质量体系满足所申请的质量保证标准(GB/T 19001 或 19002 或 19003)的要求。向哪一个体系认证机构申请由申请者自己选择。

体系认证机构在收到认证申请之日起 60 天内作出是否受理申请的决定，并书面通知申请者；如果不受理申请应说明理由。

(2) 体系审核。体系认证机构指派审核组对申请的质量体系进行文件审查和现场审核。文件审查的目的主要是审查申请者提交的质量手册的规定是否满足所申请的质量保证标准的要求；如果不能满足，审核组需向申请者提出，由申请者澄清、补充或修改。只有当文件审查通过后方可进行现场审核。现场审核的主要目的是通过收集客观证据检查评定质量体系的运行与质量手册的规定是否一致，证实其符合质量保证标准要求的程度，作出审核结论，向体系认证机构提交审核报告。

审核组的正式成员应为注册审核员，其中至少应有一名注册主任审核员；必要时可聘请技术专家协助审核工作。

(3) 审批发证。体系认证机构审查审核组提交的审核报告，对符合规定要求的批准认证,向申请者颁发体系认证证书,证书有效期三年;对不符合规定要求的亦应书面通知申请者。

体系认证机构应公布证书持有者的注册名录,其内容应包括注册的质量保证标准的编号及其年代号和所覆盖的产品范围。通过注册名录向注册单位的潜在顾客和社会有关方面提供对注册单位质量保证能力的信任,使注册单位获得更多的订单。

(4) 监督管理。对获准认证后的监督管理有以下几项规定。

① 标志的使用。体系认证证书的持有者应按体系认证机构的规定使用其专用的标志,不得将标志使用在产品上,防止顾客误认为产品获准认证。

② 通报。证书的持有者改变其认证审核时的质量体系,应及时将更改情况报体系认证机构。体系认证机构根据具体情况决定是否需要重新评定。

③ 监督审核。体系认证机构对证书持有者的质量体系每年至少进行一次监督审核,以使其质量体系继续保持。

④ 监督后的处置。通过对证书持有者的质量体系的监督审核,如果证实其体系继续符合规定要求时,则保持其认证资格。如果证实其体系不符合规定要求时,则视其不符合的严重程度,由体系认证机构决定暂停使用认证证书和标志或撤销认证资格,收回其体系认证证书。

⑤ 换发证书。在证书有效期内,如果遇到质量体系标准变更,或者体系认证的范围变更,或者证书的持有者变更时,证书持有者可以申请换发证书,认证机构视情况决定是否作必要的补充审核。

⑥ 注销证书。在证书有效期内,由于体系认证规则或体系标准变更或其他原因,证书的持有者不愿保持其认证资格的,体系认证机构应收回其认证证书,并注销认证资格。

10.5 ISO 9000 系列标准

10.5.1 2000 版 ISO 9000 系列标准

ISO 全称是"International Organization for Standardization",中文含义是"国际标准化组织",ISO 9000 则是一个标准族,ISO 9001、ISO 9004 等都是这一族的具体标准。ISO 9000系列质量管理体系是由 TC/176(质量管理体系技术委员会)制定。ISO 组织于 2008 年 11 月 14 日正式发布了 ISO 9001:2008 标准,与将取代的 2000 版标准相比,ISO 9001:2008 没有提出新条款。为确保与 ISO 9001:2008 认证认可的平稳过渡,ISO 和 IAF(国际认可论坛)达成实施计划,即 ISO 9001:2008 正式标准推出后,认证机构即可以给企业颁发 ISO 9001:2008 认证证书。在发布 ISO 9001:2008 发布 1 年以后,所有经认可的认证注册(包括初次认证和再认证)都必须依据 ISO 9001:2008 标准进行,而不能使用 ISO 9001:2000 标准。在标准发布 24 个月以后,任何根据 ISO 9001:2000 标准而颁发的认证证书都不再有效。由于多数已通过认证的企业采用的是 ISO 9000:2000,因此本书介绍 ISO 9000:2000 的主要内容。

2000 版标准合并了 1994 版 ISO 9000-1、-2、-3 三个标准,并取代了 1996 版的 ISO 14010、

ISO 14011、ISO 14012，遵循“不同管理体系，可以有共同管理和审核要求”的原则。该标准是质量管理和环境管理的审核基本原则，为审核方案的管理，审核的实施，审核员的资格要求提供了指南。

在 2000 版的 ISO 9000 族标准中，包括了 4 个核心标准：ISO 9000、ISO 9001、ISO 9004 和 ISO 19011，见表 10-7。

表 10-7　2000 版 ISO 9000 族标准结构

核心标准	其他标准	技　术　报　告
ISO 9000 ISO 9001 ISO 9004 ISO 19011	ISO 10012	ISO 10006:1997 质量管理——项目管理质量指南 ISO 10007:1995 质量管理——技术状态管理指南 ISO 10013:1995 质量手册编制指南 ISO/TR 10014:1998 质量经济性管理指南 ISO 10015:1999 质量管理——培训指南 ISO/TR 10017:1999 ISO 9001:1994 中的统计技术指南

(1) ISO 9000：2000《质量管理体系-基本原理和术语》，该标准主要包括两个方面内容：①质量管理体系基本原理：阐述了质量管理体系的基本内容、实施步骤、评价、过程方法和改进环的应用等。②术语和定义：对 ISO 9000 族标准中的 87 条术语给出定义。

(2) ISO 9001:2000《质量管理体系-要求》，该标准用过程模式取代了 1994 版中的 20 个要素，完全脱离了硬件行业，更具通用性，也更强调体系的有效性、顾客需要的满足和持续改进等内容。

(3) ISO 9004:2000《质量管理体系-业绩改进指南》，该标准为质量管理体系的建立、运行(保持)和持续改进提供指南，特别为那些希望超出 ISO 9001 的最低要求，寻求更多业绩改进的组织的管理者提供指南。ISO 9004 不是 ISO 9001 的实施指南。

(4) ISO 19011《质量/环境审核指南》，该标准在合并 ISO 10011(三个分标准)和 ISO 14010、ISO 14011、ISO 14012 基础上经修改后重新起草，它是由 ISO/TC 176/SC2 和 ISO/TC 207/SC2 共同起草的一项标准，既用于质量管理体系的审核，也用于环境管理体系的审核。

(5) ISO 10012《测量控制系统》，该标准在合并现行 ISO 10012.1 和 ISO 10012.2 基础上重新起草。

ISO/TC 176 根据对标准使用者的结果分析，确定了 2000 版 ISO 9000 族标准的结构变化应遵循更通用、更适用、更简练、更协调的原则。

更通用指的是新版标准能适用于各行各业；更适用主要指标准应适用于各种规程、类型和产品的组织；更简练主要指修订版标准应简单、易用、容易理解，使用语言、术语要明确；更协调指的是希望修订的标准与 ISO 14000 环境管理体系标准在思路、结构上尽可能趋于一致，内容上更兼容。ISO 9001 和 ISO 9004 两个标准作为协调一致的标准来使用。

2000 版 ISO 9000 族标准反映了当代质量管理思想、质量经营观念、质量改进方法的变革和发展。国际著名的管理大师(如朱兰、戴明、费根堡姆等)的质量思想和质量研究的成就都体现在新版 ISO 9000 族标准中。

阅读材料

制度就是让人来遵守的

中国的留德大学生见德国人做事刻板，不知变通，就存心捉弄他们一番。大学生们在相邻的两个电话亭上分别标上了"男"、"女"的字样，然后躲到暗处，看"死心眼"的德国人到底会怎么样做。结果他们发现，所有到电话亭打电话的人，都像是看到厕所标志那样，毫无怨言地进入自己该进的那个亭子。有一段时间，"女亭"闲置，"男亭"那边宁可排队也不往"女亭"这边运动。我们的大学生惊讶极了，不晓得何以"呆"到这分上。

面对大学生的疑问，德国人平静地耸耸肩说："规则嘛，还不就是让人来遵守的吗？"

10.5.2 ISO 9000：2000 主要特点

1. 适用于各种组织的管理和运作

2000 版标准在内容的表述上，进一步兼顾了产品和服务的不同特点；在质量的内涵上，不再局限于制造产品或提供服务的狭义的质量范围。

2000 版标准使用了过程导向的模式，替代了以产品（质量环）形成过程为主线的 20 个要素，以一个大的过程描述所有的产品，将过程方法用于质量管理，将顾客或其他相关方的需求作为组织的输入，再对顾客和其他相关方的满意度进行监测，以评价顾客和其他相关方的要求是否得到满足，这种过程方法模式可以适用于各种组织的管理和运作。

2. 满足各个行业对标准的需求和利益

为了防止将 2000 版 ISO 9000 族标准发展成为质量管理的百科全书，2000 版 ISO 9000 族标准简化了其本身的文件结构，取消了应用指南标准，强化了标准的通用性。

ISO/TC 176 将扩大与相关技术委员会的合作，以扩大 ISO 9000 族标准的适用性，确保标准的完整性。最明显的例子是：ISO/TC 176 与国际汽车行业合作，制定了汽车行业的国际标准：ISO/DTR 16949《质量体系-汽车业供应方》，它将替代美国、德国、法国和意大利的汽车行业标准 QS 9000、VDA 6.1、EAQF 和 AVSQ。此外，ISO/TC 176-正与电气通信服务行业合作，制定 ISO/TL 9000。ISO/TC 176 和医学行业合作制定ISO 13485《质量体系-医疗器械 ISO 9001 应用专用》。这些标准以 ISO 9000 族标准为核心，能满足各个行业对标准的需求和利益。

3. 易于使用、语言明确、易于翻译和容易理解

2000 版标准虽然增加了术语的数量，从 67 个词条增加到 87 个，但语言更通俗明了。例如：把"质量管理体系"分成"体系"、"管理体系"和"质量管理体系"三个概念来阐述，强化了通用性的要求，既方便使用又简明易懂；将"产品"定义为"过程的结果"，"客观证据"定义为"可被证实的信息"，简明扼要，通俗易懂。2000 版标准使用了比较通俗易懂的语言防止了因语言或翻译上的不一致造成概念的混淆，也方便了非英语国家的使用。

4. 减少强翻性的"形成文件的程序"的要求

2000 版 ISO 9001 标准，在体系的管理方面，只明确要求建立 6 个形成文件的程序，在确保控制的原则下，组织可以根据自身的需要决定建立多少文件。2000 版标准减少了文件化的强制性的要求，强调了质量管理体系有效运作的证实和效果，例如：2000 版 ISO 9001 标准没有提到建立文件化培训程序，但要求提供人员培训能够满足需求和培训有效性的证据。这些变化，体现了 2000 版标准注重组织实际控制的能力、能够证实的能力和实际效果，而不止是用文件化来约束组织。这给使用标准的组织带来了更大的活动空间，对审核员提出了更高的要求。

5. 将质量管理体系与组织的管理过程联系起来

2000 版标准提出了质量管理体系的“过程方法模式”，替代了 1994 版标准的要素结构，把建立和运行一个质量管理体系也视同为一个过程。建立质量管理体系始于管理职责、方针目标的制定，终于持续改进，形成一个循环。在体系运行中的横向环，除了针对体系覆盖的产品，控制其形成的全过程外，将“过程”向识别顾客满意程度的评价延伸，以评价和确认顾客要求是否被满足。通过不断评审，形成一个大过程，在运行过程中进入新的水平，以达到持续改进其有效性和效率的目的。

6. 强调对质量业绩的持续改进

2000 版 ISO 9000 族标准增加了“持续改进的策划”的要求，强调通过质量方针、目标、审核结果、数据分析、纠正和预防措施及管理评审等促进质量管理体系的持续改进。

2000 版 ISO 9004 标准同样强调了持续改进。强调组织应不断主动识别、寻求过程的持续改进。2000 版标准中持续改进的方法，实际上是吸收了全面质量管理的思想和方法，即通过全员参与，遵循 PDCA 四个阶段的八个步骤，通过改进组织的过程，实现改进组织业绩的目标。

7. 强调持续的顾客满意是质量管理体系的动力

ISO 9000：2000 族标准对顾客满意给出了定义。顾客满意是指顾客对其要求已被满足的程度的感受。顾客满意的因素分为满意因素、不满意因素和非常满意因素。由于顾客的需求和期望在不断地变化，是永无止境的，因此顾客满意是相对的、动态的。

8. 考虑所有相关方利益的需求

2000 版标准中增加了“相关方”的术语，相关方指的是“与组织的业绩或成就有利益关系的个人或团体。示例：顾客、所有者、员工、供方、银行、工会、合作伙伴和社会”。相关方的含义比受益者更广泛。

9. 强调 ISO 9001 和 ISO 9004 的协调一致性

ISO 9001 标准旨在满足产品规定的要求，规定使顾客满意所需的质量管理体系的最低要求。组织可通过符合 ISO 9001 标准的要求来证实满足顾客要求的能力，旨在确保质量管理的有效性。提高企业效率的最好方法是在使用 ISO 9001 标准的同时，使用 ISO 9004 标准。

ISO 9001 和 ISO 9004 两个标准结构相似，都从管理职责、资源管理、产品实现、测量分析和改进四个大过程来展开。2000 版标准大大减少了文件的结构和层次，强调了 ISO 9001 作为要求标准和 ISO 9004 作为指南标准的协调一致性，方便了组织的选择和使用。

10. 与 ISO 14000 系列标准具有更好的兼容性

质量管理体系和环境管理体系的兼容协调受到了 ISO 技术局(ISO/TMB)和 ISO 评定

委员会(ISO/CASCO)的高度重视。ISO/TC 176 和 ISO/TC 207 两个技术委员会成立了联合工作组,具体负责两类标准的协调。两类管理标准的兼容性主要体现在 3 个方面。

(1) 定义和术语统一。将管理体系中共同的概念和词汇,统一成一致的术语或词汇。例如在 ISO 9000:2000 标准的术语部分,取消了“质量体系”、“质量审核”等术语,用“管理体系”、“审核”等名词替代。

(2) ISO 9001 和 ISO 14001 两个管理体系标准的相容性。两类标准在以下方面表现了相容性。

① 基本思想和方法一致。例如,着眼于持续改进和预防为主的思想,控制因素不是末端治理,强调最高管理者的承诺,建立方针、目标,强调员工意识和能力以及全员参与等。

② 建立管理体系的原则一致。系统化、程序化的管理,必要的文件支持,系统的管理过程、体系文件、工作程序、文件控制、记录等。

③ 与其他管理体系的协同运作。管理体系纳入组织管理活动的整体,提高整个组织的效率,节约资源,资源共享等。

④ 管理体系运行模式一致。两个管理体系标准,都遵循“策划—实施—验证—改进”螺旋式上升的运行模式,通过内部审核和管理评审使组织的体系在自身的运行中不断地自我完善。

(3) 审核标准的一致性。ISO/TC 176/SC3 和 ISO/TC 176/SC2 联合制定了 ISO 19011 标准。ISO 19011:2002 标准的发布,取代了 ISO 10011-1、ISO 1001-2、ISO 10011-3 及 ISO 14010、ISO 14011、ISO 14012。在合格评定的领域内,质量管理体系和环境管理体系在认证的层次上,实施的是同样的制度和程序。管理体系的审核可以分开进行,也可以联合进行。对于第三方审核,可以做到一次审核颁发两张认证证书,符合标准使用者的共同利益。

总之,2000 版标准吸收了全球范围内质量管理和质量管理体系认证实践的新进展和新成果,更好地满足了使用者的需要和期望,达到了修改的目的——更科学、更合理、更适合和更通用。

本章小结

ISO 9000:2000 中质量的定义为:一组固有特性满足要求的程度。质量管理体系的发展基本上可以划分为三个阶段:检验阶段、统计质量管理阶段、全面质量管理阶段。质量管理体系一般由质量控制、质量保证、质量工程三方面构成。分析和控制产品质量的常用方法有排列图、鱼刺图、分层法、相关图、统计分析表法、直方图和控制图。

美国质量专家戴明,把质量管理工作过程总结为 PDCA 四个阶段,把这种工作方法称为 PDCA 循环工作法,它反映了质量工作过程的四个阶段。

全面质量管理要求:①一切为用户服务;②以预防为主;③一切以数据为依据;④按 PDCA 管理循环办事。

质量保证体系的基本内容包括设计过程、制造过程、辅助生产过程和使用过程的质量保证体系。

质量成本包括运行质量成本和外部质量保证成本两个方面,其中运行质量成本包括预防成本、鉴定成本、内部缺陷成本、外部缺陷成本四个方面。

任何企业要想应用职能分配的方法贯彻系列标准、建立质量体系，包括两个方面的先决条件：①企业领导的决心和决策；②审定组织机构，以保证其阶段性的稳定。

贯彻系列标准建立质量体系的作法和步骤大体可分为3个阶段19项活动。第一阶段，进行质量职能分配，为建立质量体系奠定基础。第二阶段，编写质量体系文件，进行质量体系设计。第三阶段，学习和贯彻质量体系文件，组织体系运行。

思考题

1. 质量管理大致经历了哪几个发展阶段？
2. 什么是全面质量管理？特点是什么？
3. 质量认证的重要作用是什么？

案例分析

纽约市公园及娱乐局实施“全面质量管理”技术

纽约市公园及娱乐部的主要任务是负责城市公共活动场所的清洁和安全，增进居民在休闲和健康方面的兴趣。与其他城市相比，纽约市的计划相对庞大。该部门将绝大部分资源投入现有设施的维护和运作当中，尽管为设施维护和运作投入的预算从1994年到1995年削减了4.8%。

为对付预算削减，并维持庞大复杂的公园系统，该部门的策略包括：与预算和管理办公室展开强硬的幕后斗争，以恢复一些已削减的预算；发展公司伙伴关系以取得更多的资源等。除了这些策略，该组织采纳了全面质量管理技术，以求“花更少的钱干更多的事”。

全面质量管理包括3个核心理念：①工作过程中的配备必须为特定目标设计；②分析职员的工作程序，以进行路线化的组织运作并减少过程变动；③加强与顾客的联系，从而了解顾客的需求并且明确他们对服务质量的界定。

但在任何环境下产生真正的组织变化是困难的，工人们对一系列的管理方式产生怀疑。因此，该部门的策略是将全面质量管理逐步引入到组织中，由顾问团训练高层管理者，使他们接受全面质量管理的核心理念，将全面质量管理观念逐步灌输给组织成员。这种训练提供了全面质量管理的概念，选择质量改进项目和目标团队的方法，管理质量团队和建立全面质量管理组织的策略。虽然存在问题，但这些举措使全面质量管理在实施的最初阶段获得了相当的成功。

有关分析显示，该部门实施全面质量管理后获得了财政和运作收益。启动费用是22.3万美元，平均每个项目2.3万美元。总共节省71.15万美元，平均每个项目一年节约7.1万美元。这个数字不包括间接和长期收益，只是每个项目每年直接节约的费用。

在全面质量管理技术执行5年后，情况出现了变化。

该部门是政治任命的。以前的官员落选了，新一任官员就任后，TQM执行计划被搁浅了。新上任的负责人将其前任确立的全面质量管理技术看做是他能够忽略的其前任的优势。大部分成员没有完全理解或赞成TQM哲学，认为只是前任遗留下来的东西。但是新任同样面临着削减的预算和庞大的服务系统的问题，但却没有沿用前任采取的工具，而采用的是私有化、绩效管理等手段。

结合上述案例，说明在政策执行实践中如何进行政策工具的选择？

（资料来源：Steven Cohen and William Eimicke. *Tools for Innovators*. San Francisco：Jossey-Bass Publishers，1998，pp. 115-143）

实践与实训

现对某项零件质量检验项目进行连续抽样检验后已知以下数据，且抽样符合正态分布，公差值$T=0.06$，零件尺寸直径最大值为7.94mm，最小值为7.90mm，进行连续抽样检查，每组样品数为5件；已知字样平均值的总平均值为9.9252mm，字样的组极差的总平均值为0.0106mm；均方根差为0.01，现请作如下分析。

（1）画出正态分布曲线示意图。

（2）请作过程能力系数判断。

（3）画出平均值和极差控制图并确定LCL、UCL、CL的位置。在图上画出A、B、C区的确定位置。

（4）若在连续抽样检验过程中，其点数呈以下排列变化，请分析是否出现异常波动，应采取何种对策？

① 连续6点位于CL一侧。

② 连续6点递增。

③ 连续3点中有两点落在CL一侧的B区以外。

④ 连续5点中有4点落在CL一侧的C区以外。

⑤ 在CL两侧点数呈现规律的变化。

⑥ CL位于两侧的点数大致相同。

⑦ 越接近中心线样本点数越多，两个C区约占样本点数的2/3。

⑧ 样本点数在控制界限内，分布呈独立随机的。

第11章 人力资源管理

学习目标

知识点

1. 理解人力资源的特征，人力资源管理的职能及原理。
2. 掌握人力资源管理系统知识构成。
3. 掌握人力资源管理各职能模块：工作分析、人力资源规划、招聘与甄选、培训、绩效评估和薪酬管理的内容、流程和方法。
4. 掌握人力资源管理各职能模块在实际工作中的应用。

技能点

1. 工作分析与人力资源规划的内容、流程和方法。
2. 人力资源招聘与甄选的内容、流程和方法。
3. 人力资源培训的内容、流程和方法。
4. 绩效评估与薪酬管理的内容、流程和方法。

阅读材料

科创公司的人力资源管理与企业核心能力

科创公司是北京一家著名的高科技企业。该公司主要从事网络技术方面的软件开发，其市场主要是面向中国北方和沿海城市的企业用户。该公司成立于1998年，五年来，随着行业的高速发展，公司也获得了迅速的成长。但另一方面，随着行业竞争的日益加剧和企业规模的迅速扩张，企业在市场开拓、企业运营方面感觉越来越力不从心。企业要进一步做大，必须进一步吸纳业界的优秀人才，努力培养内部的业务和管理骨干，并加强管理的规范化。但现状是，虽然企业业绩斐然，为员工提供的待遇也不错，但却始终无法强有力地吸引一流人才。恰恰相反的是，人才流失的现象却越来越严重，企业所面临的人力资源管理问题也越来越突出，并且严重束缚了公司的发展。面对这样的形式，公司高层痛下决心要建立一套完整的人力资源管理制度。

于是，公司在聘请的外部管理顾问的帮助下，建立起了包括招聘录用、培训开发、绩效考核和薪酬管理在内的一整套人力资源管理制度。为了建立这一套人力资源管理制度，公司调动了多方面的力量，耗费了不少的人力、财力和物力。但当整个人力资源管理体系建立起来以后，他们却发现，这一套人力资源管理体系在实际的运行过程中出现了很多问题。科创公司是一家高科技企业，其所面临的软件市场，竞争要点在于对市场的反应速度和软件的质量，但公司在设计人力资源管理系统时，却没有充分考虑到其市场特点和战略要求，结果导致人力资源管理制度主要从成本控制的角度进行安排，无法与企业的战略和行业特点相匹配，无法帮助公司在激烈的竞争中获得竞争优势。其结果是，一线管理者和员工对人力资源部辛辛苦苦建立起来的人力资源系统不屑一顾，人力资源管理的规范化和制度化无法得以有效的推行，企业在经营管理中所面临的一系列问题也没有得以解决。

那么，科创公司的人力资源管理制度建设为什么没有获得成功？其失败的根源在哪里？人力资源管理系统的设计应该为什么服务呢？

（资料来源：彭剑锋．人力资源管理概论．上海：复旦大学出版社，2003）

从该案例我们可以看出，该公司人力资源管理系统失败的关键，在于其没能够有效地支撑企业的竞争优势，没有帮助企业提升其核心竞争力。从另一方面讲，人力资源管理是否能够真正支撑企业的竞争优势，企业究竟应该如何建立基于核心能力的人力资源管理系统，这就是本章所要解决的主要问题。

11.1 人力资源管理导论

11.1.1 人力资源的概念

关于人力资源的概念，不同学者有不同的说法，强调的重点也有所不同。清华大学的张德教授认为人力资源是指能够推动整个经济和社会发展的劳动者的能力，即处在劳动年龄的已直接投入建设和尚未投入建设的人口的能力。南京大学的赵曙明教授认为人力资源是包含在人体内的一种生产能力，它是表现在劳动者身上的、以劳动者的数量和质量表示的资源，它对经济起着生产性的作用，使国民收入持续增长。

11.1.2 人力资源的特点

基于人力资源与其他资源的比较，人力资源具有以下特点。

（1）能动性。即能有目的地进行改造外部世界的活动。劳动者总是有目的、有计划地运用自己的劳动能力。劳动者按照在劳动过程开始之前已确定的目的，积极、主动、创造性地进行活动。主观能动性是人力资源为企业创造财富的源泉，如何调动雇员的主观能动性是人力资源管理的一大挑战。

（2）两重性。人力资源具有生产属性和消费属性，人力资源既是生产者又是消费者。

（3）增值性。从劳动者的数量来看，随着人口的不断增多，劳动者人数会不断增多，从而增大人力资源总量；从劳动者个人来看，随着教育的普及和提高，科技的进步和劳动实践经验的积累，他的劳动能力会不断提高，从而增大人力资源存量。

（4）再生性。人力资源是一种可再生资源，其再生性即人口的再生产和劳动力的再生产，通过人口总体内各个体的不断替换更新和劳动力再生产的过程得以实现。

（5）时效性。即它的形成、开发、使用都具有实践方面的限制。从个体的角度看，作为生物有机体的人，有其生命的周期；而作为人力资源的人，能从事劳动的自然时间又被限定在生命周期的中间一段;能够从事劳动的不同时期(青年、壮年、老年)其劳动能力也有所不同。因此,开发和利用人力资源要讲究及时性,以免造成浪费。

11.1.3 人力资源管理的概念、职能及其原理

1. 人力资源管理的概念

人力资源管理是指影响雇员的行为、态度以及绩效的各种政策、管理实践以及制度(诺伊),是获取、培训、评估员工和为员工提供薪酬的过程,并且关心员工的劳资关系,健康与安全以及家庭(加里·德斯勒)。

2. 人力资源管理的职能

人力资源管理的职能主要包括人力资源规划、招聘、甄选、培训和开发、薪酬管理与绩效管理。人力资源管理的上述职能指出了人力资源的管理实践应该包括:确定人力资源需要(人力资源规划)、吸引潜在雇员(招募)、挑选新雇员(甄选)、教导雇员如何完成他们的工作以及为将来做好准备(培训和开发)、向雇员提供报酬(薪酬)以及对雇员的工作绩效进行评价(绩效评估)并创造一种积极的工作环境(文化)。由此可见,人力资源管理的主要任务便是"吸引、保留、激励与开发",实现组织目标所需的人力资源,改善或提高工作绩效,使企业在市场竞争中得以生存和发展。

3. 人力资源管理的基本原理

(1) 系统优化原理。系统优化原理要求群体功效达到最优,是人力资源管理最重要的原理。

(2) 激励强化原理。企业管理者要对遵守企业行为准则并对企业作出贡献的人给予相应的奖励和激励,鼓励他们继续遵守企业的行为规则并努力为企业作出贡献。

(3) 弹性冗余原理。指在人力资源聘任、使用、解雇、辞退、晋升等过程中要留有充分余地,应使人力资源整体运行过程具有一定的弹性,当某一决策发生偏差时,留有纠偏和重新决策的余地。

(4) 互补增值原理。指团队成员之间要通过气质、性格、知识、专业、能力、性别、年龄等因素的互补,扬长避短,使整个团队的战斗力更强,达到增值效应。

(5) 利益相容原理。当双方容易发生冲突时,寻求一种解决方案,该方案在原来的基础上,经过适当的修改、让步、补充或者提出另一个方案,使双方均能接受从而获得相容。

11.1.4 人力资源管理的知识体系

人力资源管理的知识体系构成如图 11-1 所示。由于人力资源管理是一个系统工程,不能采取"头痛医头,脚痛医脚"的方法。必须采取系统思考的方法,因此人力资源管理从业人员必须具备每个模块的知识,才能更好地制定相应的政策,提出正确的解决办法,实现组织目标所需的人力资源,改善或提高工作绩效,使企业在市场竞争中得以生存和发展。

图 11-1 中,阶段是指人力资源管理的发展历史,基本经历了人事管理(PM)、人力资源管理(HRM)、人力资本管理(HCM)和战略性人力资源管理(SHRM)四个阶段。模块是指人力资源管理主要包括的人力资源规划及工作分析(职位)、招聘与甄选(配置)、员工培训(培训)、绩效管理(绩效)、薪酬管理(薪酬)、文化建设及跨文化管理(文化)6 大职能模块。

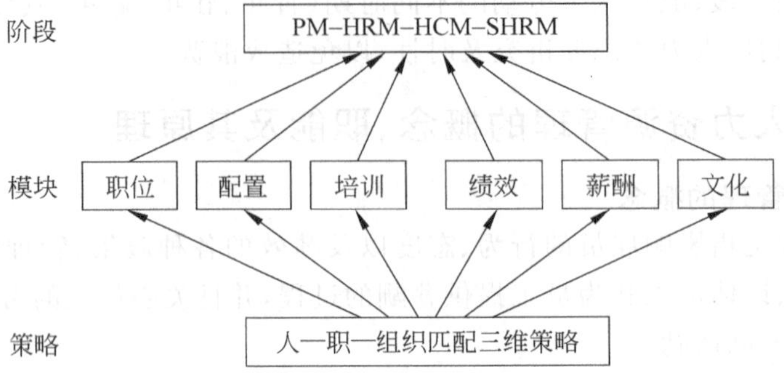

图 11-1 战略性人力资源管理透镜模型(王重鸣,2002)

策略是指人力资源管理必须满足的条件,即"雇员能力素质与岗位匹配,岗位设置与组织结构及战略匹配,雇员与组织文化相适应。"

11.2 工作分析与人力资源规划

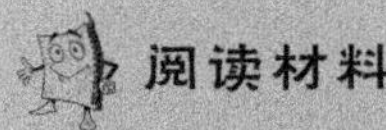

手忙脚乱的人力资源经理

1. 背景

D集团在短短5年之内由一家手工作坊发展成为国内著名的食品制造商,企业最初从来不制订什么计划,缺人了,就现去人才市场招聘。企业日益正规后,开始每年年初制订计划:收入多少,利润多少,产量多少,员工定编人数多少等,人数少的可以新招聘,人数超编的就要求减人,一般在年初招聘新员工。可是,因为一年中不时有人升职、有人平调、有人降职、有人辞职,年初又有编制限制不能多招,而且人力资源部也不知道应当多招多少人或者招什么样的人,结果人力资源经理一年到头的往人才市场跑。

2. 问题

近来由于3名高级技术工人退休,两名跳槽,生产线立即瘫痪,集团总经理召开紧急会议,命令人力资源经理3天之内招到合适的人员顶替空缺,恢复生产。人力资源经理两个晚上没睡觉,频繁奔走于全国各地人才市场和面试现场之间,最后勉强招到两名已经退休的高级技术工人,使生产线重新开始了运转。人力资源经理刚刚喘口气,地区经理又打电话给他说自己的公司已经超编了,不能接收前几天分过去的5名大学生,人力资源经理不由怒气冲冲地说:"是你自己说缺人,我才招来的,现在你又不要了!"地区经理说:"是啊,我两个月前缺人,你现在才给我,现在早就不缺了。"人力资源经理分辩道:"招人也是需要时间的,我又不是孙悟空,你一说缺人,我就变出一个给你?"……

造成这种现象的原因在于随着市场的日益规范,企业的日益壮大,企业出现了发展的瓶颈——缺少人才,想要进一步发展壮大、要长治久安必须依靠源源不断的人才。但是,很多企业仅限于缺人,却不知道为什么缺人,以及如何解决这一问题。解决此问题的办法是做好人力资源规划,其原因是:①人力资源不能随时购买,需要一个培养过程,所以要从长计议；②外部环境变化，使得企业实现战略所需要的人力资源数量和质量提出调整；③企业战略本身的调整，要求人力资源调整；④企业员工队伍本身的变动，如退休、离职，造成岗位空缺和人力资源缺乏，而人力资源从补充到适应需要一定时间，所以，先规划、安排；⑤企业现有人力资源分布可能不合理，需要有计划地调整；⑥人力资源供给和需求有一定刚性，所以需要进行预先规划。

（资料来源：改编自 http://www.study365.cn/Article/jdal/200705/65260.html）

11.2.1 工作分析

很多管理者在管理工作中常常会被这样一些问题所困扰。

(1) 各个职位的工作职责不清。

(2) 组织中一些重要的工作由于没有人负责而被耽搁，而有些简单的工作，由于很多人在重复地做，工作环节过于烦琐而使得工作效率低下，有的事情由于没有人负责而变成了突发事件，管理人员花费很多时间在处理具体问题。不同职位的权限不清楚，出了事情不知该由谁负责，很多事情无法及时做出决策。

(3) 对人们的工作结果和表现进行考核时，缺乏绩效的指标和标准。

(4) 对人员进行招聘和任用时，不知任职者应具备哪些条件，具备什么样素质的人能够胜任工作。

如何解决类似上面的这些问题呢？解决这些问题的方法之一就是运用系统性的方法收集有关工作的各种信息，确定组织中各个职位的工作职责、权限、关键绩效指标、对任职者的基本要求等，这就是工作分析所要做的工作。

1. 工作分析的术语

在工作分析中，常常会使用到一些术语，这些术语的含义经常被人们所混淆，因此在这里有必要澄清一下，这样有利于在后面用同样的含义来理解问题。

(1) 工作要素：是指工作中不能继续再分解的最小动作单位。例如，接听电话。

(2) 任务：为达到某一明确目的所从事的一系列活动。例如，回答客户电话咨询。

(3) 职责：是指任职者为实现一定的组织职能或完成工作使命而进行的一个或一系列工作任务。例如，维护客户关系。

(4) 职位：也叫岗位，在组织中完成一项或多项责任的组织中的一个任职者所对应的位置就是一个职位，职位与任职者是一一对应的。例如，总经理、秘书、出纳、招聘主管、营销总监等。

(5) 职务：是指组织中承担相同或相似职责或工作内容的若干职位的总和。例如：销售副经理。

2. 工作分析收集的信息

有人将工作分析所要回答的问题归纳为 6W1H，6W 即做什么（What）、为什么（Why）、用谁（Who）、何时（When）、在哪里（Where）、为谁（for Whom）和如何做（How）。6W1H 基本上概括了工作分析所有收集的信息的内容。

(1) 做什么：是指所从事的工作活动。主要包括：任职者所要完成的工作活动是什么？

任职者的这些活动要产生什么样的结果或产品？任职者的工作结果要达到什么样的标准？

(2) 为什么：表示任职者的工作的目的，也就是这项工作在整个组织中的作用。主要包括：做这项工作的目的是什么？这项工作与组织中的其他工作有什么联系？对其他工作有什么影响？

(3) 用谁：是指对从事某项工作的人的要求。主要包括：从事这项工作的人应具备怎样的身体素质？从事这项工作的人必须具备哪些知识和技能？从事这项工作的人至少应接受过哪些教育和培训？从事这项工作的人至少应具备怎样的经验？从事这项工作的人在个性特征上应具备哪些特点？从事这项工作的人在其他方面应具备什么样的条件？

(4) 何时：表示在什么时间从事各项工作活动。主要包括：哪些工作活动是有固定时间的？在什么时候做？哪些工作活动是每天必做的？哪些工作活动是每周必做的？哪些工作活动是每月必做的？

(5) 在哪里：表示从事工作活动的环境。主要包括：工作的物理环境，包括地点（室内与户外）、温度、光线、噪音、安全条件等。工作的社会环境，包括工作所处的文化环境（例如跨文化的环境）、工作群体中的人数、完成工作所要求的人际交往的数量和程度、环境的稳定性等。

(6) 为谁：是指在工作中与哪些人发生关系，发生什么样的关系。主要包括：工作要向谁请示和汇报？向谁提供信息或工作结果？可以指挥和监控何人？

(7) 如何做：是指任职者怎样从事工作活动以获得预期的结果。主要包括：从事工作活动的一般程序是怎样的？工作中要使用哪些工具？操纵什么机器设备？工作中所涉及的文件或记录有哪些？工作中应重点控制的环节有什么？

3. 工作分析的输出结果

通过对所收集来的信息进行整理和分析，工作分析所输出的结果就是各个职位的职位说明书。职位说明书基本上可以包括两大部分：工作（职务）描述和任职资格。

工作描述主要表达的是任职者实际从事的工作活动和责任、这些工作活动的流程、应达到的绩效标准、与组织内外的关联等关于工作本身特性的信息；任职资格则是根据工作描述所提出的对职位任职者的基本要求，例如任职者应具备的知识、能力、教育培训等，以及其他方面的要求等。

阅读材料

某公司行政主管职位说明书

编　　号：HD01　岗位名称：行政主管　所在部门：本部

工作关系：

1. 上级：总经理/副总经理（分管）。
2. 下级：本部后勤服务人员和相关行政管理人员。
3. 内部联系：公司各部门、各分、子公司。
4. 外部联系：相关企业、团体和政府部门及租房单位。

工作任务：行政管理、安全管理和领导交办的工作。

工作职责：

1. 负责本部的行政后勤管理工作。

2. 负责本部的办公费用预算、控制和管理。

3. 负责本部的固定资产管理。

4. 负责公司安委办的具体管理工作。

5. 负责公司车辆的总体管理。

6. 负责本部的房屋租赁管理。

7. 负责公司本部有关行政事务的接待及来访工作。

8. 领导交办的其他工作。

考核内容(初定)：

1. 行政后勤保障能力及管理效果。

2. 行政办公费用的使用、控制情况。

3. 安全指标完成情况。

4. 杭州本部固定资产的购买、使用情况。

5. 车辆维护情况和车辆调度、管理的有序性。

6. 房屋租赁管理的规范性。

7. 上级领导综合评价。

聘用条件：

1. 知识技能：具有行政后勤的管理知识，具有较强的沟通与协调能力，具有相关的法规知识，熟悉公司各方面的基本情况。

2. 工作经历：从事相关工作五年以上。

3. 所需学历：本科/大专。

(资料来源：大家论坛)

4. 工作分析的作用

工作分析是人力资源管理中的一项基础性工作，它所得到的信息是进行人力资源管理中的其他活动所必需的基础和依据。从图11-2中，我们可以清楚地看到工作分析在人力资源管理中的地位和作用。

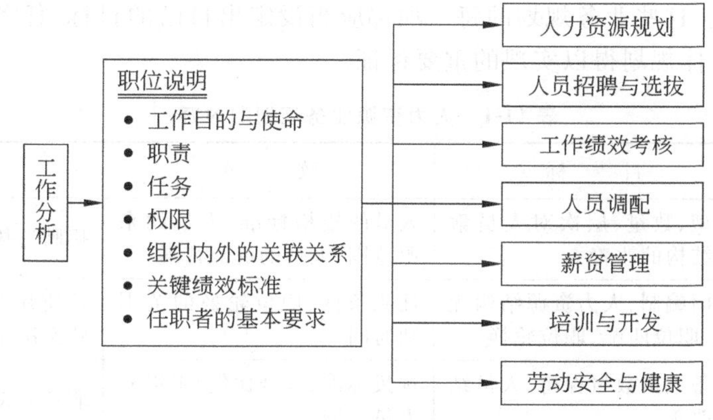

图11-2　工作分析的作用

5. 工作分析的方法

(1) 问卷调查法。采用问卷形式既快捷又经济。工作分析者可以把结构化问卷发给员工,由他们来确认各自要完成的任务。然而,有时候会因为员工缺乏表达能力,使得这种方法效果不是很好。而且一些员工可能会夸大其任务的重要性,描述出的责任要高于实际所承担的责任。

(2) 观察法。在使用观察法时,工作分析人员通常观察员工完成任务的情况,并记录其所观察到的现象。这种方法主要用来收集强调人工技能的那些信息,如机器操作工的工作。

(3) 面谈法。通过与员工和管理者的面谈交流,可以对工作有所了解。通常,工作分析人员首先与员工面谈,帮助员工描述出他们履行的职责;其次,再与管理者接触,获得其他信息,以检查从员工那里获得的信息的准确性,并搞清某些问题。

(4) 工作日志法。在某些情况下,工作分析信息可通过让员工以工作日记或工作笔记的形式记录其日常工作活动获得。在这里同样要克服员工夸大其工作重要性的问题。但是通过这种方法可以获得对高度专业化工作有价值的理解。

11.2.2 人力资源规划

人力资源规划是指为了达到企业的战略目标与战术目标,根据企业目前的人力资源状况,为了满足未来一段时间内企业人力资源质量与数量方面的需要,决定引进、保持、提高、流出人力资源而作出的预测和相关事项。

1. 人力资源规划的内容

(1) 人力资源整体规划

人力资源整体规划是指对计划期内人力资源规划结果的总体描述,包括预测的需求和供给分别是多少。做出这些预测的依据是什么,供给和需求的比较结果是什么,企业平衡供需的指导原则和总体政策是什么等。在总体规划中,最主要的内容就是供给和需求的比较结果,也可以称作净需求。进行人力资源规划的目的就是得出这一结果。

(2) 人力资源业务规划

人力资源业务规划是总体规划的分解和具体内容,它包括人员补充计划,人员配置计划,人员接替和晋升计划,人员培训开发计划,工资激励计划,员工关系计划和退休解聘计划等内容,见表 11-1。这些业务规划的每一项都应当设定出自己的目标、任务和实施步骤,他们的有效实施是总体规划得以实现的重要保证。

表 11-1 人力资源业务规划的内容

规划名称	目标	政策	预测
人员补充计划	类型、数量、层次对人员素质结构的改善	人员的资格标准、人员的来源范围、人员的起点待遇	招聘选拔费用
人员配置计划	部门编制、人力资源结构优化、职位匹配、职位轮换	任职条件、职位轮换的范围和时间	按使用规模、类别和人员状态决定薪酬预算
人员接替和晋升计划	后备人员数量保持、人员结构改善	选拔标准、晋升比例、未提升人员的安置	职位变动引起的工资变动

续表

规划名称	目 标	政 策	预 测
人员培训开发计划	培训的数量和类型、提升内部供给、提高工作效率	培训计划的安排、培训时间和效率保证	培训开发的总成本
工资激励计划	劳动供给增加、士气提高、绩效改善	工资政策、激励政策、方式	增加工资奖金的数额
员工关系计划	提高工作效率、员工关系改善、离职率降低	民主管理、加强沟通	法律诉讼费用
退休解聘计划	劳动力成本降低、生产率提高	退休政策及解聘程序	安置费用

2. 人力资源规划的程序

人力资源规划具体分七步进行，其操作流程如图 11-3 所示。

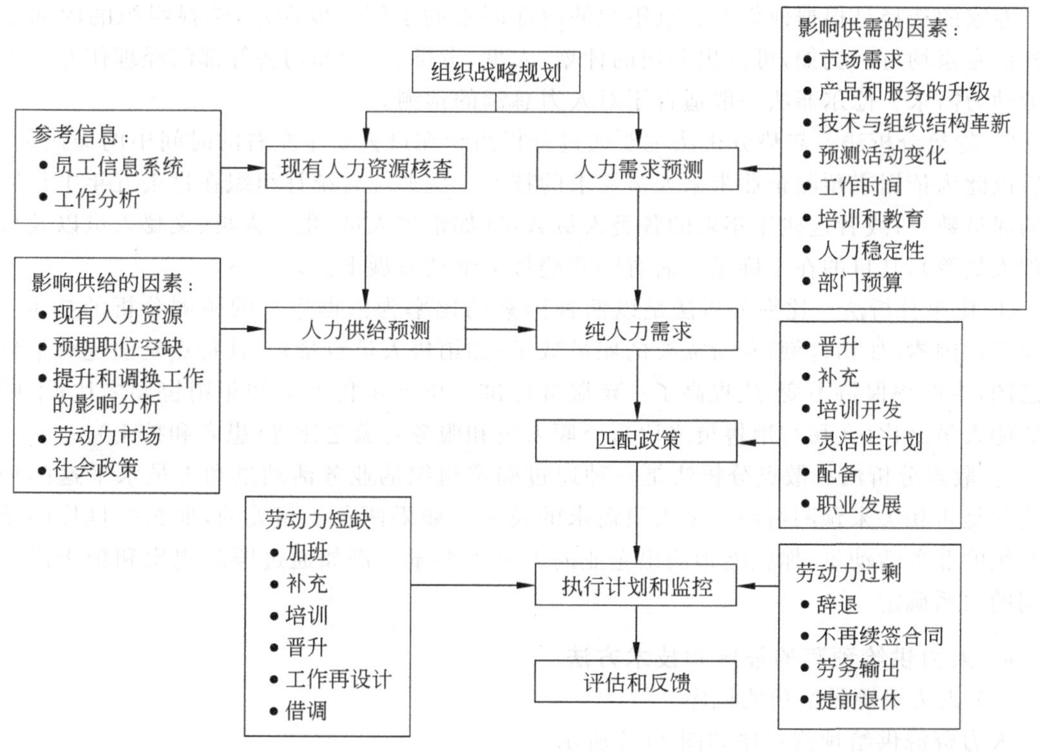

图 11-3 人力资源规划程序模型

3. 人力需求预测的程序和技术方法

(1) 人力需求预测的程序

人力需求预测在实践应用中采用自上而下的预测程序，具体程序如图 11-4 所示。

(2) 人力需求预测的技术方法

预测方法可以分为定性预测法和定量预测法，下面主要介绍几种常用的预测法。

① 经验预测法。具体做法是，先由组织各职能部门的基层领导根据自己部门在未来各

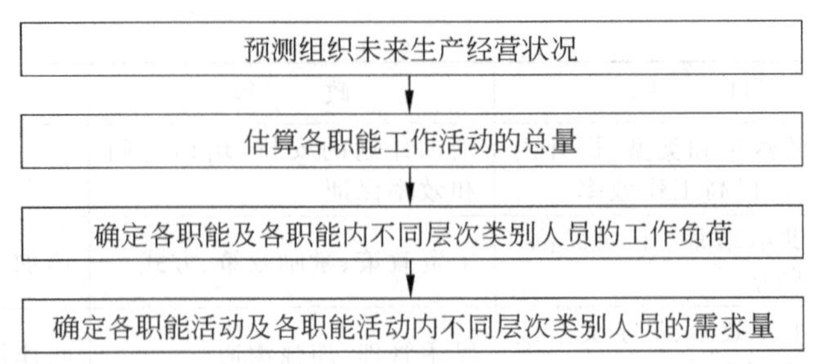

图 11-4 人力需求预测程序

时期的业务增减情况，提出本部门各类人员的需求量，再由上一层领导估算平衡，最后在最高领导层进行决策。这是一种很粗的人力需求预测方法，主要适用于短期预测，但组织规模较小、结构简单和发展均衡稳定时，也可用来预测中、长期需求。

② 德尔菲法。又称专家会议预测法，它以书面形式背对背地分轮征求和汇总专家意见。专家的选择是根据他们对影响组织的内部因素的了解程度而定，选择组织的内部专家和外请专家均可。例如，可选出公司的计划、人事、市场、生产和销售等部门经理作专家来预测劳动力需求。德尔菲法一般适合于对人力总额的预测。

③ 趋势分析法。趋势分析法主要通过分析组织在过去 5 年左右的时间中的雇用趋势，然后以此为依据来预测企业未来人员需求的技术。例如综合统计组织在过去五年中每年年末的雇员数量；或者这些年年末的各类人员数量（如销售人员、生产人员、文秘人员以及行政管理人员等），其目的在于确定今后有哪些趋势会继续发展下去。

④ 比率分析法。比率分析法是以两种因素的比率为依据进行的预测分析的技术：某些原因性因素（如销售额）和所需要的雇员数量（如销售人员数量）。其特点是假定政策目标和意图，生产率保持不变，或提高了一定服务标准。例如销售人员和年销售额之比；不同部门职能人员之比（文秘与销售员之比）；公职人员和服务对象之比等（患者和护士）。

⑤ 散点分析法。散点分析法是一种通过确定组织的业务活动量和人员水平这两种因素之间是否相关来预测组织未来人员需求的技术。如果两者是相关的，那么一旦你能预测出组织的业务活动量，你就能预测出企业的人员需要量。例如通过医院规模和护士需求量之间的关系确定。

4. 人力供给预测的程序和技术方法

（1）人力资源供给预测程序

人力资源供给预测程序如图 11-5 所示。

现有人员的测算、清点，主要是利用信息库的资料，核查组织内部人员的基本情况。人员流动主要是指人员的升迁、降级、轮岗、退休、工伤、病故等人员流进与流出的情况。招聘新员工对每个企业都是必不可少的，因此要对企业外部的人力资源市场进行分析和预测。

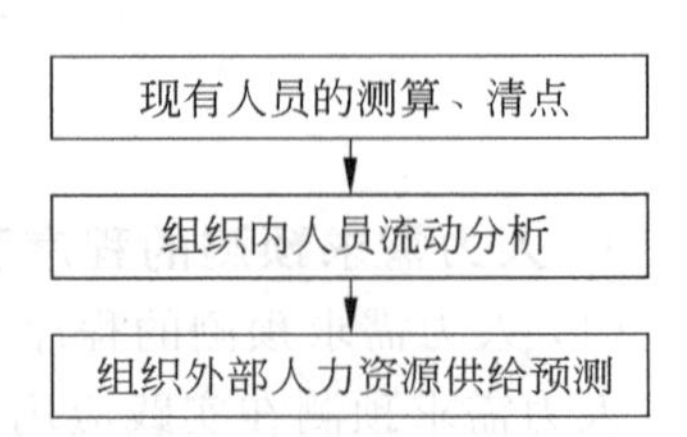

图 11-5 人力资源供给预测程序

（2）人力资源供给预测的方法

① 技能清单法。技能清单是一个反映员工工作能力特征的列表，这些特征包括员工的培训背景、工作经历、持有的资格证书以及工作能力的评价等内容。技能清单是对员工竞争

力的一个反映，可以用来帮助预测潜在的人力资源供给。技能清单主要服务于晋升人选的确定，职位调动的决策，对特殊项目的工作分配，培训以及职业生涯规划等。技能清单可以包括所有的员工，也可以只包括部分员工。

② 人员替换法。这种方法是对企业现有人员的状况做出评价，然后对他们晋升或者调动的可能性作出判断，以此来预测企业潜在的内部供给，这样当某一职位出现空缺时，就可以及时地进行补充。

③ 人力资源"水池"模型。人力资源"水池"模型是在预测企业内部人员流动的基础上来预测人力资源的内部供应，它与人员替换有些类似，不同的是人员替换是从员工出发来进行分析，而且预测的是一种潜在的供给；"水池"模型则是从职位出发进行分析，预测的是未来某一时间现实的供给。这种方法一般要针对具体的部门、职位层次或职位类别来进行，由于他要在现有人员的基础上通过计算流入量来预测未来的供给，这就好比是计算一个水池未来的蓄水量，因此称之为"水池"模型。

④ 马尔科夫模型。马尔科夫预测模型是用来预测具有等时间间隔（如 1 年）的时刻点上各类人员的分布状况的一种方法。该方法的基本思想是：找出过去人事变动的规律，以此来推测未来的人事变动趋势。以一个会计公司人事变动为例来说明分析的方法。分析的第一步是作一个人员变动矩阵表（见表 11-2），表中的每一个元素表示从一个时期到另一个时期（如从某一年到下一年）在两个工作之间调动的雇员数量的历年平均百分比（以小数表示）。一般以 5～10 年为周期来估算年平均百分比。周期越长，根据过去人员变动所推测的未来人员变动就越准确。

表 11-2(a)表明，在任何一年里，平均 80%的高层领导人仍在该组织内，而有 20%退出。在任何一年中约有 65%的会计留在原工作岗位，15%被提升为高级会计师，20%离职。用这些历年的数据来代表每一种工作中人员变动的概率，就可以推测出未来的人员变动（供给量）的情况。将计划初期每一种工作的人员数量与每一种工作的人员变动概率相乘，然后纵向相加，即得到组织内部未来劳动力的净供给量，见表 11-2(b)。

表 11-2 某公司人力资源供给情况的马尔科夫分析

	(a)		人员调动概率				
			H	L	S	A	离职
职位层次	高层管理人(H)		0.80				0.20
	基层管理人(L)		0.10	0.70			0.20
	高级会计师(S)			0.05	0.80	0.05	0.10
	会计员(A)				0.15	0.65	0.20
	(b)	初期人员数量	人员净供给量				
			H	L	A	S	离职
职位层次	高层管理人(H)	40	32				8
	基层管理人(L)	80	8	56			16
	高级会计师(S)	120		6	96	6	12
	会计员(A)	160			24	104	32
	预计的人员供应量		40	62	120	110	68

资料来源：金智能软件网

如果下一年与上一年相同，可以预计下一年将有同样数目的高层领导人(40人)，以及同样数目的高级会计师(120人)，但基层领导人将减少18人，会计员将减少50人，这些人员变动的数据，与正常的人员扩大、缩减或维持不变的计划相结合，用于决策怎样使预计的劳动力供给与需求相匹配。

5. 人力资源供需的平衡

人力资源规划的最终目的是要实现企业人力资源供给和需求的平衡，因此在预测出人力资源的供给和需求之后，就要对这两者进行比较，并根据比较的结果来采取相应的措施。

(1) 供给和需求总量平衡，结构不匹配。对于结构性的人力资源供需不平衡，一般要采取下列措施实现平衡：①进行人员内部的重新配置，包括晋升、调动、降职等，来弥补那些空缺。②对人员进行有针对性的专门培训，使他们能够从事空缺职位的工作。③进行人员的置换，释放那些企业不需要的人员，补充企业需要的人员，以调整人员的结构。

(2) 供给大于需求。当预测的供给大于需求时，可以采取以下措施从供给和需求两个角度来平衡供需：①企业要扩大经营规模或者开拓新的增长点，以增加对人力资源的需求。②永久性的裁员或者辞退员工。③鼓励员工提前退休。④冻结招聘，就是停止从外部招聘人员，通过自然减员来减少供给。⑤缩短员工的工作时间。⑥对富余员工实施培训，这相当于进行人员的储备，为将来的发展做好准备。

(3) 供给小于需求。当预测的供给小于需求时，同样可以从供给和需求两个角度来平衡供需，可以采取下列措施：①从外部雇用人员，可以雇用全职的也可以雇用兼职的。②提高现有员工的工作效率，例如改进生产技术、增加工资、进行技能培训、调整工作方式等。③延长工作时间，让员工加班加点。④降低员工的离职率，减少员工的流失，同时进行内部调整，增加内部的流动来提高某些职位的供给。⑤可以将企业的有些业务进行外包，这其实等于减少了对人力资源的需求。

11.3 人力资源招聘与甄选

阅读材料

看名企"诡异"面试题，体会企业需要怎样的人才

很多知名企业都有一些"诡异"的面试环节，请你吃饭，或者让你参加鸡尾酒会，甚至一开始就让你打扫厕所，在你吃饭、喝酒，或者不愿意去扫厕所的时候，负责招聘的人往往已经判断出你是否是公司需要的人才。

日产公司：请你吃饭。日产公司认为，那些吃饭迅速的人，一方面，说明其肠胃功能好，身强力壮；另一方面，说明他们做事情迅速，富有魄力，这正是公司需要的。一般主考官会好心叮嘱你慢慢吃，吃好后再到办公室接受面试，而那些慢腾腾吃完饭的人得到的都是离开通知单。

壳牌石油：开鸡尾酒会。壳牌公司组织应聘者参加一个鸡尾酒会，公司高级员工也都来参加，酒会上由这些应聘者与公司员工自由交谈。酒会后，公司高级员工根据自己的观察和判断，推荐合适的应聘者参加下一轮面试。一般那些表现抢眼、气度不凡、有组织能力者得到下一轮面试机会。

假日酒店：你会打篮球吗？假日酒店认为，那些喜爱打篮球的人，性格外向，身体健康，而且充满活力，富于激情。作为以服务至上的酒店，员工要有亲和力、饱满的干劲和蓬勃的朝气；一个死气沉沉的员工既是对公司的不负责，也是对客人的不尊重。

美电报电话公司：整理文件筐。工作人员给应聘者一个文件筐，要求应聘者将杂乱无章的文件存放到文件筐中，规定在10分钟内完成。一般情况下这个任务是不可能完成的，公司只是借此观察员工是否具有应变能力，是否分得清轻重缓急，是否条理分明。

统一公司：先去扫厕所。统一公司要求员工有吃苦精神以及脚踏实地的作风，凡来公司应聘者，工作人员会先给你一个拖把叫你去打扫厕所，不接受此项工作或只把表面洗干净者均不被录用。他们认为一切利润都是从艰苦劳动中得来的，不敬业的员工，是隐藏在公司内部的敌人。

（资料来源：都市快报，2007年11月16日）

11.3.1 招聘的概述

1. 招聘的概念、原则及影响因素

招聘就是指在企业总体发展战略规划的指导下，制订相应的职位空缺计划，并决定如何寻找合适的人员来填补职位空缺的过程，它的实质就是让潜在的合格人员对本企业的相关职位产生兴趣并且前来应聘这些职位。

招聘必须遵循以下原则：①因事择人；②企业应根据人力资源规划进行招聘；③公开、平等竞争原则；④能岗匹配原则。

在现实中，招聘活动的实施是受到多种因素影响的，为了保证招聘工作的效果，必须对这些因素有所了解。归纳起来，影响招聘活动的因素主要有外部因素和内部因素两大类。

(1) 外部影响因素，如国家的法律、法规、外部劳动力市场、竞争对手。

(2) 内部影响因素，如企业自身的形象、企业招聘的预算、企业的政策。

2. 招聘的渠道

一般来说，人员招聘的来源可以分为内部招聘和外部招聘两个渠道。

(1) 内部招聘

在企业内部进行人员招聘，可以最大限度地发挥企业现有人力资源的潜力。组织在进行人员招聘录用工作时，内部调整应先于组织外招聘，尤其对于高级职位或重要职位的人员选聘工作更应如此。因为内部招聘具有如下优势：①有利于员工的职业发展，能够促进组织中现有人员的工作积极性；②可以利用已有人事资料简化招聘、录用程序，节约人力、财力等资源；③内部员工对企业熟悉，对新职务的适应期更短；④可以控制人力成本，减少培训期和费用。

(2) 外部招聘

如果没有合适的内部应聘者，或者内部人力不能满足招聘人数，就需由外部招聘。一般在下列情况下，更适合采用外部招聘：①补充初级岗位；②获取现有员工不具备的技术；③获得能够提供新思想的并具有不同背景的员工。

3. 招聘管理的流程及方法

一般企业招聘管理的流程见表 11-3。

表 11-3 招聘管理的流程

项 目	外部招聘	内部竞聘	试用期管理
流程输入	(1) 经过审核的招聘计划； (2) 临时招聘需求	(1) 经过审核的招聘计划； (2) 临时招聘需求	
流程输出	(1) 聘用合同； (2) 面试成果单； (3) 背景调查记录	(1) 职务和薪资变动； (2) 内部调配通知单	(1) 培训结果； (2) 试用期考核表
流程负责人	人力资源部	人力资源部	人力资源部
流程设计出发点	(1) 外部招聘根据经过审核的年度招聘计划以及经过审核的临时招聘需求开展； (2) 外部招聘要通过背景调查、推荐以及担保等手段加强控制	内部竞聘由于在企业内部开展,对于人员的能力及表现较好掌握,因此调查控制相对较少	试用期应通过较高的考核频次以及多渠道的调查来及时发现不合格人员,减少公司损失

资料来源：无忧商务网

招聘的常用方法包括通过专门机构推荐、利用招聘广告募集、校园招聘、专场招聘会、员工引荐和通过猎头公司等。

11.3.2 人力资源甄选的方法

在从外部招聘人员时,要保证招收人员的素质,首先需要注意的是否具有客观、可靠、公平、有效的人员筛选。一般来说,常用筛选技术大体可以分为笔试、面试、心理测试法、行为模拟法四种类型。

1. 笔试

笔试是让应试者在试卷上笔答事先拟好的试题,然后由评估人员根据应试者解答的正确程度予以评定成绩的一种测试方法。这种方法可以有效地测量应试者的基本知识、专业知识、管理知识、相关知识以及综合分析能力、文字表达能力等素质及能力要素的差异。

笔试法的优点有：①一次测试能够出题较多,题目较为全面,对知识、技能和能力的考查的信度和效度较高,可以大规模地进行评价。②笔试法测试费时少,效率高。③应试者的心理压力小,较易发挥正常水平。④成绩评定较为客观。笔试法的缺点在于它不能全面地考查应试者的工作态度、品德修养以及组织管理能力、口头表达能力和操作技能等。

一般来说,专业知识考试(营销知识、会计知识考试、一般知识考试)和一般知识测试(外语考试、计算机知识考试),往往采用笔试的方式。这种类型的笔试往往可以大规模的实施,比较适合于作为初步筛选的工具。

2. 面试

(1) 面试的优缺点

面试是一种通过考官与考生直接交谈或将考生设置于某种特定情境中进行观察,了解考生熟知状况、能力特征及求职应聘动机等情况，从而完成对考生适应职位的可能性和发展潜力的评价的一种十分有用的测评技术。面试的优点在于它比笔试或看简历资料更为直观、灵活、深入。缺点在于主观性大，考官容易产生偏见，难以防范和识别考生的社会赞许倾向和表演行为。

根据面试中所提的问题，面试可分为结构化面试、非结构化面试和半结构化面试。①结构化面试。结构化面试是指在面试前预先设定所提问题，在面试中有准备地系统提问的一种面试方法。结构化面试有利于提高面试的效率，了解的情况较为全面。②非结构化面试。在非结构化面试中面试考官可以随时发问，无固定的提问程序。针对每位被评估者的不同情况，考官可以了解到不同的特定情况，但缺乏全面性、效率较低。③半结构化面试。半结构化面试将结构化面试与非结构化面试结合起来，面试前大体设定面试中所要了解的几个方面的问题及提问的程序，但面试执行的过程中考官可以灵活掌握，根据考生的特殊情况加入预期外的问题。

（2）面试考查的主要内容

面试考查的内容可根据不同需要进行调整，如表 11-4 所示。一般来说，面试分两部分进行：第一部分，考查应试者的综合能力；第二部分，考查应试者的专业知识和技术性能力。另外，在面试中，考官应根据对考生背景情况的了解，有针对性地提出需考查的个别问题，判定考生的特殊能力。

表 11-4 面试等级评定表举例

编号		姓名		年龄		性别	
报考职位		实行部分					
面试项目	所占比重	评分标准					
		具体指标	优秀 100%～91%	较好 90%～81%	一般 80%～71%	较差 70%～61%	很差 60%以下
身体仪态	20	健康程度 10					
		气质 10					
知识经验	20	知识水平 5					
		实际经验 5					
		职业道德 5					
		专业知识 5					
能力方面	42	社交能力 10					
		口头表达能力 10					
		应变能力 10					
		创新能力 6					
		处理问题能力 6					

续表

面试项目	所占比重	评分标准					
		具体指标	优秀 100%～91%	较好 90%～81%	一般 80%～71%	较差 70%～61%	很差 60%以下
性格方面	20	工作热情 6					
		自信心 6					
		开放性 4					
		态度 4					
小 计							
综合评语	级别标准	95～100	90～94	80～89	70～79	60～69	60 以下
评委评价意见	评委甲						
	评委乙						
录取与否的决定							

3. 心理测试法

心理测试法是根据已标准化的实验工具如量表，引发和刺激被测试者的反应，所引发的反应结果由被测试者自己或他人记录，然后通过一定的方法进行处理，予以量化，描绘行为的轨迹，并对其结果进行分析。这种方法的最大特点是对被测试者的心理现象或心理品质进行定量分析，具有很强的科学性，而且随着计算机技术的发展和广泛应用，心理测试领域已出现了明显的计算机化的趋势，如在机上施测、自动计分、测试结果分析和解释等。心理测试主要包括智力测验、个性测验、心理健康测验、职业能力测验、职业兴趣测验、创造力测验等。

4. 行为模拟法

行为模拟法也称情境模拟法，是一种在控制的情境模拟状态下进行的练习，在行为模拟过程中，求职者表现出与组织目标方面相关的行为。例如，如果要了解销售行为，求职者就可能得到一份推销某种产品的“作业”。他们会得到有关该产品和顾客的信息。该求职者的行为受到扮演顾客的组织代表或第三方人员的直接观察。然后，针对有关评价“维度”来评价该求职者在练习中的行为。

在人员评估中常用的行为模拟法包括以下几种形式。

(1) 工作任务完成

工作任务完成是一种常见的行为模拟方式，用于测验完成该目标职位上必须完成的各种任务的能力。对秘书进行的打字测试，对档案员进行的档案管理测试以及对出纳员的算术测验均属工作任务完成测试。与所有的行为模拟方式一样，工作任务完成测试也是根据某一目标岗位的专门要求而设计的。它们都经过认真的设计，力图反映工作的内容。

(2) 角色扮演(推销员与顾客、上司与下属、服务人员与客户)

许多工作要求人在困难的情况下与顾客、同事或下属和谐相处。这些情况可以被模拟：

由求职者扮演一个角色，招聘员扮演一个与之相对的角色。组织的代表在观察求职者如何处理模拟活动过程中，可以评价其规划与组织能力、领导能力、敏感性、倾听技能、行为的灵活性、口头交流能力、坚韧性、分析能力、控制能力、承受压力的能力等维度。

(3) 评价中心技术

评价中心技术对于评价、考核和选拔管理人员非常有针对性。该方法的核心手段是情境模拟测验，即把应试者置于模拟的工作情境中，让他们进行某些规定的工作或活动，考官对他们的行为表现作出观察和评价，以此作为鉴定、选拔管理人员的依据。评价中心技术具有很高的信度、效度，有很大的预测价值。评价中心最重要的方法是模拟情境测验，其中又包括公文筐测验、角色扮演、小组互动测验。

11.4 人力资源培训

阅读材料

平远公司的培训

平远公司是上海的一家股份制公司，按计划，该公司人力资源部3月要派人去深圳某培训中心参加一次培训。当时人力资源部的人员都想参加，不仅是因为培训地点在特区，可以借培训的机会到特区看一看，而且据了解，此次培训内容很精彩，培训讲师都是些在大公司工作且有丰富管理经验的专家。但很不凑巧，当时人力资源部工作特别忙，所以主管权衡再三，最后决定由手头工作比较少的小刘和小钱去参加。人力资源部主管把培训时间、费用等事项跟小刘和小钱做了简单的交代。培训期间，小刘和小钱听课很认真，对老师所讲内容做了认真记录和整理。但在课间和课后小刘和小钱两人总在一起，很少跟其他学员交流，也没有跟讲师交流。培训回来后，主管只是简单地询问了一些培训期间的情况，小刘、小钱与同事也没有详细讨论过培训的情况。过了一段时间，同事都觉得小刘和小钱培训后并没有什么明显的变化。小刘和小钱也觉得听课时很精彩，但是对实际工作并没有什么帮助。

上述的培训中存在什么样的问题？企业具体该如何开展培训工作呢？

(资料来源：旷志强.有效沟通——增强培训效果的重要环节[J].中国人力资源开发，2001年08期)

11.4.1 培训概述

培训，就是向新员工或现有员工传授其完成本职工作所必需的相关知识、技能、价值观念、行为规范的过程，是由企业安排的对本企业员工所进行的有计划、有步骤地培养和训练。

培训使员工的知识、技能和态度明显提高和改善，由此提高企业效益，获得竞争优势。具体体现在以下方面：①能提高员工的职业能力；②有利于企业获得竞争优势；③有利于改善企业的工作质量；④有利于高效工作绩效系统的构建；⑤满足员工实现自我价值的需要。

11.4.2 培训的内容

员工培训的内容必须与企业的战略目标、员工的职位特点相适应，同时考虑适应内外部经营环境变化。一般来说，任何培训都是为了提供员工在知识、技能和态度三方面的学习与进步。

1. 知识的学习

员工应通过培训掌握完成本职工作所需要的基本知识，企业应根据经营发展战略要求和技术变化的预测，以及将来对人力资源的数量、质量、结构的要求与需要，有计划、有组织地培训员工，使员工了解企业的发展战略、经营方针、经营状况、规章制度、文化基础、市场及竞争等。

2. 技能的提高

知识的运用必须具备一定技能。培训首先对不同层次的员工进行岗位所需的技术性能力培训，即认知能力与阅读、写作能力的培训。此外，企业应更多培养员工的人际交往能力。尤其是管理者，更应注重判断与决策能力、改革创新能力、灵活应变能力、人际交往能力等的培训。

3. 态度的转变

态度是影响能力与工作绩效的重要因素，员工的态度与培训效果和工作表现是直接相关的。通过培训可以改变员工的工作态度，但不是绝对的，关键的是管理者本身。

11.4.3 有效培训系统的模式及流程

有效的培训系统是员工培训的重要保障。精心设计员工培训系统是非常重要的。员工的培训系统包括培训需求分析、培训目标的设置、培训方法、培训的实施、培训成果的转化、培训评价和反馈等几个环节，如图 11-6 所示。

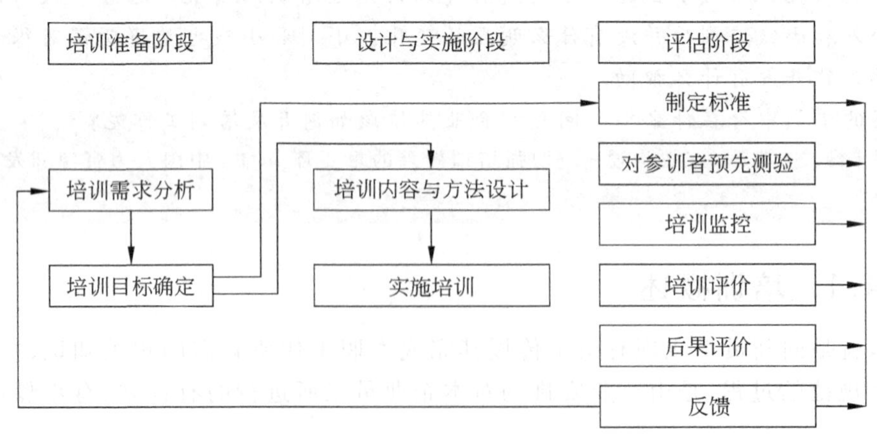

图 11-6 企业培训流程模型

1. 培训准备阶段

在员工培训的准备阶段，必须做好两方面的工作：一是培训需求分析；二是培训目标确定。

(1) 培训需求分析

培训需求分析对是否需要进行培训来说是非常重要的。它包括组织分析、任务分析与个人分析三项内容。培训需求分析是确定是否需要培训的一个过程。图 11-7 表明培训需求分析的原因及其所产生的结果。

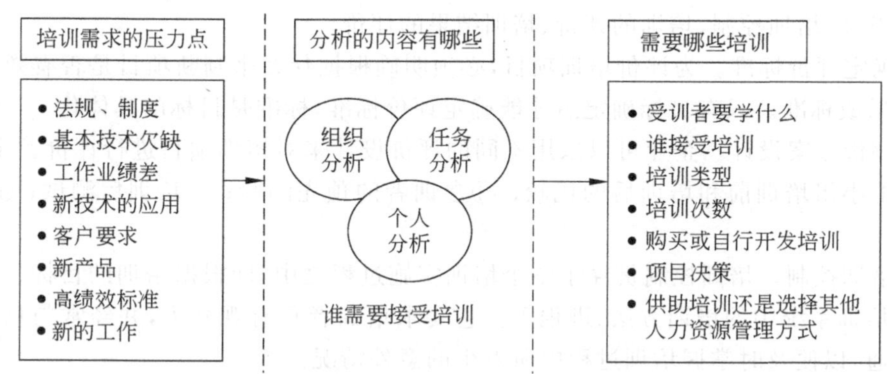

图 11-7 培训需求分析模型

图 11-7 表示了培训需求分析目的,即确定有哪些培训需求、谁需要培训,哪些任务需要培训等。分析要从组织、任务和个人三方面同步。

① 组织分析。组织分析是要在企业的经营战略下,决定相应的培训,并为其提供可利用的资源与管理以及培训活动的支持。

② 任务分析。任务分析包括任务确定及对需要在培训中加以强调的知识、技能和行为进行的分析。任务分析用于帮助员工准确、按时地完成任务。任务分析的结果是有关工作活动的详细描述,包括员工执行任务和完成任务所需的知识、技术和能力的描述。

③ 个人分析。人员分析可帮助培训者确定谁需要培训,即通过分析员工目前绩效水平与预期工作绩效水平来判断是否有进行培训的必要。

(2) 培训目标的确定

培训目标是指培训活动的目的和预期成果。培训目标一般包括三方面的内容:一是说明员工应该做什么;二是阐明可被接受的绩效水平;三是受训者完成指定学习成果的条件。培训目标确定应把握以下原则:一是使每项任务均有一项工作表现目标,让受训者了解受训后所要达到的要求,具有可操作性;二是目标应针对具体的工作任务,要明确;三是目标应符合企业的发展目标。

2. 培训的实施阶段

在培训的实施阶段,企业要完成两项工作:培训方案的设计和培训的实施。从培训工作的系统来看,培训的成功与员工培训项目设计有很大关系。

(1) 培训方案的设计。培训方案的设计是培训目标的具体操作化,即目标告诉人们应该做什么,如何做才能完成任务,达到目的。主要包括以下一些内容:选择设计适当的培训项目;确定培训对象;培训项目的负责人,包含组织的负责人和具体培训的负责人;培训的方式与方法;培训地点的选择;根据既定目标,具体确定培训形式、学制、课程设置方案、课程大纲、教科书与参考教材、培训教师、教学方法、考核方法、辅助器材设施等。

(2) 培训的实施。培训的实施是员工培训系统关键的环节。在实施员工培训时，培训者要完成许多具体的工作任务。要保证培训的效果与质量，必须把握以下几个方面：选择和准备培训场所、课程描述、课程计划、选择培训教师、选择培训教材、确定培训时间。

3. 培训的评估阶段

培训评估是员工培训系统中的重要环节。一般包括五个方面的工作：确定评价标准、评价方案设计、培训控制、培训的评价、培训结果的评价。

(1) 确定评价标准。为评价培训项目，必须明确根据什么来判断项目是否有效，即确立培训的结果或标准。只有目标确定后才能确定评价标准，标准是目标的具体化。

(2) 评价方案设计。企业可以采用不同的评价设计来对培训项目进行评价。主要有以下几种：①小组培训前和培训后的比较；②参训者的预先测验；③培训后测试；④时间序列分析。

(3) 培训控制。培训控制贯穿于整个培训实施过程之中，即根据培训的目标、员工的特点等调整培训系统中的培训方法、进程等。它要求培训者具有观察力，并经常与培训教师、受训者沟通，以便及时掌握培训过程中所发生的意外情况。

(4) 培训的评价。进行培训评价时应对培训目标、方案设计、场地设施、教材选择、教学的管理以及培训者的整个素质等各个方面进行评价。因此，评价内容包括：评价培训者、评价受训者、评价培训项目本身三方面。评价的过程一般包括：首先是收集数据，如进行培训前和培训后的测试、问卷调查、访谈、观察、了解受训者观念或态度的转变等；其次是分析数据，即对收集的数据进行科学地分析、比较和处理、解释数据并得出结论；最后是把结论与培训目标加以比较，提出改进意见。

(5) 培训结果的评价。培训结果的评价是对培训效果转移的评价，即指对员工接受培训后在工作实践中的具体运用或工作情况的评价。对培训效果的评价要考虑评价的时效性。

4. 培训反馈阶段

员工培训的反馈阶段是员工培训系统中的最后环节。通过对培训效果的具体测定与量比，可以了解员工培训所产生的收益，把握企业的投资回报率；也可以对企业的培训决策及培训工作的改善提供依据，以便今后更好地进行员工培训与开发。

11.4.4 培训的常用方法

要使员工培训更有效，适当的培训方法是必要的。培训方法大致可分为三类：演示法、专家传授法和团队建设法。

1. 演示法

演示法是指将受训者作为信息的被动接收者的一些培训方法。主要包括传统的讲座法、远程学习法和视听教学法。

(1) 讲座法。讲座法是指培训者用语言表达其传授给受训者的内容。讲座往往作为其他培训方法的辅助手段，如行为模拟与技术培训，讲座可以在培训前向受训者传递有关培训目的、概念模型或关键行为的信息。

(2) 远程学习法。远程学习通常被一些地域上较为分散的企业用来向员工提供关于新产品、企业政策或程序、技能培训以及专家讲座等方面的信息。远程学习法包括电话会议、电视会议、电子文件会议，以及利用个人电脑进行培训。

(3) 视听教学法。视听教学法是利用幻灯、电影、录像、录音等视听教材进行培训。这种方法利用人体感觉(视觉、听觉、嗅觉等)去体会，比单纯讲授给人的印象更深刻。录像是最常用的培训方法之一。被广泛运用在提高员工沟通技能、面谈技能、客户服务技能等方面。

2. 专家传授法

专家传授法是一种要求受训者积极参与学习的培训方法。这种方法有利于开发受训者的特定技能，理解技能和行为如何能应用于工作当中，可使受训者亲身经历一次工作任务完成的全过程。它包括在职培训、情境模拟、商业游戏、个案研究、角色扮演、行为塑造、交互式视频和互联网培训等。下面分别介绍几种主要的方法。

(1) 在职培训。在职培训是指新员工或没有经验的员工通过观察并效仿同事及管理人员执行工作时的行为而进行学习。在职培训的方法多种多样，主要有学徒制与自我指导培训计划。

(2) 情境模拟。情境模拟是一种代表现实中真实生活情况的培训方法，受训者的决策结果可反映如果其在被“模拟”的工作岗位上工作会发生的真实情况。

(3) 商业游戏。商业游戏是指受训者在一些仿照商业竞争规则的情境下收集信息并将其进行分析、作出决策的过程，它主要用于管理技能开发的培训中。

(4) 个案研究。个案研究是将实际发生过或正在发生的客观存在的真实情境，用一定视听媒介，如文字、录音、录像等所描述出来，让受训者进行分析思考，学会诊断和解决问题以及做出决策。

(5) 角色扮演。角色扮演是设定一个最接近现状的培训环境，指定受训者扮演角色，借助角色的演练来理解角色的内容，从而提高积极地面对现实和解决问题的能力。

(6) 行为塑造。行为塑造是指向受训者提供一个演示关键行为的模型，并给他们提供实践的机会。有效的行为塑造培训包括四个重要的步骤：明确关键行为、设计示范演示、提供实践机会、应用规划。

(7) 交互式视频。交互式视频是以计算机为基础，综合文本、图表、动画及录像等视听手段培训员工的方法。它通过与计算机主键盘相连的监控器，让受训者以一对一的方式接受指导，进行互动性学习。

(8) 互联网培训。互联网培训主要是指通过公共的(因特网)或私有的(内部局域网)计算机网络来传递，并通过浏览器来展示培训内容的一种培训方式。互联网的培训可以为虚拟现实技术、动感画面、人际互动、员工间的沟通以及实时视听提供支持。

3. 团队建设法

团队建设法是用于提高团队或群体成员的技能和团队有效性的培训方法。它注重团队技能的提高以保证进行有效的团队合作。团队建设法包括探险性学习、团队培训和行动学习。

(1) 探险性学习。探险性学习也称为野外培训或户外培训。该方法最适合于开发与团队效率有关的技能，如自我意识能力、问题解决能力、冲突管理能力和风险承担能力等。

(2) 团队培训。团队培训是通过协调在一起工作的不同个人的绩效从而实现共同目标的方法。团队培训方法多种多样，可以利用讲座或录像向受训者传授沟通技能，也可通过角色扮演或仿真模拟给受训者提供讲座中强调的沟通性技能的实践机会。团队培训的主要内容是知识、态度和行为。

(3) 行动学习。行动学习即给团队或工作群体一个实际工作中所面临的问题，让团队队员合作解决并制订出行动计划，再由他们负责实施该计划的培训方式。

11.5 绩效评估

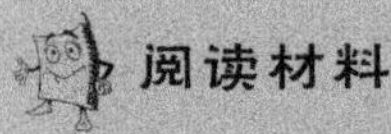

阅读材料

白铭的跳槽

白铭在大学毕业后被一家中日合资企业聘为销售员。工作的前两年，他的销售业绩确实不敢让人恭维。但是，随着对业务逐渐熟练，又跟那些零售客户搞熟了，他的销售额就开始逐渐上升。到第三年年底，他根据与同事们的接触，估计自己当属全公司销售员的冠军。不过，公司的政策是不公布每人的销售额，也不鼓励互相比较，所以小白还不能肯定。

去年，小白干得特别出色，到9月底就完成了全年的销售额，但是经理对此却是没有任何反应。尽管工作上非常顺利，但是小白总是觉得自己的心情不舒畅。最令他烦恼的是，公司从来不告诉大家干得好坏，也从来没有人关注销售员的销售额。

他听说本市另外两家中美合资的化妆品制造企业都在搞销售竞赛和奖励活动，公司内部还有通讯之类的小报，对销售员的业绩作出评价，让人人都知道每个销售员的销售情况，并且要表扬每季和年度的最佳销售员。想到自己所在公司的做法，小白就十分恼火。

上星期，小白主动找到日方的经理，谈了他的想法。不料，日本上司说这是既定政策，而且也正是本公司的文化特色，从而拒绝了他的建议。

几天后，令公司领导吃惊的是，小白辞职而去，听说是给挖到另外一家竞争对手那里去了。而他辞职的理由也很简单：自己的贡献没有被给予充分的重视，没有得到相应的回报。

正是由于缺乏有效、正规的考核，这家公司无法对小白做出评价并且给予相应的奖励，才使公司失去了一名优秀的员工，那么，企业该如何开展绩效评估呢？

(资料来源：http://www.beidabiz.com/bbdd/alk/person/jixiao/baiming.html)

11.5.1 绩效评估概述

绩效评估是指依据客观的标准，运用科学的方法来测评企业员工对其职责的履行程度，以确定其工作成效的一种管理方法。

1. 绩效评估的功能

进行工作绩效评估的原因有许多。首先，绩效评估所提供的信息有助于企业作出晋升或工资等方面的决策。其次，它为企业管理者及其下属人员提供了一个机会，使大家能够坐下来对下属人员的工作行为进行一番审查。最后，工作绩效评估能够而且应当被运用于企业的员工职业发展规划过程，这是因为，它为企业根据员工的优点和弱点制定员工的个人职业发展规划提供了一个很好的机会。

2. 绩效评估的步骤

绩效评估包括三个主要步骤：界定工作本身的要求；评估实际的工作绩效；提供反馈。首先，界定工作本身的要求意味着必须确保你和你的下属在工作职责和工作标准方面达成共识。其次，评估工作绩效就是将你下属的实际工作绩效与在第一步骤所确定的工作标准进行比较，在这一步骤通常总要使用某些类型的工作绩效评估等级表。最后，绩效评估通常要求有一次或多次的反馈，在这期间应由管理人员就员工的绩效和进步情况进行讨论。

3. 绩效评估指标标准

(1) 战略一致性。绩效管理系统引发与组织的战略、目标和文化一致的工作绩效的程度，强调的是绩效管理系统要为雇员提供一种引导，从而使得雇员能够为组织的发展作出贡献。

(2) 效度。是指绩效衡量系统对于与绩效有关的所有相关——仅仅是相关方面进行评价的程度。

(3) 信度。指绩效衡量系统的一致性程度。包括评价者信度(对雇员进行评价的人之间的一致性程度)和再测信度(对同一对象在不同的时间进行衡量评价结果是否一致)。

(4) 可接受性。指运用绩效衡量系统的人(管理者和被测者)是否接受它(被测者接受性取决于绩效衡量系统公平与否)。

(5) 明确性。指绩效衡量系统在多大程度上能够为雇员提供一种明确的指导。具体体现在指出公司对雇员的期望与存在的问题以及如何达到期望要求。

11.5.2 绩效评估的方法

常用的绩效评估方法有比较法、特性法、行为法和结果法。

1. 比较法

(1) 排序法

对员工绩效进行评价的一种方法是，根据某些工作绩效评价要素将员工从绩效最好的人到绩效最差的人进行排序。通常来说，从员工中挑选出最好的和最差的要比绝对地对他们的绩效进行评价要容易得多，因此，交替排序法是一种运用非常普遍的工作绩效评价方法(见表 11-5)。

(2) 配对比较法

配对比较法使得排序型的绩效评价法变得更为有效。其基本做法是，将每一位员工按照所有的评价要素("工作数量"、"工作质量"等)与所有其他员工进行比较。假定需要对几位员工进行工作绩效评价，那么在运用配对比较法时，首先应当列出一张表格，其中要表明所有需要被评价的员工姓名以及需要评价的所有工作要素。然后将所有员工根据某一类要素进行配对比较，用"＋"(好)和"－"(差)表明谁好一些、谁差一些。最后，将每一位员工得到的"好"的次数相加。

表 11-5 交替排序法评价表格

交替排序法的工作绩效评价等级
评价所依据的要素：____________
针对你所要评价的每一种要素，将所有雇员的姓名都列举出来。将工作绩效评价最高的雇员姓名列在第 1 行的位置上；将评价最低的雇员姓名列在第 20 行的位置上。然后将次最好的雇员姓名列在第 2 行的位置上；将次最差的雇员姓名列在第 19 行的位置上。将这一交替排序继续下去，直到所有的雇员都被排列出来。
评价等级最高的雇员
1. ________ 11. ________
2. ________ 12. ________
3. ________ 13. ________
4. ________ 14. ________
5. ________ 15. ________
6. ________ 16. ________
7. ________ 17. ________
8. ________ 18. ________
9. ________ 19. ________
10. ________ 20. ________
评价等级最低的雇员

(3) 强制分布法

强制分布法与“按照一条曲线进行等级评定”的意思基本相同。使用这种方法，就意味着要提前确定准备按照一种什么样的比例将评价者分别分布到每一个工作绩效等级上去。比如，你可能会按照下述比例原则确定员工的工作绩效分布情况：绩效最高的为 15%；绩效较高的为 20%；绩效一般的为 30%；绩效低于要求水平的为 20%；绩效很低的为 15%。强制分布法见表 11-6。

表 11-6 强制分布法表格

雇员绩效评级等级	部门绩效评价等级/%				
	卓越	优秀	高标准	有改进余地	无法接受
TF：前 5%	8	6	5	2	1
TQ：前 20%	20	17	15	12	10
OU：突出	71	75	75	78	79
VG：很好					
GD：好					
LF：最差的 5%	1	2	5	8	10
NA：无法接受					
PR：正在进步					

2. 特性法

最常用的特性法是评价尺度表法。评价尺度表法是最简单和运用最普遍的工作绩效评价技术之一。它列举出一些组织所期望的绩效构成要素(质量、数量或个人特征等),还列举出跨越范围很宽的工作绩效登记(从"不令人满意"到"非常优异")。在进行工作绩效评价时,首先针对每一位下属员工从每一项评价要素中找出最能符合其绩效状况的分数。然后将每一位员工所得到的所有分值进行汇总,即得到其最终的工作绩效评价结果。

例如,表11-7中的6点内容,每一点都用5、4、3、2、1作为一个评定尺度进行评定,根据员工行为表现,看看员工每一考察点在哪个尺度上。

表11-7 评价尺度表法范例

评价要素	评价尺度				
A. 衣着仪表	5	4	3	2	1
B. 自信心					
C. 可靠程度					
D. 态度					
E. 合作					
F. 知识					
说明	5=优秀　你所知道的最好的工人 4=良好　满足所有的工作标准 3=中等　基本满足所有的工作标准,并超过一些标准 2=需要改进,某些方面需要改进 1=不令人满意,不可接受				

3. 行为法

(1) 关键事件法

在运用关键事件法的时候,主管人员将每一位下属在工作活动中所表现出来的非同寻常的好行为或非同寻常的不良行为(或事故)记录下来。然后在每6个月左右的时间里,主管人员和其下属人员见一次面,根据所记录的特殊事件来讨论后者的工作绩效。

(2) 行为锚定等级评价法

行为锚定等级评价法的目的在于:通过一种等级评价表,将关于特别优良或特别劣等绩效行为的叙述加以等级性量化,从而将描述性关键事件评价法和量化等级评价法的优点结合起来。行为锚定等级评价法范例见表11-8。

表11-8 行为锚定等级评价法范例

评价要素:维护客户关系	打分
经常帮客户处理力所能及的事情,即使这不是分内工作	6
经常耐心帮助客户解决复杂问题	5
相关信息及时反馈客户	4
遇到情绪激动的客户基本保持冷静	3
忙于工作时有时忽略等待中的客户达数分钟	2
经常让客户等数分钟,并说这事和我没关系	1

(3) 行为观察量表法

行为观察量表法适用于对基层员工工作技能和工作表现的考察，包含特定工作的成功绩效所需求的一系列合乎希望的行为。运用行为观察量表，不是要先确定员工工作表现处于哪一个水平，而是先确定员工某一个行为出现的频率，然后通过给某种行为出现的频率赋值，从而计算出得分。行为观察量表法范例见表11-9。

表11-9 行为观察量表法范例

评价要素：管理技能	等级					打分
	5	4	3	2	1	
为员工提供培训与辅导，以提高绩效						
向员工清晰说明工作要求						
适度检查员工的工作						
认可员工好的表现						
告知员工重要信息						
征求员工意见，让自己工作更好						

4. 结果法

结果法最常用的是目标管理法。目标管理法主要包括以下两个方面的重要内容：首先必须与每一个下属共同制定一套便于衡量的工作目标；其次定期与下属讨论他的目标完成情况。不过，尽管你可以通过与下属一起制定目标并定期提供反馈，但还必须考虑到，要运用这种绩效评价法，就必须在建立工作绩效评价体系的时候，同时也要建立整个组织的目标。目标管理法主要有以下6个实施步骤。

(1) 确定组织目标。制订整个组织下一年度的工作计划，并确定相应的组织目标。

(2) 确定部门目标。由各部门领导和他们的上级共同制定本部门的目标。

(3) 讨论部门目标。部门领导就本部门目标与部门下属人员展开讨论(一般是在全部门的会议上)，并要求他们分别制订自己个人的工作计划。

(4) 对预期成果的界定(确定个人目标)。在这里，部门领导与他们的下属人员共同确定短期的绩效目标。

(5) 工作绩效评价。对工作结果进行审查，部门领导就每一位下属的实际工作成绩与他们事前商定的预期目标加以比较。

(6) 提供反馈。部门领导定期召开绩效评价会议，与下属人员展开讨论，一起对后者的目标达成和进度进行讨论。

5. 各种绩效评估方法比较

上述各种方法各有优缺点，见表11-10。在实践中大多数企业是将几种工作绩效评价工具结合起来使用的。

表 11-10　绩效评估方法对比

绩效评价方法	优　点	缺　点
评价尺度表法	使用起来较为简便，能为每一位员工提供一种量化的评价结果	绩效评价标准可能不够清楚，可能会产生晕轮效应、趋中趋势、偏松或偏紧、评价者的个人偏见等问题
交替排序法	便于使用，能够避免趋中趋势以及评价尺度表法所存在的问题	可能会引起员工的不同意见，而且在所有员工的绩效实际上都较为优秀时，会造成不公平
强制分布法	在每一等级都会有事先确定数量的人数	评价结果取决于最初确定的分布比例
关键事件法	有助于确认员工的何种绩效为正确，何种为错误。确保主管人员是对员工的当前绩效进行评价	难于在员工之间进行评价
行为锚定等级评价法	能够为评价者提供一种"行为锚"，评价结果非常精确	设计较为困难
目标管理法	有利于评价者与被评价者对工作绩效目标的认同	耗费时间

11.5.3　绩效评估的常见误区及对策

1. 绩效评估的误区

绩效评估常见的误区有工作绩效评价标准不明确、晕轮效应、趋中趋势以及评价者的个人偏见。

(1) 工作绩效评价标准不明确

工作绩效评价标准不清是造成工作绩效评价工具失效的常见原因之一。比如，不同的主管人员可能会对"好"、"中"等绩效标准作出非常不同的解释。

(2) 晕轮效应

当评价对象是那些对主管人员表现特别友好的员工时，这种问题是最容易发生的。比如，一位对主管人员表现不十分友好的下属通常不仅会在"与其他人相处能力"这一方面得到较差的评价，而且在其他绩效要素上也会得到较差的评价。

(3) 趋中趋势

在确定评价等级时，许多管理人员都容易造成一种趋中趋势。比如，如果评价等级从第1级到第7级，那么他们很可能既避开较高的等级(第6级和第7级)，也避开较低的等级(第1级和第2级)，而把他们的大多数员工都评定在第3级、第4级和第5级这三个等级上。

(4) 评价者的个人偏见

被评价者之间的个人差异，有时候也会影响他们所得到的评价，甚至会导致他们所得到的评价大大偏离他们的实际工作绩效。如被评价者的种族、性别、来源等会影响评价人对他们的评价。员工过去的绩效状况也有可能会影响他们当前所得到的绩效评价水平。

2. 如何避免在绩效评价过程中可能出现的问题

绩效评估者可以从三个方面消除或降低绩效评估的误区：①要确保你自己已经对上述

几种在工作绩效评价过程中容易出现的问题都能清楚地了解。②选择正确的绩效评价工具。每一种评价工具，如不论是评价尺度表评价法还是关键事件法，都分别有其优点和不足。③对评价者进行培训。

11.6 薪酬管理

阅读材料

某企业薪酬方案

一家中小型企业最近拟出了自己的一套薪酬方案，正准备实施。

首先，拟定这套薪酬方案的原则是：保障基本生活的同时，充分调动各位员工的积极性和创造性，鼓励个人努力奋斗，强调团结协作，促使公司和所有员工共同进步、发展。其次，方案的依据是：根据公司、部门、个人的考核结果，每月进行一次工资核算。

这套方案的特点是：强调个人努力与团结协作的统一性；工作报酬和工作奖惩的统一性；员工个人命运与公司命运一体化；不强调资历，只看重现实的工作表现；定量评价与定性分析相结合；业绩考核与工资待遇、奖惩相互依存，考核是客观依据，待遇、奖惩是结果。这样将逐步使公司的管理走上"法制化"轨道，避免"人治"、主观臆猜等造成的不良后果。在公司这个大家庭中，对事不对人，使各位员工深感公正、合理、科学，积极进取，促进公司、员工共同进步。

方案制订的方法是：①根据对各工作岗位的职责分析，并且和每位员工面谈，确定每个人的基本工资额和岗位工资额；②根据公司、部门、个人的考核结果，确定公司、部门及个人业绩系数；③按以下方案确定各位员工的工资额，并按此发放。

员工薪酬＝基本工资＋岗位工资×公司系数×部门系数×个人绩效系数

薪酬管理是人力资源管理活动中的重要一环。薪酬体系设计是否合理、公平，是否能吸引优秀员工等，都是薪酬管理所需解决的问题。

11.6.1 薪酬管理导论

薪酬管理是企业为实现其目标，由人力资源部门负责、其他职能部门参与的、涉及薪酬系统的一切管理工作，也是制定吸引人才、留住人才、鼓舞士气的薪酬体系的过程，它是保证企业生产经营正常运行的必要条件。

薪酬主要由以下几部分构成：基本薪酬，奖励薪酬(奖金)，附加薪酬(津贴)、补贴薪酬、红利、酬金和福利。奖金、津贴、补贴、红利和酬金是与基本薪酬相对应的薪酬，称为辅助薪酬；基本薪酬和辅助薪酬组成直接薪酬(经济报酬)；福利则是间接薪酬(包括经济报酬和非经济报酬)。由于薪酬涵盖了红利、酬金和福利，使薪酬的内涵和外延都得到了进一步扩大。

1. 薪酬管理的原则

企业要发挥薪酬的重要职能，采取有效的薪酬管理，其薪酬制度应具备公平性、竞争性、激励性、经济性、合法性等原则。

(1) 公平性

薪酬管理要公平,这是最主要的原则。这里的公平性包括三个层次:外部公平性、内部公平性、个人公平性。外部公平性,即指企业的薪酬应与同行业或同一地区或同等规模的不同企业中类似岗位的薪酬达到基本一致;内部公平性,即指同一企业内部中不同岗位所获得薪酬应正比于各自的贡献;个人公平性,即指同一企业中相同工作的人获得的薪酬间的比较。

(2) 竞争性

竞争性是指企业的薪酬要能在社会上或人才市场上具有吸引人才的作用,能够战胜其他企业,招聘到所需要的人才。企业可根据自己的薪酬战略、财力水平、所需人才可获得性的高低、所想留住人才的市场价格等具体条件决定到底给员工何种市场水平的薪酬;但要具有竞争力,企业的薪酬水平至少不应低于市场平均水平。

(3) 激励性

激励性是指薪酬系统对员工要有强烈的激励作用。在企业内部各类、各级职务的薪酬水准上,适当拉开差距,真正体现按劳分配的原则。

(4) 经济性

一般来说,薪酬系统要具有竞争性与激励性,使员工感到安全,但也应该接受成本控制,也就是在成本许可的范围内制定薪酬,因此,它不能不受经济性的制约。

(5) 合法性

企业薪酬制度必须符合我国党和政府的政策与法规。例如我国劳动法中,有许多有关薪酬方面的法律条文,它应作为企业在制定薪酬制度时的依据。根据《中华人民共和国劳动法》第五十条规定:工资应以法定货币支付,不得以实物及有价证券替代;工资必须按月支付,实行周、日、小时工资的可按周、日、小时支付工资;工资的支付对象是劳动者本人。另外,国家还有关于员工的所得税比例;工厂安全卫生规定;女职工的特殊保护;员工的退休、养老、医疗保险等规定,也是企业薪酬制度的根据。

2. 薪酬管理的政策

企业薪酬政策要围绕其经营目标及战略,综合各种因素作出决策。薪酬政策可分为以下两类。

(1) 外部薪资政策。外部薪资政策制定的目标是加大企业的竞争力。薪资政策的制定,反映了企业决策层是否将薪资作为提高外部竞争力的一个有效手段。企业一般有三种薪资水平的对策模式:领先对策,即在同行业或同地区市场上保持优势工资水平;中等对策,即在同行业或同地区市场上保持中等工资水平;滞后对策,即在同行业或同地区市场上保持较低工资水平。至于企业选择哪一种薪资政策模式,视企业的性质和现状而决定。

(2) 内部薪资政策。企业内部薪资政策的重点是如何增加薪资效率和激励员工。概括而言,就是处理好企业内部的公平与效率的关系。企业内部薪资政策有两项任务:其一,促进企业薪资结构的合理性。具体而言,就是使企业的薪资等级、级差以及薪资在岗位和职务之间的分布趋于合理,体现公平付薪的原则;其二,促进员工薪资结构的有效性,即使各薪资要素之间的配置有效,体现了按照贡献大小支付劳动报酬的原则,组织能否留住和激励员工,很大程度上是通过企业内部的报酬机制和报酬结构实现的,合理而公平的薪资结构,是报酬机制的核心,也是企业制定薪资政策的基准线。

3. 影响企业薪酬政策的主要因素

企业薪酬政策的制定必须考虑到企业外部与内部的各种影响因素。影响薪酬政策的外部因素，主要包括经济发展状况与劳动生产率、劳动力市场的情况、政府的政策调节、物价变动、地区的生活水平、行业薪酬水平的变化等。影响薪酬政策的内部因素也很多，主要包括企业的发展阶段(见表 11-11)、企业的管理哲学、企业文化、企业的支付能力、工作的“劳动”价值、经营层领导的态度。

表 11-11 薪酬战略与发展的关系

组织特征	薪酬战略与发展阶段的关系			
	初创阶段	增长阶段	成熟阶段	衰退阶段
经营战略	以投资促发展	以投资促发展	保持利润与保护市场	收获利润，发展新领域投资
风险水平	高	中	低	中～高
薪酬战略	个人激励	个人—集体激励	个人—集体激励	奖励成本控制
短期激励	股票奖励	现金奖励	利润分享、现金奖励	
长期激励	股票期权(全面参与) 股票期权(有限参与)	股票购买		
基本工资	低于市场水平	等于市场水平	大于或等于市场水平	低于或等于市场水平
福利	低于市场水平	低于市场水平	大于或等于市场水平	低于或等于市场水平

11.6.2 基本薪酬制度

1. 结构工资制

(1) 含义：基于工资的不同功能划分为若干相对独立的工资单元，各单元又规定不同的结构系数。主要包括六部分：基础工资、岗位工资、技能工资、效益工资、浮动工资、年终工资。

(2) 结构工资制的优点：①结构工资反应劳动差别的诸要素；②结构工资制的各个部分各有各的职能；③有利于实行工资的分级管理；④能够适应各行各业。

(3) 结构工资体系实施的要点：①建立、健全人力资源的基础工作；②设计结构工资制的基本模式；③确定各工资单元的内部结构；④确定各工资单元的最低工资额和最高工资额；⑤测算、检验并调整结构工资制方案；⑥结构工资的实施、套改。

(4) 结构工资制的适应范围：适用范围很广，国有企业、民营企业和三资企业都采用这一工资制度。

2. 岗位技能工资制

(1) 含义：岗位技能工资制是以按劳分配为原则，以劳动技能、劳动责任、劳动强度和劳动条件等基本劳动要素为基础，以岗位和技能工资为主要内容的企业基本工资制度。

(2) 岗位技能工资的实施要点：①建立岗位劳动评价体系；②确定岗位工资单元；③确定技能工资单元；④岗位技能工资标准的确定；⑤辅助工资单元设置。

(3) 岗位技能工资制的适应范围：具有很强的适应性，特别是对生产性企业和技术含量高的企业，采用岗位技能工资制更能显示其优越性。

3. 技术等级工资制

(1) 含义：技术等级工资是工人工资等级制度的一种形式，技术等级工资制是按照工人所达到的技术等级标准确定工资等级，并按照确定的等级工资标准计付劳动报酬的一种制度。

(2) 技术等级工资制的组成要素：工资标准、工资等级表、技术等级标准。

(3) 技术等级工资制实施步骤：①划分与设置工种并进行定义；②确定技术等级标准；③对员工进行技术等级考核，确定技术等级；④制定工资等级标准表。

技术等级工资制范例表 11-12。

表 11-12　技术等级工资制范例

技能等级	技　能　标　准	工资标准/(元/月)
设计师级	熟悉产品设计、技术标准、产品管理工作，能够独立完成某一领域的设计；有负责某一项目的工作经验和能力；具有工程师以上的专业技术职称	3000
技师级	熟悉产品设计，对图纸能够全面理解；参与过产品设计或产品管理；具有助理工程师以上的专业技术职称	1500

4. 岗位等级工资制

岗位等级工资制指按照工人在生产中的工作岗位确定工资等级和工资标准。常用的形式有一岗一薪、一岗数薪、复合岗薪制。岗位等级工资制范例见表 11-13。

表 11-13　岗位等级工资制范例

岗位档次	岗位名称	职位数量	工资标准/(元/月)
第 8 档	经理助理 营销主管	2 4	2000
第 5 档	服务生 收银员	5 2	800

11.6.3　薪资设计

薪酬制度是企业薪酬管理的重要内容。薪酬制度的设计和实施也是企业人力资源管理中最复杂、涉及因素众多的工作。这里我们以工作导向为基础，介绍薪酬制度设计的具体操作过程及主要方法。

薪资是员工劳动报酬的主要部分，其设计基本过程如图 11-8 所示。

1. 确定付酬原则，拟定付酬策略

薪酬支付原则的确定是企业文化的重要内容，是薪酬制度设计的前提。这需要对员工的人生观的正确认识，对职工总体价值的评价，对管理者及高级专业人才所起作用的正确估计等；企业对员工福利承担义务，真正实现了按贡献分配才是现阶段的最大公平道德观，以及由此产生的有关薪酬分配的政策与策略，如薪酬拉开差距的分寸、差距标准、薪酬、奖励与福利费用的分配比例等。企业应确定付酬原则，拟定付酬策略。

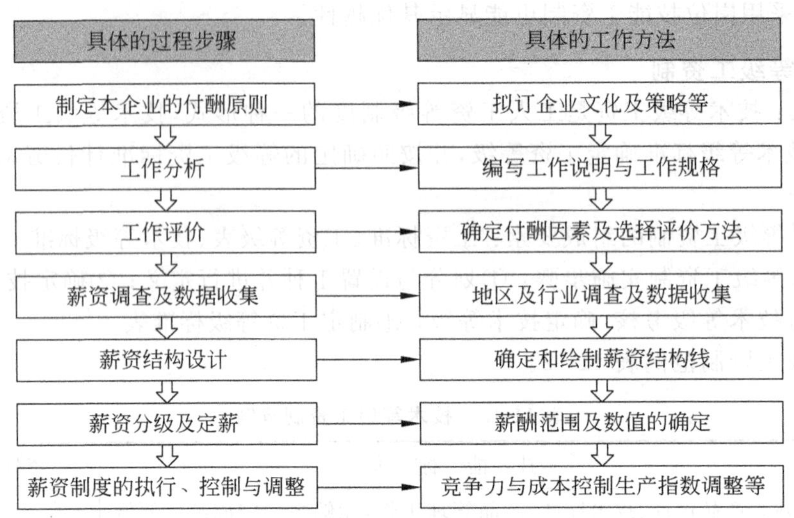

图 11-8 薪酬制度设计过程示意图

（资料来源：黑龙江大学王明琴《人力资源管理》授课教案）

2. 工作分析

工作分析是薪酬制度建立的依据。工作分析是采用一定技术方法，全面调查和分析组织中各种工作任务、职能责任等情况，在此基础上对各种工作性质及其特征进行描述，并对担任工作所需具备的资格条件进行规定，形成所有职位的说明与规定等文件。

3. 工作评价

工作评价是薪酬制度设计的关键与核心内容。它可以评定企业中每个工作的相对价值，由此作为薪酬等级评定和薪酬分配的依据。工作评价的目的就是要将工作岗位的劳动价值、劳动者的劳动贡献与报酬三者有机地结合起来，通过对职务劳动价值的量的比较，来确定企业的薪酬结构，以达到薪资的内部公平性。常用的工作评价方法包括排序法、分类法、因素比较法、因素评分法和海氏评价系统法。

4. 薪资调查及数据收集

为了使公司的薪酬具有外部的竞争性，公司应进行薪资调查，对公司在相关劳动力市场进行企业所支付薪资的调查。这项工作主要包括薪资调查的渠道，即从哪里获得数据；如何实施，即要调查些什么、怎样调查和怎样处理收集的数据等。实施薪资调查一般可分为调查目的、调查内容、调查渠道和调查范围四个步骤。

5. 薪酬结构设计

工作评价结果表明每一工作在本企业相对价值的顺序、等级、分数或象征性值。工作完成的难度越大，对企业的贡献也越大，其重要性也就越高，这就意味着它的相对价值越大。让企业内所有工作的薪酬都按统一的贡献率原则定薪，保证企业薪酬制度的内在公平性。还必须将外部的因素即薪资调查数据考虑进去。由于内部比较和外部比较所得到的薪酬结构不一定是完全一致的，所以企业必须在两者之间加以平衡。不同企业的侧重点不同，因此也形成不同的薪酬结构。

6. 薪酬分级及定薪

在工作评价后，企业应根据其确定的薪酬结构线，将众多类型工作的薪酬归并组合成若干等级，形成一个薪酬等级系列，见表11-14。通过工作评价得分与薪资等级表，可具体确定每一职务具体的薪资范围，保证职工个人的公平性。

表 11-14 薪资等级结构举例 单位：元

薪资等级	工作评价点值范围		月薪资浮动范围		
	最 低	最 高	最 低	中 间 值	最 高
1	100	150	1740	2170	3610
2	150	200	2648	3310	3971
3	200	250	3555	4444	5333
4	250	300	4463	5579	6694
5	300	350	5370	6713	8056

7. 薪资制度的执行、控制与调整

企业薪酬制度一经建立，就要考虑如何投入正常运作并对其实行适当的控制与管理，使其发挥应有的功能，并且需要进行适当的调整，以适应企业生产经营发展的需要，更好地调动员工的积极性。薪酬的调整一般包括两部分：薪酬水平的调整与薪酬结构的调整。薪酬增加一般是呈刚性上升式的。即薪酬标准随经济发展和物价水平呈上升趋势。在一般情况下，同一职位的薪酬只升不降。在进行薪酬管理中，还应定期地对企业内部的员工的薪酬结构进行调整，包括对薪酬标准与薪酬等级的调整。薪酬标准的调整主要是参考市场薪酬率的变动，而薪酬等级的调整主要是有利于企业管理的需要。主要包括降低与提高高薪人员的比例，调整低层级员工的薪酬比例，调整薪酬标准和薪酬率等几方面的调整工作。

本章小结

人力资源是企业的重要资源，具有能动性、两重性、增值性、再生性、时效性等特点。人力资源管理主要由工作分析与人力资源规划、招聘与甄选、人力资源培训、绩效评估与薪酬管理构成。工作分析是人力资源管理的基石，人力资源规划为企业实现未来战略提供了人力资源数量、质量和结构方面的预测和对策。人力资源招聘是人力资源管理的基本活动，主要有内部招聘和外部招聘之分。人力资源甄选常用技术主要有笔试、面试、心理素质测评、行为模拟测试这四种类型。培训是为了更好地发挥员工潜能，提高企业竞争能力。培训主要针对员工的知识、技能和态度，必须遵照一定的流程，做好培训的反馈和效果评估工作，主要采用演示法、专家传授法和团队建设法。绩效评估是为了衡量员工的贡献并找出员工工作中存在的问题以便进行绩效改进。绩效评估的方法主要有比较法、特性法、行为法和结果法。在绩效评估过程中要避免如目标不明确、晕轮效应等误区，做到客观公正。薪酬管理是在绩效评估的基础上，对员工的贡献给予相应的奖惩。薪酬的制定必须遵循一定的原则，根据企业的薪酬政策，采用一定的薪酬制度（如结构工资制和技能工资制等），进行薪资设计。

思考题

1. 人力资源管理的知识体系是如何构成的?

2. 工作分析对组织的发展有什么作用? 为什么说工作分析是人力资源管理的基石? 工作分析有哪些技术和方法?

3. 人力资源规划的程序和内容是什么? 人力资源供给预测和需求预测有什么方法和技术? 如何实现人力资源供需平衡?

4. 内外招聘各自的优缺点是什么? 如何进行人力资源甄选?

5. 有效的培训系统应该怎样构成? 培训的程序是什么? 培训有什么样的方法?

6. 绩效评估方法的设计原则是什么? 常用的绩效评估方法有哪些? 具体如何做呢?

7. 绩效评估的常见误区有哪些? 该如何避免?

8. 如何进行薪资设计?

案例分析

公司的麻烦

某公司近来事情接连不断,使人们感到公司的前景不容乐观。首先是,公司决定对技术人员和中层管理人员实行额外津贴制度以激励骨干人员。制定的标准为:一定级别的管理干部享受一定的津贴,技术人员按照20%的比例享受一定的津贴。此政策宣布后,立刻在公司技术人员中掀起轩然大波,技术人员纷纷表示不满,矛头直指公司领导,并表示若不能享受,就让获得津贴的人干活。经过一段时间后,公司又宣布调整对技术人员的津贴政策,按助工、工程师和高级工程师三个档次进行津贴。公司的激励津贴制度变成了人人有份的大锅饭制度,钱花了,却收到了负面效果,加大了技术人员对公司的不信任感。

该公司的一线生产为连续性生产运行,有大量倒班工人,他们知道此事后,都商量:既然干部和工程师都涨工资了,那为什么我们的工资不涨?立即有人电话打到公司某领导处,要求增加津贴,某领导表示此事要研究。倒班工人们流传着不满言论,他们决定在不上班的时候集体找公司领导理论。于是,连续几个上午,公司总部办公楼被工人团团围住,要求增加津贴。一段时间后,公司宣布增加倒班工人津贴。

此事才平,又起一事。公司经过政府有关部门批准,决定在市内购买数千套期房作为福利房分售给职工。此事办得极为迅速,约半个月就和房地产开发商签订合同,并交了订金。然后按照公司拟定的条件,展开了分售房行动。数千户工龄较长,职务较高的雇员获得了高值商品房。这时,一部分居住于市内的雇员决心也要获得此优惠房,为此决定联合起来闹房。又是采用和前一次相同的手段,同样如愿以偿。

一系列的事件使人们形成了印象:不管有理无理,只要找公司闹,终会得到满足。公司还会有麻烦。

(资料来源:赵曙明,程德俊. 人力资源管理与开发案例精选. 北京:北京师范大学出版社,2007)

问题：

（1）公司的麻烦来自什么原因？

（2）为什么会有最后一句话这样的结论？

实践与实训

序号	实训名称	实训内容	实训要求
1	模拟招聘	(1)学生根据某公司的招聘广告制作招聘海报；(2)根据招聘的岗位设计甄选的标准与方法，特别是面试问卷及面试评价表；(3)学生进行角色扮演，分别扮演求职者和招聘方，进行模拟招聘	掌握招聘的程序与测评、选拔的技术和方法
2	绩效考评方案设计	根据某公司的战略、组织结构和职位说明书，学生分成小组，通过团队讨论制订公司的绩效考核方案	学会建立绩效考评标准，掌握绩效考评方法及应用
3	薪资方案设计	根据某公司的战略和职位说明书及其员工的薪酬构成，学生分成小组，通过团队讨论进行职位评价和薪酬调查，设计新的薪资结构和薪酬方案	学会设置企业薪酬制度，掌握人员工资确定方法

第12章 采购与仓储管理

学习目标

知识点

1. 掌握原材料与零配件采购方法。
2. 理解货品仓库规划设计的过程。
3. 掌握出入库和检验的操作过程。
4. 掌握在库保管的方法。

技能点

1. 基本合同和采购主要流程,供应商选择与管理。
2. 仓库基本规划思路,物流设施布局基本方法。
3. 出入库程序,盘点方法。
4. 基本检验程序。

12.1 采购管理

生产企业的采购管理是为维护企业利益、实现企业的生产经营目标,对企业的采购活动和过程所进行的计划、组织、协调和控制活动。

12.1.1 供应商选择

供应商是向生产企业提供生产经营所需资源的企业或个人,提供的资源包括原材料、零配件、设备、能源、劳务等。选择供应商,就是在要求供应商能适时、适价、适质、适地的供货。

1. 明确选择目的

生产企业首先应该明确选择供应商的目的,只有知道了选择的目的,才能在最小范围内,最短时间内找到最合适的供应商,服务企业的生产目的。

2. 调查供应商

(1) 供应商的资信调查:调查所有供应商的财务状况以及相应的资信度,信用是一切交易的根本。

(2) 供应商供货能力调查:收集供应商的生产设施设备情况、产能及生产效率情况,预测供应商的制造成本。供货能力是将来采购能够顺利的重要保证,供货能力对于企业持续生产至关重要。

(3) 供应商供货质量保证调查:确定供应商的生产标准和质量管理人员的培训标准,

并共同建立质量保证系统，促进保质保量与质量改进目标的实现。

(4) 供应商绩效评价：通过相关的调查分析，评价供应商的供货服务绩效能力与服务水平。

(5) 寻找新供应商：根据企业生产经营发展需要，寻找新的供应商。

3. 评价供应商

在被选择中的多个供应商中，生产企业对每一个供应商依据表 12-1 进行评分(每一项的得分为 1～10 分)，最后从中选择总分高者，可以考虑作为评价的最终结果，即可以考虑选择其作为自己的供应商。

表 12-1 供应商评价表

顺 序	因 素	分值 (1～10 分)	影响程度	顺 序	因 素	分值 (1～10 分)	影响程度
1	产品质量		10	5	服务态度		8
2	交货时间		10	6	地理位置		7
3	产品价格		9	⋮			
4	管理情况		8				

4. 选择供应商

在评价分值较高的供应商中，选择合适的供应商作为生产企业长期的供应伙伴，并建立相应供应商资料卡，供应商的资料卡的主要样式见表 12-2 和表 12-3。

表 12-2 供应商资料卡(正面)

编号________

<table>
<tr><td>厂商名称</td><td colspan="4"></td><td rowspan="2">地址</td><td>公 司</td><td colspan="3"></td><td rowspan="2">电话</td><td></td></tr>
<tr><td>营利事业统一编号</td><td colspan="2"></td><td>营利事业登记证号码</td><td></td><td>工 厂</td><td colspan="3"></td><td></td></tr>
<tr><td>厂商类别</td><td colspan="2"></td><td>负责人</td><td></td><td rowspan="8">产品项目</td><td>产品名称</td><td>厂牌</td><td>技术来源</td><td>品质等级</td><td>产能</td><td>销售对象</td></tr>
<tr><td>资本额</td><td colspan="4"></td><td></td><td></td><td></td><td></td><td></td><td></td></tr>
<tr><td>年营业额</td><td colspan="4"></td><td></td><td></td><td></td><td></td><td></td><td></td></tr>
<tr><td>员工人数</td><td colspan="4"></td><td></td><td></td><td></td><td></td><td></td><td></td></tr>
<tr><td rowspan="4">业务联系人</td><td colspan="2">联系人</td><td colspan="2">负责产品</td><td></td><td></td><td></td><td></td><td></td><td></td></tr>
<tr><td colspan="2"></td><td colspan="2"></td><td></td><td></td><td></td><td></td><td></td><td></td></tr>
<tr><td colspan="2"></td><td colspan="2"></td><td></td><td></td><td></td><td></td><td></td><td></td></tr>
<tr><td colspan="2"></td><td colspan="2"></td><td></td><td></td><td></td><td></td><td></td><td></td></tr>
<tr><td rowspan="5">关系企业</td><td>名称</td><td>负责人</td><td>资本额</td><td>经营项目</td><td rowspan="5">经营状况说明</td><td colspan="6" rowspan="5"></td></tr>
<tr><td></td><td></td><td></td><td></td></tr>
<tr><td></td><td></td><td></td><td></td></tr>
<tr><td></td><td></td><td></td><td></td></tr>
<tr><td></td><td></td><td></td><td></td></tr>
</table>

填表人：________ 年 月 日

表 12-3 供应商资料卡(背面)

<table>
<tr><th colspan="5">制造设备</th><th colspan="4">检验设备</th><th rowspan="2">品管项目</th><th rowspan="2">执行状况</th></tr>
<tr><th>名称</th><th>规格</th><th>厂牌年份</th><th>数量</th><th>性能状况</th><th>名称</th><th>规格</th><th>厂牌年份</th><th>数量</th></tr>
<tr><td></td><td></td><td></td><td></td><td></td><td></td><td></td><td></td><td></td><td></td><td></td></tr>
<tr><td></td><td></td><td></td><td></td><td></td><td></td><td></td><td></td><td></td><td></td><td></td></tr>
<tr><td></td><td></td><td></td><td></td><td></td><td></td><td></td><td></td><td></td><td></td><td></td></tr>
<tr><td></td><td></td><td></td><td></td><td></td><td></td><td></td><td></td><td></td><td></td><td></td></tr>
<tr><td></td><td></td><td></td><td></td><td></td><td></td><td></td><td></td><td></td><td></td><td></td></tr>
<tr><td></td><td></td><td></td><td></td><td></td><td></td><td></td><td></td><td></td><td></td><td></td></tr>
<tr><td colspan="5">主要原料</td><td colspan="6">交易异常记录</td></tr>
<tr><td colspan="2">品　名</td><td>规　格</td><td colspan="2">供应厂/厂牌</td><td colspan="6" rowspan="4"></td></tr>
<tr><td colspan="2"></td><td></td><td colspan="2"></td></tr>
<tr><td colspan="2"></td><td></td><td colspan="2"></td></tr>
<tr><td colspan="2"></td><td></td><td colspan="2"></td></tr>
</table>

12.1.2 接受并审核请购单

请购单是物资需要部门向采购部门开具的所需物资的采购申请,请购单是采购活动的起点。请购单的主要样式见表 12-4。

表 12-4 请购单

年　月　日　　　　　　　　　　　　　　　　　　　　　　　　　　NO.

<table>
<tr><td colspan="2">材料编号</td><td colspan="3">品名规格</td><td>单位</td><td>请购量</td><td colspan="2">用　途</td><td colspan="4">分批交货</td></tr>
<tr><td colspan="2" rowspan="2"></td><td colspan="3" rowspan="2"></td><td rowspan="2"></td><td rowspan="2"></td><td colspan="2" rowspan="2"></td><td>日期</td><td></td><td></td><td></td></tr>
<tr><td>数量</td><td></td><td></td><td></td></tr>
<tr><td colspan="2">月　日库存</td><td colspan="2">在　途</td><td colspan="2">库存合计</td><td rowspan="2">进货期间</td><td rowspan="2">安全库存</td><td colspan="2">请购点</td><td rowspan="2">请购量可用天数</td><td rowspan="2">前三个月平均用量</td><td rowspan="2">后三个月预算用量</td></tr>
<tr><td>数量</td><td>可用天数</td><td>数量</td><td>可用天数</td><td>数量</td><td>可用天数</td><td>天数</td><td>日期</td></tr>
<tr><td></td><td></td><td></td><td></td><td></td><td></td><td></td><td></td><td></td><td></td><td></td><td></td><td></td></tr>
<tr><td colspan="2">备注</td><td colspan="11"></td></tr>
</table>

一式二联:　　　　　　　　　　　核准:　　　审核:　　　主管:　　　经办:

生产企业一般对申请采购的部门能够申请的物资有相关规定,各种物资材料的请购部门分别如下。

1. 常备材料

常备材料为利用存货管制的原理,定时购买一定数量的材料,存备这些材料以供生产之需。常备材料由生产管理部门向采购部门发出请购。

2. 预备材料

一部分材料也是供生产需要的，但是主要是用于突发生产情况发生时预备留用的，该类材料由物资管理部门向采购部门发出请购。

3. 非常备材料

有些特殊材料不能事先购买存备，必须是根据生产计划而随时决定购买之材料，是非常备材料。其中，订货生产用料由生产管理部门负责向采购部门发出请购；其他用料由使用部门或物资管理部门负责向采购部门发出请购。

企业对于请购单有规范要求，递送请购单也有相关规定，包括：请购经办人员应该依照库存管制量的基准和用料预算的规定，同时参考库存情形开具请购单，并在请购单上注明材料的品名、规格、数量、需求日期及注意事项等事宜，经主管审核后，依照请购核准权限核准后，送采购部门。紧急请购时，由请购部门在请购单的备注注明原因，并加盖"紧急采购"章，以急件情况递送，以便采购部门及时响应。总务用品由物资管理部门按月份，依照耗费情况，并考虑库存情形，填制请购单提出请购。

企业中也有部分物品采购是可以不用开具请购单的。对于部分免开请购单的采购，也有相关规定，包括：某些总务性物品免开请购单，主要包括一些接待用品和办公用品等。零星采购及小额零星采购材料项目。

生产企业一般规定了各个采购金额的核准权限，如某企业的请购核准的权限规定如下：

(1) 原材料

① 请购金额预估为2500元以下，由科长核准。

② 请购金额预估为2500～12 500元，由经理核准。

③ 请购金额预估为12 500元以上，由总经理核准。

(2) 财产支出

① 请购金额预估为500元以下，由科长核准。

② 请购金额预估为500～4000元，由经理核准。

③ 请购金额预估为4000元以上，由总经理核准。

(3) 总务性用品

① 请购金额预估为250元以下，由科长核准。

② 请购金额预估为250～2500元，由经理核准。

③ 请购金额预估为2500元以上，由总经理核准。

对于已经请购的物品，如果请购部门希望不再采购，就需要对请购进行撤销，撤销请购的相关规定如下：请购撤销应该由原请购部门通知采购部门停止采购，同时在请购单的第一、第二联加盖红色"撤销"戳，同时注明撤销原因。采购部门办理撤销程序时，应该在原请购单加盖"撤销"戳后，送回原请购部门；同时注意原"请购单"已送物管部门待办收料时，采购部门应通知撤销，并由物管部门据以将原请购单退回原请购部门。原请购单不能撤销时，采购部门应该及时通知原请购部门。

12.1.3 询价、比价和议价

询价是指采购部门向供应商发出关于所采购商品的价格信息，询价时候需要注意以下事项。

交货日期无法满足需要日期时，采购部门要联络请购部门；充分了解请购材料的品名、规格等相关信息；紧急采购件或需用日期接近者应优先办理；采购部门需要向供应厂商详细说明品名、规格、品质要求、数量、扣款规定、交期、地点、付款办法等；同规格产品有几家供应商时，应该都进行询价处理；应该在更大范围内考虑有没有其他更加优越的代用品；应该提供同规格、不同厂牌的若干商品作比较；考虑有没有必要办理售后服务，以备不时之需；如果是新厂商产品，是否需要经过检验试用。

比价是对不同的采购品进行比较，以便选择较优产品。议价是和供应商就采购品的价格进行磋商，争取更为有利的价格。比价和议价时候需要注意以下事项。

需要考察供应厂商的供应能力是否能按期交货，品质能否保证；通过多种渠道，考察供应厂商是否是可靠的生产厂或供应商；了解其他经销商价格是否更低；经过成本分析后，设定议价目标；充分分析价格上涨、下跌的影响因素有哪些；是否有必要开发其他供应厂商。

询价、比价和议价时还应该考虑以下事项。

采购经办人员接到请购单后，应该依照请购物资的轻重缓急，并参考市场行情及过去采购记录或厂商提供物资的资料，精选3家以上的供应商办理比价。如果供应厂商报价的规格与请购材料规格略有不同，或属于代用品时，采购经办人员应该在请购单上予以证明，并连同物品资料交主管核准，然后请使用部门或者请购部门签署意见后，再回呈。供应厂商的报价资料经过整理之后，经办人员应该深入分析采购情况，通过电话等方式与供应厂商进行议价。采购部门接到请购部门以电话联络的紧急采购情况，主管应该立即指定经办人员先行询价、议价，待接到请购单后，按一般采购程序优先办理。对于需要试验检验的采购情况，采购经办人员应于请购单上注明与厂商议定的付款条件。

12.1.4 呈核和核准

呈核是指采购经办人员询价完成后，在请购单上详细填写询价和议价结果，并拟定订购厂商、交货期限、报价有效期限等，依照审核权限审核。

呈核时候需要注意的事项包括：请购单上应该详细注明与供应厂商议定好的购买条件；现场选用较贵的材料时，采购部门应该及时联络请购部门说明原因；严格按照核准权限核准。

参考某企业的核准权限，见表12-5。

表12-5 核准权限表

采购类别	核准权限数额	核准权限路径
属于统一采购项目的原料、物料（包括燃料）	无论金额多少	经理→总经理
非属于统一采购项目的原料、物料（包括燃料）	无论金额多少	经理→总经理
财产性支出的生产器材	800元以下	采购主管
	801～25 000元	经理直接核准
	25 001元以上	经理→总经理

续表

采购类别	核准权限数额	核准权限路径
财产性支出的非生产器材	800元以下	采购主管
	801～5000元	经理直接核准
	5001元以上	经理→总经理
总务用品	800元以下	采购主管
	801～12 500元	经理直接核准
	12 501元以上	经理→总经理

12.1.5 订立采购合同

订立采购合同是采购活动的重要保证，采购合同的基本样本见表12-6。

表12-6 采购合同

合约书编号：________

厂 商 编 号：________

<table>
<tr><td colspan="2">买卖合约书
立合约书人　　　　　　　　　　（以下简称甲方）
向　　　　　　　　　　　　　　（以下简称乙方）
订购下列材料，经双方商议决定，条款如下：</td></tr>
<tr><td>一、材料名称</td><td></td></tr>
<tr><td>二、规格说明</td><td></td></tr>
<tr><td>三、数量</td><td></td></tr>
<tr><td>四、单价</td><td></td></tr>
<tr><td>五、总金额</td><td>约人民币　　元整（此系预先估计的总金额，在合约期间，甲方订购的数量如果有增减时，不受本总金额限制，甲方不得提出异议）。</td></tr>
<tr><td>六、订购方式</td><td></td></tr>
<tr><td>七、交货期限</td><td>1. 应该依照甲方规定的交货期限交货。
2. 乙方如果无法按照约定的交货期限交齐货物，应该在接到通知三天内，致函甲方订货部门，否则依照本合约书的第十三条处罚。</td></tr>
<tr><td>八、交货地点</td><td>应该依照甲方指定的交货地点交货，其间产生的一切搬运费用，由乙方负责。</td></tr>
<tr><td>九、验收</td><td>1. 甲方收到乙方的材料，应该在　　天内验收完毕。
2. 乙方所交的材料，应该完全按照本合约书的第十一条规定执行。
3. 全部或者一部分材料不合格时，乙方应该按照甲方要求的，在规定的期限内取回调换，因退货产生的费用和损失，一律由乙方负担。</td></tr>
<tr><td>十、付款方法</td><td>甲方应该在　　天内全部付清。</td></tr>
<tr><td>十一、验收标准</td><td>依照　　的标准验收。</td></tr>
</table>

续表

十二、价格调整办法	
十三、延期罚款	除因天灾、人祸或者其他不可抗力,并已经取得证明的,同时经甲方认定属实的情况以外,乙方应该按照本合约书规定的日期交货,否则甲方可向其他厂商订货,其间产生的差价和费用,一律由乙方承担,并依照下面的条款进行罚款。 1. 逾期一天罚款0.5%,逾期一天以上时,依此类推。 2. 因验收不合格,或者因为没有按照规定日期交货致使甲方改向其他厂商订购后,产生逾期交货的,一律视为逾期交货。
十四、终止或解除合约	1. 乙方如果不能按照合约交付货物,或者在合约期限内,所交付货物品质不良,或者乙方串通虚验品质、虚报数量,或者各期价格调整无法协商,乙方愿意无条件接受甲方终止或者解除本合约。 2. 乙方在合约规定期内,如果因为违约而被甲方终止或者解除合同时,乙方愿意接受本合约第十五条款第二项的规定。
十五、保证责任	1. 合约成立时,乙方应立即开具授权甲方填写日期面额人民币　　元的空白无记名式支票　　张,合计金额共　　元交付甲方,担保合约的履行,除有本条第二款的情况外,于合约期　　个月后退还乙方。 2. 乙方如果不能履行本合约的各项条款,甲方可以将乙方提供的担保支票随时兑现,乙方不得异议。 3. 乙方应该保证自甲方使用物品日起　　年内负责免费修理和更换新零件。
十六、合约期限	自　　年　月　日起至　　年　月　日止,为期　　年　　月,期满经过甲乙双方商议后,可以再续约。
十七、其他	1. 如果发生争议,双方同意以　　地方法院为合宜管辖法院。 2. 因诉讼发生的一切费用,均由败诉一方承担。 3. 本合约书经过双方签署后生效。 4. 本合约书正本　　份,甲方持　　份,乙方持　　份,印花各自贴足。 副本　　份,甲方持　　份,乙方持　　份,分别存转。

编号:　　　　　　　规格:

12.2 仓库规划布局

仓库规划布局就是从空间和时间上对仓库的新建、改造和扩建进行全面系统的规划。仓库规划布局的合理与否对生产企业整个物流运作过程的高效性产生深远的影响。

12.2.1 仓库规划的内容

在新建、改造和扩建仓库时,会面对很多繁杂的事项,不知道应该从什么部分入手处理规划问题,即仓库规划首先要知道应该规划哪些东西。合理选择仓库规划内容,就能系统把握规划的重点,分清轻重主次,正确选择规划内容对规划后续工作非常重要。仓库规划主要包括以下内容。

(1) 仓库库区平面规划设计

仓库库区平面规划设计包括库区主要建筑物,包括仓储区、露天堆放区、收发料区和办公区等的选择,道路和出入门选择等部分的内容。

(2) 仓库建筑类型和规模确定

建筑物应该选择适合本企业物料和产品的类型,比如可以选择钢结构高层货架的仓储区,也可以选择低层存储货架的仓储区。规模本着当前够用、兼顾长远的原则,合理经济。

(3) 仓库设备类型和数量的确定

仓库设备主要包括储存货架、搬运设备等,选择设备类型和数量一定要符合企业生产商品的特点,切勿贪大求全。

(4) 仓库技术作业流程确定

要了解企业的原料、半成品、成品在仓储区的扭转过程情况,并正确确定作业流程,为库区内各项设施和设备的布局提供准确的参考依据。

(5) 仓库建设投资及运行费用的预测

仓库一般不为企业产生利润,但是却是企业成本的重要发生地,不合理的储存、低效的物料流动等都会侵蚀企业利润,因此在规划仓库时,要进行仓库建设投资及运行费用的预测。

12.2.2 仓库规划应该考虑的因素

在规划仓库的几个部分内容的时候,还需要考虑一些因素。对这些因素的考虑主要是因为可以提高仓储效率、减少存储损耗。仓库规划时应该考虑以下因素。

(1) 物料、商品验收便捷

仓储本身就是为企业生产和流通服务的,合理便捷的验收过程能够提高仓储效率、加快物料的流通速度。

(2) 物料、商品进出仓库容易

仓储的瓶颈一般在进出仓库的时候,因此需要特别考虑物料、商品进出仓库问题,提高进出仓库速度,加快物资周转。

(3) 物料、商品储存方便

仓库规划时特别要注意物料和商品储存的方便,因为一般仓储区域是整个仓库的最大部分,物料和商品储存方便了,整个仓库的利用效率就会最大。

(4) 仓库作业工作顺当

仓库规划时要考虑到仓库建成后使用时,工作人员在仓库内进行相关作业时的顺当程度,只有这样,才能真正意义上使得仓储环节成为企业经营前进的助推器。

(5) 仓库有扩充的弹性和余地

考虑到企业将来的经营扩大或产品转换,仓库规划时应该充分留有余地和弹性。

12.2.3 仓库建设规划流程

1. 规划准备阶段

在规划准备阶段主要完成以下工作任务:由投资方、工程设计和施工等各个部门派出相关人员,组成仓库规划建设项目组,管理整个项目;明确本仓库未来的功能及运营目标,以便以后的资料收集和规划需求分析;收集仓库建设所在地区的自然环境、交通条件和相关发展规划的政策、标准等方面的资料,作为规划的第一手资料。

仓库建设规划流程图如图 12-1 所示。

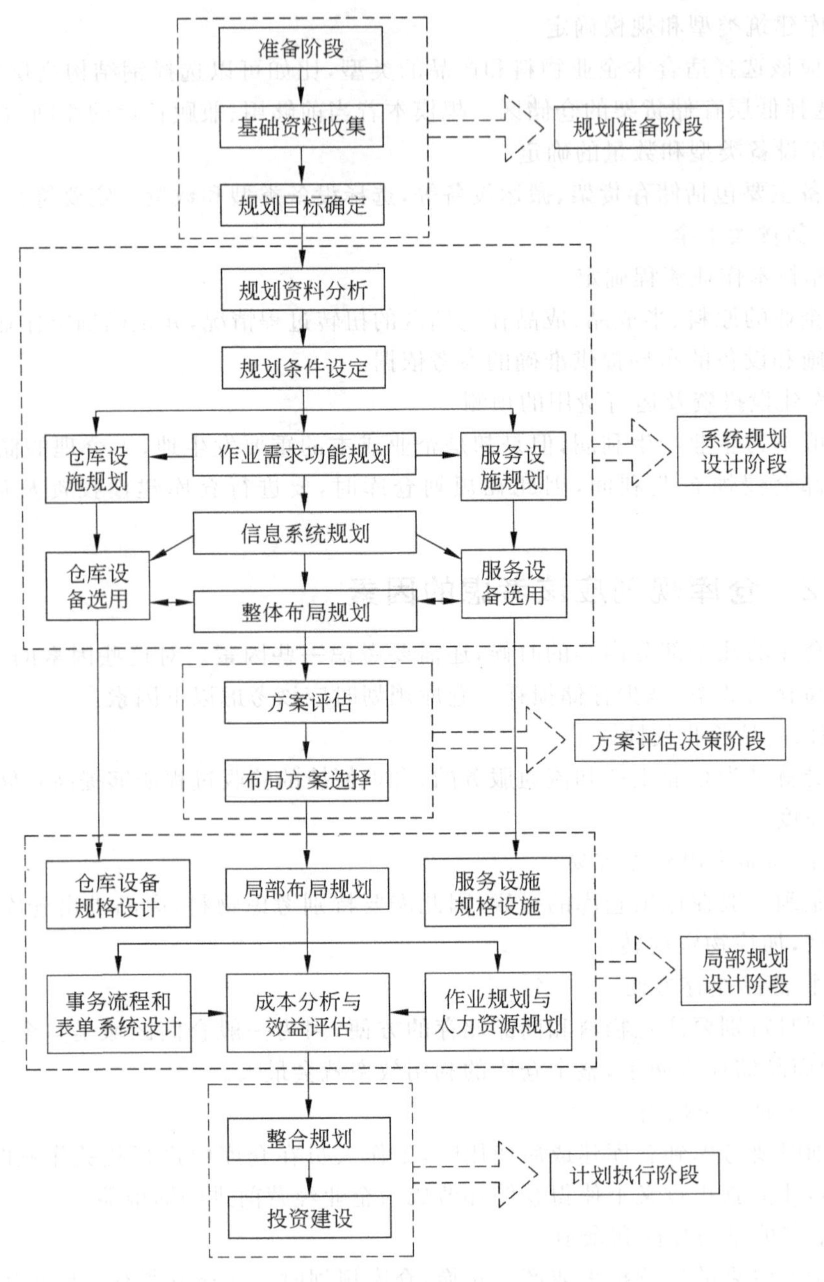

图 12-1 仓库建设规划流程

2. 系统规划设计阶段

在系统规划设计阶段主要完成以下工作任务。

(1) 汇总整理相关资料，作为规划设计阶段的依据。

(2) 通过对现有资料的分析，了解该地区其他仓库的弱点，从而设定本仓库的仓储能力和自动化程度等方面规划条件。

(3) 按照合理化、简单化和机械化的原则，规划设计仓库的作业需求功能，主要包括新仓库的作业流程、设备和作业场所的组合等。

(4) 规划与新仓库相关的各种设施,主要包括储运生产作业区的建筑物和设备,支持仓库运作的服务设施以及办公室和员工活动场所等。

(5) 规划信息情报系统,主要包括统一各种原始单据、账目和报表格式,标准化程序代码和软件,使界面尽量简单、实用和方便等。

(6) 进行整体布局设计,主要包括估算储运作业区和服务设施的大小,并依据各区域和关联性来确定各区的摆放位置。

3. 方案评估决策阶段

规划过程一般会产生多个方案,可以依据原来规划的基本方针和基准加以评估,选出最佳方案。

4. 局部规划设计阶段

局部规划设计阶段的主要任务是在已经选定的仓库地址上规划各项仓库设施设备的实际方位和占地面积。当局部规划的结果改变了以上系统设计的内容时,必须返回前面的程序,做出必要的修正后继续进行局部规划设计。

5. 计划执行阶段

当各项成本和效益评估完成以后,如果企业决定建设该仓库后,就可以进入计划执行阶段,完成仓库建设。

12.3 入库、在库保管和出库

生产企业的原材料、半成品和成品一般都需要经过入库、在库保管和出库等环节,仓储环节管理是否得当,决定整个企业的生产能否连续、产品质量能否完整,因此非常重要。

12.3.1 仓储管理人员的基本要求

对于一般的仓库管理人员,要具有以下的基本素质要求。

(1) 具有丰富的商品知识

要充分熟悉所经营的商品,掌握其物理、化学性质及其保管要求,并能针对性地采取管理措施进行科学管理。

(2) 掌握现代仓储管理的技术

对仓储管理技术充分掌握,并能熟练运用,特别是现代信息技术的使用,如 MRP、MRP Ⅱ、ERP 等。

(3) 熟悉仓储设备

能合理和高效地安排使用仓储设备,会操作叉车、推车,掌握基本驾驶技能等。

(4) 办事能力强,具有一定的管理素质

能分清轻重缓急、有条有理地处理事务,能比较自如地沟通和解决工作现场碰到的突发性问题。

(5) 具有一定的财务管理能力

能查阅财务报表,进行经济核算、成本分析,正确掌握仓储经济信息,进行成本管理、价格管理和决策。

12.3.2 入库

入库作业过程包括验单、接货、卸货、分类、商品清点及检验、签发入库凭证、商品入库堆码、登账等环节。

1. 入库前的准备工作

(1) 加强日常业务联系

仓库应按计划定期和货主、生产厂家以及运输部门沟通，了解将要入库的商品情况。如商品的品种、类别、数量和到库时间，以便提前做好商品入库前的准备工作。

(2) 安排仓容

根据入库商品的性能、数量、类别，按分区保管的要求，核算所需单位面积的大小，确定存放的货位，留出必要的验收场地。

(3) 合理组织人力

根据商品的数量和入库时间，安排好商品验收人员、搬运堆码人员，以及商品入库工作流程，确定各个工作环节所需的人员和设备。

(4) 准备验收器具

准备点验入库商品的数量、质量、包装以及堆码所需的点数、称重、测试等器具。

(5) 准备苫垫

根据入库货物的性质，数量和储存场所的条件，核算并准备所需的苫垫种类和数量。

2. 入库作业的程序

入库作业的基本程序如图 12-2 所示。

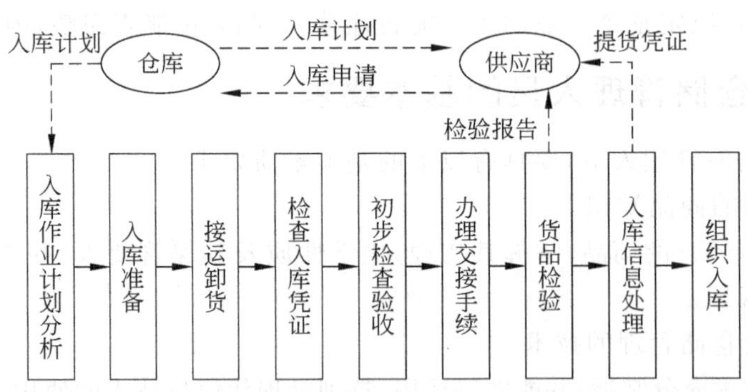

图 12-2 入库作业的基本程序

(1) 入库申请

入库申请是货物存放人对仓储服务产生需求，并向仓储企业发出需求申请。仓储企业接到申请之后，结合仓储企业自身业务状况对此项业务进行分析，做出同意或者拒绝该项业务的决定，同时做出合理解释，以求客户的谅解；如果接受此项业务，并制订入库作业计划，并分别传递给存货人和仓库部门，做好各项准备工作。所以，入库申请是生成入库作业计划的基础和依据。

(2) 综合分析内外部情况，编制入库作业计划

入库作业计划是指仓库部门根据本部门和存货人等外部实际情况，同时结合考虑内部

自身条件，主要包括存货人的需求和仓库存储条件的允许程度等，通过科学的预测，提出在未来的一定时期内仓库要达到的目标，以及实现目标的具体方法。入库作业计划是存货人发货和仓库部门进行入库前准备的依据。入库作业计划主要包括：到货时间、接运方式、包装单元与状态、存储时间及物品的名称、品种、规格、数量、单件体积与重量、物理、化学、生物特性等详细信息。

(3) 商品接运

商品接运人员要熟悉各交通运输部门及有关供货单位的制度和要求，根据不同的接运方式，处理接运中的各种问题。

(4) 核对单证

商品到库后，仓库收货人员首先要检查入库单据，然后根据入库单据开列的货品单位和名称等内容进行核对。

(5) 初验

初验主要是对到货情况进行粗略的检查，其工作内容主要包括数量检查和包装外观检查。查看包装有无破损、水湿、渗漏、污染等异常情况。出现异常情况时，可打开包装进行详细检查，查看内部商品有无短缺、破损或变质等情况。

(6) 办理交接手续

入库商品经过初验后，就可以与送货人员办理交接手续。如果无异常情况出现，收货人员在送货单上盖章签字表示商品收讫；如发现有异常情况，必须在送货单上详细注明并由进货人员签字，或由送货人员出具差错、异常情况记录等书面材料，作为事后处理的依据。

(7) 商品验收

商品验收是根据事先商定的检验内容对商品质量进行检验。包括对商品的内包装、理化指标、物理特性等的检验。检验如果发现问题，要填写质量报告单。

(8) 信息处理

经过检验确认之后的商品，应该及时填写验收记录单，同时将相关的入库信息及时准确地录入管理信息系统，并更新库存商品的有关数据。

3. 商品验收及问题处理

(1) 商品入库验收过程

① 验收准备。验收准备是货物入库验收的第一道工序，包括货位、验收设备和工具及人员的准备. 要做好以下五个方面的准备工作：搜集、整理并熟悉各项验收凭证、资料和有关验收要求；准备所需的计算工具、称量工具和检测仪器仪表等，要准确可靠；落实入库货物的存放地点，选择合理的堆码垛型和保管方法；准备所需的苫垫、堆码物料、装卸机械、操作器具和担任验收作业的人力；如为特殊性货物，还必须配备相应的防护用品，采取必要的应急防范措施，以防万一。进口货物或存货单位要求货物进行检验时，要预先通知商检部门或者检验部门到库进行检验或质量检测。

② 核对验收单据。核对单据按以下三个方面的内容进行：审核验收依据，包括业务主管部门或货主提供的入库通知单；核对供货单位提供的验收凭证，包括质量保证书、装箱单、磅码单、说明书和保修卡及合格证等；核对承运单位提供的运输单证，包括提货通知单和货物残损情况的货运记录、普通记录及公路运输交接单等。在整理、核实、查对以上凭证时，如果发现证件不齐或不符等情况，要与货主、供货单位、承运单位和有关业务部门及时联系

解决。

③ 确定抽验比例。抽验比例应首先以合同规定为准，合同没有规定时，确定抽验的比例一般应考虑以下因素：一是商品价值：商品价值高的，抽验比例大；反之则小。有些价值特别大的商品应该全部检验。二是商品的性质：商品性质不稳定的或者质量容易发生变化的，验收比例大；反之则小。三是气候条件：在雨季或梅雨季节，怕潮的商品抽验比例大；在冬季怕冻的商品抽验比例大；反之则小。四是厂商信誉：信誉好的抽验比例小；反之则大。五是生产技术：生产技术水平高或流水线生产的商品，产品质量较稳定，抽验比例小；反之则大。六是储存时间：储存时间长的商品，抽验比例大；反之则小。

④ 实物验收。实物验收是商品验收业务的管理核心，核对资料、证件都符合后，应尽快验收实物。仓库一般负责货物外观质量和数量的验收。对于有些入库物资需要进行内在质量和性能检验的，仓库应积极配合检验部门，提供方便，做好此项工作。

(2) 实物验收内容

检验货物是仓储业务中的一个重要环节，包括检验包装、检验数量、检验外观质量三方面的内容，即复核货物数量是否与入库凭证相符，货物质量是否符合规定的要求，货物包装能否保证货物在储存和运输过程中的安全。

① 包装检验。包装状况直接关系着商品的安全储存和运输。所以，对入库商品的包装要进行严格验收，凡是产品合同对包装有具体规定的要严格按规定验收，如箱板的厚度，纸箱、麻包的质量，包装层次等。对于包装的干潮程度，一般是用眼看、手摸等方法进行检查验收，不能有水浸和渗漏现象发生。此外，商品的包装应干净，标志清晰才能入库。

② 数量检验。数量检验是保证物资数量准确不可缺少的措施。要求物资入库时一次进行完毕。一般在质量验收之前，由仓库保管职能机构组织进行。

③ 质量检验。质量检验包括外观检验、尺寸检验、机械物理性能检验和化学成分检验四种形式。仓库一般只作外观检验和尺寸精度检验，后两种检验如果有必要，则由仓库技术管理职能机构取样，委托专门检验机构检验。

(3) 商品验收问题处理

在商品的验收过程中，经常出现各种问题，如数量不准、质量不符合要求等。针对每种问题，都应有对应的处理方式。

① 数量不准。在以重量为单位的商品中，数量短缺在磅差允许的范围内的，可按原账入账，凡超过规定磅差范围的，应查对核实验收记录和磅码单，交主管部门会同货主向供货单位办理交涉。凡实际数量多于原发料单位的，可由主管部门向供货单位退回多发数，或补发货款。在以件数为单位的商品中，如果件数不对，操作方式和上述相似。

② 质量不符合要求。对于不符合质量要求的，一定要退换，绝不能入库。

③ 证件不齐全。该类到库商品应作为待检商品处理，堆放在待检区，待证件到齐后再进行检验。证件未到之前，不能验收，不能入库，更不能发料。

④ 单证不符。入库商品必须保证入库通知单与订货合同副本相符；供货单位提供的材质证明书、装箱单、磅码单与入库通知单要求相符；同时，运输承运人提供的运单与入库通知单相符。如果以上单据不符，一般处理方法是：将商品转为待处理，拒绝接收入库或入库后存放于指定区域，不得动用。

⑤ 商品未按时到库。当出现有关证件已经到达仓库，而在规定的时间内，商品并未到

达仓库的情况时，仓储管理部门应通过电话、传真等方式及时向货主查询，询问货主是否知道原因，并进一步商议具体到货时间。

⑥ 价格不符。应按合同规定价格承付，对多收部分应予拒付。如果是总额计算错误，应通知货主及时更改。

⑦ 商品在入库前已有部分残损短缺。有商务记录或普通记录等证件者，可按实际情况查对证件记录是否准确，在记录范围内，按实际验收情况填写验收记录；在记录范围以外或无运输部门记录时，应查明责任；其残损情况从外观上发现，但在接运时尚未发现而造成无法追赔损失时，应由仓库接运部门负责；外观良好，内部残损时，应做出验收记录，与供货方交涉处理。

⑧ 发错货。如发现无进货合同或进货依据，但运输单据上却表明本库为收货人的商品，仓库收货后应及时查找该货的产权部门，并主动与发货人联系，询问该货的来龙去脉，并作为待处理商品，不得动用。依其现状做好记载，待查清后做出处理。

⑨ 对外索赔。对需要对外索赔的商品，应由商检局检验出证，对经检验提出退货、换出证的商品应妥善保管，并保留好商品原包装，供商检局复检。

12.3.3 在库保管

1. 货位编号

(1) 货位编号原则

货位的编号如同商品在仓库中的住址，在具体编号时，必须符合以下要求。

① 标志设置要适宜：货位编号的标志设置，要因地制宜，采用适当的方法，选择在适当的地方。如在没有货架的库房内、走道、支道、段位的标志，一般都刷在水泥或木板地坪上；在有货架的库房内，货位标志一般设置在货架上。

② 标志制作要规范：货位编号的标志如果随心所欲、五花八门，很容易造成单据串库、商品错收或错发等事故。统一使用阿拉伯数字制作标志，就可以避免以上弊病。为了将库房以及走道、支道、段位等加以区别，可在数字大小、颜色上进行区分，也可在数字外面加上括号、圆圈等符号加以区分。

③ 编号顺序要一致：整个仓库范围内的库房、货场内的走道、支道、段位的编号，一般都以进门的方向左边单号右边双号或自左向右顺序编号的规则进行。

④ 段位间隔要适当：段位间隔的宽窄，应取决于货种及批量的大小。

同时需要注意，走道、支道不宜经常变更位置，因为变更编号不仅会打乱原来的货位编号，而且还会使保管员不能迅速收发货。

(2) 货位编号的方法

目前，仓库中货位编号常用的方法有以下几种。

① 仓库内储存场所编号：整个仓库内如果有库房、货棚、货场，则可以按一定的顺序(自左向右或自右向左)，各自连续编号。库房的编号一般写在库房的外墙上或库门上，字体要统一、端正，色彩鲜艳、清晰醒目、易于辨认。货场的编号一般写在场地上，书写材料要耐摩擦、耐雨淋、耐日晒。货棚编号书写的地方，可根据具体情况而定，总之让人一目了然即可。

② 库房编号：对于多层库房的编号，常采用三位数编号、四位数编号或五位数编号。

三位数编号是用 3 个数字或字母依次表示库房、层次和仓间，如 231 编号，表示 2 号库房、3 层楼、1 号仓间；四位数编号是用 4 个数字或字母依次表示库房、层次、仓间和货架，如 1524 编号，表示 1 号库房、5 层楼、2 号仓间、4 号货架；五位数编号是用 5 个数字或字母依次表示库房、层次、仓间、货架、货格，如 32561 编号，表示 3 号库房、2 层楼、5 号仓间、6 号货架、1 号货格。

③ 货位编号：货位布置的方式不同，其编号的方法也不同，货位布置的方式一般有两种，即横列式和纵列式。横列式即货位横向摆放，可以采用横向编号；纵列式，即货位纵向摆放，常采用纵向编号。

（3）货位编号的使用

① 当商品入库后，应该将商品所在货位的编号及时登记在账册上或输入电脑。货位输入的准确与否，直接决定了出货的准确性，应认真仔细操作，避免差错。

② 当商品所在的货位变动时，该商品账册上的货位编号也应作相应的调整。

③ 为提高货位利用率，一般同一个货位可以存放不同规格的商品，但必须配备区别明显的标识，以免造成差错。

2. 账卡登记

商品入库登账，除仓库财务部门有商品记账凭证以结算外，保管业务部门则要建立详细反映库存商品进、出和结存的保管明细账，以记录库存商品动态，并为对账提供主要依据，商品保管明细账形式见表 12-7。

（1）登账

登账即记录在商品保管明细账上，应遵循以下规则。

① 登账必须以正式合法的凭证为依据，如商品入库单、出库单和领料单等。

② 一律使用蓝、黑色墨水笔登账。

表 12-7　商品保管明细账

卡号：

<table>
<tr><td colspan="2">货主名称</td><td colspan="2"></td><td colspan="2">货　位</td><td colspan="2"></td><td>品　名</td><td></td></tr>
<tr><td colspan="2">规格型号</td><td colspan="2"></td><td colspan="2">计量单位</td><td colspan="2"></td><td>供应商</td><td></td></tr>
<tr><td colspan="2">应收数量</td><td colspan="2"></td><td colspan="2">包装情况</td><td colspan="2"></td><td>实收数量</td><td></td></tr>
<tr><td colspan="3">送货单位名称</td><td colspan="7"></td></tr>
<tr><td colspan="4">年</td><td colspan="2">入 库 数 量</td><td colspan="2">出 库 数 量</td><td colspan="2">结 存 数 量</td></tr>
<tr><td>月</td><td>日</td><td>收发凭证号</td><td>摘要</td><td>件数</td><td>总数</td><td>件数</td><td>总数</td><td>件数</td><td>总数</td></tr>
<tr><td></td><td></td><td></td><td></td><td></td><td></td><td></td><td></td><td></td><td></td></tr>
<tr><td></td><td></td><td></td><td></td><td></td><td></td><td></td><td></td><td></td><td></td></tr>
<tr><td></td><td></td><td></td><td></td><td></td><td></td><td></td><td></td><td></td><td></td></tr>
<tr><td></td><td></td><td></td><td></td><td></td><td></td><td></td><td></td><td></td><td></td></tr>
<tr><td></td><td></td><td></td><td></td><td></td><td></td><td></td><td></td><td></td><td></td></tr>
<tr><td colspan="4">商品验收情况</td><td colspan="6"></td></tr>
</table>

③ 登账应连续、完整，依日期顺序，不能隔行、跳页，账页应依次编号，年末结存后转入新账，旧账页入档妥善保管。

④ 登账时，其数字书写应占空格的三分之二空间，便于改错。

(2) 货卡

货卡又叫料签、料卡、保管卡。它是一种实物标签，上面标明商品的名称、规格、数量或出入状态等内容，一般挂在上架商品的下方或放在堆垛商品的正面。货卡按其作用不同可分为货物状态卡、商品保管卡。商品保管卡包括货物标识卡和储存卡等。

货物状态卡是用于表明货物所处业务状态或阶段的标识，根据 ISO 9000 国际质量体系认证的要求，在仓库中应根据货物的状态，按可追溯性要求，分别设置待检、待处理、不合格和合格等状态标识，如图 12-3 所示。

待 检	待 处 理	合 格
供应商________	供应商________	供应商________
商品名________	商品名________	商品名________
进货日期/生产批号/生产日期________	进货日期/生产批号/生产日期________	进货日期/生产批号/生产日期________
标记日期________	标记日期________	标记日期________
标记人________	标记人________	标记人________
备注________	备注________	备注________

图 12-3 不同形式的货物状态卡

货物标识卡是用于表明货物的名称、规格、供应商和批次等。根据 ISO 9000 国际质量体系认证的要求，在仓库中应根据货物的不同供应商和不同入库批次，按可追溯性要求，分别设置标识卡。

储存卡是用于表明货物的入库、出库与库存动态的标识，储存卡形式见表 12-8。商品保管卡采用何种形式，应根据仓储业务需要来确定。

表 12-8 储存卡

品名： 规格：

年		摘 要	收入数量	发出数量	结存数量
月	日				

(3) 商品档案

建立商品档案是对商品出入库凭证和技术资料进行分类、归档并保存。建立商品档案的目的是为了更好地管理商品的凭证和资料，防止散失，查阅方便，同时便于了解商品入库前后的活动全貌，有助于总结和积累仓库保管经验，研究管理规律，提高科学管理水平。建立商品档案具体包括以下要求。

① 商品档案一物一档。存档资料包括：商品出厂时的各种凭证和技术资料，如商品技术证明、合格证、装箱单、发货明细表等；商品运输单据、普通记录或货运记录、公路运输交接单等；商品验收的入库通知单、验收记录、磅码单、技术验收报告等；商品入库保管期间的检查、保养、损益、变动等情况的记录；库内外温湿度的记载及对商品的影响情况；商品出库凭证。

② 商品档案应统一编号，妥善保管。在商品保管期间，可根据仓库情况由业务部门统一管理或直接由保管员管理。某种商品全部出库后，除必要的技术资料必须随货同行不能抄发外，其余均应保留在档案内，并将商品出库证件、动态记录等整理好一并归档。商品档案部分资料的保管期限，根据实际情况酌定。其中有些资料，如库内气候资料、商品储存保管的试验资料，应长期保留。

3．盘点

（1）主要盘点方法

① 定期盘点法。定期盘点法就是定期检查所有物资的在库数量，核对和保持准确的库存记录的一种盘点方法。定期盘点法要求在一个短暂的时期内对各种物资进行全面盘点。对大多数企业而言，一年或半年核查一次便足够了。假若一年只作一次物资盘点，则它通常安排在每年生产和库存水准处于最低点时进行。物资盘点的次数通常是根据物资价值的大小和物资在公开市场上订购的难易程度来确定的。贵重或值钱物资的盘点次数比一般物资的盘点次数要多些。

② 循环盘点法。循环盘点法又称连续盘点法或永续盘点法，它是顺序地、不定期地进行的一种物资盘点方法，也是控制库存记录准确性的一种基本方法。因为循环盘点法并不需要像定期盘点法那样停止出入库作业，因此有效地循环盘点过程，能缩减生产停工，改善对客户的服务，减少物资损耗。同定期盘点法相比，通常循环盘点法所需费用较少，但是准确性不如定期盘点法。

（2）盘点过程

盘点过程主要包括：准备阶段、现场清理、盘点实施和盘点分析。

① 准备阶段。盘点准备阶段主要是确定盘点的方法、盘点时间和人员、盘点的资料等。

盘点时间一般会选择在财务决算前夕或生产经营淡季。

循环盘点由仓库管理人员自己进行。对于全面的、定期的盘点，则需要确定总盘人、主盘人、会点人、填表人、核对人、协点人以及监点人等。

总盘人负责物资盘点工作的总指挥，督导盘点工作的进行及异常事项的裁决。主盘人负责实际盘点工作的推动。会点（初盘）人负责数量点计。填表人负责填写盘点人的点数记录。核对（复盘）人与盘点人分段核对填表人的填写情况，确保数据的准确性。协点人负责盘点时的物资搬运和整理工作。监点（抽查）人负责盘点过程中的抽查监督，一般由总经理指定专门人员。

盘点资料一般包括盘点工具和报表等。报表主要包括盘点票、盘存表、盘点盈亏表等，盘点票、盘存表、盘点盈亏表形式见表12-9、表12-10和表12-11。

表 12-9 盘点票

标号：　　　　　　　　　　　　　　　　　　　日期：

盘点商品属于	材料　半成品　成品　总务办公用品　固定设备 A类商品　B类商品　C类商品
型　　号	
编　　号	
品名规格	
数　　量	
单　　位	
盘 点 人	
盘点数量	
签　　名	
抽盘数量	
签　　名	
备　　注	

表 12-10 盘存表

经营部门：　　　　　　　　　　　年　月　日　　　　　　　　编号：

序号	品名	编号	规格	单位	账面结存	盘点数量	差异数量	差异金额

表 12-11 盘点盈亏表

日期：

盘点票号	物料标号	品名规格	单位	实盘数量	账目数量	差异数量	差异原因	单价	差异金额

② 现场清理。清理工作主要包括：盘点前对已验收入库的物品进行整理，归入储位；对未验收入库的物品，应区分清楚，避免混淆。盘点场所关闭前，应提前通知有关用料部门，将所需物料提前做好准备。账卡、单据、资料均应整理后统一结清。预先鉴别变质、损坏商品。对储存场所堆码的货物进行整理，特别是对散乱货物进行收集与整理，以方便盘点时计数。在此基础上，由保管人员进行预盘，以提前发现问题并加以预防。

③ 盘点实施。盘点实施过程如下：设置控制台→人员报到→发盘点表→进行盘点→监点人抽点→回收盘点表→封存盘点表。

④ 盘点分析。核对盘点所得资料与账目，如发现账物不符的现象，则应积极追查账物差异的原因，通常账物不符的原因可能来自以下几个方面。

计账员素质不高，登录数据时发生错登、漏登等情况。账务处理系统管理制度和流程不完善，导致数据出错。盘点时发生漏盘、重盘、错盘现象，盘点结果出现错误。盘点前数据资料未结清，使账面数据不准确。出入库作业时产生误差。货物损坏、丢失等原因。

物料盘点工作完成以后，所发生的差额、错误、变质、呆滞、盈亏、损耗等结果，应分别予以处理，并防止以后再次发生。

通过盘点了解的问题主要有：实际库存量与账面库存量的差异有多大；是否在允许范围之内。这些差异主要集中在哪些品种。这些差异对公司的损益造成多大影响。平均每个品种的物品发生误差的次数情况如何。发生盘盈盘亏的原因，今后是否可以事先设法预防或能否缓和账物差异的程度。

通过对上述问题的分析和总结，找出在管理流程、管理方式、作业程序等方面需要改进的地方，进而改善库存管理的现状，降低库存损耗，提高经营管理水平。

需要相应进行的修补改善工作包括：依据管理绩效，对分管人员进行奖惩。料账、物料管制卡的账面纠正。不足料迅速办理订购。呆、废料迅速处理。加强整理、整顿、清理、清洁工作。

需要注意的预防工作包括：呆料比率过重，宜设法研究，致力于降低呆废料。存货周转率极低，存料金额过大造成财务负担过大时，宜设法降低库存量。物资供应补给率过大时，设法强化物料计划与库存管理以及采购的配合。料架、仓储、物料存放地点足以影响到物料管理绩效时，宜设法改进。产品成本中物料成本比率过大时，应予以探讨采购价格偏高的原因，设法降低采购价格或设法寻找廉价的代用品。

12.3.4 出库

出库分为半成品出库和成品出库，两种出库方式的流程不完全相同。

1. 半成品出库

半成品出库主要包括以下流程。

(1) 领料

使用部门领用材料时，由领用经办人员开立领料单。经主管核签后，向仓库办理领料。领料单形式见表12-12。

表 12-12 材料领料单

年 月 日

项次	料号	品名规格	单位	请领数量	实发数量	单价	金额	订单号码
备注								

仓库主管： 仓库经办： 主管： 经办：

领用工具类材料时，领用保管人应持工具保管记录卡到仓库办理领用保管手续。

(2) 发料

由生产主管开立的发料单，并经主管核签后，转送仓库，根据工作安排和发料日期准备材料，送到现场点交签收。

(3) 材料交接

凡经常使用或体积较大的物品，并且必须保存在使用者处时，由使用者填制材料移转单，向仓库办理移转，并于每日下班前依实际用量填制领料单，经主管核签后送仓库冲转出账。

2. 成品出库

成品出库的主要流程包括：核单备货→复核→包装→点交→登账→清理等过程。出库必须遵循"先进先出"的原则，使仓储活动的管理实现良性循环。

(1) 核单备货

如属自提物品，首先要审核提货凭证的合法性和真实性；其次核对品名、型号、规格、单价数量、收货单位、有效期等。出库物品应附有质量证明书或副本、磅码单、装箱单等，机电设备、电子产品等物品，其说明书及合格证应随货同付。备料时应本着"先进先出"的原则，易霉易坏的先出，接近失效期的先出。备货过程中，凡计重货物，一般以入库验收时标明的重量为准，不再重新计重。需分割或拆捆的应根据情况进行。

(2) 复核

为了保证出库物品不出差错，备货后应进行复核。复核主要是根据各种单据和实物进行判断。在发货作业的各道环节上，都贯穿着复核工作。理货员核对单货，门卫凭票放行，保管会计核对账单票等。这些分散的复核形式，起到分头把关的作用，都十分有助于提高仓库发货业务的工作质量。复核的内容包括：品名、型号、规格、数量等是否同出库单一致；配套是否齐全；技术证件是否齐全；外观质量和包装是否完好。只有加强出库的复核工作，才能防止错发、漏发和重发等事故的发生。

(3) 包装

出库物品的包装必须完整、牢固，标记必须正确清楚，如有破损、潮湿、捆扎松散等不能保障运输中安全的，都应该加固整理，包装破损不能出库。各类包装容器上若有水渍、油迹、污损，也均不能出库。出库物品如需托运，包装必须符合运输部门的要求，选用适宜包装材料，其重量和尺寸应便于装卸和搬运，以保证货物在途的安全。包装是仓库生产过程的一个组成部分。包装时，严禁互相影响或性能互相抵触的物品混合包装。包装后，要写明收货单位、到站、发货号、本批总件数、发货单等。

(4) 点交

出库物品经过复核和包装后，需要托运和送货的，应由仓库保管机构移交调运机构；属于用户自提的，则由保管机构接出库凭证向提货人当面交清。

(5) 登账

点交后，保管员应在出库单上填写实发数、发货日期等内容，并签名。然后将出库单连同有关证件资料及时交货主，以便货主办理货款结算。

(6) 现场和档案的清理

经过出库的一系列工作程序之后，实物、账目和库存档案等都发生了变化。应按下列几项工作彻底清理，使保管工作重新趋于账、物和资金相符的状态。

① 按出库单，核对结存数。

② 如果该批货物全部出库，应查实损耗数量，在规定损耗范围内进行核销；超过损耗范围的查明原因，进行处理。

③ 一批货物全部出库后，可根据该批货物入出库的情况、采用的保管方法和损耗数量，总结保管经验。

④ 清理现场，收集苫垫材料，妥善保管，以待再用。

⑤ 代运货物发出后，收货单位提出数量不符时，属于重量短少而包装完好且件数不缺的，应由仓库保管机构负责处理；属于件数短少的，应由运输机构负责处理；若发出的货物品种、规格、型号不符，由保管机构负责处理；若发出货物损坏。应根据承运人出具的证明，分别由保管及运输机构处理。在整个出库业务程序过程中，复核和点交是两个最为关键的环节。复核是防止差错的重要和必不可少的措施，而点交则是划清仓库和提货方两者责任的必要手段。

⑥ 由于提货单位任务变更或其他原因要求退货时，可经有关方同意，办理退货。退回的货物必须符合原发的数量和质量，要严格验收，重新办理入库手续。当然，没有移交的货物不必检验。

3. 出库时出现问题的处理

(1) 出库凭证的问题及其处理

凡出库凭证超过提货期限，用户前来提货，必须先办理相关手续，按规定缴足逾期仓储保管费，然后方可发货。任何白条，都不能作为发货凭证。提货时，用户发现规格开错，保管员不得自行调换规格发货，必须通过制票员重新开票后方可发货。

凡发现出库凭证有疑点，或者情况不清楚，以及出库凭证发现有假冒、复制、涂改等情况时，应及时与仓库保卫部门以及出具出库单的单位或部门联系，妥善处理。

商品进库没有验收，或者其货未进库的出库凭证，一般暂缓发货，并通知货主，待货到并验收后再发货，提货期顺延。如客户因各种原因将出库凭证遗失，客户应及时与仓库发货人员和账务人员联系挂失。如果挂失时货已被提走，保管人员不承担责任，但要协助货主单位找回商品;如果货还没有被提走,经保管人员和账务人员查实后,做好挂失登记,将原凭证作废,缓期发货。

(2) 提货数与实存数不符

若出现提货数与商品实存数不符,一般是实存数小于提货数,造成这种问题主要包括以下原因。

① 商品入库时,由于验收问题,增大了实收商品的签收数量,从而造成账面数大于实存数。

② 仓库保管人员和发货人员在以前的发货过程中,因错发、串发等差错形成实际商品库存数小于账面数。

③ 货主单位没有及时核减已经开出的提货数,造成库存账面数大于实际储存数,从而使开出的提货单数量过大。

④ 仓储过程中造成的货物毁损。

当遇到提货数量大于实际商品库存数量时,无论是何种原因造成的,都需要和仓库主管部门以及货主单位及时取得联系后再作处理。

(3) 串发货和错发货

所谓串发货和错发货主要是指发货人在对商品种类规格不是很熟悉的情况下,或者由于工作中的疏漏,把错误规格、数量的商品发出库的情况。在这种情况下,如果商品尚未离库,应立即组织人力,重新发货。如果商品已经提出仓库,保管人员要根据实际库存情况,如实向本库主管部门和货主单位讲明串发货和错发货的品名、规格、数量、提货单位等情况,会同货主单位和运输单位共同协商解决。一般在无直接经济损失的情况下,由货主单位重新按实际发货数冲票解决。如果形成直接经济损失,应按赔偿损失单据冲转调整保管账。

(4) 包装破漏

包装破漏是指在发货过程中,因商品外包装破损、砂眼等现象引起的商品渗漏、裸露等问题。这类问题主要是在储存过程中因堆垛挤压、发货装卸操作不慎等情况引起的,发货时都应该经过整理或者更换包装,方可出库,否则造成的损失应由仓储部门承担。

(5) 漏记账和错记账

漏记账是指在商品出库作业中,由于没有及时核销商品明细账而造成账面数量大于或小于实存数的现象。错记账是指在商品出库后核销明细账时没有按实际发货出库的商品名称、数量登记,从而造成账实不符的情况。无论是漏记账还是错记账,一经发现,除及时向有关领导如实汇报情况外,同时还应根据原出库凭证查明原因调整保管账,使之与实际库存保持一致。如果漏记和错记账给货主单位、运输单位和仓储单位造成经济损失,应予赔偿,同时追究相关人员的责任。

12.3.5 仓储管理中的主要参数

管理经营仓储系统过程中需要一些参数,通过这些参数可以了解仓储系统所处的状态、仓储系统的利用效率等情况。

1. 库容量

库容量是指仓库的堆存量,单位一般是吨。库容量又可以进一步分为设计(规划)库容量和实际库容量,设计(规划)库容量一般大于实际库容量。

2. 库容量利用系数

库容量利用系数是指某一个时间段内(一般是一年或一月)平均实际库容量和设计(规划)库容量的比值,以百分比表示。例如:某仓库的设计(规划)库容量是200吨,某年中的第一天该仓库的实际库容量是145吨,第二天的实际库容量是185吨,第三天的实际库容量是168吨,…,第365天的实际库容量是172吨。将这365天每天的实际库容量相加(145+185+168+…+172),除以365,得到平均每天的实际库容量,再用该平均每天的实际库容量除以仓库的设计(规划)库容量200吨,得到的百分比就是该仓库的全年平均库容量利用系数。库容量利用系数是衡量仓库经营效率高低的最主要的指标之一。

3. 出入库频率

出入库频率又可以进一步分为出库频率和入库频率,单位一般是吨/天。例如:某仓库第一天至第五天的入库商品量分别是15吨、7吨、4吨、2吨和8吨,出库商品量分别是3吨、6吨、2吨、12吨和9吨,则该仓库这五天的商品平均入库频率是(15+7+4+2+8)/5,等于7.2吨/天,同理商品平均出库频率是6.2吨/天。若出库频率和入库频率接近,则仓库的库容量可以设计的小些。理论上,若两者相等,则仓库可以理解为中转仓库。两者数量的大小还决定了仓库搬运设备的数量、通道面积、货架高度等。

4. 库存周转次数

库存周转次数描述的是仓库储存商品的周转频率的,单位一般是次/吨·年。例如:某仓库的设计库容量是4000吨,该仓库全年进出货物总量是20 000吨(进入的货物加上出去的货物),则库存周转次数为20 000/4000,即5次/吨·年。表示从全年看来,该仓库每吨货物平均周转了5次。库存周转次数也是衡量仓库经营效率高低的最主要的指标之一。

5. 单位面积库存量

单位面积库存量是指单位面积的仓库所堆放的货物量,单位一般是吨/平方米。显然,平房仓库和高层货架仓库的单位面积库存量是不同的。单位面积库存量衡量单位面积的仓库的堆存利用效率的高低。

6. 全员平均劳动生产率

全员平均劳动生产率是把物流企业某段时间所有的物流量相加后平摊到每一个员工上的数量,具体又可以分为全员平均搬运劳动生产率、全员平均储存劳动生产率等,单位一般是吨/人·年。全员平均劳动生产率既取决于员工的劳动生产率高低,又取决于仓库的机械化作业程度高低。

7. 机械设备的利用系数

机械设备的利用系数是指某一个时间段内(一般是一年),某设备的平均实际工作量和设计(规划)工作量的比值,以百分比表示。例如:某种叉车的额定小时搬运量为15吨,该叉车全年实际搬运的货物总量为87 600吨,则该叉车平均每小时的实际搬运量为87 600/365×24,等于10吨/小时,所以该叉车的利用系数是10/15,等于67%。机械设备的利用系数用于评估设备配置的合理性。

本章小结

仓库规划布局是仓储活动顺利进行的开始和前提，规划布局的合理与否直接决定整个仓储后续活动的效率及其企业经营的效益，主要从仓库规划的内容、仓库规划应该考虑的因素、仓库规划应该注意的问题、仓库建设规划流程四个部分分析如何进行仓储规划布局。

采购管理位于企业经营管理活动的前端，是生产企业流程的重要环节。采购管理的流程是供应商选择、接受并审核请购单、询价、比价和议价、呈核和核准、订立采购合同。

入库、在库保管、出库是仓储活动的最重要的部分，仓储活动中的绝大部分物料主要处于入库、在库保管、出库状态。仓储管理人员的基本要求可以使得工作人员知道从事仓储管理工作必须具备的条件。入库、在库保管、出库的具体操作过程和各部分注意事项是每个仓储管理工作人员需要熟悉的。仓储管理中的主要参数可以帮助仓储管理工作人员用量化的方法管理仓储活动，提高仓储效率。

思考题

1. 仓库建设规划流程中如何体现仓库规划的内容、仓库规划应该考虑的因素、仓库规划应该注意的问题三个方面的内容。
2. 采购管理的整个流程是什么？
3. 入库时有哪些具体环节？
4. 盘点时有哪些注意事项？
5. 简述仓储管理中主要参数的意义。

练习题

某仓库一周内的出、入库及库存情况见表12-13。

表12-13 某仓库一周内的出、入库及库存情况 单位：吨

天 数	出库量	入库量	库存量
第1天	15	3	12
第2天	10	8	14
第3天	7	1	10
第4天	7	9	2
第5天	20	15	13
第6天	3	5	20
第7天	11	7	4

出库频率和入库频率各是多少。如果设计库容量是25吨，每天平均库存量利用系数是多少。

案例分析

富日物流

富日物流于2001年9月正式投入运营，注册资本为5000万元。富日物流拥有杭州市最大的城市快速消费品配送仓。它在杭州市下沙路旁租用的300亩土地上建造了140 000平方米现代化常温月台库房，并正在九堡镇建造规模更大的600亩物流园区。富日物流已经是众多快速流通民用消费品的华东区总仓，其影响力和辐射半径还在日益扩大中。

富日物流通过引入西方先进的第三方物流经营理念，聘请了职业经理人王卫安，成功地开拓了以杭州为核心的周边物流市场，目前已成为杭州最大的第三方物流企业之一。富日物流的主要客户包括大型家用电器厂商(科龙、小天鹅、伊莱克斯、上海夏普、LG、三洋等)、酒类生产企业(五粮液的若干子品牌、金六福等)、方便食品生产企业(康师傅、统一等)和其他快速消费品厂商(金光纸业、维达纸业等)。国美电器、永乐家电等连锁销售企业和华润万佳等连锁超市也与富日物流达成了战略合作关系。

富日物流的商业模式就是基于配送的仓储服务。制造商或大批发商通过干线运输等方式大批量地把货品存放在富日物流的仓库里，然后根据终端店面的销售需求，用小车小批量配送到零售店或消费地。目前，富日物流公司为各客户单位每天储存的商品量达2.5亿元。最近，这家公司还扩大了6万平方米的仓储容量，使每天储存的商品量达10亿元左右。按每月流转3次计，这家公司的每月物流量达30亿元左右，其总经理王卫安运用先进的管理经营理念，使得富日物流成为浙江现代物流业乃至长三角地区的一匹“黑马”。富日物流为客户提供仓储、配送、装卸、加工、代收款、信息咨询等物流服务，利润来源包括仓租费、物流配送费、流通加工服务费等，业务流程如下。

富日物流的仓库全都是平面仓。部分采用托盘和叉车进行库内搬运。少量采用手工搬运。月台设计很有特色，适合于大型货柜车、平板车、小型箱式配送车的快速装卸作业。

与业务发展蒸蒸日上不同的是，富日物流的信息化一直处于比较原始的阶段，只有简单的单机订单管理系统，以手工处理单据为主。以富日物流目前的仓库发展趋势和管理能力，以及为客户提供更多的增值服务的要求，其物流信息化瓶颈严重制约了富日物流的业务发展。直到最近才开始开发符合其自身业务特点的物流信息化管理系统。

富日物流在业务和客户源上已经形成了良性循环。如何迅速扩充仓储面积，提高配送订单的处理能力，进一步提高区域影响力已经成了富日物流公司决策层的考虑重点。

富日物流已经开始密切关注客户的需求，并为客户规划出多种增值服务，期盼从典型的仓储型配送中心开始向第三方物流企业发展。从简单的操作模式迈向科学管理的新台阶，富日物流的管理层开始意识到仅仅依靠决策层的先进思路是完全不够的，此时导入全面质量管理的管理理念和实施ISO 9000质量管理体系，保证所有层次的管理人员和基层人员能够严格地按照全面质量管理的要求，并且在信息系统的帮助下，使得富日物流的管理体系能够上到一个科学管理的高度。

(资料来源：http://www.56tx.net)

问题：

(1) 富日物流的仓储设计为什么要采用平面形式？

(2) 从富日物流来看，仓储在企业经营活动中的作用体现在哪些地方？

实践与实训

1. 参观一个商业配送中心、生产资料配送中心、仓库、码头等，画出其主要设施的布局图，分析布局规划的思路。

2. 在周围的亲戚、朋友中找一个做生意的人，询问其商品的采购过程，与所学的采购过程进行对比，找出异同，并分析。

3. 走访一个仓库，了解其出入库、在库保管的过程，与所学的流程对比，并同仓储管理人员交流，询问出入库、在库保管出现问题的处理方法，对比所学的处理方法，有否不同，分析原因。

参 考 文 献

1. 周三多，陈传明，鲁明鸿. 管理学——原理与方法. 北京：复旦大学出版社，2005
2. 封新建，肖云. 世界管理学名著速读手册. 北京：企业管理出版社，2001
3. 刘治江. 管理学——知识、技能与应用. 北京：经济管理出版社，2008
4. 程云喜. 现代企业管理. 河南：河南人民出版社，2008
5. 尤建新. 企业管理概论. 北京：高等教育出版社，2006
6. 张小南. 工商企业管理实务. 四川：西南财经大学出版社，2002
7. 杨锡怀，冷克平，王江. 企业战略管理——理论与案例(第二版). 北京：高等教育出版社，2004
8. 王方华. 企业战略管理(第二版). 上海：复旦大学出版社，2007
9. 赵越春. 企业战略管理. 北京：中国人民大学出版社，2008
10. 赵有生，樊秀南. 企业战略管理. 北京：经济科学出版社，2008
11. 许晓明. 企业战略管理教学案例精选. 上海：复旦大学出版社，2001
12. 魏江. 企业战略管理——理念、方法与案例. 杭州：浙江大学出版社，2003
13. 范明明. 市场营销学. 北京：科学出版社，2004
14. 刘宝成. 现代营销学. 北京：对外经济贸易大学出版社，2004
15. 胡穗华，张伟今，谢虹. 市场调查与预测. 广州：中山大学出版社，2006
16. 邵一明，马嫣. 现代企业管理. 上海：立信会计出版社，2001
17. 李卫平，姚迪雷. 影响企业管理的125个精彩故事. 北京：人民邮电出版社，2007
18. 邱庆剑. 世界500强企业管理理念精选. 北京：机械工业出版社，2006
19. 徐国良，王进. 企业管理案例精选精析. 北京：中国社会科学出版社，2006
20. 刘光明. 企业文化案例. 北京：经济科学出版社，2007
21. 华锐. 企业文化教程. 北京：企业管理出版社，2003
22. 朱成钢. 市场营销学. 上海：立信会计出版社，2000
23. 孙永波. 市场调研(查)与预测. 北京：中国物资出版社，2002
24. 胡宇辰，李良智. 企业管理学(第2版). 北京：经济管理出版社，2001
25. 盛亚，朱贵平. 企业新产品开发管理. 北京：中国物资出版社，2002
26. 吴勇，车慈慧. 市场营销. 北京：高等教育出版社，2001
27. [美]菲利普·科特勒. 梅汝和等译. 营销管理(第10版). 北京：中国人民大学出版社，2001
28. 苏亚民. 现代营销学. 北京：首都经济贸易大学出版社，1998
29. 郑锐洪，赵志江. 分销渠道管理. 大连：大连理工大学出版社，2007
30. 陈红. 如何进行生产作业管理. 北京：北京大学出版社，2003
31. [美]威廉·J.史蒂文森. 张群，张杰译. 运营管理. 北京：机械工业出版社，2005
32. 李季. 企业运营管理. 北京：首都经济贸易大学出版社，2003
33. 季建华. 运营管理. 上海：上海交通大学出版社，2004
34. 尤建新，郭重庆. 质量成本管理. 北京：石油工业出版社，2003
35. 国家质量技术监督局. 中华人民共和国国家标准：GB/T 1900—2000 质量管理体系标准. 北京：中国标准出版社，2001
36. 欧阳明德. 质量管理——理论、标准与案例. 武汉：华中理工大学出版社，1997
37. 周纪芗，茆诗松. 质量管理统计方法. 北京：中国统计出版社，1999
38. 彭剑锋. 人力资源管理概论(第一版). 上海：复旦大学出版社，2003

39. 廖泉文. 人力资源管理(第一版). 北京：高等教育出版社，2003
40. [美]雷蒙德·A. 诺伊等. 刘昕译. 人力资源管理：赢得竞争优势(第三版). 北京：中国人民大学出版社，2001
41. 赵曙明，程德俊. 人力资源管理与开发案例精选(第一版). 北京：北京师范大学出版社，2007
42. 王明琴. 人力资源管理精品课(http://221.208.168.184)
43. 薛威. 物流仓储管理实务. 北京：高等教育出版社，2006
44. 张晓莺. 运输管理实务. 武汉：武汉理工大学出版社，2007
45. 李述容. 采购与供应管理实务. 武汉：武汉理工大学出版社，2007
46. 斐凤萍. 采购管理与库存控制. 大连：大连理工大学出版社，2007
47. 黄静. 仓储管理实务. 大连：大连理工大学出版社，2007
48. 蔡改成. 仓储与库存管理实务. 武汉：武汉理工大学出版社，2007